Peter Gottwald · Examens-Repetitorium BGB – Allgemeiner Teil

UNIREP JURA

Herausgegeben von Prof. Dr. Mathias Habersack

Examens-Repetitorium BGB – Allgemeiner Teil

von

Dr. Dr. h.c. Peter Gottwald

em. o. Professor an der Universität Regensburg

3., neu bearbeitete Auflage

C.F. Müller

Peter Gottwald, Jahrgang 1944, Studium der Rechtswissenschaft in München und Berlin, 1973 Promotion, 1977 Habilitation in Erlangen. 1977 bis 1983 o. Professor für Bürgerliches Recht und Zivilprozessrecht an der Universität Bayreuth, 1983 bis 2012 Lehrstuhl für Bürgerliches Recht, Verfahrensrecht und Internationales Privatrecht an der Universität Regensburg. 1981 bis 1989 zugleich Richter an den Oberlandesgerichten Bamberg bzw. München. 2005 Ehrenpromotion der Universität Thessaloniki.

Wichtige Veröffentlichungen: Kommentierung der §§ 328–345 BGB im Münchener Kommentar zum BGB (6. Aufl. 2012), der §§ 322–328, 722, 723 ZPO sowie des Internationalen Zivilprozessrechts (EuGVO usw.) im Münchener Kommentar zur ZPO (4. Aufl. 2012/13), der Brüssel IIa-VO im Münchener Kommentar zum FamFG, 2. Aufl. 2013; PdW BGB Sachenrecht, 15. Aufl. 2010; Rosenberg/Schwab/Gottwald, Zivilprozessrecht, 17. Aufl. 2010; Gottwald, Insolvenzrechts-Handbuch, 4. Aufl. 2010; Nagel/Gottwald, Internationales Zivilprozessrecht, 7. Aufl. 2013; Gottwald, Münchener Prozessformularbuch Familienrecht, 4. Aufl. 2013.

Bibliografische Information der Deutschen Nationalbibliothek
Die Deutsche Nationalbibliothek verzeichnet diese Publikation in der Deutschen Nationalbibliografie; detaillierte bibliografische Daten sind im Internet über http://dnb.d-nb.de abrufbar.

Bei der Herstellung des Werkes haben wir uns zukunftsbewusst für umweltverträgliche und wiederverwertbare Materialien entschieden. Der Inhalt ist auf elementar chlorfreiem Papier gedruckt.

ISBN 978-3-8114-9872-3

E-Mail: kundenservice@hjr-verlag.de
Telefon: +49 6221/489-555
Telefax: +49 6221/489-410

www.cfmueller-campus.de
www.hjr-verlag.de

Satz: Textservice Zink, Schwarzach
Druck: CPI Clausen & Bosse, Leck

Vorwort

Viele Jahre lang habe ich ein Examensrepetitorium zum Allgemeinen Teil des BGB gehalten. Auf den dabei gewonnenen Erfahrungen baut dieses Buch auf. Während eine Vorlesung zum Allgemeinen Teil für Erst- oder Zweitsemester mit einzelnen Vorgriffen auf das Schuldrecht und das Sachenrecht auskommt, ist eine solche Beschränkung in einem Examensrepetitorium nicht sachgerecht. Der Allgemeine Teil enthält in seinem Rechtsgeschäftsteil Regeln, die sich auf das gesamte Bürgerliche Recht einschließlich des Handelsrechts und des Zivilprozessrechts auswirken. Anhand kurzer lehrbuchmäßiger Einführungen, vor allem aber anhand konkreter Fälle mit Lösungen habe ich daher versucht, exemplarisch darzulegen, welche dogmatischen und praktischen Probleme die Regeln über Personen und über das Rechtsgeschäft im Allgemeinen Teil innerhalb des gesamten Pflichtstoffs des Ersten Juristischen Staatsexamens aufwerfen. Dieses Buch dient der Wissenskontrolle, der Wiederholung und Vertiefung; es will und kann kein Lehr-/Lernbuch zum Allgemeinen Teil ersetzen.

Für diese Neuauflage habe ich das Buch umfassend aktualisiert, neuere Streitfragen, etwa zum E-Commerce, aufgenommen und die Nachweise aus Rechtsprechung und Ausbildungsliteratur deutlich erweitert.

Zur Verstärkung des Lerneffektes empfehle ich jedem Leser dieses Repetitoriums, die Fälle zunächst selbstständig zu lösen und erst dann die angebotene Lösung zur Kontrolle zu lesen.

Bei der Neubearbeitung haben mich meine Mitarbeiter *Matthias Bauer* und *Thomas Sikorski* mit vielen Anregungen aus der Sicht von Examenskandidaten tatkräftig unterstützt. Ihnen beiden danke ich ganz herzlich für Ihre Hilfe.

Meinen Lesern wünsche ich viel Freude beim Repetieren. Für Rückmeldungen und Hinweise auf etwaige Lücken, Irrtümer und Unklarheiten bin ich sehr verbunden.

Regensburg, im Juli 2013 *Peter Gottwald*

Inhaltsverzeichnis

	Rn	Seite
Vorwort		V
Verzeichnis der abgekürzt zitierten Literatur		XII
§ 1 Rechtsgeschäft und Willenserklärung	1	1
I. Vertragsfreiheit	1	1
1. Abschlussfreiheit und Abschlusszwang	4	1
a) Gesetzlicher Kontrahierungszwang	4	1
b) Verstöße gegen das Allgemeine Gleichbehandlungsgebot	6	2
2. Vereinigungsfreiheit und Aufnahmezwang	7	2
II. Rechtsgeschäft und Vertrauenshaftung	9	4
1. Haftung für den Rechtsschein einer Willenserklärung	10	4
2. Vertragshaftung ohne oder vor Vertragsschluss	11	4
a) Faktische Vertragsverhältnisse	11	5
b) Rechtsverhältnis der Vertragsverhandlungen	12	5
c) Vertrag mit Schutzwirkung für Dritte	13	5
d) Sachwalterhaftung	14	5
III. Arten und Abgrenzung der Rechtsgeschäfte	15	5
1. Unterscheidung von Verpflichtungs- und Verfügungsgeschäft	15	5
2. Rechtsgeschäfte unter Lebenden und von Todes wegen	26	10
3. Einseitige und zweiseitige Rechtsgeschäfte	27	10
4. Rechtsgeschäftsähnliche Handlungen	28	11
a) Einwilligung in Operation	29	11
b) Patientenverfügung	29	12
5. Realakte	30	12
6. Gefälligkeit und Rechtsgeschäft	31	13
§ 2 Der Vertragsschluss	33	15
I. Die Willenserklärung	34	15
1. Der innere Tatbestand	34	15
a) Handlungswille	35	15
b) Erklärungsbewusstsein	37	18
c) Geschäftswille	40	22
2. Der äußere Tatbestand	41	22
a) Rechtsbindungswille	41	23
b) Schweigen als Willenserklärung	43	26
aa) Schweigen auf ein kaufmännisches Bestätigungsschreiben	45	27

bb) Schweigen des Kaufmanns auf Anträge	48	30
3. Automatisierte Erklärungen	49	32
II. Abgabe, Zugang und Widerruf von Willenserklärungen	50	32
1. Abgabe bei empfangsbedürftigen Willenserklärungen	50	33
a) Abgabe gegenüber Anwesenden	51	34
b) Abgabe gegenüber Abwesenden	53	35
2. Zugang bei empfangsbedürftigen Willenserklärungen	55	36
a) Zugangshindernisse	57	37
b) Zugang durch Erklärung gegenüber Vertreter	58	38
c) Zugang durch Erklärung gegenüber dem Empfangsboten	59	38
d) Annahmeverweigerung durch Empfangsboten	60	40
e) Zugang nicht verkörperter Willenserklärungen	61	42
f) Zugang von Telefax und E-Mail	62	42
g) Zugang formbedürftiger Erklärungen	63	44
3. Widerrufsrecht des Verbrauchers	65	46
III. Antrag und Annahme	67	49
1. Annahme ohne Erklärung gegenüber dem Antragenden	68	49
2. Selbstbedienungsgeschäfte	69	51
3. Vertragsschluss am Warenautomaten	71	52
4. Bindung an das Angebot und freibleibendes Angebot	72	52
5. Vertragsschluss durch sozialtypisches Verhalten?	73	53
6. Vertragsschluss durch betriebliche Übung	74	56
7. Vertragsschluss im Internet	75	56
8. Unbestellt zugesendete Ware	75	59
9. Vorvertrag und Hauptvertrag	76	59
IV. Konsens und Dissens	77	59
V. Vertragsschluss unter Verwendung Allgemeiner Geschäftsbedingungen	81	63
1. Einbeziehung in den Vertrag	81	63
2. Kollidierende AGB	82	66
3. Überraschende Klausel	83	68
4. Inhaltskontrolle bei AGBs	84	69
VI. Auslegung von Willenserklärungen und Verträgen	87	71
1. Allgemeine Auslegungsgrundsätze	87	71
2. Ergänzende Vertragsauslegung	89	72
3. Falsa demonstratio non nocet	91	74
4. Falsa demonstratio bei Grundstücksgeschäften	92	75
5. Andeutungstheorie bei Testamenten	93	77
VII. Pflichten aus Geschäftsverbindung	94	78
1. Vertragliche Sorgfaltspflichten	96	79
2. Haftung aus Auskunftsvertrag zugunsten Dritter	97	80
3. Abbruch von Vertragsverhandlungen	98	81

§ 3 Rechts- und Geschäftsfähigkeit	99	82
I. Rechtsfähigkeit	99	82
1. Rechtsstellung des nasciturus	102	82
2. Rechtsfähigkeit der GbR	103	83
3. Haftung für GmbH in Gründung	104	86
II. Geschäftsunfähigkeit	105	87
1. Geschäfte des täglichen Lebens, Wohn- und Betreuungsvertrag	106	87
2. Relative und partielle Geschäftsunfähigkeit	107	88
3. Haftung für Schäden aus eigener Geschäftsunfähigkeit	108	89
III. Beschränkte Geschäftsfähigkeit	109	89
1. Wirksamkeit der Willenserklärung eines Minderjährigen	110	90
a) Lediglich rechtlicher Vorteil	111	90
aa) Schenkungen von Grundstücken	111	90
bb) Neutrale Geschäfte	112	91
b) Einwilligung	113	92
aa) Bankverträge	114	92
bb) Einwilligung durch Überlassung von Mitteln	115	92
cc) Der Minderjährige als Gesellschafter einer Personengesellschaft	116	93
dd) Grenzen der Einwilligung des gesetzlichen Vertreters	117	94
c) Das Widerrufsrecht des Geschäftsgegners	119	96
d) Die Genehmigung durch den gesetzlichen Vertreter oder den volljährig Gewordenen	120	97
2. Leistung an den Minderjährigen	121	98
3. Rechtliche Betreuung	122	98
§ 4 Wirksamkeitserfordernisse des Rechtsgeschäfts	124	101
I. Formanforderungen	124	101
1. Formnichtigkeit und Treu und Glauben	125	102
2. Schriftform und Telefax	126	103
II. Bedingung und Befristung	128	104
1. Bedingung	128	104
2. Befristung	134	106
III. Verstoß gegen gesetzliche Verbote oder die guten Sitten	136	106
1. Verstoß gegen ein gesetzliches Verbot	136	106
2. Der Verstoß gegen die guten Sitten	138	108
a) Sittenwidrigkeit von Bierbezugsverpflichtungen	139	108
b) Vertragsschluss aufgrund Bestechung	140	109
c) Vertragsbruchtheorie	141	110
d) Wucherähnliche Geschäfte	142	110
e) Sittenwidrige Umkehr der Beweislast	143	111

f) Sittenwidrige Mitverpflichtung von Familienangehörigen 144 111
g) Sittenwidrigkeit von Gesellschafter- oder Geschäftsführerbürgschaften 145 113
h) Geschäfte zu Lasten der Sozialhilfe 146 115
IV. Relative Unwirksamkeit 147 116

§ 5 Willensmängel 148 117

I. Das Scheingeschäft 149 117
II. Der Irrtum 150 118
1. Vorrang der Vertragsauslegung 151 119
2. Der Inhaltsirrtum 152 119
3. Der Erklärungsirrtum 154 120
4. Der Eigenschaftsirrtum 155 120
5. Der Kalkulationsirrtum 156 121
6. Der Rechtsfolgenirrtum 157 122
7. Der Doppelirrtum 158 122
III. Arglistige Täuschung und widerrechtliche Drohung 160 124
1. Arglistige Täuschung 160 124
2. Widerrechtliche Drohung 167 127
IV. Die Wirkungen der Anfechtung 168 128
1. Rechtsfolgen der Anfechtung 168 128
2. Sonderfälle 171 129

§ 6 Stellvertretung 173 130

I. Voraussetzungen und Folgen der Stellvertretung 174 131
1. Zulässigkeit der Stellvertretung 175 131
2. Abgabe einer eigenen Willenserklärung 177 132
3. Offenkundigkeit 180 133
a) Handeln unter fremdem Namen 181 133
b) Nachträgliche Bestimmung des Vertretenen 182 134
c) Das unternehmensbezogene Handeln 183 134
d) Handeln für den, den es angeht 184 135
e) Die Schlüsselgewalt 185 135
f) Die mittelbare Stellvertretung 186 136
4. Die Vertretungsmacht 187 137
a) Erteilung der Vollmacht und Innenverhältnis 188 138
b) Erlöschen der Vollmacht 189 138
aa) Widerruf der Vollmacht 190 139
bb) Vertretungsgeschäft nach dem Tod des Vollmachtgebers 192 142
c) Anfechtung der Vollmacht 195 146
d) Form der Vollmacht 196 146

e) Arten der Vollmacht	197	148
aa) Einzel- und Gesamtvertretungsmacht	198	148
bb) Untervollmacht	199	150
cc) Vorsorgevollmacht	200	150
dd) Prozessvollmacht	201	151
ee) Duldungs- und Anscheinsvollmacht	202	151
f) Weisungswidriges Ausfüllen einer Blanketturkunde	206	154
II. Wissenszurechnung	207	155
1. Wissenszurechnung	207	155
2. Handeln auf Weisung eines unwissenden Geschäftsherrn	209	158
III. Grenzen der Vertretungsmacht	210	159
1. Das Insichgeschäft	210	159
2. Missbrauch der Vertretungsmacht	214	161
IV. Vertretung ohne Vertretungsmacht	216	164
1. Allgemeines	216	164
2. Handeln für eine (noch) nicht existierende juristische Person	217	165
3. Folgen der Wahl der Erfüllung gemäß § 179 BGB	218	165
4. Haftungsausschluss gemäß § 179 III BGB	219	166
5. Haftung des Unterbevollmächtigten	220	167
V. Eigenhaftung des Vertreters	221	168
VI. Die Stellvertretung im Handelsrecht	222	169
1. Die Prokura	222	169
2. Die Handlungsvollmacht	224	173
3. Stellvertretung durch Ladenangestellte	225	175
§ 7 Zustimmung zu fremden Rechtsgeschäften	227	179
I. Die Zustimmung	227	179
II. Verfügung eines Nichtberechtigten	228	180
1. Verfügungsermächtigung	228	180
2. Genehmigung der Verfügung eines Nichtberechtigten	233	184
III. Verpflichtungsermächtigung	234	185
Sachverzeichnis		187

Verzeichnis der abgekürzt zitierten Literatur

Bamberger/Roth, BGB, 3. Aufl. 2012
Baumbach/Hopt, HGB, 35. Aufl. 2011
Baur/Stürner, Sachenrecht, 18. Aufl. 2009
Bitter, BGB – Allgemeiner Teil, 2011
Boecken, BGB-Allgemeiner Teil, 2. Aufl. 2012
Boemke/Ulrici, BGB Allgemeiner Teil, 2009
Bork, Allgemeiner Teil des Bürgerlichen Gesetzbuchs, 3. Aufl. 2011
Brehm, Allgemeiner Teil des BGB, 6. Aufl. 2008
Brox/Henssler, Handelsrecht, 21. Aufl. 2011
Brox/Walker, Allgemeiner Teil des BGB, 36. Aufl. 2012
dies., Allgemeines Schuldrecht, 37. Aufl. 2013
dies., Erbrecht, 25. Aufl. 2012
Canaris, Handelsrecht, 24. Aufl. 2006
Faust, BGB, Allgemeiner Teil, 3. Aufl. 2013
Flume, Allgemeiner Teil des Bürgerlichen Rechts, Bd. II Das Rechtsgeschäft, 4. Aufl. 1992
Fritzsche, Fälle zum BGB – Allgemeiner Teil, 4. Aufl. 2012
Grigoleit/Herresthal, BGB, Allgemeiner Teil, 2. Aufl. 2010
Grunewald, Bürgerliches Recht, 8. Aufl. 2009
Jauernig, BGB, 14. Aufl. 2011
Köhler, BGB Allgemeiner Teil, 36. Aufl. 2012
ders., PdW BGB Allgemeiner Teil, 26. Aufl. 2011
Kraft/Kreutz, Gesellschaftsrecht, 11. Aufl. 2000
Leenen, BGB Allgemeiner Teil: Rechtsgeschäftslehre, 2011
Leipold, BGB I Einführung und Allgemeiner Teil, 7. Aufl. 2013
Lettl, Handelsrecht, 2. Aufl. 2011
Lindacher/Hau, Fälle zum Allgemeinen Teil des BGB, 5. Aufl. 2010
Lipp, Examens-Repetitorium Erbrecht, 3. Aufl. 2013
Looschelders, Schuldrecht Allgemeiner Teil, 10. Aufl. 2012
Marburger, Klausurenkurs BGB Allgemeiner Teil (Fälle und Lösungen), 8. Aufl. 2004
Medicus, Allgemeiner Teil des BGB, 10. Aufl. 2010
Medicus/Lorenz, Schuldrecht I Allgemeiner Teil, 20. Aufl. 2012
Medicus/Petersen, Bürgerliches Recht, 23. Aufl. 2011
Münchener Kommentar BGB, 6. Aufl. 2012
Muscheler, Familienrecht, 2. Aufl. 2012
Musielak, Grundkurs BGB, 12. Aufl. 2011
NK-BGB/*Heidel*, 2. Aufl. 2012
Oetker, Handelsrecht, 6. Aufl. 2010
Palandt, BGB, 72. Aufl. 2013
Pawlowski, Allgemeiner Teil des Bürgerlichen Gesetzbuchs, 7. Aufl. 2003
Prütting, Sachenrecht, 34. Aufl. 2010
Prütting/Wegen/Weinreich (PWW), BGB, 8. Aufl. 2013
Rüthers/Stadler, Allgemeiner Teil des BGB, 17. Aufl. 2011
Säcker/Mohr, Fallsammlung zum BGB Allgemeiner Teil, 2010
Saenger, Gesellschaftsrecht, 2. Aufl. 2013
Schack, BGB – Allgemeiner Teil, 14. Aufl. 2013
K. Schmidt, Handelsrecht, 5. Aufl. 1999
D. Schwab, Familienrecht, 20. Aufl. 2012

D. Schwab/Löhnig, Einführung in das Zivilrecht, 19. Aufl. 2012
M. Schwab, Grundzüge des Zivilprozessrechts, 4. Aufl. 2012
Staudinger, Kommentar zum BGB, Allg. Teil, 14. Bearb. 2003 ff
Thomas/Putzo, ZPO, 34. Aufl. 2013
Wertenbruch, BGB Allgemeiner Teil, 2. Aufl. 2012
Windbichler, Gesellschaftsrecht, 23. Aufl. 2013
Wolf/Neuner, Allgemeiner Teil des Bürgerlichen Rechts, 10. Aufl. 2012

§ 1 Rechtsgeschäft und Willenserklärung

I. Vertragsfreiheit

In einer Marktwirtschaft erfolgt jede Güterverteilung und jeder Güteraustausch aufgrund privatautonomer Entscheidungen der Beteiligten. Durch ihre Initiative wollen die Vertragsparteien vernünftige Ergebnisse erreichen. Jede Partei will für die eigene Leistung möglichst viel fremde Leistung erzielen. Einigen sich beide Parteien über ein Gleichgewicht von Leistung und Gegenleistung, so ist, wenn beide Vertragsparteien in etwa gleich stark sind, der ausgehandelte Vertrag „gerecht“. 1

Der Vertrag kann auch dann den Austausch rechtfertigen, wenn nur eine Seite zu einer Leistung verpflichtet sein soll, etwa bei einer Schenkung (§ 516 BGB). Der Grund für das Erfordernis des Vertragsschlusses ist hier, dass sich niemand gegen seinen Willen etwas schenken zu lassen braucht. 2

Nach § 311 I BGB ist zur Begründung und Änderung eines Schuldverhältnisses ein Vertrag zwischen den Beteiligten erforderlich, soweit das Gesetz nichts anderes bestimmt. Die darin zum Ausdruck kommende **Vertragsfreiheit** ist die Ausprägung der allgemeinen Handlungsfreiheit nach Art. 2 I GG. Die Vertragsfreiheit umfasst 3

- die Abschlussfreiheit und
- die inhaltliche Gestaltungsfreiheit.[1]

1. Abschlussfreiheit und Abschlusszwang

Nur ausnahmsweise besteht keine Abschlussfreiheit, wenn 4

- das Gesetz einen Kontrahierungszwang vorsieht,
- anderes Verhalten zu einer sittenwidrigen Schädigung (§ 826 BGB) führen oder
- das Verhalten gegen das Allgemeine Gleichbehandlungsgesetz (vom 14.8.2006) verstoßen würde.

a) Gesetzlicher Kontrahierungszwang

Beispiele für einen gesetzlichen Kontrahierungszwang finden sich zwar nicht im BGB, wohl aber im Beförderungsrecht (z.B. in §§ 8, 9 EVO, § 22 PBefG, § 21 II 3 LVG). Besonders wichtig ist der Abschlusszwang bei der Kraftfahrzeughaftpflichtversicherung gemäß § 5 II PflVG, für öffentliche Monopolbetriebe zur Lieferung von Wasser und Elektrizität gemäß § 6 EnWG, aber auch im Arbeitsrecht zur Eingliederung von Behinderten in das Arbeitsleben (§ 78a BetrVG, § 9 BPersVG, § 5 SchwbG). Diese Kontrahierungszwänge sind verfassungsrechtlich unbedenklich. Art. 2 I GG geht zwar im Grundsatz von der Vertragsfreiheit aus, aufgrund des einfachen Gesetzesvorbehalts ist ein Kontrahierungszwang aber zur Ausübung spezieller Grundrechte oder zur Durchsetzung des Sozialstaatsprinzips zulässig.

1 MüKo/*Busche*, Vor § 145 Rn. 2ff; *Wolf/Neuner*, § 10 Rn. 37 ff; *Coester-Waltjen*, JURA 2006, 436.

Als Anspruchsgrundlage für einen generellen Kontrahierungszwang, der nicht spezialgesetzlich geregelt ist, kommt § 826 BGB in Betracht.[2]

5 Im Wirtschaftsleben tritt § 20 I GWB allerdings weitgehend an dessen Stelle, vor allem bei Bezugs- und Liefersperren im Warenabsatz.[3] Marktbeherrschende Unternehmen mit Preisbindungen dürfen danach ein anderes Unternehmen in einem Geschäftsverkehr, der gleichartigen Unternehmen zugänglich ist, weder unmittelbar noch mittelbar behindern oder gegenüber anderen Unternehmen ohne sachlich gerechtfertigten Grund unterschiedlich behandeln. Ein derartiges Verhalten kann nach § 32 GWB sogar von der Kartellbehörde untersagt werden. Dieses sog. Diskriminierungsverbot dient nicht nur dem Schutz der Nachfrager oder Anbieter, die auf Belieferung oder Warenabnahme angewiesen sind, sondern es dient auch der Offenhaltung des Marktes. Das Verbot kann zu einem klageweise durchsetzbaren Kontrahierungszwang führen, wobei die h.M. den Kontrahierungszwang als Naturalrestitution nach §§ 20 I, 33 GWB, 249 BGB konstruiert.[4]

b) Verstöße gegen das Allgemeine Gleichbehandlungsgebot

6 Grenzen der Vertragsfreiheit und mittelbar ein Kontrahierungszwang ergibt sich auch aus den Diskriminierungsverboten der §§ 1, 2 AGG, und zwar für die Einstellung von Arbeitnehmern und Selbstständigen (§ 2 I Nr. 1, 2 AGG), für Verträge über die Versorgung mit Gütern und Dienstleistungen, die Vermietung von Wohnungen (§ 2 I Nr. 8 AGG) sowie für die Aufnahme in bestimmte Vereinigungen (§ 18 AGG)[5].

Verstöße gegen ein Benachteiligungsverbot lösen Schadensersatzpflichten und Beseitigungsansprüche aus (§§ 15, 21 AGG), geben aber einem Arbeitnehmer kein Recht auf Abschluss eines verweigerten Vertrages (§ 15 VI AGG);jedoch kann sich aus der Beseitigungspflicht nach § 21 I AGG ein Anspruch auf Vertragsabschluss ergeben.[6]

2. Vereinigungsfreiheit und Aufnahmezwang

7 Im Vereinsrecht ist die Parallele zur Abschlussfreiheit die Vereinigungsfreiheit. Die Entscheidung über die Annahme eines Aufnahmeantrags steht deshalb regelmäßig im Belieben des Vereins, d.h. je nach Satzung seines Vorstandes, eines Aufnahmeausschusses oder der Mitgliederversammlung. Ein Aufnahmezwang kommt nur ausnahmsweise in Betracht, wenn der Verein eine Monopolstellung hat, etwa bei Berufsvertretungen, oder wenn die Mitgliedschaft Voraussetzung für öffentliche Zuschüsse ist, wie bei manchen Jugend- und Sportverbänden.[7] Im Kartellrecht gibt es den Aufnahmezwang nach § 20 VI GWB. Danach kann eine Wirtschafts- und Berufsvereinigung zur Aufnahme des Unternehmens verpflichtet sein.[8]

---

2 *Bork*, AT, Rn. 667; *Boecken*, Rn. 258; *Köhler* § 8 Rn. 46; *Leipold* § 6 Rn. 2.
3 *Wolf/Neuner* § 48 Rn. 18.
4 MüKo/*Busche* Vor § 145 Rn. 18; *Köhler* § 8 Rn. 47.
5 Vgl. *Säcker/Mohr*, Fall 2 (S. 30 f).
6 MüKo/*Thüsing* § 21 AGG Rn. 17 ff; *Köhler* § 8 Rn. 47a; abl. MüKo/*Busche* Vor § 145 Rn. 17.
7 BVerfG NJW-RR 1989, 636; BGHZ 140, 74 = NJW 1999, 1326.
8 Vgl. MüKo/*Reuter* Vor § 21 Rn. 109; *Köhler*, AT, § 8 Rn. 47.

Fall 1: Der Maschinenschlosser M, der bei der Fa. G beschäftigt ist, beantragte im März 1980 die Mitgliedschaft bei der IG Metall. Deren zuständige Verwaltungsstelle lehnte den Aufnahmeantrag im Mai 1980 mit der Begründung ab, M sei von 1976 bis 1980 Mitglied der von ihm selbst als maoistisch bezeichneten KPD gewesen. Diese habe gewerkschaftsfeindliche Ziele verfolgt. M habe noch heute eine gewerkschaftsfeindliche Einstellung. M entgegnet, er habe im März 1980 selbst an der Auflösung der KPD mitgewirkt, da deren politische Auffassung und Grundsätze gescheitert seien. Die gewerkschaftsfeindlichen Ziele der ehemaligen KPD verfolge er nicht weiter. **8**

Kann M vor Gericht eine Aufnahme in die IG Metall erzwingen?[9]

§ 3 Nr. 4 (jetzt § 3 Nr. 6) der Satzung der IG Metall lautet:

„Die Aufnahme in die IG Metall kann durch Beschluss des zuständigen Ortsvorstandes verweigert oder innerhalb von drei Monaten rückgängig gemacht werden, wenn dies im Interesse der IG Metall notwendig erscheint. Nicht aufgenommen werden dürfen: Personen, die durch ihr Verhalten Maßnahmen und Verbrechen gegen die Menschlichkeit unterstützt haben, sowie Personen, die Mitglied einer gegnerischen Organisation sind, und Personen, die Vereinigungen angehören oder unterstützen, deren Handlungen und Aktionen gewerkschaftsfeindlich sind. Gegen die Entscheidung des Ortsvorstandes kann beim Vorstand Einspruch erhoben werden. Dieser entscheidet endgültig."

Lösung: Wie jeder Verein entscheidet auch die Gewerkschaft grundsätzlich frei darüber, wen sie als Mitglied aufnehmen will.

Ein Aufnahmeanspruch kann sich allerdings aus der Satzung des Vereins ergeben, wenn der Antragsteller die dort genannten Voraussetzungen erfüllt. Die Satzung der IG Metall sieht keinen unbedingten Aufnahmeanspruch vor. Durch die Klausel, die Aufnahme könne verweigert werden, wenn dies im Interesse der IG Metall notwendig erscheine, hat sich die IG Metall einen so großen Ermessensspielraum vorbehalten, dass es nicht gerechtfertigt erscheint, Dritten einen Anspruch auf Aufnahme kraft Selbstverpflichtung der Gewerkschaft zuzuerkennen. M kann daher nicht unmittelbar nach der Satzung die Aufnahme verlangen.

Ein Anspruch auf Aufnahme könnte sich aber aus allgemeinen Rechtsgrundsätzen und mittelbar aus Art. 9 I GG ergeben. Die Rspr. hat bisher einen Aufnahmezwang für Monopolverbände angenommen.[10] Die IG Metall ist aber im strengen Sinne kein Monopolverband, da es auch noch andere, wenngleich winzige Industriegewerkschaften im Metallbereich gibt. Fraglich ist, ob dennoch ein Aufnahmezwang anzunehmen ist. Der innere Grund für den Aufnahmezwang entgegen der Selbstbestimmung des Vereins liegt nach dem BGH darin, dass dieser „im wirtschaftlichen oder sozialen Bereich eine überragende Machtstellung innehat und ein wesentliches oder grundlegendes Interesse am Erwerb der Mitgliedschaft besteht". Da die Mitgliedschaft in der IG Metall die Rechtstellung eines Arbeitnehmers entscheidend verbessert (Streikgeld, Gewährung von Rechtsschutz und sozialen Leistungen), ist die IG Metall grundsätzlich einem Aufnahmezwang für bereitwillige Bewerber ihres Wirkungskreises unterworfen.

---

9 **BGHZ 93, 151 = NJW 1985, 1216.**
10 BGH NJW 1975, 771; BGHZ 140, 74 = NJW 1999, 1326.

Der Aufnahmezwang hat allerdings seine Grenzen mit Rücksicht auf das Interesse des Vereins an seiner Funktionsfähigkeit. Die Gewerkschaften sind deshalb nicht verpflichtet Gewerkschaftsfeinde aufzunehmen. Die Frage ist deshalb, ob M aufgrund seiner bisherigen Mitgliedschaft in der KPD als Gewerkschaftsfeind anzusehen ist. M ist aus dieser Partei ausgetreten und hat sie auch mitaufgelöst. Der BGH ist der Ansicht, auf persönliche Erklärungen über die Abkehr von einer gewerkschaftsfeindlichen Linie könne es allein nicht ankommen. Vielmehr sei die Zeit zwischen Beendigung der Mitgliedschaft und Aufnahme in die Gewerkschaft entscheidend. Diese Karenzzeit betrage durchschnittlich etwa drei Jahre. Könne die Gewerkschaft nicht Tatsachen behaupten und beweisen, aus denen geschlossen werden könne, dass der Antragsteller seinen früheren Zielen noch anhänge, so müsse sie ihn aufnehmen. Da die IG Metall insoweit nichts vorgetragen hat, muss sie M aufnehmen.

II. Rechtsgeschäft und Vertrauenshaftung

9 Rechtsverhältnisse gestaltet der Einzelne primär durch Rechtsgeschäfte in Selbstbestimmung. Dies bedingt, dass der Einzelne an seine rechtsgeschäftlichen Erklärungen gebunden ist und sich daran festhalten lassen muss. Umgekehrt kann er sich auch auf seine Erklärungen berufen. Grund für die Rechtsgeltung der Gestaltung durch Willenserklärung ist aber nicht der Vertrauenstatbestand, der damit gesetzt wird, sondern das **Selbstbestimmungsrecht**, das vom Staat anerkannt wird.

1. Haftung für den Rechtsschein einer Willenserklärung

10 Der Vertrauensgesichtspunkt kommt ins Spiel, sobald die Selbstbestimmung fehlerhaft ist. Nicht jeder Fehler bei der Willensbildung soll den Einzelnen berechtigen, sich von seiner Erklärung wieder loszusagen. Es ist vielmehr Aufgabe der Rechtsordnung, Regeln dafür aufzustellen, in welchen Möglichkeiten man von dem Selbstbestimmungsrecht durch Vertragsschluss Gebrauch machen und wann man sich von seinen Erklärungen wieder lösen kann. Im Rahmen des Allgemeinen Teils hat die **Vertrauens- bzw. Rechtsscheinhaftung** vor allem in den Fällen eines Rechtsscheins der Vertretungsmacht Bedeutung[11] (s.u. Rn. 190 f).

2. Vertragshaftung ohne oder vor Vertragsschluss

11 Von der zweckgerichteten Gestaltung von Rechtsverhältnissen durch Rechtsgeschäft zu unterscheiden ist die Vertragshaftung ohne Vertrag.[12] An sich wäre es naheliegend, dass ohne Vertrag auch keine Vertragsansprüche bestehen. Dies gilt aber nicht uneingeschränkt.

11 *Köhler*, AT, § 5 Rn. 4.
12 Vgl. *Köndgen*, Selbstbindung ohne Vertrag, 1981.

a) Faktische Vertragsverhältnisse

Im **Bremer Straßenbahnfall** benutzte ein 8-jähriger Junge die Straßenbahn zu einer Spazierfahrt, ohne zu bezahlen. Die Verkehrsvertriebe verlangten den Fahrpreis und das erhöhte Beförderungsentgelt.[13] Im **Hamburger Parkplatzfall** parkte ein Autofahrer auf einem parkgeldpflichtigen Parkplatz und erklärte dem Bewachungsunternehmer, er wünsche keine Bewachung und wolle auch nicht bezahlen. In diesem Fall kam der BGH zu dem Ergebnis, dass dem Leistenden Erfüllungsansprüche zustünden, und zwar allein aufgrund der Inanspruchnahme der Leistungen (Lehre vom Vertragsschluss durch sozialtypisches Verhalten). Diese Lehre wird heute als überflüssig abgelehnt, weil das Verhalten i.d.R. als konkludente Willenserklärung auszulegen, der Minderjährigenschutz aber stets zu beachten sei.[14]

b) Rechtsverhältnis der Vertragsverhandlungen

12 Eine rechtsgeschäftliche Haftung entsteht nach §§ 241 II, 311 II, 280, 282 BGB nicht erst mit Vertragsschluss, sondern bereits aus Pflichtverletzungen im Rahmen von Vertragsverhandlungen *(culpa in contrahendo)* oder sonstigen geschäftlichen Kontakten.[15]

c) Vertrag mit Schutzwirkung für Dritte

13 Die Haftung nach Vertragsrecht besteht nicht nur gegenüber dem Kontrahenten, sondern je nach Sachlage auch gegenüber Dritten, denen die Vertragsleistung (auch) zu erbringen ist bzw. an deren Schutz der Kontrahent ein besonderes Interesse hat („Vertrag mit Schutzwirkung für Dritte", vgl. § 311 III 1 BGB).[16]

d) Sachwalterhaftung

14 Schließlich können sogar Dritte nach Vertragsgrundsätzen haften, wenn sie bei Vertragsverhandlungen **mitgewirkt** und für sich selbst **besonderes Vertrauen** in Anspruch genommen haben (§ 311 III 2 BGB).[17]

III. Arten und Abgrenzung der Rechtsgeschäfte

1. Unterscheidung von Verpflichtungs- und Verfügungsgeschäft

15 Die Unterscheidung von Verpflichtungs- und Verfügungsgeschäft ist zwar schon seit dem ersten Semester bekannt, dennoch wird sie im Examen vielfach vergessen. So sind insbesondere der Kauf unter Eigentumsvorbehalt (§§ 433, 449 BGB) von der bedingten Übereignung (§§ 929, 158 I BGB), der Sicherungsvertrag von der Sicherungsübereignung zu unterscheiden.

---

13 LG Bremen NJW 1966, 1360.
14 Siehe **Fall 30**; *Rüthers/Stadler*, AT, § 19 Rn. 34; für Analogie zu §§ 612, 632: *Medicus*, AT, Rn. 250.
15 Vgl. *Medicus/Lorenz*, Schuldrecht I, Rn. 103 ff.
16 Vgl. *M. Schwab* JuS 2002, 872, 873 ff; Einzelheiten bei MüKo/*Gottwald* § 328 Rn. 161 ff.
17 *M. Schwab* JuS 2002, 872; *Medicus/Lorenz*, Schuldrecht I, Rn. 110 f; MüKo/*Emmerich* § 311 Rn. 189 ff, 191 ff.

Verpflichtungsgeschäfte schaffen einen oder mehrere Ansprüche. Zumeist beruhen sie auf einem Schuldvertrag, es gibt aber auch familien- oder erbrechtliche Verpflichtungsgeschäfte.

Verfügungen sollen dagegen ein subjektives Recht unmittelbar begründen, ändern, übertragen oder belasten, z.B. die Übereignung von Sachen, die Abtretung von Forderungen (auch wenn im Schuldrecht geregelt), die Belastung oder Veränderung von Sachen.

Verfügender ist dabei nur derjenige, der überträgt, belastet, aufhebt oder inhaltlich verändert, nicht dagegen der Erwerber. Das gilt auch beim gutgläubigen Erwerb; wer wegnimmt, verfügt nicht. Die Verfügung selbst schafft keinerlei Verpflichtungen.

16 Zur Wirksamkeit von Verfügungen bedarf es der Berechtigung des Verfügenden, nämlich seiner **Verfügungsbefugnis** (§ 185 I BGB). Verfügungsberechtigt ist grundsätzlich der Inhaber des Rechts oder der mit dessen Zustimmung Handelnde.[18] In bestimmten Fällen entzieht die Rechtsordnung dem Rechtsinhaber die Verfügungsberechtigung entweder vollständig, so z.B. im Fall der Insolvenz gemäß § 80 I InsO, oder teilweise, so z.B. im Fall der Zugewinngemeinschaft gemäß §§ 1365, 1369 BGB. Verfügungen eines Nichtberechtigten sind in der Regel unwirksam, sofern nicht die Regeln über den Erwerb vom Nichtberechtigten (§§ 892 f, 932 ff, 1207 BGB) eingreifen.

17 Dagegen kann sich jeder verpflichten, unabhängig davon, ob er den Vertrag tatsächlich erfüllen kann. Selbst wenn die Leistung objektiv unmöglich ist, bleibt der Vertrag gemäß § 311a I BGB wirksam.

18 **Fall 2:** Die Eheleute V leben im gesetzlichen Güterstand. Während eines Auslandsaufenthalts ihres Mannes veräußert Frau V ein ihr gehörendes Gemälde, das in der ehelichen Wohnung hängt, an K. Ist die Veräußerung wirksam, und kann Herr V von K Rückgabe verlangen?

Lösung: V könnte die Herausgabe des Gemäldes von K nach §§ 985, 986 BGB verlangen, wenn seine Frau noch Eigentümerin des Gemäldes und K unberechtigter Besitzer wäre und wenn er das fremde Recht seiner Frau geltend machen dürfte.

Frau V war ursprünglich Alleineigentümerin des Bildes. Durch den gesetzlichen Güterstand entsteht kein gemeinschaftliches Vermögen, § 1363 II 1 BGB. Frau V war daher grds. auch verfügungsbefugt. Allerdings greift bei Verfügungen über Haushaltsgegenstände, die im Alleineigentum stehen, das absolute Veräußerungsverbot des § 1369 I BGB ein. Danach kann ein Ehegatte über ihm gehörende Gegenstände nur mit Zustimmung des anderen wirksam verfügen. Ein guter Glaube hinsichtlich des Familien- und Güterstandes wird nicht geschützt. Die Verfügung der Frau V, die ohne Zustimmung von Herrn V erfolgte, ist daher absolut unwirksam. Eigentümer des Bildes ist folglich immer noch Frau V.

18 Die vorherige Zustimmung wird im Gesetz als Einwilligung, vgl. §§ 185 I, 183 BGB und die nachträgliche Zustimmung als Genehmigung, vgl. §§ 185 II, 184 I BGB, bezeichnet.

K ist Besitzer des Bildes. Ein Recht zum Besitz gemäß § 986 BGB könnte sich aus dem mit Frau V geschlossenen Kaufvertrag ergeben. Allerdings greift bei Verpflichtungsgeschäften über Haushaltsgegenstände wiederum § 1369 I BGB ein, so dass auch der Kaufvertrag unwirksam ist.

Frau V hat somit einen Herausgabeanspruch aus § 985 BGB. Diesen kann Herr V nach §§ 1369 III, 1368 BGB als gesetzlicher Prozessstandschafter im eigenen Namen gegenüber K geltend machen.[19] Er muss dabei primär Herausgabe an seine Frau verlangen.

Nur im Ausnahmefall wird der gute Glaube an die Verfügungsbefugnis geschützt. **19**

Fall 3: E beauftragt den Gebrauchtwagenhändler B, seinen gebrauchten Mercedes nicht unter 15 000 € zu veräußern und übergibt ihm Fahrzeug- und Kraftfahrzeugpapiere. B veräußert den Wagen alsbald für 10 000 € an K. Kann E von K Herausgabe verlangen?

Lösung: E könnte einen Anspruch gegen K auf Herausgabe des Mercedes aus §§ 985, 986 BGB haben. Dazu müsste E noch Eigentümer sein.

E könnte sein Eigentum an dem Mercedes durch Übereignung des B an K gemäß § 929 S. 1 BGB verloren haben. Dazu müsste B aber, da er ja nicht selbst Eigentümer war, Verfügungsbefugnis gehabt haben. E erteilte die Verfügungsermächtigung nur begrenzt, d.h. im Rahmen eines bestimmten Kaufpreises, also bedingt. Da B das Auto nicht zu diesem Kaufpreis verkaufte, hatte er auch keine Verfügungsbefugnis. Demnach wäre K nicht Eigentümer geworden. Gutgläubiger Erwerb nach § 932 BGB scheidet aus, weil B zwar den Kraftfahrzeugbrief vorgelegt hat, aber darin nicht als Verfügungsberechtigter ausgewiesen wurde.

K könnte jedoch aufgrund von § 366 I HGB Eigentümer geworden sein. Danach darf der Käufer in der Regel auf die Verfügungsbefugnis eines Händlers vertrauen. Sein guter Glaube wird dabei vermutet.[20] Ohne besondere Verdachtsmomente braucht ein Privatkunde nicht zu überprüfen, auf welche Weise ein Händler in den Besitz von Wagen und Papieren gelangt ist und ob er sich an den erteilten Verkaufsauftrag hält. K wurde daher nach §§ 929, 932 BGB, 366 I HGB Eigentümer. Ein Herausgabeanspruch gemäß § 985 BGB besteht folglich nicht.

§ 366 HGB schützt nur den guten Glauben an die Verfügungsbefugnis, nach h.M. aber **20**
nicht an eine nicht bestehende Vertretungsmacht.[21] Hätte der Händler den Mercedes daher im Namen des E veräußert, so wären Kauf wie Übereignung nach § 177 BGB zunächst schwebend unwirksam.

Probleme mit der Verfügungsbefugnis ergeben sich besonders häufig im Kreditsicherungsrecht, z.B. bei Kollisionen von Vorausabtretungen künftiger Forderungen (verlängerter Eigentumsvorbehalt – Globalzession).

---

19 Vgl. *M. Schwab*, Zivilprozessrecht, § 1 Rn. 34 G; *Rosenberg/Schwab/Gottwald* § 46 Rn. 10.
20 BGHZ 2, 37, 53; vgl. *Canaris*, Handelsrecht, § 27 Rn. 1 ff; *Lettl*, Handelsrecht, § 13 Rn. 20.
21 *Petersen*, JURA 2004, 247, 249.

21 Für Verfügungen gilt das **Spezialitätsprinzip**. Spätestens beim Wirksamwerden von Verfügungen muss feststehen, auf welche konkreten Gegenstände sie sich beziehen. Dies führt zum **Bestimmtheitsgrundsatz**. Dieser hat große praktische Bedeutung bei der Sicherungsübereignung von Warenlagern. Dagegen kann beim Verpflichtungsgeschäft offen gelassen werden, mit welchen konkreten Gegenständen es erfüllt werden soll. Hier ist ein Gattungskauf möglich und die Verpflichtung ist wirksam, bevor sie sich konkretisiert.

22 Nach deutschem Recht sind Verpflichtungs- und Verfügungsgeschäft voneinander zu unterscheiden (**Trennungsprinzip**). Sie sind unabhängig voneinander, d.h. die Verfügung wirkt unabhängig davon, ob ihr ein wirksamer Verpflichtungsvertrag zugrunde liegt (**Abstraktionsprinzip**).[22] Der Grund für das Abstraktionsprinzip ist die Sicherung der Leichtigkeit und Sicherheit des Rechtsverkehrs. Der Erwerber soll auf einen Publizitätsakt vertrauen dürfen und nicht überprüfen müssen, ob der Veräußerer wirklich Berechtigter aufgrund eines Kausalgeschäfts mit einem Dritten geworden ist. Zwischen den Beteiligten eines fehlerhaften Grundgeschäfts bewirkt das Abstraktionsprinzip aber nicht, dass der Erwerber das Erworbene behalten darf. Er muss vielmehr das ohne Rechtsgrund Erworbene nach § 812 BGB an den Veräußerer zurückübertragen.

23 **Fall 4:** E und M vereinbaren, dass M beim Verkauf des Hauses des E ein Vorkaufsrecht haben solle. Ein Jahr später veräußert E sein Hausgrundstück an D, ohne M hiervon zu informieren. Welche Rechte hat er?

Lösung: M könnte einen Anspruch auf Übereignung des Grundstücks aus § 433 I 1 BGB haben. Zwar wurde kein Kaufvertrag zwischen beiden geschlossen, allerdings haben sie ein Vorkaufsrecht nach den §§ 463 ff BGB vereinbart. Das schuldrechtliche Vorkaufsrecht begründet das Recht, einen bestimmten Gegenstand durch einen Kauf zu erwerben, wenn der Vorkaufsverpflichtete die Sache an einen Dritten verkauft. Es handelt sich daher um einen doppelt bedingten Kaufvertrag, wobei der Drittverkauf und die Ausübung des Vorkaufsrechts die Bedingungen sind. Nach § 311b I BGB bedarf jede vertraglich übernommene Veräußerungspflicht der notariellen Beurkundung. Dies gilt auch bei bedingten Veräußerungspflichten, so dass auch das Vorkaufsrecht formbedürftig ist. Folge des Formmangels ist die Nichtigkeit des schuldrechtlichen Vorkaufsrechts, § 125 S. 1 BGB. Unterstellt man die notarielle Beurkundung, so führt die Ausübung des Vorkaufsrechts durch M gemäß § 464 II BGB dazu, dass zwischen E und M ein Kaufvertrag über das Grundstück zustande kommt. Die Übereignung ist dem E allerdings dann unmöglich nach § 275 I BGB, wenn er das Grundstück bereits an D übereignet hat. In diesem Fall kann M lediglich Ansprüche wegen Nichterfüllung nach § 311a II BGB geltend machen.

Die Übereignung wäre dem E aber noch möglich, wenn E dem M ein dingliches Vorkaufsrecht nach § 1094 BGB als dingliche Belastung des Grundstücks bestellt hätte. Denn dann würde zugunsten des M § 1098 II BGB eingreifen, wonach das dingliche Vorkaufsrecht die Wirkung einer Vormerkung hat. Der durch die Ausübung des Vorkaufs-

---

22 *Boecken*, Rn. 197; *Faust* §§ 4–7; *Köhler* § 5 Rn. 14; *Wolf/Neuner* § 29 Rn. 65 ff; *Jauernig*, JuS 1994, 721.

recht entstandene Auflassungsanspruch würde wie durch eine Vormerkung gesichert, so dass der Eigentumserwerb des D nach § 883 II BGB relativ unwirksam wäre.

M hätte dann gegen E den Anspruch auf Auflassung (§ 433 I BGB) und gegen D den Anspruch auf Zustimmung zu seiner Eintragung als Eigentümer im Grundbuch gemäß § 888 I BGB.

Das Abstraktionsprinzip wirkt sich auch bei der **Rückabwicklung von Rechtsgeschäften eines Nichtberechtigten** aus. **24**

Fall 5: Der Baugeschäftsinhaber K erwarb von E eine Planierraupe unter Eigentumsvorbehalt. Da er dringend Geld benötigte, veräußerte K die Raupe alsbald an seinen Geschäftsfreund D gegen Barzahlung. Da sich die Raupe bereits im ersten Monat nach Veräußerung als stark reparaturanfällig erwies, trat D vom Kaufvertrag zurück (§ 437 Nr. 2 BGB) und gab das Gerät wieder an K zurück. Inzwischen war K gegenüber E in Zahlungsverzug geraten. Kann E jetzt Rückgabe der Planierraupe von K verlangen?

Lösung: K schuldet dem E die Herausgabe der Raupe nach § 985 BGB, wenn E noch Eigentümer und K unberechtigter Besitzer ist, § 986 BGB.

E hatte die Raupe zunächst aufschiebend bedingt an K übereignet, §§ 929, 158 I BGB. Die Bedingung der vollständigen Kaufpreiszahlung ist noch nicht eingetreten, so dass E noch Eigentümer blieb. E könnte sein Eigentum an der Raupe aber durch Übereignung von K an D gemäß §§ 929, 932 BGB verloren haben. Da die Planierraupe kein im Straßenverkehr zugelassenes Kraftfahrzeug ist, musste D sich bei dem Erwerb von K keine Fahrzeugpapiere vorlegen lassen.[23] Folglich war D gutgläubig. Demnach hat E sein Eigentum zunächst verloren.

Fraglich ist aber, ob E sein Eigentum wiedererlangt hat. Der von D erklärte Rücktritt vom Kaufvertrag gemäß §§ 434, 437 Nr. 2, 323 BGB führt nur zur schuldrechtlichen Rückabwicklung des Kaufvertrages (§ 346 I BGB). Streitig ist, wer bei der Rückgabe und Rückübereignung durch den gutgläubigen Erwerber neu Eigentum erwirbt.

Nach einer Ansicht, die das Abstraktionsprinzip genau beachtet, führt der gutgläubige Erwerb zu einem endgültigen vollwertigen Eigentumserwerb. Da die Rückübereignung nach § 929 BGB von D an K erfolgt, könnte nur der nichtberechtigte K Eigentum rückerwerben, und sei dann selbst zur Rückübereignung an E verpflichtet.[24] Die h.M. teilt dieses Ergebnis nicht. Sie hält es für unangemessen, weil die §§ 932 ff BGB nur den gutgläubigen Erwerber, nicht aber dessen nichtberechtigten Veräußerer und seine Gläubiger schützen sollen. Erfolgt der **Rückerwerb des Nichtberechtigten** in rechtlichem Zusammenhang mit der Veräußerung durch den Nichtberechtigten, so liege ein sog. Innenverkehrsgeschäft vor. Wie beim Eintritt einer auflösenden Bedingung trete dann ex nunc ein Rückerwerb des ursprünglich Berechtigten ein.[25] Durch diese Durchbrechung des Abstraktionsgrundsatzes soll vor allem ein Zugriff von Gläubigern des Nichtberechtigten in

23 Vgl. BGH WM 1969, 175.
24 So *Musielak*, JuS 2010, 377; MüKo/*Oechsler* § 932 Rn. 24; *Palandt/Bassenge* § 932 Rn. 17.
25 Vgl. *Baur/Stürner*, Sachenrecht, § 52 Rn. 34; *Prütting*, Sachenrecht, Rn. 438.

der Zeit bis zur Weiterübereignung des K an E verhindert werden. Außerdem vermeidet diese Ansicht, dass E das Insolvenzrisiko des K trägt.

Folgt man dieser hM, so lebt das Eigentum des E wieder auf. K ist Besitzer ohne Recht zum Besitz, weil E aufgrund des Zahlungsverzugs vom Kaufvertrag zurückgetreten ist. Somit ist der Anspruch aus § 985 BGB gegeben.

25 Das Abstraktionsprinzip wird auch dann überspielt, wenn eine sog. **Fehleridentität** vorliegt, d.h. wenn derselbe Unwirksamkeitsgrund sowohl das Verpflichtungs- als auch das Verfügungsgeschäft betrifft.[26] Denn das Abstraktionsprinzip bedeutet nicht, dass die Verfügung unter allen Umständen wirksam ist. Die Wirksamkeit des Verpflichtungs- und des Verfügungsgeschäfts sind nur immer unabhängig voneinander zu prüfen. Fehleridentität kann vorliegen bei Mängeln der Geschäftsfähigkeit, bei arglistiger Täuschung und widerrechtlicher Drohung, u.U. auch bei Irrtümern, wenn der gleiche fehlerhafte Wille beiden Geschäften zugrunde liegt. Bei Formmängeln und Verbotsgesetzen kommt es darauf an, auf welches Geschäft sie sich beziehen. In der Regel beziehen sich entsprechende Regeln nur auf das Verpflichtungs- oder nur auf das Verfügungsgeschäft. Problematisch ist die Fehleridentität bei sittenwidrigen Rechtsgeschäften.[27]

2. Rechtsgeschäfte unter Lebenden und von Todes wegen

26 Der Normalfall ist das Rechtsgeschäft unter Lebenden, das sofort oder zu einem vereinbarten Zeitpunkt oder Bedingungseintritt Rechtswirkungen entfaltet. Den Gegensatz dazu bilden Rechtsgeschäfte von Todes wegen, durch die Anordnungen für den Fall des Todes getroffen werden (Testament, §§ 2064 ff BGB, und Erbvertrag, §§ 2274 ff BGB). Rechtsgeschäfte von Todes wegen binden den Erblasser zu seinen Lebzeiten nicht, sie hindern ihn also nicht daran, über sein Vermögen zu verfügen (§ 2286 BGB). Abgrenzungsprobleme bestehen bei Schenkungen unter Lebenden auf den Todesfall. Nach § 2301 BGB sollen in diesem Fall die Vorschriften über Verfügungen von Todes wegen Anwendung finden, sofern die Schenkung nicht zu Lebzeiten des Schenkers vollzogen wurde. **Ausnahme** von dieser Regel ist die praktisch relevante Zuwendung durch einen **echten Vertrag zugunsten Dritter auf den Todesfall** (§ 331 BGB), etwa die schenkweise Zuwendung einer Lebensversicherungssumme durch einen Vertrag mit einer Versicherungsgesellschaft (§ 159 VVG n.F.).[28]

3. Einseitige und zweiseitige Rechtsgeschäfte

27 Der Regelfall ist sicher das **zweiseitige Rechtsgeschäft**, der Vertrag, der durch zwei übereinstimmende Willenserklärungen zustande kommt. Analog zum Vertrag ist das **mehrseitige Rechtsgeschäft** zu konstruieren, wenn mehrere Personen daran beteiligt sind. Das **einseitige Rechtsgeschäft** benötigt dagegen nur eine einzige Willenserklärung, z.B. Auslobung, Testament, Erteilung einer Vollmacht (§ 167 BGB) oder einer Verfügungsermächtigung (§ 185 I BGB), Ausschlagung einer Erbschaft, Ausübung von Gestaltungsrechten wie Kündigung, Anfechtung, Rücktritt vom Vertrag.

---

26 *Medicus*, AT, Rn. 231 ff; *Jauernig*, JuS 1994, 721, 724 f; *Haferkamp*, JURA 1998, 511.
27 Vgl. *Rüthers/Stadler* § 26 Rn. 44; *Bork*, AT, Rn. 482 ff.
28 Vgl. BGH FamRZ 2008, 1516 = ZEV 2008, 392 (krit. *Leipold*); MüKo/*Gottwald* § 328 Rn. 128.

4. Rechtsgeschäftsähnliche Handlungen

Geschäftsähnliche Handlungen beruhen auf einer Willensäußerung. Der Unterschied zum Rechtsgeschäft besteht darin, dass das Gesetz an diese Rechtsfolgen knüpft, unabhängig davon, ob sie der Äußernde gewollt hat, z.B. Mahnung.[29] Auf die geschäftsähnlichen Handlungen sind die Vorschriften über Rechtsgeschäfte analog anzuwenden, soweit es Zweck und Eigenart der betreffenden Erklärungen zulassen.[30] **28**

a) Einwilligung in Operation

Von besonderer Bedeutung ist die Frage, wie die **Einwilligung in eine Operation** einzuordnen ist und welche Anforderungen an ihre Wirksamkeit zu stellen sind.[31] Da es um einen persönlichen Eingriff geht, wird die Einwilligung allgemein nicht den §§ 104, 106 ff BGB unterstellt, vielmehr auf die natürliche Fähigkeit abgestellt, Bedeutung, Tragweite und Gefahren zu übersehen und insoweit vernünftig zu entscheiden. Jugendliche ab 14 Jahren können daher idR selbständig einwilligen. **29**

Bei der Einwilligung in die Operation liegt das Problem vor allem darin, dass ihre wirksame Erteilung zumeist mit einer ausreichenden Aufklärung des Patienten über Notwendigkeit und Gefahren des Eingriffs verquickt ist.

Fall 6: Eine Krankenschwester wurde nach einem Beinbruch in der orthopädischen Klinik behandelt. Dabei erkrankte sie am rechten Auge an Herpes. Der zugezogene Augenarzt verordnete eine Behandlung mit verschiedenen Injektionen. Diese wurden von der Stationsschwester vorgenommen und zwar jeweils in das gesunde Bein oder in das Gesäß. Die letzte Injektion verabreichte die Stationsschwester in das gebrochene Bein. Die Patientin fragte vor der Injektion, warum ihr denn ausgerechnet in das kranke Bein gespritzt werden müsse. Die behandelnde Krankenschwester antwortete darauf, dass das nichts mache. Die Patientin erlitt im Anschluss an die Injektion eine Entzündung mit Abszessbildung und Nekrosen, in deren Verlauf das linke Bein oberhalb des Knies amputiert werden musste. Sie verlangt nun von dem Krankenhaus Schadensersatz aus § 831 BGB, weil die behandelnde Krankenschwester eine eigenmächtige gefährliche Behandlung durchgeführt habe. Zu Recht?[32]

Lösung: Die Krankenschwester ist Verrichtungsgehilfin, weil sie weisungsgebunden gegenüber den Ärzten ist. Sie verabreichte die Injektion auch in Ausführung dieser Verrichtung.

Fraglich ist, ob die Krankenschwester widerrechtlich einen Schaden zugefügt hat, also eine rechtswidrige Handlung i.S.d. §§ 823 ff BGB begangen hat, oder ob das Verhalten der Krankenschwester nicht rechtswidrig war, weil eine entsprechende Einwilligung der Patientin vorlag. Der BGH hat die Einwilligung der Patientin im Einzelnen ausgelegt. Nach seiner Meinung bezog sich die Einwilligung in die Injektionen auf sämtliche geeigneten Körperteile. Allerdings habe es der Patientin freigestanden, im Einzelfall zu widersprechen. Mit ihrer Frage habe sie jedoch nicht endgültig widersprochen, sofern sie nicht

29 *Wolf/Neuner* § 28 Rn. 9.
30 Vgl. *Wolf/Neuner* § 28 Rn. 10.
31 *Bork*, AT, Rn. 418.
32 Nach **BGH NJW 1980, 1903**.

echt überrumpelt worden sein sollte. Da die Patientin aber selbst Krankenschwester gewesen sei, habe die behandelnde Schwester nicht mit dem Einschüchterungseffekt rechnen müssen. Deshalb bleibe nur die Feststellung, dass die Patientin die Injektion zwar widerwillig und zögernd, aber doch im Sinne einer Einwilligung hingenommen habe. Eine andere Auslegung sei mit den Gegebenheiten und Notwendigkeiten des klinischen Betriebs nicht zu vereinbaren. Ängstlichkeit und Wehleidigkeit, die von Patienten sehr häufig geäußert würden, stünden der Wirksamkeit der Einwilligung nicht entgegen. Folglich liegt keine rechtswidrige Handlung vor.

Ein Schadensersatzanspruch aus § 831 BGB scheidet daher aus.

b) Patientenverfügung

Mit Hilfe einer Patientenverfügung (§ 1901a BGB) kann ein einwilligungsfähiger Volljähriger vorab schriftlich seine Einwilligung in ärztliche Behandlungen oder Eingriffe oder deren Untersagung für den Fall seiner späteren Einwilligungsunfähigkeit festlegen. Tritt dieser Fall ein, sind Betreuer bzw. Vorsorgebevollmächtigter grundsätzlich verpflichtet, dem erklärten Willen Geltung zu verschaffen (§ 1901d I 2 BGB).[33] Angesichts der Parallele zur Einwilligung in eine ärztliche Behandlung erscheint die gesetzliche Beschränkung auf Volljährige zweifelhaft.[34] Die Patientenverfügung selbst enthält noch keine Willenserklärung zum Abschluss eines Behandlungsvertrages, so dass insoweit ein Vertreter (Betreuer; Vorsorgebevollmächtigter) handeln muss.[35]

5. Realakte

30 Die sog. Realakte sind keine Rechtsgeschäfte.

➔ Unter Realakten versteht man Handlungen, die ohne Mitteilungs- und Kundgabezweck vorgenommen werden und an die das Gesetz eine Rechtsfolge ohne Rücksicht auf das Gewollte knüpft.[36]

Im Unterschied zu den geschäftsähnlichen Handlungen und zu den rechtsgeschäftlichen Willenserklärungen fehlt bei Realakten sowohl ein Erklärungs- und Kundgabezweck, als auch ein Rechtsfolgewillen. Für die Vornahme von Realakten ist grundsätzlich weder eine Geschäftsfähigkeit noch die Einhaltung der allgemeinen Vorschriften über Willensmängel, Einwilligung, Genehmigung und Stellvertretung notwendig.[37]

Realakte sind z.B. die **Verbindung** und **Vermischung** gemäß §§ 946–949 BGB, die **Verarbeitung** gemäß § 950 BGB, die **Übergabe** im Sinn des § 929 I BGB, die **Besitzbegründung und -aufgabe** gemäß §§ 854 I, 856 BGB sowie der **Fund** gemäß § 965 BGB.

33 Vgl. *Spickhoff*, FamRZ 2009, 1949, 1951.
34 Vgl. *Sternberg/Lieben/Reichmann*, NJW 2012, 257.
35 Vgl. *Bamberger/Roth/G. Müller* § 1901a Rn. 17, 19.
36 *Wolf/Neuner* § 28 Rn. 13.
37 *Wolf/Neuner* § 28 Rn. 15.

6. Gefälligkeit und Rechtsgeschäft

Rechtsgeschäfte sind von Geschäften unterhalb der Ebene des Rechts, den sog. reinen **Gefälligkeiten**, abzugrenzen. Alltäglich ist der persönliche Austausch auf gesellschaftlicher Ebene, der zwar in Form des Rechtsgeschäfts vorgenommen werden könnte, aber nicht wird. Es fehlt üblicherweise am Willen, sich rechtlich binden zu wollen (z.B. Lottospielgemeinschaft[38], Einladung zum Essen, Winkzeichen zum Herausfahren aus einer Parklücke,[39] kostenlose Mitnahme im Pkw[40]). Ein möglicher Rechtsbindungswille wird über die Indizien, die erkennbare wirtschaftliche und rechtliche Bedeutung, den Wert der anvertrauten Rechtsgüter, die in Anspruch genommene Sachkunde,[41] Zumutbarkeit im Hinblick auf das Schadensrisiko und ein mögliches Eigeninteresse des Leistenden bestimmt.[42] **31**

Die Abgrenzungsprobleme zwischen der reinen Gefälligkeit, den Gefälligkeitsverhältnissen und den Gefälligkeitsverträgen (Schenkung [§ 516 BGB], Leihe [§ 598 BGB], unentgeltliche Verwahrung [§ 688 BGB], Auftrag [§ 662 BGB, mit Einschränkung des § 670 BGB]) sind für Haftungsfragen von Bedeutung. Anders als bei den echten Gefälligkeitsverträgen ist die Haftung bei den Gefälligkeitsverhältnissen und der reinen Gefälligkeit nicht gesetzlich geregelt. **Mangels Rechtsbindungswillens** existieren bei der reinen Gefälligkeit weder vertragliche Primär- noch Sekundärpflichten, wohl aber bleibt es bei der **Schadenshaftung nach Deliktsrecht**. Eine Haftung wegen Schutzpflichtverletzung (§§ 241 II, 280 BGB) kommt nur ausnahmsweise in Betracht.[43]

Probleme tauchen bei **Haftungsfragen** auf, so z.B. ob der Gast auf Schadensersatz haftet, wenn er ein Glas Rotwein umwirft und dabei das Tischtuch des Gastgebers und das Hosenbein des neben ihm sitzenden Gastes beschädigt. **32**

Eine Lösung der Problematik besteht darin, eine vertragliche **konkludente Haftungsmilderung** anzunehmen. Doch fehlt bei reinen Gefälligkeiten gerade eine rechtsgeschäftliche Verpflichtung und regelmäßig der Wille, eine Haftungsmilderung zu vereinbaren. Deshalb bleibt nur die Annahme einer gesetzlichen Haftungsmilderung.[44] Da das BGB in den §§ 521 (Schenkung), 599 (Leihe) und 690 (unentgeltliche Verwahrung) Haftungsmilderungen für bestimmte unentgeltliche Rechtsverhältnisse gewährt, sind diese Milderungen auch für Deliktsansprüche zu gewähren, wenn es sich um Schädigungen bei unverbindlichen Gefälligkeiten handelt.

Die Annahme einer gesetzlichen Haftungsmilderung ist nicht unproblematisch. Die gesetzlichen Haftungsmilderungen gelten nur für den Schenker (§ 521 BGB), den Verleiher (§ 599 BGB) und den unentgeltlichen Verwahrer (§ 690 BGB). Bei auftragsähnlichen Dienstleistungen soll keine Haftungsmilderung eingreifen, weil auch das Auftragsrecht

38 BGH NJW 1974, 1705; vgl. dazu *Köhler*, PdW, AT, Fall 43.
39 OLG Frankfurt NJW 1965, 1334.
40 Vgl. *Säcker/Mohr*, Fall 4 (S. 61 ff).
41 BGH NJW 2009, 1141, 1142.
42 *Schack*, AT, Rn. 196 f; *Faust* § 2 Rn. 2 f; NK-BGB/*G. Schulze* Vor §§ 145–147 Rn. 21; *Fritzsche*, Fall 2.
43 *Bork*, AT, Rn. 682.
44 *Medicus*, AT, Rn. 186 ff.

keine gesetzliche Regelung kennt. Der Geschäftsführer ohne Auftrag haftet nur milder, wenn die Geschäftsführung eine dringende Gefahr abwenden sollte (§ 680 BGB).

Medicus möchte danach differenzieren, welcher Art die gefälligkeitshalber gewährte Leistung ist.[45] Bei einem deutlichen Überwiegen des haftungsrechtlich privilegierten Teiles, soll die Haftungsmilderung auch auf die übrigen Teile erstreckt werden. Die Zufallsergebnisse, die daraus entstehen, lassen sich aber nicht rechtfertigen. Falls eine Einordnung der gewährten Leistung nicht eindeutig möglich ist, wird man es bei der nach geltendem Recht vollen Deliktshaftung belassen müssen.

45 *Medicus*, AT, Rn. 189.

§ 2 Der Vertragsschluss

Ein Vertrag kommt durch zwei übereinstimmende Willenserklärungen, Antrag und Annahme (§§ 145, 146 BGB), zustande. Beide Erklärungen müssen nicht wörtlich, wohl aber inhaltlich übereinstimmen. In unproblematischen Fällen genügt oft ein kurzer Hinweis, dass ein Vertrag zwischen den Parteien geschlossen wurde. Liegt der Fall einmal nicht so klar, muss man sich intensiv mit dem Vorliegen und der Übereinstimmung der Willenserklärungen auseinandersetzen.[1] 33

I. Die Willenserklärung

➔ Unter Willenserklärung versteht man eine Willensäußerung, die final auf den Eintritt einer Rechtsfolge gerichtet ist. Ob der Rechtserfolg tatsächlich eintritt, richtet sich danach, ob er von der Rechtsordnung anerkannt wird.

Man unterscheidet bei der Willenserklärung den äußeren und den inneren Tatbestand.

1. Der innere Tatbestand

Im Rahmen des inneren Tatbestandes unterscheidet man den **Handlungswillen**, das **Erklärungsbewusstsein** und den **Geschäftswillen**. Unstreitig ist, dass der Handlungswille notwendige Voraussetzung einer Willenserklärung ist und dass ein Geschäftswille nicht erforderlich ist. Fehlt der Geschäftswille, bleibt dem Erklärenden nur die Möglichkeit der Anfechtung. Umstritten ist, ob das Erklärungsbewusstsein gegeben sein muss.[2] 34

a) Handlungswille

Notwendige Voraussetzung für eine Willenserklärung ist der Handlungswille des Erklärenden. Dieser liegt nur bei einem bewusst gesteuerten Verhalten vor. 35

Fall 7: Schreinermeister S erhält ein Werbeangebot des Weinguts W. Er unterschreibt die vorbereitete Bestellkarte, mit der ein Probierkarton zu 100 € angefordert werden kann, legt sie aber dann nochmals beiseite, um sich die Sache zu überlegen. Beim Aufräumen des Schreibtisches gelangt die Karte unter die abzusendende Post und wird von Frau S mit in den Briefkasten geworfen. Nach einigen Tagen erhält S die Weinlieferung per Postpaket mit Rechnung. Kann er Abnahme und Zahlung verweigern? Muss er die Transportkosten ersetzen?

Lösung: Das Weingut könnte einen Anspruch auf Bezahlung des Kaufpreises aus § 433 II BGB haben. Dazu bedarf es jedoch eines wirksamen Kaufvertrages und damit eines wirksamen Angebots des S.

1 Vgl. *Fritzsche*, JA 2006, 674.
2 Vgl. *Rüthers/Stadler* § 17 Rn. 6, 8 ff; *Wolf/Neuner* § 32 Rn. 19 ff (spricht von Partizipationswille); krit. *Leenen* § 5 Rn. 28 ff (arg. 105 II BGB).

Abgegeben ist eine Willenserklärung dann, wenn der Erklärende seinen rechtsgeschäftlichen Willen erkennbar so geäußert hat, dass an der Endgültigkeit der Äußerung kein Zweifel besteht. Bei empfangsbedürftigen Erklärungen muss außerdem hinzukommen, dass sie mit Willen des Erklärenden in den Verkehr gebracht worden sind.[3]

Wolf meint, wer eine unterschriebene Erklärung auf seinem Schreibtisch liegen lasse, müsse sich das Inverkehrbringen durch Personen seines Herrschaftsbereiches zurechnen lassen.[4]

Nach h.M. handelt es sich dagegen um den Fall einer **abhandengekommenen Willenserklärung**. Die Erklärung ist durch Frau S ohne den Willen des S in den Verkehr gebracht worden, denn S wollte sich die Sache noch einmal überlegen. In der Unterschrift allein kann ein solcher Erklärungswille noch nicht gesehen werden. Hat S daher keine Willenserklärung abgegeben,[5] fehlt es an einem wirksamen Angebot, ein wirksamer Kaufvertrag wurde nicht geschlossen. S kann also die Abnahme und Zahlung des Weins verweigern.

Praktisch verhält sich die Sache schwieriger. Gibt sich der Weinhändler nicht mit der Erklärung des S zufrieden und klagt den Kaufpreis ein, muss er nur den objektiven Tatbestand der Willenserklärung des S beweisen, d.h. die Erklärung, die Einhaltung der Form, den Zugang usw. Diesen Beweis kann er leicht durch Urkundenbeweis gemäß § 416 ZPO führen. Danach begründen Privaturkunden, die von dem Aussteller unterschrieben sind, vollen Beweis dafür, dass die in ihnen enthaltenen Erklärungen von dem Aussteller abgegeben worden sind. Nach § 420 ZPO wird der Beweis durch die Vorlegung der Urkunde geführt. S müsste den Gegenbeweis, etwa durch Zeugenaussage seiner Frau führen, dass die Erklärung ohne seinen Willen in den Verkehr gelangt ist. Diese kann aber kaum bezeugen, dass S den Wein noch gar nicht bestellen wollte. Bleibt S beweisfällig, wird das Gericht von einem wirksamen Vertrag ausgehen. S könnte sich dann jedoch mittels Widerruf gemäß § 355 I 1 BGB iVm §§ 312b, 312d I 1 BGB von dem Vertrag lösen. Bei dem Vertrag handelt es sich um einen Fernabsatzvertrag i.S.d. § 312b I BGB, denn es geht um die Lieferung von Waren (hier Wein), die zwischen dem Unternehmer (§ 14 I BGB), dem Weinhändler, und S unter ausschließlicher Verwendung von Fernkommunikationsmitteln vereinbart wurde. Da S den Wein rein privat bestellte, handelte er hier als Verbraucher (§ 13 BGB). Unter Fernkommunikationsmitteln sind insbesondere Briefe zu verstehen, § 312b II BGB, also auch Werbeangebote per Post. Dessen Anwendbarkeit ist auch nicht nach § 312b III Nr. 5 BGB ausgeschlossen, da es weder um Getränke des täglichen Bedarfs geht noch diese durch W selbst geliefert wurde. Auch § 312d IV BGB steht nicht entgegen. Da die erforderlichen Belehrungen nach § 312c I BGB iVm §§ 312d II BGB nicht stattgefunden haben, ist die Widerrufsfrist noch nicht angelaufen. S kann daher noch widerrufen. Das hat zur Folge, dass er nicht mehr an die Willenserklärung gebunden ist, § 355 I 1 BGB.

---

3 *Palandt/Ellenberger* § 130 Rn. 4; *Wolf/Neuner* § 32 Rn. 14 ff; *Neuner*, JuS 2007, 881, 885 („fehlender Kommunikationswille").

4 Vgl. *Fritzsche* Fall 4.

5 *Brox/Walker*, Rn. 147; *Köhler* § 6 Rn. 12; *Leipold* § 12 Rn. 8; *Grigoleit/Herresthal*, Rn. 10; *Wolf/Neuner* § 32 Rn. 17; a.A. *Medicus*, AT, Rn. 2066; MüKo/*Armbrüster* Vor § 116 Rn. 27 (Anfechtung analog § 119 erforderlich).

(Hätte S den Wein für eine Betriebsfeier, also als Unternehmer (§ 14 BGB) bestellt, so wäre es anders. Ein gesetzliches Widerrufsrecht bestünde dann nicht.)

Übt der Verbraucher sein Widerrufsrecht aus, so hat der Unternehmer nach § 357 II 2 BGB die Kosten der Rücksendung durch Paket zu tragen (sofern keine wirksame Kostenabwälzung gemäß § 357 II 3 BGB erfolgte). Für die Kosten der Hinsendung enthält das Gesetz keine Regelung. Nach dem Sinn des Art. 6 der Richtlinie 97/7/EG trägt der Unternehmer aber auch die Kosten der Zusendung der Ware.[6] Der BGH möchte dem gutgläubigen Dritten, der auf die Willenserklärung des S vertraut hat, seinen Schaden „nach den Grundsätzen, wie sie zu der Haftung auf das negative Interesse entwickelt worden sind", also nach Regeln der Vertrauenshaftung, ersetzen.[7] In Betracht kommt die analoge Anwendung von § 122 BGB,[8] nach dessen Rechtsgedanken jeder für Mängel aus der eigenen Sphäre einstehen muss. Auf ein Verschulden kommt es dabei nicht an. Andere wiederum nehmen an, dass die ohne Erklärungswillen abgegebene Willenserklärung den Erklärenden binde, diesem aber ein Anfechtungsrecht zustehe. Schließlich wird noch vertreten, dem gutgläubigen Dritten stehe ein Schadensersatzanspruch gemäß §§ 280, 241 II, 311 II BGB zu.[9]

Erklärungen unter Hypnose, unter Anwendung unmittelbarer körperlicher Gewalt (**vis absoluta**) oder entsprechende konkludente Handlungen bei Bewusstlosigkeit[10] werden dem Erklärenden nicht zugerechnet. **36**

Fall 8: Professor Unrat amüsiert sich in der „Bar zum Blauen Engel" mit Bardamen und Champagner. Am Morgen präsentiert man ihm eine Rechnung über 10 000 €. Da er nur 200 € in der Brieftasche hat, legt ihm der Geschäftsführer G einen Wechsel über 10 000 € vor und fordert ihn auf, den Wechsel zu unterschreiben. Als er sich weigert, schlägt G solange auf Professor Unrat ein, bis er unterschreibt. Haftet er aus dem Wechsel?

Lösung: Nach § 28 I WG haftet Professor Unrat als Bezogener des Wechsels, wenn er diesen angenommen hat.

Problematisch ist, ob eine wirksame Annahme vorliegt, insbesondere, ob ein Handlungswille und damit ein Willensakt, der auf Vornahme eines äußeren Verhaltens gerichtet ist, vorhanden war.

Der Handlungswille würde vor allem bei unmittelbarem Zwang fehlen, da es dann am entsprechenden Willen fehlt.[11] Hätte der Geschäftsführer dem Professor die Hand geführt oder ihn mit der Pistole bedroht, so hätte unmittelbarer körperlicher Zwang vorgelegen und die Unterschrift wäre ungültig gewesen.

Hier wurde jedoch nur mittelbarer Zwang ausgeübt; Unrat hätte sich auch anders hätte entscheiden können. Dass diese Entscheidung mittelbar durch Gewaltanwendung herbei-

6 BGH NJW 2010, 2651 im Anschluss an EuGHE 2010, I-3047 = NJW 2010, 1941.
7 BGHZ 65, 13, 14 = NJW 1975, 2101.
8 So z.B. BGH NJW 1984, 2279; für direkte Anwendung MüKo/*Armbrüster* § 122 Rn. 6.
9 Vgl. *Brehm*, AT, Rn. 158; *Köhler* § 6 Rn. 12.
10 Vgl. *Staudinger/Singer* Vor § 116 Rn. 27.
11 *Leipold* § 10 Rn. 18; *Wolf/Neuner* § 32 Rn. 7.

geführt wurde, ist unerheblich.[12] Daher bestehen Handlungswille und Erklärungsbewusstsein. Die Wechselannahme ist zunächst wirksam.

Unrat kann seine Erklärung aber gemäß § 123 I BGB innerhalb der Frist des § 124 I BGB anfechten mit der Folge, dass die Annahme ex tunc nichtig ist, § 142 I BGB, weil er durch die Schläge zur Annahme des Wechsels gezwungen wurde, somit eine widerrechtliche Drohung gegeben ist.

b) Erklärungsbewusstsein

37 ➔ Unter Erklärungsbewusstsein versteht man das Bewusstsein, überhaupt etwas rechtlich Verbindliches zu erklären. Es fehlt, wenn der Erklärende keinen Rechtsfolgewillen äußern wollte.

Nach der Rechtsprechung bedarf die Willenserklärung keines Erklärungsbewusstseins. Eine Willenserklärung kann auch fahrlässig abgegeben werden, vorausgesetzt, sie ist dem Erklärenden zurechenbar, weil er den Anschein mit der im Verkehr erforderlichen Sorgfalt hätte erkennen und vermeiden können. Das Prinzip der Privatautonomie wird insoweit durch das der **Selbstverantwortung** korrigiert.

Fall 9: Die S-GmbH bestellte bei der A-GmbH eine Werkhalle aus Stahlblech für 130 000 €. Die A-GmbH verlangte von der S-GmbH eine Bankbürgschaft für den Kaufpreis; der Geschäftsführer der S-GmbH sagte zu, dass er sich darum bemühen würde und unterzeichnete zunächst einen von der A-GmbH ausgestellten, auf die S-GmbH gezogenen Wechsel über 130 000 €. Sodann sprach er bei seiner Hausbank, einer Sparkasse, wegen einer Bürgschaft vor. Diese richtete daraufhin an die A-GmbH folgendes Schreiben:

„Unsere Bürgschaft in Höhe von 100 000 € zugunsten S-GmbH … Zugunsten der S-GmbH haben wir gegenüber Ihrer Firma die selbstschuldnerische Bürgschaft in Höhe von 100 000 € übernommen. Wir wären Ihnen für eine kurze Mitteilung sehr verbunden, wie hoch sich die Verpflichtungen der Fa. S bei Ihnen derzeit belaufen …"

Die A-GmbH antwortete daraufhin:

„Wir danken für ihr Schreiben und haben gerne zur Kenntnis genommen, dass Sie gegenüber der S-GmbH die selbstschuldnerische Bürgschaft gegenüber unserer Firma in Höhe von 100 000 € übernommen haben. Unsere Forderungen an die o.g. Firma betragen 130 000 €."

Da die S-GmbH den Wechsel nicht einlöst, macht die A-GmbH bei der Sparkasse die Bürgschaft geltend. Diese entgegnet, sie habe niemals eine Bürgschaft übernommen, ihr Sachbearbeiter sei bei Abfassung des Briefes an die A-GmbH irrtümlich von einer bereits bestehenden Bürgschaft ausgegangen und habe sich nur nach dem Stand der Verbindlichkeit der S-GmbH erkundigen wollen. Daher bestehe keine Bürgschaftsverpflichtung.

In einem weiteren, drei Wochen später abgesandten Schreiben, ficht die Sparkasse eine etwa erteilte Bürgschaftserklärung nochmals vorsorglich wegen Irrtums an. Wie ist zu entscheiden?[13]

Lösung: Die Sparkasse könnte gemäß §§ 765 I, 773 I Nr. 1 BGB aus der selbstschuldnerischen Bürgschaft in Höhe von 100 000 € in Anspruch genommen werden, wenn ein

12 BGH DB 1975, 2075.

13 **BGHZ 91, 324, 327 = NJW 1984, 2279.** Vgl. auch BGH NJW 1995, 953 (dazu *Habersack,* JuS 1996, 585); BGH NJW 2005, 2620, 2621; BGH NJW 2010, 861, 862; s. *Säcker/Mohr,* Fall 11 (S. 158 ff).

wirksamer Bürgschaftsvertrag vorläge. Daran würde es fehlen, wenn die Sparkasse keine Willenserklärung abgegeben hätte.

Die Sparkasse ging von einem bereits geschlossenen Vertrag aus, wollte mit dem Schreiben also keinen eigenen Vertrag schließen. Insoweit fehlt ihr das Erklärungsbewusstsein, d.h. das Bewusstsein, etwas rechtlich Erhebliches zu erklären. Fraglich ist, welche Folgen dies für die Willenserklärung hat.

Nach einer Ansicht ist das Erklärungsbewusstsein konstitutives Erfordernis einer Willenserklärung mit der Folge, dass sein Fehlen ohne weiteres zur Nichtigkeit führt. Denn ohne das Erklärungsbewusstsein fehle es an der notwendigen privatautonomen Gestaltung in Selbstbestimmung, so dass eine Zurechnung nicht gerechtfertigt sei. Der Erklärende hafte allenfalls analog § 122 BGB oder gemäß §§ 280 I, 311 II BGB (c.i.c.) auf Ersatz des Vertrauensschadens.[14]

Nach der h.M. hingegen ist das Erklärungsbewusstsein kein zwingendes Erfordernis einer Willenserklärung. Soweit die Erklärung aus der Sicht eines objektiven Empfängers nach Treu und Glauben und der Verkehrssitte als Willenserklärung aufgefasst werden kann und der Erklärende dies bei Anwendung der im Verkehr erforderlichen Sorgfalt hätte erkennen und vermeiden können, liegt trotz fehlenden Erklärungsbewusstseins eine wirksame Willenserklärung vor.[15] Der hM ist der Vorzug zu geben, weil der Erklärungsempfänger schutzwürdiger als der Erklärende ist; dieser muss für den von ihm hervorgerufenen Vertrauenstatbestand einstehen.

Im vorliegenden Fall enthielt das Schreiben der Sparkasse aus der Sicht eines loyalen Empfängers eine rechtsgeschäftliche Willenserklärung.

Diese könnte jedoch gemäß § 142 I BGB infolge Anfechtung ex tunc nichtig sein.

Die Anfechtung könnte bereits mit dem ersten Schreiben der Sparkasse erklärt worden sein. Als Ausgleich für die Bejahung der Willenserklärung gesteht die h.M. demjenigen, der ohne Erklärungsbewusstsein eine Willenserklärung abgegeben hat, ein Anfechtungsrecht gemäß § 119 I 2. Alt. BGB (Erklärungsirrtum) analog zu.[16] Die Anfechtung muss gemäß § 121 I 1 BGB unverzüglich, also ohne schuldhaftes Zögern, erfolgen. In der Erklärung der Sparkasse, sie sei irrtümlich von einer bestehenden Bürgschaft ausgegangen, kann aber keine Anfechtungserklärung gesehen werden. Zwar erfordert eine solche nicht ausdrücklich den Gebrauch des Wortes „anfechten", jedoch muss unzweideutig aus ihr hervorgehen, dass das Geschäft wegen eines Willensmangels nicht mehr gelten soll. Ein solcher Willensmangel wurde bei dieser Erklärung jedoch nicht bezeichnet.

In der nach drei Wochen erfolgenden „Anfechtung wegen Irrtums" ist zwar eine wirksame Anfechtungserklärung zu sehen, jedoch erfolgte diese nicht unverzüglich i.S.d. § 121 I 1 BGB.

14 *Canaris*, NJW 1974, 521, 528; *Neuner*, JuS 2007, 881, 885; vgl. *Musielak*, AcP 211 (2011), 769.

15 Vgl. BGHZ 158, 201 = NJW 2004, 1590, dazu *Spindler*, NJW 2004, 1128 (Die Nutzung eines heimlich installierten automatischen Einwahlprogramms [Dialer] führt in ergänzender Vertragsauslegung des Telefondienstvertrages nicht zu einer besonderen Vergütungspflicht); für zurechenbare Fahrlässigkeit dagegen *Oechsler*, JURA 2012, 422.

16 *Palandt/Ellenberger* Einf. § 116 Rn. 17; vgl. *Faust* § 21 Rn. 25.

Eine erfolgreiche Anfechtung liegt damit nicht vor, folglich sind die Willenserklärung und damit der Bürgschaftsvertrag gültig.

38 Eine andere Frage ist, wie präzise das Erklärungsbewusstsein ausgestaltet sein muss. Die Rechtsprechung ist auch hier sehr großzügig.

Fall 10: A, B und C waren Kommanditisten der D-GmbH & Co KG mit je 100 000 € Kommanditeinlage. Außerdem waren sie mit je 5000 € an der D-GmbH beteiligt. Die D-GmbH war Komplementärin der D-GmbH & Co KG; A war ihr einziger Geschäftsführer.

In der Satzung der D-GmbH ist festgelegt, dass die Gesellschafter der GmbH im gleichen Verhältnis als Kommanditisten an der KG beteiligt sein sollen. Bei Veränderungen seien die Gesellschafter, gegebenenfalls die Gesellschaft selbst verpflichtet, die Geschäftsanteile ganz oder teilweise so auf die Kommanditisten zu übertragen, dass wieder gleiche Beteiligungsverhältnisse herbeigeführt werden. Jeder Gesellschafter war berechtigt, seine Anteile an KG und GmbH auf Familienmitglieder ohne Zustimmung der anderen Gesellschafter zu übertragen.

Am 19.12. übertrug C seinen Kommanditanteil und seinen Anteil an der D-GmbH auf seine Ehefrau F. Diese kündigte die Kommanditbeteiligung am 26.12. mit der Folge nach dem KG-Vertrag, dass sie zum 31.12. aus der Gesellschaft ausschied. Am 7.2. des nächsten Jahres wurde über das Vermögen des C ein Insolvenzverfahren eröffnet. Der Insolvenzverwalter focht die Übertragung des Anteils an F gemäß § 134 InsO erfolgreich an und machte die Abfindung des C bei der KG geltend.

A und B berieten über die entstandene Lage. Sie kamen überein, dass A den Anteil der ausgeschiedenen Gesellschafterin F übernehmen sollte. B erklärte, er sei nicht daran interessiert, seine Beteiligung zu erhöhen.

A und die D-GmbH, vertreten durch A, verlangen nun von B Mitwirkung bei der Anmeldung der Erhöhung der Kommanditeinlage des A (auf 200 000 €).

B wendet dagegen ein, er habe nicht gewusst, dass er mit seiner damaligen Äußerung über einen ihm bereits zugewachsenen Anteil verfügt habe. Er sei vielmehr davon ausgegangen, dass A den Anteil durch Übertragung seitens der F erlange. Er habe deshalb kein Erklärungsbewusstsein gehabt und auch nicht wirksam verfügt.

Wie ist zu entscheiden?[17]

Lösung: Fraglich ist, ob B wirksam über den ihm nach §§ 161 II, 105 III HGB iVm § 738 I 1 BGB teilweise angewachsenen Anteil der F zugunsten des A verfügt hat.

Die Erklärung des B wäre unwirksam, wenn ihm das Erklärungsbewusstsein (= das Bewusstsein, eine rechtsgeschäftliche Erklärung abzugeben) gefehlt hätte. Er war sich nach seinen Aussagen nicht bewusst, dass er mit der Äußerung, der A solle den Anteil der F übernehmen, auch über den ihm gemäß §§ 161 II, 105 II HGB i.V.m. § 738 I 1 BGB bereits angewachsenen Anteil verfügt. B war vielmehr der Ansicht, dass A den Anteil der F durch rechtsgeschäftliche Übertragung erlangen würde, wozu es keiner rechtsgeschäftlichen Mitwirkung seinerseits bedurft hätte.

B hatte im vorliegenden Fall jedoch sowohl Erklärungsbewusstsein als auch Rechtsfolgenwillen. Deren Vorliegen setzt nicht voraus, dass der Erklärende eine ins Einzelne gehende Vorstellung über die rechtstechnische Herbeiführung des angestrebten wirtschaft-

17 **BGH NJW 1993, 2100.**

lichen Erfolges hat, es ist ausreichend, wenn dieser als rechtlich gesichert und anerkannt gewollt ist.[18] Dies lag hier vor. B erklärte dem A, dieser solle den Anteil der F übernehmen, das wirtschaftliche Ziel war also, dass der Anteil des A um den Anteil der F erhöht werden sollte, wobei B seinen bisherigen Anteil nicht erhöhen wollte. Dass B zur Erreichung dieses Ziels, seinen ihm angewachsenen Anteil an A übertragen muss, ist eine zwingende Folge dieser Grundentscheidung, über die er gerade keine ins Einzelne gehende Vorstellung haben musste. Die Verfügung ist damit wirksam.

Dass dieses Vorgehen von der gesellschaftsvertraglichen Regelung abweicht, führt zu keinem anderen Ergebnis. Durch das angestrebte wirtschaftliche Ergebnis wurde auch die Änderung des Gesellschaftsvertrages nötig, zu dessen Mitwirkung sich B mit seiner Erklärung ebenfalls verpflichtet hat.

Ob das Erklärungsbewusstsein fehlt oder nicht, beeinflusst den äußeren Tatbestand der **39**
Willenserklärung nicht, d.h. **schlüssiges (konkludentes) Verhalten** hat Erklärungscharakter, auch wenn dabei das Erklärungsbewusstsein fehlt.

Fall 11: Da die E-GmbH ihren Verpflichtungen nicht nachkam, wurde ihr Grundstück mit einem Mietshaus unter Zwangsverwaltung gestellt (§§ 146 ff ZVG) und Z zum Zwangsverwalter bestellt. Nach einigen Monaten erhielt Z von der S-GmbH Vertragsentwürfe, wonach diese das Grundstück erwerben, die Mietwohnungen in Eigentumswohnungen umwandeln und die Wohnungen dann verkaufen wollte. Beigefügt war außerdem ein Schreiben an die Mieter, dass diese nach Absprache mit Z ab Januar die Miete an die S-GmbH zahlen sollten. Dies geschah.

Z unternahm hiergegen nichts, weil er glaubte, die S-GmbH habe das Grundstück tatsächlich erworben. Als sich der Irrtum herausstellte, hatten die Mieter 27 000 € an die S-GmbH überwiesen. Ein Insolvenzantrag gegen die S-GmbH war mangels Masse abgewiesen, diese wegen Vermögenslosigkeit gelöscht worden.

Z wurde nun entlassen und ein neuer Zwangsverwalter, RA R, bestellt. Dieser verlangt von Z Schadensersatz. Z verteidigt sich damit, dass den Gläubigern der E-GmbH kein Schaden entstanden sei, weil die Mieter gar nicht befreiend an die S-GmbH hätten leisten können. Wie ist zu entscheiden?[19]

Lösung: RA R könnte einen Schadensersatzanspruch gegen Z aus §§ 154 S. 1 ZVG, 251 I BGB geltend machen. Z hat die Mietzinsen nicht eingezogen, weil er unter Missachtung der im Verkehr erforderlichen Sorgfalt von einem Eigentumserwerb der S-GmbH ausging, und somit seine ihm als Zwangsverwalter obliegende Pflicht aus § 152 ZVG schuldhaft nicht erfüllte. RA R ist als neuer Zwangsverwalter gemäß § 152 ZVG grundsätzlich befugt, den Gemeinschaftsschaden aller Beteiligten i.S.d. § 9 ZVG geltend zu machen, hier also einen Gesamtschaden von 27 000 €.

Fraglich ist jedoch, ob ein solcher Schaden tatsächlich entstanden ist. Dies wäre nur dann der Fall, wenn die Mieter mit schuldbefreiender Wirkung an die S-GmbH hätten leisten können. Schuldbefreiende Wirkung hätte die Mietzinszahlung grundsätzlich nur an den Gläubiger, § 362 I BGB, an dessen Stelle mit der Beschlagnahme der Zwangsverwalter Z getreten ist. Eine Leistung an Dritte hat diese Wirkung gemäß § 362 II BGB nur, wenn

18 BGH NJW 1993, 2100.
19 **BGH NJW 1990, 454.**

eine vorherige oder nachträgliche Zustimmung des Berechtigten i.S.d. § 185 BGB vorliegt. In Betracht kommt eine konkludente Zustimmung des Z durch die widerspruchslose Hinnahme der Mietzinszahlungen an die S-GmbH, womit er den Mietern deutlich gemacht hat, dass es mit der Einziehung der Mieten durch die GmbH seine Richtigkeit habe.

Problematisch ist jedoch, dass Z irrtümlich glaubte, die S-GmbH sei neue Eigentümerin und dürfe deshalb trotz vorheriger Beschlagnahme die Mietzinsforderungen einziehen. Ihm fehlte bei seinem konkludenten Verhalten folglich das Bewusstsein, eine rechtsgeschäftliche Erklärung abzugeben (= Erklärungsbewusstsein). Nach der Rspr. liegt jedoch auch ohne Erklärungsbewusstsein eine wirksame Willenserklärung vor, wenn der Erklärende bei Anwendung der im Verkehr erforderlichen Sorgfalt hätte erkennen und vermeiden können, dass seine Äußerung nach Treu und Glauben und der Verkehrssitte als Willenserklärung aufgefasst werden durfte, und wenn der Empfänger sie tatsächlich so verstanden hat.[20] Diese Grundsätze gelten auch für schlüssiges Verhalten ohne Erklärungsbewusstsein.[21]

Z hätte hier bei der nach § 276 BGB für einen Zwangsverwalter gebotenen Sorgfalt erkennen können und müssen, dass die Mieter seine Duldung der Zahlungsaufforderung der GmbH als Zustimmung verstehen und zum Nachteil der Berechtigten i.S.d. § 9 ZVG an die GmbH zahlen würden. Damit liegt eine wirksame Zustimmung des Z vor mit der Folge, dass die in der Einziehung der Mietzinsen liegende Verfügung der nichtberechtigten S-GmbH über die Mietzinsforderungen gemäß §§ 362 II, 185 I, II BGB wirksam geworden ist. Die Mietzinsforderungen sind also erloschen, den Beteiligten i.S.d. § 9 ZVG ist ein Schaden in dieser Höhe erwachsen.

c) Geschäftswille

40 ➔ Ein Geschäftswille liegt vor, wenn die Erklärung auf die Herbeiführung eines bestimmten rechtsgeschäftlichen Erfolgs gerichtet ist.[22]

Da der Geschäftswille eine konkrete Rechtsfolge herbeiführen will, wird er auch als **Rechtsfolgen- oder Rechtsbindungswillen** bezeichnet. Der Geschäftswille setzt nicht voraus, dass der Erklärende die Rechtsfolge exakt juristisch bestimmen kann, vielmehr ist eine laienhafte Vorstellung von der Herbeiführung eines rechtlich bindenden Erfolgs ausreichend.

Der Geschäftswille ist nicht Voraussetzung für eine Willenserklärung. Die Folgen seines Fehlens regelt das Gesetz ausführlich in den §§ 119 ff BGB.[23] Die Anfechtung wird im Rahmen der Willensmängel dargestellt.

2. Der äußere Tatbestand

Eine Willenserklärung bedarf zunächst einer äußeren Erklärung, also einer **Willensäußerung**. Die Willensäußerung muss nach außen den **Rechtsbindungswillen** zum Ausdruck

20 Vgl. BGHZ 91, 324 = NJW 1984, 2279 = Fall 9; BGH NJW 2010, 861, 862.
21 BGH NJW 1990, 456.
22 Vgl. *Wolf/Neuner* § 32 Rn. 25 ff.
23 *Köhler* AT, § 7 Rn. 6.

bringen. Der lediglich in petto gebildete Wille oder bloße Absichtserklärungen lösen keine Rechtsfolgen aus. Problematisch kann der äußere Tatbestand werden, wenn der Wille nicht **ausdrücklich** kundgetan wird, sondern sich lediglich **konkludent** aus dem Verhalten[24] oder ausnahmsweise aus einem als Willenserklärung zu behandelndem Schweigen ergibt. Dann bedarf es meist eines gewissen Begründungsaufwandes, um eine Willenserklärung bejahen zu können. Auch können sich Abgrenzungsschwierigkeiten zur Lehre vom sozialtypischen Verhalten ergeben.

a) Rechtsbindungswille

Eine vertragliche Verpflichtung kommt nur zustande, wenn ein rechtlicher Bindungswille der Parteien gegeben ist. **41**

Fall 12: Der 23-jährige M lebte seit drei Jahren mit der 18-jährigen F in eheähnlicher Lebensgemeinschaft zusammen. M und F waren sich einig, dass aus ihrer Beziehung kein Kind hervorgehen und F empfängnisverhütende Mittel einnehmen sollte. Kurz vor Weihnachten setzte F „die Pille" ab, ohne M davon etwas zu sagen. Im Februar wurde F schwanger. Als sie dies im März dem M mitteilte, zerbrach das Verhältnis. M ist inzwischen rechtskräftig als Vater des geborenen Kindes festgestellt worden.

M meinte, die F habe ihn „ganz schön reingelegt", und wollte von ihr Schadensersatz in Form der Freistellung von der Unterhaltspflicht gegenüber dem Kind. M wandte sich deshalb an Rechtsanwalt R. Dieser erhob in seinem Auftrag Klage auf Schadensersatz beim Amtsgericht. Gegen das klagabweisende Urteil legte M auf Anraten von Rechtsanwalt R Berufung ein, nahm sie aber später nach Hinweis des Gerichts (§ 139 ZPO) zurück.

Rechtsanwalt R verlangt nun von M Bezahlung seiner Gebühren. M wendet ein, Rechtsanwalt R hätte ihm vom Prozess abraten müssen; deshalb schulde er nichts. Wie ist zu entscheiden?[25]

Lösung: Grundsätzlich steht R die Gebührenforderung aufgrund des geschlossenen Anwaltsvertrages, eines Geschäftsbesorgungsvertrages nach §§ 675 I, 611, 612 I BGB, zu.

Dieser Anspruch könnte jedoch durch Aufrechnung gemäß § 389 BGB erloschen sein. Dazu müsste eine Aufrechnungslage bestehen. M müsste also einen einredefreien und fälligen Gegenanspruch haben, der sich hier aus einer Pflichtverletzung des Geschäftsbesorgungsvertrages ergeben könnte, gemäß §§ 280 I, III, 281 I, 675 BGB.

R ist als Rechtsanwalt verpflichtet, bei der Mandatsannahme zu überprüfen, ob das Begehren des Mandanten Erfolg haben kann. Bei aussichtsloser Klage muss der Anwalt von der Erhebung abraten, bei zweifelhaften Fällen, zu denen keine gefestigte Rechtsprechung vorliegt, muss er dem Mandanten die entsprechenden Zweifel und Bedenken darlegen und erörtern, um nicht wegen Schlechtleistung zu haften.

Eine Pflichtverletzung könnte hier darin zu sehen sein, dass R dem M zur Klage und später zur Berufungseinlegung geraten hat, obwohl keine Erfolgsaussicht für das Klagebegehren bestand. Die Klage wäre nur dann erfolgreich, wenn M einen Freistellungsanspruch aus einer vertraglichen Vereinbarung über die Verhütung gehabt hätte. Dafür fehlt

24 Zum konkludenten Eintritt eines Ehegatten in einen Mietvertrag s. BGH NJW 2005, 2620, 2621.
25 **BGHZ 97, 372 = NJW 1986, 2043.**

es aber bereits an einer rechtsgeschäftlichen Vereinbarung. Gerade bei nichtehelichen Lebensgemeinschaften hat die Rechtsprechung immer wieder betont, dass die Partner bewusst auf die Eingehung einer Ehe und damit auf die Unterordnung ihrer Beziehung unter rechtliche Regelungen verzichten. Aber selbst wenn man eine Rechtsbindung in der nichtehelichen Gemeinschaft bejaht, liegt keine rechtsgeschäftlich verbindliche Regelung vor, da der engste persönliche Freiheitsbereich jeder vertraglichen Regelung entzogen ist. Zur personalen Würde von Partnern einer Lebensgemeinschaft gehört auch, sich immer wieder neu und frei für oder gegen ein Kind entscheiden zu können. Daraus folgt, dass ein Partner sich nicht im Voraus rechtsverbindlich zur Empfängnisverhütung verpflichten kann. Ein vertraglicher Ersatzanspruch scheidet daher gänzlich aus.

Ansprüche des M aus Deliktsrecht, insbesondere aus § 826 BGB, scheiden ebenfalls aus, weil freiwilliger Geschlechtsverkehr unter keinen Umständen dem Deliktsrecht unterliegt, selbst dann nicht, wenn ein Partner den anderen über die Empfängnisverhütung täuscht.

Damit war die Klage von vornherein aussichtslos, die dennoch erfolgte Klageerhebung und das „Anraten" zur Berufungseinlegung ist damit als vertragliche Pflichtverletzung anzusehen. Diese vorprozessualen Beratungspflichten hat R schuldhaft und in erheblicher Weise (§ 281 I 3 BGB) verletzt, da er hierbei zumindest fahrlässig die rechtliche Zweifelhaftigkeit des angeblichen Anspruchs nicht erkannt hat.

Folglich hat M gegen R einen vollwirksamen und fälligen Gegenanspruch aus Verletzung des Geschäftsbesorgungsvertrages gemäß §§ 280 I, III, 281 I, 675 I BGB; der Schaden entspricht hier der Höhe der geforderten Rechtsanwaltsgebühren.

Einer Aufrechnung steht damit nichts im Wege. Solange sie nicht erklärt ist, kann M die Arglisteinrede nach § 242 BGB geltend machen.

42 Der Rechtsbindungswille fehlt regelmäßig bei der **Erteilung von Auskünften, Ratschlägen und Empfehlungen**. In diesen Fällen ist der Auskunftgeber nach § 675 II BGB nicht zum Schadensersatz verpflichtet, sofern sich nicht aus einem Vertragsverhältnis, einer unerlaubten Handlung oder einer sonstigen gesetzlichen Bestimmung etwas anderes ergibt. Im Wirtschaftsverkehr wird diese Regel allerdings durchbrochen.

Fall 13: Die Geschäfte der Fa. N gingen schlecht. Ihre Kreditgeberin, die Sparkasse S, drang darauf, Verbindlichkeiten abzubauen, und legte dem Geschäftsführer der Fa. N die Aufnahme eines neuen Gesellschafters nahe. Daraufhin erstellte der für Fa. N langjährig tätige Steuerberater B eine vorläufige Bilanz für das Vorjahr.

Bei einer Anlagebesprechung zwischen Fa. N und dem Anleger K nahm B für die Fa. N, der Wirtschaftsprüfer P für den Anleger K teil. Dabei lag den Beteiligten die von B erstellte Bilanz für das Vorjahr vor. B erläuterte die Bilanz und versicherte die Richtigkeit der eingesetzten Werte. Bei der Fa. N handele es sich um ein im Grunde gesundes Unternehmen mit einer gegenwärtigen Liquiditätsschwäche. Außerdem legte er dar, dass ein Finanzierungsbedarf von 1,8 Mio. € bestünde.

B wurde von der Fa. N beauftragt, die Bilanz für das aktuelle Geschäftsjahr zu erstellen. B übersandte Einzelheiten vorab an P. Daraufhin trat K als Kommanditist mit einer Hafteinlage von 500 000 € in die Fa. N ein.

Die kurz darauf von B fertig gestellte Bilanz wies einen Verlust von 300 000 € für das aktuelle Geschäftsjahr aus. Der von K zugezogene Wirtschaftsprüfer P beanstandete die Bewertungen von B; nach einer erneuten Besprechung aller Beteiligten wurde die Bilanz korrigiert und ein Verlust von 400 000 € ausgewiesen.

Um die Fortführung des Unternehmens zu garantieren, gewährte K ein Gesellschafterdarlehen in Höhe von 800 000 €. Eine später vom Wirtschaftsprüfer P erstellte Zwischenbilanz für das neue Geschäftsjahr wies einen Verlust des Unternehmens von 1,4 Mio. € aus.

K verlangt nun Schadensersatz von B mit der Behauptung, er hätte weder die Kommanditeinlage übernommen noch das Gesellschafterdarlehen gewährt, wenn B über die wirtschaftliche Lage der Gesellschaft richtig aufgeklärt und ordentliche Bilanzen vorgelegt hätte. B meint, er habe die Interessen der Fa. N vertreten und keine falschen Zahlen vorgelegt. Wie ist zu entscheiden?[26]

Lösung: K könnte einen Schadensersatzanspruch gegen B aus Pflichtverletzung eines stillschweigend geschlossenen Auskunftsvertrages zwischen B und K gemäß §§ 311 I, 280 I, III, 281 I BGB haben. Jedoch ist fraglich, ob ein Auskunftsvertrag überhaupt geschlossen wurde.

Nach ständiger Rspr. ist ein Vertragsschluss anzunehmen, wenn die Auskunft für den Empfänger erkennbar von erheblicher Bedeutung ist und er sie zur Grundlage wesentlicher Entschlüsse machen will. Dies soll insbesondere in solchen Fällen gelten, in denen der Auskunftgeber für die Erteilung der Auskunft besonders sachkundig ist[27] oder ein eigenes wirtschaftliches Interesse im Spiel ist. Auf den Rechtsbindungswillen, mit dessen Hilfe die Gefälligkeit vom verbindlichen Vertrag abgegrenzt wird, kommt es ausnahmsweise nicht an.

Dieser Rspr. ist allerdings nicht zu entnehmen, dass allein schon die Sachkunde des Auskunftgebers und die Bedeutung der Auskunft für den Empfänger ausreichen; vielmehr ist entscheidend darauf abzustellen, ob die Gesamtumstände unter Berücksichtigung der Verkehrsauffassung den Rückschluss zulassen, dass beide Teile die Auskunft zum Gegenstand vertraglicher Rechte und Pflichten gemacht haben.

Dies ist vorliegend zu verneinen. B war seit Jahren Steuerberater der Fa. N und vertrat damit erkennbar in erster Linie deren Interessen. Zudem befand sich K im Beistand eines eigenen Beraters, des Wirtschaftsprüfers P, so dass er bei der Beurteilung nicht auf die Sachkunde des B angewiesen war. Aus den Gesamtumständen ist also weder ein Rückschluss auf den Verpflichtungswillen des Auskunftgebers B, noch des Empfängers K möglich, ein Auskunftsvertrag kam also nicht zustande.

Ein Schadensersatzanspruch könnte sich auch aus §§ 241 II, 280 I, 311 III BGB, ergeben. Eine Eigenhaftung des Vertreters selbst kommt jedoch nur in Betracht, wenn dieser entweder ein eigenes wirtschaftliches Interesse am Vertragsschluss zwischen K und der Fa. N gehabt oder er dem K gegenüber für sich besonderes persönliches Vertrauen in Anspruch genommen und damit die Vertragsverhandlungen beeinflusst hätte.[28] Ein eigenes

26 **BGH NJW 1992, 2080.**
27 BGH NJW 2009, 1141.
28 Vgl. *Palandt/Grüneberg* § 311 Rn. 60 ff; *Rüthers/Stadler*, AT, § 31 Rn. 5.

wirtschaftliches Interesse des B ist hier nicht ersichtlich. Für die Annahme eines besonderen persönlichen Vertrauens hätte B den Eindruck vermitteln müssen, er werde persönlich neben seinem Geschäftsherrn die ordnungsgemäße Abwicklung des Geschäfts gewährleisten, was wegen der erkennbaren Vertretung der Interessen seines Geschäftsherrn ebenfalls nicht der Fall ist.

Denkbar wäre auch ein Anspruch des K gegen B aus Pflichtverletzung des Vertrages zwischen der Fa. N und dem B, soweit dieser Schutzwirkung zugunsten des K entfaltet. Dies scheitert jedoch schon an der Einbeziehung des Dritten K in den genannten Vertrag, weil die Gläubigernähe nicht gegeben ist. Es besteht keine Schutzpflicht des B gegenüber dem K, da Fa. N angesichts der Beratung des K durch einen Steuerberater kein Interesse am Schutz der Vermögensinteressen des K haben musste, also weder für dessen „Wohl und Wehe" verantwortlich war noch eine Beratungsleistung zugunsten des K zu erbringen hatte.[29]

Ein Anspruch aus § 826 BGB scheidet ebenfalls aus, da keine Anhaltspunkte vorliegen, dass B den K in sittenwidriger Weise vorsätzlich schädigen wollte.

b) Schweigen als Willenserklärung

43 Grundsätzlich stellt Schweigen keine Willenserklärung dar, weder Zustimmung noch Ablehnung. Im Unterschied zum konkludenten Verhalten liegt beim Schweigen auch nach den Umständen des Falles überhaupt kein Erklärungsverhalten vor. Aufgrund des Grundsatzes der **Privatautonomie** hat schlichtes Schweigen **keinen Erklärungswert** und ist ohne rechtliche Bedeutung.

44 Von dieser generellen Regel gibt es aber Ausnahmen. Denn nach den Umständen, insbesondere aufgrund einer entsprechenden vorherigen Vereinbarung, kann dem Schweigen die Bedeutung einer Erklärung zukommen. Das Schweigen ist dann vertraglich als Erklärungszeichen festgelegt (sog. **beredtes Schweigen**). Schweigen kann aber ausnahmsweise auch Erklärungswirkung haben, wenn das Gesetz dies vorsieht (sog. **normiertes Schweigen**, z.B. als Zustimmung §§ 416 I 2, 516 II 2 BGB, 362 I, 377 II, III, 386 I HGB, als Ablehnung §§ 108 II 2, 177 II 2, 415 II 2 BGB) oder wenn nach Treu und Glauben eine Pflicht zur Äußerung besteht, § 242 BGB.[30]

Fall 14: K war für Fa. B über 20 Jahre lang als Bezirkshandelsvertreter tätig. Die ihm erteilten Provisionsabrechnungen nahm er stets widerspruchslos hin. Sie enthielten u.a. nicht näher erläuterte Abzüge für Retouren. Als er nach einiger Zeit doch nachrechnet, bemerkt er, dass häufig Geschäfte willkürlich abgeändert und nur die geringere Provision gewährt wurde. K glaubt, dass ihm nach § 87a III 1 HGB eine weitere Provision von ca. 1 Mio. € zusteht. Er klagt deshalb gegen Fa. B zum einen auf Erteilung eines Buchauszugs über alle Retouren oder nicht ausgeführten Geschäfte und die Gründe hierfür und zum anderen auf Verurteilung zu der nach dem Buchauszug zu berechnenden Provision. B meint, mit dem jahrelangen Hinnehmen der Abrechnungen habe K ein negatives Schuldanerkenntnis abgegeben, so dass ihm keine weiteren Ansprüche zustehen. Wie ist zu entscheiden?[31]

29 Vgl. *Medicus/Petersen*, Bürgerliches Recht, Rn. 845; MüKo/*Gottwald* § 328 Rn. 179 ff; s. auch BGH NJW 1998, 1059 ff.
30 *Köhler*, AT, § 6 Rn. 5 ff.
31 **BGH NJW 1996, 588.**

Lösung: Ein Anspruch des K auf Erteilung eines Buchauszugs könnte sich aus § 87c II HGB, ein Anspruch auf Zahlung der Provision für die nicht ausgeführten Geschäfte aus § 87a III HGB ergeben.

Diese Ansprüche wären jedoch erloschen, wenn K diesbezüglich ein negatives Schuldanerkenntnis i.S.d. § 397 II BGB abgegeben hätte.

Dieses ist – anders als das positive Schuldanerkenntnis gemäß § 781 BGB – formfrei möglich und kann damit auch konkludent abgegeben werden.[32] Fraglich ist jedoch, ob allein der Umstand, dass K über Jahre hinweg die Abrechnungen widerspruchslos hingenommen hat, ein stillschweigendes Einverständnis mit den Abrechnungen und einen Verzicht auf weitere Provisionen für nicht durchgeführte Geschäfte darstellt. Die Rspr. stellt an die Annahme eines konkludent erklärten Verzichts grundsätzlich sehr strenge Anforderungen. Aus dem untätigen Verhalten des K allein kann nicht auf einen solchen Verzicht geschlossen werden.

Zudem würden einem solchen negativen Schuldanerkenntnis durch bloßes Schweigen die §§ 87a V, 87c V HGB entgegenstehen. Diese Vorschriften verbieten vom Gesetz abweichende Vereinbarungen, soweit sie für den Handelsvertreter nachteilig sind. Die Annahme, eine widerspruchslos entgegengenommene Abrechnung würde stets ein negatives Schuldanerkenntnis darstellen, wäre also eine Benachteiligung in diesem Sinne darstellen mit der Folge, dass das negative Schuldanerkenntnis wegen Verstoß gegen §§ 87a V, 87c V HGB als unwirksam anzusehen wäre.

aa) Schweigen auf ein kaufmännisches Bestätigungsschreiben

Die leichte Kommunikation auch im Geschäftsverkehr per Telefon oder kurzer E-Mails 45
führt dazu, dass über das Zustandekommen und den Inhalt eines Vertrages nachträglich Streit entstehen kann. Deshalb ist es unter Kaufleuten weitgehend üblich, dass ein Teil dem anderen den Abschluss und den Inhalt des Vertrages schriftlich bestätigt und dabei ggf. Details ergänzt. Durch diese schriftliche Niederlegung des Vertragsinhaltes soll künftiger Streit ausgeschlossen werden. Dementsprechend gilt heute als Gewohnheitsrecht folgender Rechtssatz: Wer als Empfänger eines kaufmännischen Bestätigungsschreibens diesem nicht unverzüglich widerspricht, ist an den Inhalt gebunden. Der Vertrag gilt als mit dem Inhalt zustande gekommen, den der Absender des Schreibens redlicherweise angegeben hat.[33] Ein solches kaufmännisches Bestätigungsschreiben ist grundsätzlich nur eine **Beweisurkunde mit der Vermutung von Vollständigkeit und Richtigkeit**.

Nach der Rspr. ist ein kaufmännisches Bestätigungsschreiben streng von einer **bloßen Auftragsbestätigung** zu unterscheiden. Die Auftragsbestätigung ist nur die schriftliche Annahme eines Angebots. Weicht sie von dem Angebot ab, so kommt kein Vertrag zustande, § 150 II BGB. Das Schweigen auf die abweichende Auftragsbestätigung führt grundsätzlich nicht zu deren Billigung. Beim kaufmännischen Bestätigungsschreiben hingegen geht der Absender von einem bereits geschlossenen Vertrag aus. Das Problem

32 *Palandt/Grüneberg* § 397 Rn. 8, 10; *Medicus/Lorenz*, Schuldrecht I, Rn. 320, 322.
33 *Rüthers/Stadler* § 17 Rn. 31 f; *Medicus*, AT, Rn. 440 ff; *Oetker*, Handelsrecht, § 7 Rn. 43 f.

in der Praxis besteht jedoch darin, dass vielfach unklar ist, wann der Vertrag eigentlich geschlossen ist.

Weicht die ursprüngliche Vereinbarung aber vom Inhalt des Bestätigungsschreibens ab, so gilt in der Regel dessen Inhalt, sofern der Empfänger ihm nicht unverzüglich widersprochen hat. Sein Schweigen auf das Bestätigungsschreiben gilt als Zustimmung.[34] Voraussetzung ist die **Redlichkeit** des Absendenden. Weiterhin darf sich der Inhalt **nicht allzu weit** von der Vereinbarung **entfernen**, das Schreiben muss **alsbald** nach Vertragsschluss **abgesandt** werden, und ein abweichendes Bestätigungsschreiben des Gegners darf nicht vorliegen.

46 Bei der Frage, wie weit sich der Inhalt des Bestätigungsschreibens von der Vereinbarung entfernen darf, ist die Rspr. außerordentlich tolerant. Die Abweichung vom Vereinbarten darf nicht so erheblich sein, dass der Bestätigende nach Treu und Glauben nicht mehr mit dem Einverständnis des Empfängers rechnen konnte. Generell wird etwa gebilligt, Allgemeine Geschäftsbedingungen erst durch Bestätigungsschreiben in den Vertrag einzubeziehen. Außerdem kommt es bei Individualvereinbarungen nicht darauf an, ob die Abweichung für den Empfänger überraschend ist, sondern ob der Inhalt des Bestätigungsschreibens in der betreffenden Branche ungewöhnlich und überraschend ist.[35]

Fall 15: Der Reisende V der Hosenfabrik H sucht das Bekleidungshaus K auf. Der Inhaber, Herr K, ordert mehrere Hosenformen in allen gängigen Größen, Lieferung fest Ende Oktober. V schreibt den entsprechenden Auftrag auf einen Bestellschein der Fa. H auf, in dem auf deren Verkaufsbedingungen Bezug genommen wird. Herr K unterschreibt. Nach einigen Tagen erhält er eine Auftragsbestätigung der Fa. H, worin es heißt: „Lieferzeit baldmöglichst." Herr K widerspricht nicht. Die erste Teillieferung erhält er am 3. November. Diese nimmt er ab. Die nächste Teillieferung, die am 15. November eingeht, lässt er wegen Verspätung zurückgehen. Er teilt der Fa. H mit, dass er wegen Verzugs vom Vertrag zurücktrete. Diese besteht dagegen auf Abnahme. Zu Recht?

Lösung: Die Fa. H könnte – unabhängig von der Frage, ob das Bekleidungshaus K wirksam zurückgetreten ist – die Abnahme der Ware (§ 433 II BGB) nur verlangen, wenn ein wirksamer Kaufvertrag zustande gekommen ist.

Der Reisende V hat als Vertreter von H mit K noch keinen Vertrag geschlossen. Er hat nur die Kollektion vorgestellt, was allein noch kein Angebot nach § 145 BGB darstellt (invitatio ad offerendum). Die von K unterschriebene Bestellung hat er an H weitergegeben, selbst aber keine Erklärung mehr abgegeben.

Ein Vertrag könnte daher nur durch die Auftragsbestätigung zustande gekommen sein. Da diese inhaltlich hinsichtlich der Lieferfrist von dem Auftrag abwich, stellt die Auftragsbestätigung eine Ablehnung mit einem neuen Angebot dar (§ 150 II BGB). Das bloße Schweigen auf eine Auftragsbestätigung kann keine Annahmeerklärung darstellen, da H wegen der fehlenden vorherigen Einigung nicht damit rechnen konnte, dass K die Änderung seines Angebots stillschweigend akzeptiert.[36]

34 BGHZ 11, 1, 3 = NJW 1954, 105; vgl. *Lettl*, JuS 2008, 849; *Schärtl*, JA 2007, 567; *Lettl*, Handelsrecht, § 10 Rn. 40.
35 Vgl. MüKo/*Busche* § 147 Rn. 18.
36 BGH JZ 1977, 602.

Das neue Angebot im Gewand der Auftragsbestätigung könnte konkludent durch die Abnahme der Teillieferung seitens des K angenommen worden sein, wenn sich aus den Gesamtumständen hinreichend deutlich auf ein Einverständnis schließen lässt.[37] K hat hier die erste Lieferung am 3. November abgenommen, obwohl sein Angebot als spätest möglichen Liefertermin Ende Oktober genannt hat. Dieses Verhalten erweckt den Anschein, dass er doch nicht auf den von ihm genannten Liefertermin besteht. Ein ausdrücklicher Widerspruch ist nicht erfolgt.[38] Daher ist in der Abnahme der Ware eine konkludente Annahmeerklärung zu sehen. Der Vertrag ist damit unter den in der Auftragsbestätigung genannten Bedingungen zustande gekommen.

Ein Rücktritt des K, der nur nach §§ 281, 323, 437 Nr. 2, 3 BGB möglich wäre, scheidet schon deshalb aus, weil H mit seiner Verpflichtung nicht in Verzug geraten ist. Vertragsinhalt ist die Formulierung „Lieferzeit baldmöglichst" geworden. Da somit keine kalendermäßige Bestimmung vorlag, fehlt es schon an der für den Verzug nötigen Mahnung (§ 286 I BGB).

H kann von K die Abnahme der restlichen Ware verlangen.

Fall 16: Die Firmen K und V verhandelten über den Kauf eines Wärmehaltesilos und erreichten weitgehende Einigkeit. K wollte sich die Sache aber nochmals überlegen. Am 1.12. bestellte Fa. K das Wärmehaltesilo mit Lieferfrist zum 15.4. unter Bezugnahme auf ihre Einkaufsbedingungen. Danach sollten anders lautende Bedingungen des Auftragnehmers nur bei schriftlicher Bestätigung gültig sein. Bei Lieferfristüberschreitung sollten die gesetzlichen Regeln gelten. 47

Fa. V übersandte darauf am 5.1. eine detaillierte „Auftragsbestätigung", in der sie den Auftrag mit einer Lieferfrist „Mitte bis Ende April" annahm und zugleich auf ihre Verkaufsbedingungen Bezug nahm, nach denen Lieferfristangaben unverbindlich und Schadenersatzansprüche wegen verspäteter Lieferung ausgeschlossen sind.

Mit Schreiben vom 22.4. setzte Fa. K die Fa. V in Verzug und kündigte Schadensersatzansprüche an. Im Juni lieferte Fa. V die Anlage. Fa. K nahm sie ab, behielt einen Kaufpreisrest als Verzugsschaden ein. Diesen Restkaufpreis fordert Fa. V. Zu Recht?[39]

Lösung: Fa. V könnte aus § 433 II BGB einen Anspruch auf den Restkaufpreis gegen Fa. K haben, wenn ein wirksamer Vertrag zustande gekommen ist und der Anspruch nicht durch Aufrechnung mit einem Schadensersatzanspruch untergegangen ist, § 389 BGB.

In den Vorgesprächen kam es nicht zum Vertragsschluss, weil sich Fa. K die Sache noch einmal überlegen wollte.

Das Schreiben der Fa. K vom 1.12. stellt ein Angebot (§ 145 BGB) dar. Das Schreiben der Fa. V vom 5.1. ist gemäß § 150 II BGB keine Annahme, sondern eine Ablehnung verbunden mit einem neuen Angebot, da es in Bezug auf die Lieferfristen und mögliche Schadensersatzansprüche abweichende Regelungen enthielt. Es handelt sich dabei um einen Fall der modifizierten Auftragsbestätigung, und nicht um ein kaufmännisches Bestätigungsschreiben, das einen zuvor erfolgten Vertragsschluss voraussetzt.

---

37 BGHZ 61, 282, 287 f = NJW 1973, 2106.
38 Vgl. BGH JZ 1977, 602, 604.
39 **BGHZ 61, 282 = NJW 1973, 2106.**

Fraglich ist, ob dieses neue Angebot von Fa. K angenommen wurde. Das könnte dann der Fall sein, wenn eine Verpflichtung zum Widerspruch bestand. Ein Fall des § 362 I HGB ist nicht gegeben. Ansonsten kann Schweigen grundsätzlich nicht als Willenserklärung angesehen werden.[40] Gerade wenn der Geschäftspartner weiß, dass in bestimmten Punkten differierende Ansichten bestehen, kann das Stillschweigen nicht als Willenserklärung bewertet werden. Daher kam bis zur Lieferung kein Vertrag zustande.

Ein Vertrag könnte konkludent durch die Annahme der Ware geschlossen worden sein. Da Fa. K weiterhin auf den Bedingungen ihres ursprünglichen Angebotes bestand, fehlt es eigentlich an einer Willensübereinstimmung. Allerdings waren sich beide Parteien einig, dass das Geschäft – von den strittigen Punkten abgesehen – Bestand haben sollte. Daher kommt nicht die Zweifelsregelung des § 154 I 1 BGB zur Anwendung, sondern der Vertrag ist in dem Umfang wirksam zustande gekommen, in dem eine Einigung besteht.[41] Die Regelungen der AGB werden in dem Umfang, in dem sie sich widersprechen und nicht Vertragsinhalt wurden, nach § 306 II BGB durch die gesetzliche Regelung ersetzt.

Der folglich entstandene Anspruch aus § 433 II BGB könnte durch Aufrechnung gemäß § 389 BGB erloschen sein, wenn der Fa. K ein Schadensersatzanspruch zustand. Der Ausschluss eines solchen Anspruchs in den AGB der Fa. V ist nicht Vertragsinhalt geworden (s.o.). Der Anspruch aus §§ 280 II, 286 BGB setzt voraus, dass Fa. V mit ihrer Leistung in Verzug war. Fa. K hat die Fa. V am 22.4. gemahnt. Eine Mahnung kann aber wirksam nur nach Fälligkeit des Anspruchs erfolgen.[42] Da sich die Schreiben von Fa. K und Fa. V auch in dem Punkt des Liefertermins widersprachen, ist am 15.4. keine Fälligkeit eingetreten. Die Mahnung konnte also keinen Verzug begründen. Ein Schadensersatzanspruch – und damit auch die Aufrechnung – scheidet aus.

Fa. V hat daher im Ergebnis ein Anspruch auf Zahlung des Restkaufpreises.

bb) Schweigen des Kaufmanns auf Anträge

48 Es gibt Fälle, bei denen das Gesetz das Schweigen als Zustimmung behandelt. Regelmäßig geht es um eine faktische Fortsetzung von Vertragsverhältnissen oder um die Vereinbarung einer Vergütung. Über diesen Rahmen geht § 362 HGB und § 5 III PflVG jedoch hinaus. Der Grund für diese Regelung liegt darin, dass es dem Handelsbrauch entspricht, in solchen Fällen sofort erkennen zu lassen, wenn man den Auftrag ablehnen will und deshalb bei unterlassener Ablehnung von einer Annahme auszugehen ist. Bei § 362 I HGB und § 5 III PflVG bedarf es überhaupt keiner Erklärung und damit keines Annahmewillens. Insofern weicht die Vorschrift von § 151 BGB ab, der lediglich den Zugang der Annahmeerklärung entbehrlich werden lässt. Bei § 362 I HGB und § 5 III PflVG kommt der Vertrag im Ergebnis allein mit dem Zugang des Antrags und dem nachfolgenden Schweigen zustande. Ob man einen derartigen Vorgang als Vertragsschluss deuten kann, ist streitig. Ebenso streitig ist, ob die Wirkungen des Schweigens rechtsgeschäftlich erklärt werden können oder nicht. Die heute eher hM sieht jedenfalls in § 362 HGB einen

40 *Palandt/Ellenberger* Vor § 116 Rn. 7.
41 MüKo/*Basedow* § 305 Rn. 105 ff; *Palandt/Ellenberger* § 154 Rn. 2.
42 *Palandt/Grüneberg* § 286 Rn. 16; *Looschelders*, Schuldrecht AT, Rn. 582.

gesetzlichen Fall der Vertrauenshaftung bzw. der Rechtsscheinhaftung, allerdings mit der Wirkung, dass als Rechtsfolge Pflichten aus einem Vertragsverhältnis entstehen.[43]

Fall 17: K kaufte bei V Webwaren „fob Hamburg". V bezog diese von D, ebenfalls „fob Hamburg". D lieferte die Ware an L, einen Hamburger Lagerhalter. V stand in Geschäftsverbindung zu S, einer Hamburger Spedition.

Über den an K verkauften Posten Ware sandte V an S Kopien eines Order-Lieferscheins. Darin hieß es:

„Liefern Sie diese Waren gegen Vorlage des Originals dieses Lieferscheins bedingungslos an K. Übertragbar ist nur das unterschriebene Original dieses Scheines."

Das Original wurde zunächst der Hausbank der K, nach Bezahlung des Kaufpreises der K selbst ausgehändigt. Diese übersandte das Original des Lieferscheins an S mit dem Auftrag, einen Teil der Kisten an einen Kunden in Westafrika zu übersenden. Diesen Auftrag führte S aus.

Bald darauf machte L wegen offener Lagerkosten aus Einlagerungen der V gegenüber S ihr Zurückbehaltungs- und Pfandrecht an den restlichen Kisten geltend. S teilte dies nur V mit, die alsbald insolvent wurde. Mit Schreiben vom 27.1. erteilte K der S den Auftrag, die restlichen Kisten am 5.2. ebenfalls nach Westafrika zu verschiffen. Erst jetzt teilte S mit, sie könne wegen des Pfandrechts nicht über die Kisten verfügen. K konnte eine Freigabe der Kisten rechtzeitig zur Verladung auf den Dampfer nicht mehr erzielen. Sie verlangt deshalb von S und deren Speditionsversicherer Schadensersatz. Zu Recht?[44]

Lösung: K könnte gegen S einen Schadensersatzanspruch aus Pflichtverletzung eines Lagervertrages gemäß §§ 280 I, III, 281 I BGB haben.

In Betracht kommt zunächst ein Anspruch aus durch die Übertragung des Orderlieferscheins gemäß § 364 HGB von V an K übergegangenem Recht. Zwischen V und S müsste dafür ein Vertrag bestehen. In der Übersendung der Kopien durch V liegt ein Angebot auf Abschluss eines Lagervertrages gemäß § 467 HGB vor. Weil es sich bei einem Lagervertrag um einen Geschäftsbesorgungsvertrag handelt und S in einer dauernden Geschäftsbeziehung zu V stand, kann sein Schweigen den Vertragsschluss nicht verhindern, da S wegen § 362 I HGB zu einem Widerspruch verpflichtet gewesen wäre.

Als Vertragsverletzung ist hier anzusehen, dass sich S nicht in die Lage versetzt hat, seine Auslieferungspflicht bei Vorlage des Orderlieferscheines erfüllen zu können. Er hätte sein Verhältnis zu D nämlich so gestalten müssen, dass er eine unbedingte Verfügungsgewalt über die Ware hat.

Da er diese Verpflichtung schuldhaft verletzt hat, hat K einen Schadensersatzanspruch aus übergegangenem Recht.

Fraglich ist, ob K diesen Anspruch auch aus eigenem Recht hat. Das wäre der Fall, wenn zwischen ihm und S direkt ein Lagervertrag zustande gekommen wäre. In dem Auftrag an S, nur einen Teil der Kisten zu versenden, ist auch das Angebot auf Abschluss eines Lagervertrages für die übrigen Kisten zu sehen. Zwar kann hier die Annahme nicht aus § 362 HGB gefolgert werden, weil es an einer Geschäftsverbindung zu K fehlte. Das Ver-

43 Vgl. *Bork*, AT, Rn. 574 ff; *Oetker*, Handelsrecht, § 7 Rn. 23 f; *Lettl*, Handelsrecht, § 10 Rn. 24.
44 **BGHZ 46, 43 = NJW 1966, 1966.**

halten des S stellt aber aus Sicht eines objektiven Empfängers eine konkludente Annahme dar. Da der Verkäufer weiterhin für die Lagerkosten haften müsste, obwohl der Käufer die Dauer der Lagerungszeit bestimmt, ist das Verhalten des S so zu bewerten, dass er die zukünftige Lagerung der Restware für K vornehmen will. Ein Lagervertrag zwischen K und S ist damit zustande gekommen.

Die Pflichtverletzung ist dieselbe wie oben, nämlich die unterbliebene Gewährleistung einer unbedingten Verfügungsgewalt des S über die Ware.

K hat damit auch einen Schadensersatzanspruch gegen S aus eigenem Recht.

Wenn S die Ware gemäß § 472 I HGB iVm §§ 130 ff VVG n.F. für K versichert hat, kann dieser seinen Schaden auch gegen den Speditionsversicherer geltend machen.

3. Automatisierte Erklärungen

49 Soweit nicht besondere gesetzliche Formerfordernisse gelten, können Willenserklärungen auch mittels elektronischer Programme (wie Angebote für Online-Bestellungen) oder mechanischer Vorrichtungen (wie bei Warenautomaten) abgegeben werden. Für Zugang und Auslegung gelten grundsätzlich die **allgemeinen Regeln**.[45] Problematisch kann bei elektronischen Willenserklärungen die **Form** sein (dazu § 4 I 2).

Online abgegebene Willenserklärungen können wie das Waren- oder Dienstleistungsangebot eines Internetanbieters durch ein vollautomatisches Datenverarbeitungsprogramm (Angebot einer Flug-, Bahn- oder Ferienreise) generiert werden; sie können aber auch wie die Annahme bzw Bestellung durch den Kunden individuelle Willenserklärungen sein, die lediglich innerhalb des durch den Anbieter vorgegebenen Datenverarbeitungsprogramms abgegeben werden.[46]

II. Abgabe, Zugang und Widerruf von Willenserklärungen

50 Damit eine Willenserklärung wirksam wird, muss nicht nur ihr äußerer und innerer Tatbestand vorliegen. Je nachdem, ob es sich um eine empfangsbedürftige oder um eine nicht empfangsbedürftige Willenserklärung handelt, müssen weitere Voraussetzungen gegeben sein.

Bei einer nicht empfangsbedürftigen Willenserklärung genügt es, wenn diese im Rechtsverkehr abgegeben wird. Es existiert ja gerade kein Erklärungsempfänger. Eine mündliche Willenserklärung wird demnach mit dem Aussprechen, eine schriftliche mit dem Schreiben und Unterschreiben wirksam. Probleme ergeben sich hier kaum.

Bei empfangsbedürftigen Willenserklärungen sind hingegen **Abgabe und Zugang** der Erklärung erforderlich. Der Erklärende muss sich der Erklärung also nicht nur entäußern. Nach § 130 I 1 BGB wird die Erklärung erst mit dem Zugang beim abwesenden Erklä-

45 Vgl. *Bork*, AT, Rn. 570; auch *Ultsch*, NJW 1997, 3007.
46 Zum Vertragsschluss bei eBay s. BGH NJW 2002, 363 u. *Lettl*, JuS 2002, 219.

rungsempfänger wirksam. Bis zu diesem Zeitpunkt kann die Erklärung noch widerrufen werden, § 130 I 2 BGB.[47]

Fall 18: E hatte mit der L-Versicherungs-AG eine Kapitallebensversicherung abgeschlossen. Als Bezugsberechtigte im Todesfall bestimmte er, von L schriftlich bestätigt, seine nichteheliche Lebensgefährtin K, ohne ihr dies mitzuteilen. Zwei Monate später wollte sich K von E trennen, worauf E Selbstmord beging. Der Vater V des E sichtete alsbald dessen Papiere, fand die Versicherungspolice und unterrichtete K von ihrer Bezugsberechtigung. Diese bat ihn, ihre Rechte gegenüber L geltend zu machen. Bei einem Telefonat forderte der Sachbearbeiter der L-Versicherung die Vorlage von Police und Sterbeurkunde. Diese Unterlagen gingen bei L am 28.5. ein. Am 9.6. übermittelte L daraufhin der K das Schenkungsangebot des E. Bereits am 25.5. hatte die Ehefrau F des E aber mit Anwaltsschreiben als Erbin gegenüber L die Bezugsberechtigung der K „angefochten". L hinterlegte daraufhin die Versicherungssumme für F und K unter Ausschluss der Rücknahme. Wem steht der hinterlegte Betrag zu?[48]

Lösung: Der wahre Gläubiger der L hat nach § 812 I 1 (2. Fall) BGB einen Anspruch auf Einwilligung in die Herausgabe des Hinterlegten gegen den anderen Forderungsprätendenten. Nach § 159 II VVG erwarb die widerruflich Bezugsberechtigte K den Anspruch auf Leistung der L mit Eintritt des Versicherungsfalls, d.h. mit dem Tod des E (§§ 328, 331 BGB). Ab diesem Zeitpunkt konnte F die Bezugsberechtigung der K nicht mehr widerrufen. Ob K den Anspruch gegen L dagegen behalten darf, richtet sich nach dem Valutaverhältnis (Innenverhältnis) zwischen E und K. Da E der K ihre Bezugsberechtigung nicht mitgeteilt hatte, kommt nur eine Schenkung post mortem in Betracht. In der Benennung als Bezugsberechtigter liegt sinngemäß der konkludente Auftrag an die Versicherung L, nach Eintritt des Versicherungsfalls das Schenkungsangebot des Versicherungsnehmers (E) als Bote zu übermitteln. Dieser Auftrag ist aber nach § 671 I BGB frei widerruflich. Dieses Widerrufsrecht ging nach §§ 1922, 1931 BGB auf F als Erbin des E über. Mit ihrem Schreiben vom 25.5. hat F sinngemäß (§ 133 BGB) den Auftrag des E widerrufen. Analog § 168 S. 1 BGB erlosch damit auch die Botenmacht der L. Mit dem Schreiben vom 9.6. konnte die L der K daher kein Schenkungsangebot des E mehr übermitteln. § 120 BGB, der bei Fehlübermittlung eine wirksame, aber anfechtbare Erklärung vorsieht, ist in Fällen des Widerrufs des Übermittlungsauftrags vor Weiterleitung der Willenserklärung nicht anzuwenden. Die Benachrichtigung durch V war insoweit irrelevant, da dieser ohne Vollmacht des E handelte. Da K somit kein wirksames Angebot unterbreitet worden war, konnte sie auch keines annehmen. Im Valutaverhältnis fehlt es daher an einer Schenkung E – K. F kann daher von K Einwilligung in die Herausgabe der hinterlegten Versicherungssumme verlangen.

1. Abgabe bei empfangsbedürftigen Willenserklärungen

➔ Eine Willenserklärung ist abgegeben, wenn der Erklärende seinen rechtsgeschäftlichen Willen erkennbar so geäußert hat, dass an der Endgültigkeit der Äußerung kein Zweifel möglich ist.[49]

---

47 Vgl. BGH NJW 2008, 2702 (Rz. 27 ff) = ZEV 2008, 392 (krit. *Leipold*).
48 **BGH NJW 2008, 2702**; krit. *Leipold*, ZEV 2008, 395; de lege ferenda *Gottwald*, FS Bengel u. Reimann, 2012, S. 117.
49 *Palandt/Ellenberger* § 130 Rn. 4.

a) Abgabe gegenüber Anwesenden

51 Erklärungen unter Anwesenden sind im BGB nicht geregelt. § 147 I BGB regelt nur die Frage, wann ein Antrag angenommen werden kann. Die Gesetzeslücke ist so zu schließen, dass die **mündliche Erklärung** sogleich wirksam wird, da sie der Empfänger zur Kenntnis nehmen kann. Der Zugang erfolgt somit mit der Vernehmung durch den Empfänger, sog. **Vernehmungstheorie**. Problematisch sind nur die Fälle, in denen der Empfänger die verstehbar geäußerte Erklärung nicht versteht, weil er nicht zugehört hat oder schwerhörig ist. Zugegangen ist die Erklärung unter Anwesenden daher nur, wenn der Erklärende nach den Umständen davon ausgehen kann, dass sie der Empfänger akustisch verstanden hat.[50]

52 Bei einer **schriftlichen Erklärung** unter Anwesenden ist § 130 I 1 BGB entsprechend anzuwenden.

Fall 19: Der Fabrikant B befand sich in wirtschaftlichen Schwierigkeiten. Zu Verhandlungen über deren Behebung begab sich Bankdirektor K zu ihm in seine Wohnung. Man kam überein, dass Frau B, die erhebliches Eigenvermögen hatte, sich für die Verbindlichkeiten ihres Mannes verbürgen sollte. In dem Augenblick, in dem Frau B den Bürgschaftsschein unterschrieb, erschoss sich Herr B im Nebenzimmer. In der Bestürzung über den Selbstmord von Herrn B entfernte sich der Direktor K, nahm dabei aber die auf dem Tisch liegende Bürgschaftserklärung von Frau B an sich. Haftet Frau B?[51]

Lösung: Frau B würde haften, wenn ein wirksamer Bürgschaftsvertrag i.S.d. § 765 I BGB zustande gekommen wäre. Voraussetzung hierfür sind zwei übereinstimmende Willenserklärungen.

Fraglich ist hier, ob Frau B bereits eine Willenserklärung abgegeben hat. Die Unterzeichnung der Urkunde war noch keine Willenserklärung, sondern eine bloße Vorbereitungshandlung. Abgegeben wäre die schriftliche Willenserklärung erst durch die Überreichung an den hier anwesenden K.

Hieran fehlt es jedoch so lange, als die Erklärung nicht mit Willen des Erklärenden in den Verkehr gebracht worden ist.[52] Solange B also noch selbst in der Lage ist, über das die Erklärung enthaltende Schriftstück zu verfügen, hat sie die Willenserklärung noch nicht abgegeben. Da B noch die Verfügungsgewalt über die auf dem Tisch liegende Urkunde hatte, wurde die Willenserklärung noch nicht abgegeben. Erst dadurch, dass K diese Urkunde an sich genommen hat, verlor B ihre Verfügungsgewalt. Das führte jedoch ebenfalls nicht zur Abgabe der Willenserklärung, da diese voraussetzt, dass sie mit Willen des Erklärenden erfolgt. Zum Zeitpunkt der Wegnahme konnte K jedoch nicht mehr annehmen, dass B bei der nunmehr gänzlich veränderten Sachlage diese Willenserklärung noch abgeben wollte.

Ein Bürgschaftsvertrag kam demnach nicht zustande. Frau B haftet nicht.

---

50 *Bork*, AT, Rn. 609, 631 f.
51 **RGZ 64, 414.**
52 *Palandt/Ellenberger* § 130 Rn. 4; vgl. *Medicus*, AT, Rn. 265.

b) Abgabe gegenüber Abwesenden

Die schriftliche Erklärung unter Abwesenden ist bei größeren Geschäften der Normalfall der Abgabe von Willenserklärungen zum Abschluss von Verträgen. **53**

Bei der schriftlichen Erklärung unter Abwesenden entstehen Übermittlungsrisiken. Der Erklärende trägt das Risiko, dass seine Erklärung in der tatsächlich erklärten Form zugeht; der Empfänger trägt das Risiko, dass er die Erklärung so zur Kenntnis nimmt, wie sie ihm zugegangen ist.

Problematisch ist die **Einschaltung von Mittelspersonen**, die sowohl für den Erklärenden als auch für den Erklärungsempfänger tätig sein können.[53] Wird ein Bote oder Mittelsmann zur Überbringung einer Erklärung eingeschaltet **(Erklärungsbote)**, so ist die Erklärung abgegeben, wenn der Erklärende sie dem eigenen Erklärungsboten gegenüber äußert oder ihm übergibt. Die Erklärung ist zugegangen, wenn sie der Erklärungsbote dem Empfänger überbringt. Ein Brief, der nicht zugeht, entfaltet keine Wirkung. Nicht so einfach ist es, wenn sich der Empfänger eines Boten oder Mittelsmannes bedient (**Empfangsbote**). Denn Empfangsbote ist nur eine Person, die zur Entgegennahme von Erklärungen nach der Verkehrsanschauung als geeignet und ermächtigt anzusehen ist. In einem Geschäft gehören dazu die dort Beschäftigten, bei Privatempfängern Familienangehörige oder Mitbewohner der Wohnung, § 178 Nr. 1, 2 ZPO. Mit der Abgabe gegenüber dem Empfangsboten ist die Erklärung dem Empfänger in dem Zeitpunkt zugegangen, in dem regelmäßig mit einer Weiterleitung an den Adressaten zu rechnen war. Übermittelt der Empfangsbote die Erklärung dem wirklichen Empfänger falsch, verspätet oder überhaupt nicht, so geht das zu Lasten des Empfängers (s.u. Rn. 59). **54**

Fall 20: K erwarb von B mit notariellem Vertrag einen Bauernhof. Zum Ausgleich für Leistungen des B beim Ausbau der Gebäude des Hofs schlossen die Parteien gleichzeitig einen notariellen Versorgungsvertrag. U.a. sollte B ein unentgeltliches Wohnrecht an einer noch zu errichtenden Wohnung bestellt werden. In dem Vertrag wurde festgehalten, dass eine Baugenehmigung, die B für diese Wohnung erteilt worden war, auf K umgeschrieben werden sollte. Für den Fall, dass die Genehmigung nicht bis zum 23.9. auf K umgeschrieben sein sollte, sollte K berechtigt sein, vom Vertrag zurückzutreten. Der Rücktritt sollte spätestens am 30.9. schriftlich erklärt werden. Das Rücktrittsrecht sollte aber entfallen, wenn seine Voraussetzungen wegfielen, ehe der Rücktritt ausgeübt sei.

Am 24.9. erklärte K in einem an den Notar gerichteten Schreiben unter Hinweis auf die fehlende Baugenehmigung den Rücktritt vom Vertrag. Der Notar leitete das Schreiben an B weiter, bei dem es am 30.9. einging. Ein weiteres Schreiben, in dem K seine Rücktrittserklärung wiederholte, richtete er am 30.9. unmittelbar an B, den es an diesem Tag erreichte. Auf eine Anfrage stellte das Landratsamt ebenfalls am 30.9. dem B durch Vorbescheid die Genehmigung des Vorhabens in Aussicht. Mit Schreiben vom 3.10. widersprach B den Rücktrittserklärungen. Ist K wirksam vom Versorgungsvertrag zurückgetreten?[54]

Lösung: Da B bis zum 23.9. die Umschreibung der Baugenehmigung nicht herbeigeführt hat, stand dem K bis zum 30.9. ein Rücktrittsrecht zu. Dieses sollte jedoch entfallen, wenn die Umschreibung vor Erklärung des Rücktritts erfolgte.

53 Vgl. *Rüthers/Stadler*, AT, § 17 Rn. 51 ff; *Köhler*, AT, § 6 Rn. 15 ff.
54 **BGH NJW 1979, 2032.**

Zweifelhaft ist, ob K fristgerecht zurückgetreten ist. K hat mehrere Rücktrittserklärungen auf den Weg geschickt. Das Schreiben vom 24.9. an den Notar konnte den Rücktritt nicht herbeiführen, da dieser nicht Vertragspartner war. Jedoch hat der Notar dieses Schreiben an B am 30.9. und damit fristgerecht weitergeleitet. Hierbei ist jedoch unklar, ob dies tatsächlich eine wirksame Rücktrittserklärung des K darstellt. Zwar ist allgemein anerkannt, dass empfangsbedürftige Willenserklärungen nicht unmittelbar an den Erklärungsgegner gesandt werden müssen, eine Zuleitung durch Dritte ist grundsätzlich ebenso möglich. Jedoch darf diese Zuleitung durch Dritte keinesfalls zufällig erfolgen, sondern muss zielgerichtet geschehen. Erforderlich ist daher, dass die Willenserklärung mit Willen des Erklärenden in den Verkehr gelangt ist und der Erklärende damit rechnen konnte und gerechnet hat, sie werde – auf welchem Weg auch immer – den Erklärungsgegner erreichen. Ob K hier tatsächlich mit der Weiterleitung rechnen konnte und damit gerechnet hat, kann jedoch dahinstehen, da er durch sein eigenes Schreiben – diesmal unmittelbar an B – fristgerecht zum 30.9. den Rücktritt erklärt hat.

Fraglich ist jedoch, ob zu diesem Zeitpunkt noch ein Rücktrittsrecht bestand, da am selben Tag der Vorbescheid für die Genehmigung des Bauvorhabens bei B eingegangen war. Durch Auslegung des Vertrags ist zu ermitteln, dass das Rücktrittsrecht nur entfallen soll, wenn zum Zeitpunkt der Rücktrittserklärung die Genehmigung schon vorhanden war. Es kommt also darauf an, ob dem B erst die Rücktrittserklärung oder erst der Vorbescheid zugegangen ist. Dies ist Tatfrage und kann hier aufgrund des offenen Sachverhalts nicht geklärt werden.

Soweit die Rücktrittserklärung vor dem Vorbescheid zugegangen und damit der Rücktritt möglich ist, verstößt es nicht gegen Treu und Glauben, dass K den Versorgungsvertrag hinfällig macht, obwohl am selben Tag aufgrund des Vorbescheids die Genehmigung des Gebäudes feststand. Da der Vertrag für die Ausübung des Rücktrittsrechts eine Befristung bis zum 30.9. vorsah, handelte K nicht treuwidrig, wenn er am letzten Tag den Rücktritt erklärte; Fristen dürfen grundsätzlich voll ausgeschöpft werden. Dieser Gefahr hätte B dadurch entgehen können, dass er den Vorbescheid vertragsgemäß bis zum 23.9. herbeiführte.

Nach § 349 BGB erfolgt der Rücktritt durch Erklärung gegenüber dem anderen Teil.

2. Zugang bei empfangsbedürftigen Willenserklärungen

55 ➔ Eine Willenserklärung ist zugegangen, sobald sie derart in den Machtbereich des Empfängers gelangt ist, dass dieser unter normalen Verhältnissen die Möglichkeit hat, vom Inhalt der Erklärung Kenntnis zu nehmen **(Empfangstheorie)**.[55] Der Empfänger muss hinreichend Zeit haben, das Schriftstück zu lesen; es muss aber nicht bei ihm verbleiben.[56]

Zwar sieht § 130 BGB das Erfordernis eines Zugangs von Willenserklärungen nur bei Erklärungen gegenüber Abwesenden vor. § 130 BGB bringt jedoch den Willen des Gesetzgebers zum Ausdruck, dass bei empfangsbedürftigen Willenserklärungen ein grundsätz-

55 BGHZ 67, 271, 275 = NJW 1977, 194.
56 BAG NJW 2005, 1533.

liches Interesse an rechtzeitiger Information besteht. Aufgrund dessen ist § 130 BGB auch unter Anwesenden zu beachten.[57]

Besondere Bedeutung erlangt der **Zugangszeitpunkt** bei Willenserklärungen, die zu einer bestimmten Zeit oder innerhalb einer bestimmten Frist abgegeben werden müssen. Hier wird angenommen, dass eine Willenserklärung erst zu dem Zeitpunkt zugeht, zu dem üblicherweise mit einer Kenntnisnahme gerechnet werden kann.[58] Wird ein Schriftstück erst nach Schluss der üblichen Geschäftszeiten in den Briefkasten geworfen, geht es nicht mehr am Einwurftag zu.[59] Im Streitfall muss der Absender nicht nur das Absenden, sondern auch den (rechtzeitigen) Zugang beweisen.[60]

Die Niederlegung bei der Post und die Benachrichtigung des Empfängers von der Niederlegung ist nach dem BGB nicht mit dem Zugang der Erklärung gleichzusetzen; anders als bei der Ersatzzustellung nach § 181 I S. 1 Nr. 2, S. 3 ZPO ist die Benachrichtigung bei einem Einschreibebrief reine Vorbereitungshandlung der Zustellung. Damit ist der Brief erst mit der Abholung zugegangen. Das Hinterlassen eines Benachrichtigungszettels bewirkt nach hM kein Zugehen. Der Empfänger wird lediglich in die Lage versetzt, das Schreiben in seinen Machtbereich zu bringen.[61] Ein Teil des Schrifttums meint aber, der Adressat, der ein Einschreiben zurechenbar nicht rechtzeitig abholt, müsse sich nach § 242 BGB so behandeln lassen, als sei das Schreiben rechtzeitig zugegangen.[62] Da der Absender aber auch ein Einwurf-Einschreiben aufgeben kann, ist diese Ansicht zweifelhaft. Allerdings begründet die Vorlage eines Auslieferungsbelegs der Post nach h.M. einen Anscheinsbeweis für den Zugang der Sendung.[63]

Nach § 130 I 2 BGB wird eine Willenserklärung mit dem Zugang wirksam, sofern nicht **56**
vorher oder gleichzeitig ein Widerruf zugeht. Entscheidend ist nach h.M. nur das zeitliche Verhältnis des Zugangs beider Erklärungen, nicht die Reihenfolge der tatsächlichen Kenntnisnahme.[64] Ein nachträglicher Widerruf hat dagegen nach allgemeinem BGB keine Wirkung, selbst wenn der Empfänger nach Erhalt der Erklärung noch keine Dispositionen getroffen hat.

a) Zugangshindernisse

Nach dem BGB ist eine zugangsbedürftige Willenserklärung erst mit dem Zugang recht- **57**
lich wirksam und zwar in der Gestalt, in der sie tatsächlich zugeht. Mit dieser Lösung verteilt das Gesetz die **Übermittlungsrisiken**. Der Äußernde trägt das Risiko, dass seine Erklärung in der tatsächlich erklärten Form zugeht; der Empfänger trägt das Risiko, dass er die Erklärung so zur Kenntnis nimmt, wie sie ihm zugegangen ist.

Diese Risikoverteilung ist für die Behandlung möglicher auftretender Zugangshindernisse von entscheidender Bedeutung. Zugangshindernisse können einerseits in Form ei-

---

57 Vgl. *Wolf/Neuner* § 33 Rn. 34 ff; *Leenen* § 6 Rn. 26 ff; diff. *Weiler*, JuS 2005, 788, 791.
58 Vgl. *Wolf/Neuner* § 33 Rn. 21 ff; NK-BGB/*Faust* § 130 Rn. 23 ff, 36 ff.
59 BGH NJW 2008, 843.
60 Vgl. *Mrosk*, NJW 2013, 1481.
61 BGHZ 137, 205, 208 = NJW 1998, 977.
62 *Köhler*, AT § 6 Rn. 14; vgl. *Fritzsche*, Fall 5.
63 *Wolf/Neuner* § 33 Rn. 32; a.A. *Mrosk*, NJW 2013, 1481, 1482 f.
64 BGH NJW 1975, 382, 384; *Wolf/Neuner* § 33 Rn. 57 f; a.A. *Lindacher/Hau*, Fälle zum AT, Fall 4 (S. 20).

nes **verspäteten Zugangs** der Erklärung und andererseits in Form einer **Verweigerung/ Vereitelung** des Zugangs als solchem vorliegen. In diesen Fällen erscheint es zweifelhaft, ob das vom Adressaten geschaffene oder wenigstens in seinem Bereich liegende Hindernis dem Absender schaden soll. Die Lösung der Probleme der Zugangshindernisse ist von zwei Fragestellungen abhängig. Zum einen stellen sich die Frage der Verteilung des **Übertragungsrisikos** und zum anderen die Frage nach dem **Zugangszeitpunkt**.

Verweigert der Empfänger die Annahme der Erklärung aus berechtigten Gründen, etwa weil er für den Brief Nachporto zahlen soll, ist die Erklärung nicht zugegangen. Für den Fall einer unberechtigten Weigerung ist von einem Zugang auszugehen, weil die Möglichkeit der Kenntnisnahme bestand. Wenn das Zugangshindernis vom Empfänger nicht zu vertreten ist, z.B. wegen einer Störung der Postnachsendung, so trägt der Erklärende auch die Transportgefahr seiner Erklärung.[65]

Nach der Rechtsprechung[66] muss der Erklärende den gescheiterten, dem Empfänger anzulastenden Zugang nachholen. Dem Adressaten ist es verwehrt, sich auf die Verspätung durch das von ihm zu verantwortende Hindernis zu berufen – bloße Rechtzeitigkeitsfiktion.[67] In Fällen der grundlosen und der arglistigen Zugangsverweigerung ist ein erneuter Zugangsversuch überflüssig. Der Zugang wird unter Anwendung des Rechtsgedankens des § 162 I BGB fingiert.[68]

Wird eine Erklärung daher per Einschreiben abgesandt, dieses aber vom briefkastenlosen Empfänger nicht bei der Post abgeholt, so muss sich der Empfänger nach Treu und Glauben nur dann so behandeln lassen, als wäre ihm die Erklärung zugegangen, wenn der Erklärende einen erneuten Versuch unternimmt, seine Erklärung in den Machtbereich des Empfängers zu bringen.[69]

b) Zugang durch Erklärung gegenüber Vertreter

58 Geht eine Willenserklärung einem Vertreter zu, so ist sie bereits in diesem Augenblick gemäß § 164 III BGB dem Vertretenen zugegangen.[70]

c) Zugang durch Erklärung gegenüber dem Empfangsboten

59 Erreicht eine Willenserklärung zunächst nicht den Empfänger persönlich, sondern ein Mitglied seiner Familie oder einen seiner Beschäftigten, so stellt sich die Frage, ob die Erklärung in diesem Augenblick zugegangen ist oder erst, wenn die Empfangsperson die Erklärung tatsächlich weiterleitet.

Beim Zugang einer Willenserklärung unter Einschaltung Dritter ist zunächst zwischen der Einschaltung einer **aktiven** Mittelsperson **(Erklärungsbote)** und der **passiven** Mittelsperson **(Empfangsbote)** zu unterscheiden.[71] Der Erklärungsbote selbst ist für die Ab-

65 *Medicus*, AT, Rn. 281.
66 Grundlegend **BGHZ 137, 205 f, 208 ff = NJW 1998, 976**.
67 *Medicus*, AT, Rn. 278; *Bork*, AT, Rn. 637.
68 *Medicus*, AT, Rn. 282; *Weiler*, JuS 2005, 788, 792; *Bork*, AT, Rn. 637 (der die Zugangsfiktion auf § 242 BGB stützt).
69 BGH NJW 1998, 976; vgl. die Beispiele bei *Palandt/Ellenberger* § 130 Rn. 5 ff, 16 ff.
70 *Wolf/Neuner* § 33 Rn. 41, vgl. *Häublein*, JURA 2007, 728.
71 *Wolf/Neuner* § 33 Rn. 42 ff.

gabe der Erklärung entscheidend. Nur bei der Zuhilfenahme eines Empfangsboten können Zugangsprobleme auftauchen. Eine Willenserklärung ist dem Empfänger nach h.M. noch nicht mit deren Übergabe oder deren Ausspruch gegenüber dem Empfangsboten zugegangen, sondern – parallel zum Einwurf in den Briefkasten – erst, wenn mit der Weitergabe an den Empfänger und dessen Kenntnisnahme davon zu rechnen ist.[72] In Schwierigkeiten gerät diese Ansicht aber bei einer Erklärung auf einen Anrufbeantworter bzw. eine elektronische Mailbox kurz vor Ablauf einer während der üblichen Geschäftszeit ablaufenden Frist.

Fall 21: Der Beklagte B, ein Unternehmen auf dem Gebiet der Kälte- und Wärmetechnik, hat bei der Klägerin K Arbeiten an einer Heizungsanlage ausgeführt. Hierbei hat sie unter anderem einen tropfenden Hahn des Heißwasserrohrleitungssystems repariert. Nach abgeschlossener Reparatur bemerkte N, der Fachbauleiter der K, am 3. November 1992, dass der Hahn immer noch tropfte. N versuchte umgehend die Beklagte B zu informieren und forderte diese zur Nachbesserung auf. Bei seinen Anrufen wählte N die Durchwahl des für das Bauvorhaben zuständigen Mitarbeiters der K, wobei sich jeweils ein dem N unbekannter Mitarbeiter der B gemeldet und die Telefongespräche aufgrund automatischer Anrufweiterleitung entgegengenommen hat. Die B reagierte auf die Anrufe nicht. Am 15. November 1992 brach die zuvor nur tropfende Flachdichtung. Nach dem Bruch traten große Mengen an Heißwasser aus der Rohrleitung aus und überschwemmten den Bodenbereich des dortigen Kellers. Die Klägerin K macht nun gegenüber B einen Schadensersatzanspruch in Höhe von 151 535,39 DM geltend. Wie ist zu entscheiden?[73]

Lösung: Der K könnte gegen die B ein Schadensersatzanspruch wegen schuldhafter Verletzung der Nachbesserungspflicht gemäß §§ 280 I 1, 633, 634 Nr. 1, 635 I BGB haben.

Die Pflichtverletzung könnte sich aus der unterlassenen Mängelbeseitigung ergeben. Die B wäre bei ordnungsgemäß zugegangener Mängelbeseitigungsaufforderung durch die Anrufe des N verpflichtet gewesen, umgehend die Ursache für die Undichtigkeit festzustellen und die Mängel zu beseitigen.

Fraglich ist daher, ob die Aufforderung der K zur Mängelbeseitigung der B zugegangen ist.

Die Aufforderung zur Mängelbeseitigung ist eine geschäftsähnliche Handlung, auf die die Vorschriften über die Willenserklärungen entsprechende Anwendung finden.[74] Nach § 130 BGB ist eine Willenserklärung zugegangen, sobald sie derart in den Machtbereich des Empfängers gelangt ist, dass dieser unter normalen Verhältnissen die Möglichkeit hat, vom Inhalt der Erklärung Kenntnis zu nehmen. Im vorliegenden Fall wurde die Erklärung nicht gegenüber dem Empfänger selbst, sondern gegenüber einer passiven Mittelsperson abgegeben. Die Zugangsvoraussetzungen bestimmen sich in einem solchen Fall nach der Person des Adressaten der Erklärung.

---

72 BGH NJW 2002, 1565, 1567; BGHZ 131, 66, 75 = NJW 1995, 3386, 3388; *Joussen*, JURA 2003, 577, 579; *Brox/Walker*, Rn. 152; *Fritzsche*, Fall 6; *Wolf/Neuner* § 33 Rn. 46 f; *Medicus*, AT Rn. 285; *Rüthers/Stadler* § 17 Rn. 50; BAGE 138, 127 = NJW 2011, 2604, 2605 (Rn. 18, 25; Eheleute als gegenseitige Empfangsboten; Weitergabe noch am gleichen Tag).

73 Angelehnt an die Entscheidung **BGH NJW 2002, 384 ff.**

74 Vgl. BGH NJW 1995, 45, 46.

Der Mitarbeiter, der nach der automatischen Anrufweiterleitung die Telefonanrufe des N entgegen genommen hat, könnte ein Empfangsbote der B sein.

Empfangsbote ist, wer entweder vom Empfänger zur Entgegennahme von Erklärungen ermächtigt worden ist oder wer nach der Verkehrsauffassung (vgl. § 178 ZPO) als ermächtigt anzusehen ist, Willenserklärungen oder diesen gleichstehende Mitteilungen mit Wirkung für den Erklärungsempfänger entgegenzunehmen.[75] Zwar kann, vor allem bei mündlichen Erklärungen, bei untergeordneten Mitarbeitern eine Qualifizierung als Empfangsbote ausscheiden, so dass dieser unter Umständen als untauglicher Empfangsbote zum Erklärungsboten wird. Anders verhält es sich – nach Ansicht des BGH – jedoch in Fällen einer automatischen Anrufweiterleitung von einem Apparat eines bevollmächtigten Mitarbeiters an einen anderen Telefonapparat. Wer auf diese Weise eingehende Anrufe entgegennimmt ist unabhängig von seiner Stellung im Unternehmen im Zweifel nach der Verkehrsauffassung als ermächtigt anzusehen, Willenserklärungen oder diesen gleichzustellende Mitteilungen mit Wirkung für den Erklärungsempfänger entgegenzunehmen.

Die Mängelbeseitigungsaufforderung ist daher der B gemäß § 130 I BGB zugegangen. Die B hat daher ihre, angesichts der besonderen Gefahrensituation, bestehende Pflicht zur Mängelbeseitigung verletzt.

Die K hat daher gegen die B einen Schadensersatzanspruch aus Pflichtverletzung des Werkvertrages in verlangter Höhe.

Ist eine Erklärung gegenüber einem Empfangsboten wirksam abgegeben worden, so trägt der Empfänger das Risiko, wenn jener den Inhalt der Erklärung fehlerhaft weiterleitet.[76]

d) Annahmeverweigerung durch Empfangsboten

60 Problematisch ist ferner, was gilt, wenn die Empfangsperson die Erklärung nicht entgegennimmt oder zurückschickt.[77]

Fall 22: K war bei dem Sozialarbeitsverein B als Altenpflegerin tätig. 1991 war sie aus gleichem Grunde mehrfach krankgeschrieben. Der Arbeitgeber hatte ihr für August 1991 den Jahresurlaub bewilligt. K wollte jedoch unmittelbar im Anschluss an ihren letzten Krankenhausaufenthalt vom 5.6. bis 4.7. in Urlaub gehen. Dies lehnte der Arbeitgeber ab. Gleichwohl flog sie mit ihrem Ehemann für einen Monat nach Mombasa/Kenia und kam aus dem Urlaub auch krank zurück.

Mit Schreiben vom 12.6.91 kündigte der Arbeitgeber B fristlos, hilfsweise fristgerecht (= ordentlich) zum 31.7.91 mit der Begründung, K sei ihrer Verpflichtung zur Arbeit schuldhaft nicht nachgekommen. Das Kündigungsschreiben wurde an die Heimatanschrift mit der Post abgesandt. Der Postbedienstete übergab es dem ihm bekannten auf einem Spaziergang befindlichen Onkel der K. Dieser übergab es der im gleichen Hause wohnenden Mutter der K. Diese gab es ungeöffnet an die Post zurück. Am 17.6.91 kam es zum Arbeitgeber B zurück. Dieser übergab es am 5.7.91 dem Ehemann der K durch einen Boten.

---

75 BGH NJW 2002, 1565, 1566 mwN.
76 Vgl. *Leenen* § 6 Rn. 47 f.
77 Vgl. *Leipold* § 12 Rn. 37 f; NK-BGB/*Faust* § 130 Rn. 68 ff.

Am 5.8.91 wurde bei K eine in der fünften Woche bestehende Schwangerschaft festgestellt. Darüber unterrichtete sie B noch am gleichen Tage.

Mit der am 18.7. bei Gericht eingegangenen Klage begehrt die Klägerin Feststellung der Unwirksamkeit der Kündigung vom 12.6. und beantragt die nachträgliche Zulassung ihrer Klage. Ist die Kündigung wirksam?[78]

Lösung: Die Kündigung wäre gemäß § 9 I MuSchG iVm § 134 BGB unwirksam, wenn K zum Zeitpunkt der Kündigung, also bei Zugang der Kündigung, schwanger gewesen wäre. K war seit Anfang Juli schwanger. Demnach wäre die Kündigung nur dann unwirksam, wenn sie erst mit Übergabe an den Ehemann am 5.7.1991 zugegangen wäre. Wäre der Zugang hingegen mit Übergabe an Onkel und Mutter am 12.6.1991 erfolgt, so wäre die Kündigung mangels bestehender Schwangerschaft wirksam.

Nach § 130 I 1 BGB wird eine unter Abwesenden abgegebene empfangsbedürftige Willenserklärung in dem Zeitpunkt wirksam, in welchem sie dem Empfänger zugeht. Eine schriftliche Willenserklärung ist danach zugegangen, sobald sie in verkehrsüblicher Weise in die tatsächliche Verfügungsgewalt des Empfängers bzw. eines empfangsberechtigten Dritten gelangt ist und für den Empfänger unter gewöhnlichen Verhältnissen die Möglichkeit besteht, von dem Inhalt Kenntnis zu nehmen. Soweit diese Möglichkeit besteht, ist es unerheblich, zu welchem Zeitpunkt tatsächlich Kenntnis genommen wird. Dabei genügt es, wenn der Brief an eine Person ausgehändigt wird, die nach der Verkehrsauffassung als ermächtigt anzusehen ist, den Empfänger in der Empfangnahme zu vertreten. Hierbei ist die Erteilung einer besonderen Vollmacht oder Ermächtigung nicht nötig; wer als ermächtigt anzusehen ist, bestimmt sich nach der Verkehrssitte. Grundsätzlich werden Angehörige, die in derselben Wohnung leben, als ermächtigt angesehen.

Unzweifelhaft ist also der Ehemann als ermächtigt anzusehen mit der Folge, dass die Kündigung spätestens mit Übergabe an ihn am 5.7. wirksam zugegangen ist.[79] Fraglich ist aber, ob der Zugang nicht schon vorher durch Übergabe an den Onkel oder die Mutter erfolgte. Diese sind jedoch grundsätzlich nicht als ermächtigt anzusehen, da sie – obwohl verwandt – nicht in derselben Wohnung mit K leben. Die bloße verwandtschaftliche Beziehung allein ist nicht ausreichend, vielmehr muss eine gewisse räumliche Beziehung hinzukommen.[80] Eine solche ist bei der Mutter zu bejahen, da sie mit K im selben Haus wohnt. Damit kann die Mutter im vorliegenden Fall als zur Entgegennahme ermächtigt angesehen werden.

Der Zugang könnte dadurch gehindert sein, dass die Mutter die Annahme verweigert und den Brief zurückgeschickt hat. Lehnt der Empfänger grundlos die Annahme einer Willenserklärung ab, muss er sich grundsätzlich nach Treu und Glauben so behandeln lassen, als sei sie im Zeitpunkt der Ablehnung zugegangen. Verhindert jedoch nur ein als Empfangsbote in Betracht kommender Dritter den Zugang, so kann dies dem Adressaten nur

78 **BGH NJW 1993, 1093.**
79 Vgl. BAGE 138, 127 = NJW 2011, 2604 (Übergabe einer Kündigung der Ehefrau an den Ehemann an dessen Arbeitsplatz; Zugang an Ehefrau am selben Tag).
80 Vgl. *Lindacher/Hau*, Fälle zum AT, Fall 10.

zugerechnet werden, wenn er hierauf Einfluss hat. Dafür liegen hier jedoch keine Anhaltspunkte vor. Ein Zugang ist daher mit der Annahmeverweigerung am 12.6.1991 nicht erfolgt.

Die Kündigung ist also erst am 5.7. zugegangen, zu einem Zeitpunkt also, in dem K bereits schwanger war; die Kündigung ist folglich nach § 9 I MuSchG iVm § 134 BGB unwirksam.

e) Zugang nicht verkörperter Willenserklärungen

61 Bei empfangsbedürftigen Willenserklärungen, die gegenüber Anwesenden abgegeben werden, können sich Zugangsprobleme ergeben. Der Zugang erfolgt nach der **Vernehmungstheorie** mit der **akustisch richtigen Vernehmung** durch den Empfänger. Zugunsten des Erklärenden soll dabei ausreichend sein, wenn er nach den ihm erkennbaren Umständen annehmen musste, der Erklärungsempfänger habe ihn richtig verstanden, sog. **modifizierte Vernehmungstheorie**. Da der Erklärende nach der reinen Vernehmungstheorie auch in der Person des Empfängers angelegte Defizite, wie z.B. Schwerhörigkeit, zu tragen hat, bedarf die Vernehmungstheorie einer Einschränkung. Eine nicht oder falsch verstandene Willenserklärung ist zugegangen, wenn der Erklärende damit rechnen konnte und musste, richtig und vollständig verstanden zu werden.[81]

f) Zugang von Telefax und E-Mail

62 Der Zugang einer Willenserklärung mittels Telefax setzt einen wirksamen Ausdruck durch das Empfangsgerät voraus. Zugegangen ist ein nach Geschäftsschluss eingegangenes Faxschreiben aber idR erst am nächsten Geschäftstag. Von einem privaten Empfänger kann eine laufende Eingangskontrolle während der Geschäftszeiten nicht erwartet werden, so dass ein Zugang erst am nächsten Werktag anzunehmen ist.[82] Die **Beweislast** für den Zugang eines Telefax trägt derjenige, der sich auf die Fristwahrung beruft, also der Absender des Schriftsatzes. Nach h.M. erbringt das Sendeprotokoll mit o.k.-Vermerk keinen Anscheinsbeweis für den Zugang. Es kann also nicht von dem Vorliegen des Sendeprotokolls auf den Zugang der Erklärung geschlossen werden;[83] eine elektronische Rückbestätigung des Eingangs ist dagegen beweiskräftig.

Willenserklärungen, die über E-Mail verschickt werden, gehen zu, sobald sie in seiner Mailbox oder für den Empfänger abrufbar im Empfangsbriefkasten des Providers eingehen.[84] Bei einem Eingang zur Unzeit liegt der maßgebliche Zeitpunkt wie bei einem Faxschreiben am nächsten Werktag. Voraussetzung für einen rechtlich relevanten Zugang per E-Mail ist aber, dass der Empfänger im Rechtsverkehr über die Emailadresse aufgetreten ist.[85] Ist die Mailbox „voll“, so dass die Nachricht nicht entgegengenommen wird, so muss sich der Empfänger so behandeln lassen, als wäre sie ihm zugegangen.[86]

---

81 *Bork*, AT, Rn. 609, 631.
82 *Bamberger/Roth/Wendtland* § 130 Rn. 15; PWW/*Ahrens* § 130 Rn. 14.
83 Zum Anscheinsbeweis *Thomas/Putzo/Reichold* § 286 Rn. 12 ff; *Rosenberg/Schwab/Gottwald*, § 113 Rn. 16 ff.
84 *Palandt /Ellenberger* § 130 Rn. 7a; *Ultsch*, NJW 1997, 3007; *Thalmair*, NJW 2011, 14, 15.
85 Vgl. *Köhler*, AT, § 6 Rn. 18; *Grigoleit/Herresthal*, Rn. 14 f.
86 *Köhler*, AT, § 6 Rn. 18.

Fall 23: Die Bundesrepublik Deutschland bestellte bei der Fa. V, mit der sie in laufender Geschäftsbeziehung stand, 1988 und 1989 militärische Güter. Diese wurden alsbald ausgeliefert und in Rechnung gestellt. Im März 1990 trat Fa. V ihre Ansprüche aus Warenlieferungen an die K-Bank ab.

Die K-Bank verlangt nun von der Bundesrepublik Deutschland Zahlung. Diese weigert sich. Denn mit Schreiben vom 3.11.1988 hatte sie der Fa. V ihre Einkaufsbedingungen übersandt, die in Nr. 17 ein Abtretungsverbot für Kaufpreisforderungen gegen die Bundesrepublik Deutschland vorsehen. Im Anschreiben dazu hieß es:

„Sollten uns bis 30.11. von Ihnen keine gegenteilige Stellungnahme vorliegen, gehen wir von Ihrem Einverständnis mit unseren Vertragskondiktionen aus."

Mit einem Telefax vom 29.11.1988 hatte die Fa. V an die zuständige Stelle der Bundesrepublik Deutschland geschrieben:

„Ihre genannten Bedingungen können wir nicht anerkennen. Für einen Überarbeitungstermin schlagen wir eine Besprechung vor."

Der Faxsendebericht vom gleichen Tag weist die Ruf-Nummer der Bundesrepublik Deutschland und den Vermerk „Ergebnis o.k." auf. Die Bundesrepublik Deutschland bestreitet den Zugang des Telefax und hält entsprechend die Abtretung für unwirksam. Wer hat Recht?[87]

(§ 354a HGB wurde erst mit Wirkung vom 25.7.1994 eingefügt.)

Lösung: Die K-Bank könnte von der Bundesrepublik Deutschland Zahlung verlangen, wenn ihr die Forderung wirksam von der Fa. V gemäß § 398 BGB übertragen worden wäre. Die Abtretung wäre unwirksam, wenn die Einkaufsbedingungen der Bundesrepublik Deutschland mit dem Abtretungsverbot Vertragsinhalt geworden wären, § 399 2. Alt. BGB. Dies wäre der Fall, wenn die Fa. V nicht bis zur gesetzten Frist am 30.11. widersprochen hätte.

Nach dem Vortrag der Fa. V hat sie mit Telefax vom 29.11. diesen Einkaufsbedingungen widersprochen, sie muss im Prozess den Zugang dieses Schreibens beweisen. Fraglich ist, ob sie sich hierbei auf den Faxsendebericht mit dem Vermerk „Ergebnis o.k." berufen kann.

Einen Anscheinsbeweis kann dieser Sendebericht jedoch nicht rechtfertigen, er stellt allenfalls ein Indiz für den Zugang dar. Der Sendebericht zeigt nur die Herstellung der Verbindung zwischen dem Sende- und Empfangsgerät an, für die Übermittlung der Daten und Ausbleiben von Störungen besitzt das Sendeprotokoll hingegen keinen Aussagewert. Die Datenübertragung kann beispielsweise an Defekten am Empfangsgerät (Papierstau usw.) scheitern, ohne dass die Unterbrechung und missglückte Datenübermittlung im Sendebericht ausgewiesen wird. Eine verlässliche Grundlage für einen Anscheinsbeweis kann der Sendebericht folglich nicht bieten.

Folglich kann die Fa. V nicht beweisen, dass sie rechtzeitig widersprochen hat; das Abtretungsverbot ist somit Vertragsinhalt geworden. Die Abtretung war aufgrund des bestehenden Abtretungsverbotes unwirksam, so dass die K-Bank keinen Anspruch hat.

(Nach § 354a HGB ist die Abtretung einer Geldforderung auch dann wirksam, wenn die Abtretung durch Vereinbarung mit dem Schuldner nach § 399 2. Alt. BGB ausgeschlossen

---

87 **BGH NJW 1995, 665.**

wurde. Voraussetzung dafür ist allerdings, dass das Rechtsgeschäft für beide Teile ein Handelsgeschäft (§ 343 HGB) oder der Schuldner eine juristische Person des öffentlichen Rechts oder ein öffentlich-rechtliches Sondervermögen ist. Nach neuer Rechtslage könnte sich die Bundesrepublik Deutschland daher nicht auf das Abtretungsverbot berufen.)

g) Zugang formbedürftiger Erklärungen

63 Besondere Fragen ergeben sich, wenn eine Erklärung einer gesetzlichen Form bedarf, dem Empfänger aber ein nicht der Form genügendes Schriftstück, etwa eine bloße Abschrift oder ein formloser Ausdruck, zugeht.

Fall 24: Ein Ehepaar hatte ein gemeinschaftliches wechselbezügliches Testament errichtet. Drei Jahre später wollte sich der Mann von dem Testament lösen. Er ging zum Notar und ließ eine Widerrufserklärung beurkunden. Der Notar beauftragte einen Gerichtsvollzieher mit der Zustellung. Zugestellt wurde eine beglaubigte Abschrift der Ausfertigung, nicht jedoch die Ausfertigung selbst. Wenige Tage danach starb der Ehemann. Der Notar bemerkte nun seinen Fehler und ließ die Ausfertigung nochmals zustellen. Die Ehefrau beantragt beim Nachlassgericht die Erteilung eines Erbscheins als Alleinerbin aufgrund des gemeinschaftlichen Testaments. Zu Recht?[88]

Lösung: Gemäß § 2353 BGB hätte die F einen Anspruch auf Erteilung eines Erbscheins, wenn das gemeinschaftliche Testament nach §§ 2265 ff BGB wirksam ist und sie folglich tatsächlich Erbin des M geworden ist. Das Testament ist jedoch nur wirksam, wenn M es nicht erfolgreich widerrufen hätte, §§ 2271 I 1, 2296 BGB. Dies setzt gemäß § 2296 II BGB voraus, dass der Widerruf dem anderen Teil, also der F, in notariell beurkundeter Form zugeht. Gemäß § 130 I 1 BGB wird der Widerruf wirksam, wenn er dem anderen Teil zugeht oder, was nach § 132 I BGB gleichsteht, durch Vermittlung eines Gerichtsvollziehers zugestellt wird. Ein Zugang zu Lebzeiten des M lag hier also vor, problematisch ist jedoch, dass nur eine beglaubigte Abschrift der Ausfertigung, nicht jedoch die Ausfertigung selbst zugegangen ist. § 2296 II BGB verlangt, dass die Ausfertigung selbst zugeht, eine bloße Abschrift genügt den dort gestellten Formerfordernissen nicht.

Zwar wurde die formgerechte Zustellung nachgeholt, jedoch war M mittlerweile verstorben. Grundsätzlich ist eine Widerrufserklärung nach § 130 II BGB auch dann wirksam, wenn sie der Erklärende abgibt, sie aber dem Empfänger erst nach seinem Tod zugeht.[89] Hier soll aber die formunwirksame Abgabe nach dem Tod durch eine erneute Abgabehandlung geheilt werden. Nach dem Zweck des gemeinschaftlichen Testaments ist dies nicht möglich.[90] Die im gemeinschaftlichen Testament getroffenen wechselbezüglichen Verfügungen kann jeder Ehegatte nur zu Lebzeiten des anderen widerrufen. Nach § 2271 II BGB erlischt das Widerrufsrecht des Überlebenden grundsätzlich mit dem Tod des anderen. Der dem anderen Ehegatten bis zu dessen Tod nicht zugegangene Widerruf kann auch dann nicht wirksam werden, wenn er vom Überlebenden noch zu Lebzeiten des Verstorbenen erklärt worden war. Der Gesetzgeber geht aufgrund dieser Regelungen ersichtlich davon aus, dass zum Zeitpunkt des Todes eines Ehegatten endgültig feststeht,

88 **BGHZ 48, 374 = NJW 1968, 496.**
89 BGHZ 106, 359, 362 = NJW 1989, 2885.
90 MüKo/*Musielak* § 2296 Rn. 5; *Brox/Walker*, Erbrecht, Rn. 170.

dass die von dem verstorbenen Ehegatten getroffenen wechselbezüglichen Verfügungen Bestand haben werden. Würde man in dem hier vorliegenden Fall gemäß § 130 II BGB die zu Lebzeiten erfolgte Abgabe der Widerrufserklärung auch noch nach dem Tod wirksam zugehen lassen, würden damit dem anderen Ehegatten Nachteile auferlegt, die ihm nach dem Gesetz nicht zugemutet werden sollen. Aus diesem Grund konnte auch durch die nachträgliche formgerechte Zustellung der Widerruf nicht wirksam werden. F hat damit einen Anspruch auf Erteilung eines Erbscheins.

Zu beachten ist aber, dass die Parteien u.U. zwar nicht über die gesetzliche Form, wohl **64**
aber über den Zugang selbst disponieren können.

Fall 25: K und B waren zu je 50% an der C-GmbH beteiligt. Sie schlossen vor dem Landgericht Berlin einen Prozessvergleich, wonach sich B verpflichtete, innerhalb eines Monats nach Vorliegen eines Verkehrswerts dem K ein Übernahmeangebot zu diesem Wert zu unterbreiten. K verpflichtete sich, das Angebot anzunehmen. Außerdem erklärten sie im Vergleich, dass auf eventuell beachtliche Formalien soweit wie möglich verzichtet würde.

Am 11.2. ließ B vor dem Notar ein Übernahmeangebot zum Preis von 370 000 € beurkunden. K erhielt davon am 14.2. eine beglaubigte Abschrift mit einfachem Brief übersandt, was er mit Schreiben vom 21.2. bestätigte. Am 29.2. wurde eine beglaubigte Abschrift durch Gerichtsvollzieher zugestellt. Am 24.3. erklärte K in notarieller Urkunde die Annahme des Angebots. K verlangt Zahlung des Kaufpreises. B macht geltend, ein Vertrag sei nicht zustande gekommen, weil seine eigene Vertragsofferte K nicht formgerecht zugegangen sei. Zu Recht?[91]

Lösung: K kann nur dann Zahlung des Kaufpreises verlangen, wenn ein wirksamer Kaufvertrag besteht. Der Vertrag könnte nach § 125 BGB nichtig sein, wenn er die gesetzlich vorgeschriebene Form nicht erfüllt. § 15 IV 1 GmbHG verlangt für die Abtretung eines GmbH-Anteils die notarielle Beurkundung. Da diese Vorschrift nicht zur Disposition der Vertragsparteien steht, konnten sie hierauf auch nicht durch ihre Vergleichsvereinbarung, wonach sie auf Formalien – soweit möglich – verzichten wollten, abbedingen.

Die gesetzlich vorgeschriebene Form ist hier jedoch gewahrt. B ließ das Angebot notariell beurkunden, ebenso war die Annahme des K notariell beurkundet.

Problematisch ist jedoch der ordnungsgemäße Zugang bei K, §§ 130, 132 BGB. Eine empfangsbedürftige Willenserklärung, die der notariellen Beurkundung bedarf, wird erst wirksam, wenn dem Empfänger eine Ausfertigung der Notarurkunde zugeht; die beglaubigte Abschrift dieser Urkunde ist nicht ausreichend. Hier ist jedoch zu beachten, dass der Zugang einer der gesetzlichen Formvorschrift unterliegenden Willenserklärung anders als die gesetzliche Formvorschrift selbst dispositiv ist. Damit konnten die Parteien durch ihre Vergleichsvereinbarung, „auf beachtliche Formalien soweit wie möglich zu verzichten", abweichend von den gesetzlichen Vorschriften eine Zugangserleichterung vereinbaren. Der Zugang einer beglaubigten Abschrift war damit für den wirksamen Zugang der Willenserklärung ausreichend, der Vertrag ist folglich wirksam zustande gekommen.

91 **BGHZ 130, 71 = NJW 1995, 2217.**

3. Widerrufsrecht des Verbrauchers

65 Das Widerrufsrecht bei Verbraucherverträgen wurde früher als Rechtshandlung angesehen, die verhindere, dass die Willenserklärung des Verbrauchers wirksam wurde, vgl. § 1 I HWiG (idF bis 30.9.2000): Die Willenserklärung des Kunden sollte erst wirksam werden, wenn er sie nicht innerhalb der gesetzlichen Frist widerruft, § 1 I HWiG. Andererseits wurden in § 3 HWiG die Folgen des Widerrufs wie bei einem Rücktritt vom Vertrag (mit gewisser Modifikation gegenüber den §§ 346, 347 BGB) geregelt, so dass streitig war, wie der Widerruf zu qualifizieren war.

➔ Jetzt formuliert das Gesetz in § 355 I 1 BGB, dass der Verbraucher **nicht mehr** an seine auf den Abschluss eines Vertrages mit dem Unternehmer gerichtete Willenserklärung **gebunden** ist, wenn er sie fristgerecht widerruft. Durch den Widerruf wird die bereits wirksam abgegebene Willenserklärung mit ex nunc-Wirkung vernichtet, wie sich aus der Formulierung „nicht **mehr** gebunden" und der Anordnung der Rücktrittsfolgen in § 357 I 1 BGB ergibt. Insofern entfällt durch die Neuregelung der Streit über die Rechtsnatur des Widerrufsrechts.[92]

Fall 26: K beteiligte sich mit einer Einlage von 10 000 DM als stille Gesellschafterin am Unternehmen der B. Da K nur 1000 DM auf die Einlage bezahlte, verlangt B Zahlung der Resteinlage per Mahnbescheid.

Zwei Monate nach Erlass des Vollstreckungsbescheids widerrief K ihre Vertragserklärung nach dem damaligen HWiG mit der Begründung, der stille Gesellschafteranteil sei ihr in ihrer Privatwohnung in Schädigungsabsicht „aufgeschwatzt" worden; sie sei über ihr Widerrufsrecht weder belehrt noch sei ihr diese Belehrung ausgehändigt worden.

K erhebt deshalb Vollstreckungsgegenklage gegen die Zwangsvollstreckung aus dem Vollstreckungsbescheid. Ist die Klage begründet?[93]

Lösung: Der Vollstreckungsbescheid ist Vollstreckungstitel nach § 794 I Nr. 4 ZPO.

Die Vollstreckungsgegenklage gegen ihn (§§ 795 S. 1, 767 ZPO) wäre begründet, wenn K eine Einwendung i.S.d. § 767 I ZPO geltend machen könnte und keine Präklusion nach § 767 II ZPO eingetreten wäre.

Unter Einwendung i.S.d. § 767 I ZPO versteht man nur rechtsvernichtende und rechtshemmende Einwendungen. Rechtshindernde Einwendungen fallen gerade nicht unter Abs. 1, weil diese schon während des Vorprozesses bestanden.[94]

K könnte aber ein Widerrufsrecht nach § 355 I 1 iVm § 312 I 1 Nr. 1 BGB zustehen.

Dazu müssten sich ein Verbraucher (§ 13 BGB) und ein Unternehmer (§ 14 BGB) als Vertragsparteien gegenüberstehen und ein Gesetz müsste ein Widerrufsrecht eingeräumt haben. Fraglich ist die Verbrauchereigenschaft bei K. Der von ihr verfolgte Zweck darf weder ihrer gewerblichen noch ihrer selbstständigen beruflichen Tätigkeit zugerechnet

---

92 Vgl. MüKo/*Masuch* § 355 Rn. 23, 35 f; *Looschelders*, Schuldrecht AT, Rn. 144 f; *Leenen* § 6 Rn. 143 f, § 7 Rn. 8 f; *Lorenz*, JuS 2000, 833, 835.

93 **BGHZ 131, 82 = NJW 1996, 57** = JZ 1996, 575 m. Anm. *Gottwald/Honold*; dazu auch *Wichard*, JuS 1998, 112; *Schmidt*, JuS 2000, 1097.

94 *Thomas/Putzo/Seiler* § 767 Rn. 20 (im Umkehrschluss).

werden. Die Verwaltung und Anlage von Vermögen ist der privaten Sphäre zuzuordnen,[95] so dass K als Verbraucher anzusehen ist. K wurde der Gesellschaftsanteil mit der damit verbundenen Einlagenzahlung in ihrer Privatwohnung aufgedrängt. § 312 I 1 Nr. 1 BGB räumt ihr ein Widerrufsrecht ein.

K ist nicht über ihr Widerrufsrecht belehrt worden. Da sie keine Belehrung auf einem dauerhaften Datenträger von B erhalten hat, hat die zweiwöchige Frist des § 355 I 2 BGB noch nicht zu laufen begonnen, § 355 II BGB. K hat somit mit ihrem Widerruf auch vier Monate nach dem Urteil die Frist gewahrt.

Nach BGB konnte sie daher widerrufen.

Fraglich ist aber, ob es sich dabei um eine Einwendung i.S.d. § 767 I ZPO handelt. Nach der alten Rechtslage war das Widerrufsrecht als rechtshindernde Einwendung ausgestaltet, da die Willenserklärung erst mit Ablauf der Widerrufsfrist wirksam wurde. Es konnte daher nicht als Einwendung im Rahmen der Vollstreckungsgegenklage geltend gemacht werden.[96] Durch das FernAbsG wurde das Widerrufsrecht grundlegend umgestaltet. Heute wird in § 357 I 1 BGB für das Widerrufsrecht auf das Rücktrittsrecht verwiesen, soweit nicht etwas anderes bestimmt ist; es gilt demnach ein modifiziertes Rücktrittsrecht. Dem entspricht auch die Formulierung in § 355 I 1 BGB, wo es heißt, der Verbraucher sei an seine Willenserklärung „nicht mehr gebunden".[97] Es handelt sich um ein Gestaltungsrecht.[98] Da mit der Ausübung des Widerrufsrechts ein wirksamer Vertrag vernichtet wird, handelt es sich um eine rechtsvernichtende Einwendung,[99] so dass eine Einwendung i.S.d. § 767 I ZPO gegeben ist.

K könnte daher mit ihrem Vorbringen, dem Widerruf ihrer Willenserklärung, nach § 767 II ZPO präkludiert sein. Denn das Gestaltungsrecht bestand bereits während des Vorprozesses bestand, wurde erst danach ausgeübt.

Die Rspr. stellt allein darauf ab, wann die Gestaltungsmöglichkeit objektiv vorlag und erfolgreich hätte ausgeübt werden können.[100] Demnach hätte die Widerrufsmöglichkeit bereits während des Vorprozesses bestanden, so dass K damit präkludiert wäre.

Die wohl h.L. will hingegen die Einwendung erst mit tatsächlicher Ausübung des Gestaltungsrechts entstehen lassen, da erst die Gestaltungserklärung den Anspruch zu Fall bringe. Die Rückwirkung ändere daran nichts. Das Widerrufsrecht könnte daher noch ausgeübt werden, ohne dass § 767 II ZPO entgegenstünde.

Karsten Schmidt differenziert danach, ob das Gestaltungsrecht auf einem abgeschlossenen Tatbestand beruht oder ob dem Schuldner ein Gestaltungsrecht nach seiner Willkür unabhängig von einem in der Vergangenheit abgeschlossenen Gestaltungsgrund zusteht. Das Widerrufsrecht nach § 355 BGB sei nicht zeitlich fixiert, sondern lediglich durch die Widerrufsfrist zeitlich begrenzt. Bis zu deren Ablauf könne der Schuldner jedoch willkür-

95 *Palandt/Ellenberger* § 13 Rn. 3, § 14 Rn. 2.
96 So BGHZ 131, 82 = JZ 1996, 575.
97 *Lorenz*, JuS 2000, 833, 835.
98 MüKo/*Masuch* § 355 Rn. 36; *Looschelders*, Schuldrecht AT, Rn. 444.
99 MüKo/*Masuch* § 355 Rn. 40; MüKoZPO/*Schmidt/Brinkmann* § 767 Rn. 80.
100 Vgl. BGH NJW 2005, 2926, 2927; BGH NJW 2009, 1671.

lich entscheiden, ob er den Widerruf tatsächlich erklärt. Die Ausübung des Gestaltungsrechts unterliege daher nicht der Präklusion des § 767 II ZPO.[101]

K wäre mit ihrem Vorbringen nach der Rspr. präkludiert. Dieser Auffassung kann aber nicht gefolgt werden, weil sie mit dem Schutzzweck des Verbraucherschutzes nicht vereinbar ist. Dazu gehört, dass der Gesetzgeber einem unfair vorgehenden Vertragspartner zumutet, dass der Vertrag auch für lange Zeit schwebend wirksam bleibt, wenn eine ordnungsgemäße Belehrung unterbleibt. Bis zu diesem Zeitpunkt sollte der Verbraucher eine uneingeschränkte Widerrufsmöglichkeit haben. Die Lösung des BGH (zum früheren HWiG) verkürzt diese Widerrufsmöglichkeit, da der Unternehmer nunmehr – statt die ordnungsgemäße Belehrung nachholen zu müssen – lediglich Klage auf Leistung aus dem Vertrag erheben muss, um seine Ansprüche wirksam durchsetzen zu können.

Folglich ist K mit ihrem Widerruf nach § 355 I 1 i.V.m. § 312 I 1 Nr. 1 BGB nicht präkludiert. K ist nicht mehr an ihre Willenserklärung gebunden.

Die Vollstreckungsgegenklage ist somit begründet. Ist der Verbraucher über sein Widerrufsrecht nicht belehrt worden, gilt die sechsmonatige Widerrufsfrist nicht, § 355 III 1, 3 BGB.

66 **Fall 27:** B vertreibt Heizgeräte an Endverbraucher. Er verteilt in Werbeblättern Werbeantwortkarten, mit denen kostenlos und unverbindlich Informationsmaterial angefordert werden kann. Die Karten enthalten eine Rubrik, in der der Einsender seine Telefonnummer zwecks Rückrufs angeben soll. Mitarbeiter von B rufen die Interessenten dann an und vereinbaren einen Termin für einen Hausbesuch. Kommt es dabei zu einem Vertragsschluss, so bestätigt der Kunde auf dem Kaufvertragsformular, es habe eine Beratung aufgrund einer Terminabsprache stattgefunden. Eine Belehrung über ein Widerrufsrecht findet sich nicht. Ein eingetragener Verbraucherschutzverein meint, dies sei unzulässig. Er verlangt Unterlassung eines derartigen Vorgehens. Zu Recht?[102]

Lösung: Der Verbraucherschutzverein könnte einen Unterlassungsanspruch nach dem §§ 3, 8 I UWG gegen B haben, den er gemäß § 8 III Nr. 3 UWG als qualifizierte Einrichtung geltend machen kann, wenn B dadurch einen Wettbewerbsverstoß begangen hätte, dass Kunden von ihm nicht über ein ihnen zustehendes Widerrufsrecht belehrt wurden (§ 355 II iVm § 312 I 1, II BGB). Diese Belehrung wäre aber nur dann erforderlich gewesen, wenn es sich um ein Haustürgeschäft nach § 312 BGB handelt.

Da die Verträge bei Hausbesuchen abgeschlossen wurden, liegen Geschäfte nach § 312 I 1 Nr. 1 BGB vor. Problematisch ist allein die Frage, ob ein Widerrufsrecht wegen „vorhergehender Bestellung des Verbrauchers" nicht besteht (§ 312 III Nr. 1 BGB).

Die Beurteilung der Frage, wann eine Bestellung vorliegt, muss von dem Schutzzweck des Gesetzes ausgehen, dass Verbraucher vor Überrumpelung oder unlauterer Beeinflussung schützen will. Deshalb muss die Bestellung vom Kunden ausgehen und ihrem Inhalt nach bestimmt sein. Dabei kann dann nicht von einer Kundeninitiative ausgegangen werden, wenn eine Bestellung provoziert wird. Aus diesem Grund entfällt das Widerrufsrecht

---

101 *Schmidt*, JuS 2000, 1096, 1099; *M. Schwab*, JZ 2006, 170; MüKoZPO/*Schmidt/Brinkmann* § 767 Rn. 82.
102 **BGHZ 109, 127 = NJW 1990, 181.**

nicht, wenn ein Hausbesuch bei einem unaufgeforderten und überraschenden Anruf vereinbart wird.[103]

Vorliegend haben die Verbraucher zuvor freiwillig ihre Telefonnummern auf der Werbeantwortkarte angegeben und an B herausgegeben. Allerdings erfolgte die Angabe der Telefonnummer im Zusammenhang mit der Anforderung von Informationsmaterial. Sie mussten daher nicht mit einem Anruf zur Vereinbarung eines konkreten Verkaufstermins rechnen. Der Mitteilung der Telefonnummer fehlt somit der auf ein konkretes Verkaufsgespräch gerichtete Inhalt. Etwas anderes würde nur gelten, wenn auf den Werbeblättern auf die Möglichkeit der telefonischen Vereinbarung eines Verkaufsgesprächs hingewiesen worden wäre. So lag der Fall aber nicht.

Damit handelt es sich bei den Terminvereinbarungen um provozierte Bestellungen, die das Widerrufsrecht nicht ausschließen. Die Kunden hätten daher über ihr Widerrufsrecht belehrt werden müssen. Da dies nicht erfolgt ist, hat der Verbraucherschutzverein einen Unterlassungsanspruch aus § 1 UWG gegen den B.

III. Antrag und Annahme

Ein Vertrag kommt durch übereinstimmende Willenserklärungen der Vertragsparteien, **67**
Antrag und Annahme, zustande. Damit ein wirksames Angebot vorliegt, müssen der objektive und der notwendige subjektive Tatbestand der Willenserklärung gegeben sein, die Willenserklärung muss ferner abgegeben und zugegangen sein. Der Antrag (das Angebot) kann gegenüber einer konkreten Person, aber auch gegenüber einer unbestimmten Vielzahl von Personen erklärt werden.[104] Nach § 145 BGB ist der Antragende grundsätzlich an sein Angebot gebunden. Der Empfänger kann dieses Angebot annehmen, § 147 BGB. Für eine wirksame Annahme sind die gleichen Elemente erforderlich wie für das Angebot (äußerer und innerer Tatbestand der Willenserklärung, Abgabe und Zugang). Durch bloßes Schweigen auf einen Vertragsantrag kommt daher kein Vertrag zustande. Der Antragende kann den Vertragsschluss auch nicht durch Zusendung der (unbestellten) Ware erzwingen (vgl. § 241a I BGB).[105] Weder die Annahme der Sendung noch der Gebrauch oder das Wegwerfen der Ware ist deshalb als konkludente Annahme eines Angebots auszulegen (s.u. Rn. 75).[106]

1. Annahme ohne Erklärung gegenüber dem Antragenden

Nach § 151 BGB ist der **Zugang** der Annahmeerklärung ausnahmsweise entbehrlich, **68**
wenn nach der Verkehrssitte eine solche Erklärung nicht zu erwarten ist oder der Antragende auf sie verzichtet hat. Entbehrlich ist lediglich der Zugang der Annahmeerklärung, nicht aber die Annahme selbst.[107] Wer ein Hotelzimmer bestellt, kann nicht sicher erwar-

103 MüKo/*Masuch* § 312 Rn. 104 ff; *Looschelders*, Schuldrecht AT, Rn. 167.
104 *Faust* § 2 Rn. 6 (Schriftenauslage in der Kirche); *Fritzsche*, JA 2006, 674, 675.
105 Vgl. *Fritzsche*, Fälle zum AT, Fall 8.
106 *Leenen* § 8 Rn. 65 ff.
107 *Medicus* AT Rn. 382 ff; *Fritzsche*, JA 2006, 674, 677; *Schwarze*, AcP 202 (2002), 607.

ten, dass ein Zimmer verfügbar ist. Das Hotel muss deshalb die Buchung gegenüber dem Besteller „bestätigen", sonst ist kein Beherbergungsvertrag geschlossen.[108]

Fall 27: 1985 schlossen die Parteien einen Wartungsvertrag für ein Kopiergerät mit einer Mindestlaufzeit von zwei Jahren, in dem sich B verpflichtete, einen Wartungsgrundpreis sowie 6 Pfennige pro Kopie zu zahlen.

B zahlte nicht. Daraufhin stellte K die Serviceleistungen aus dem Vertrag ein und verlangte von B die aufgelaufenen Gebühren in Höhe von 9000 DM. Das Landgericht gab der Klage statt. Nach Zustellung des Urteils bot B vergleichsweise die Zahlung von 3000 DM unter Kostenaufhebung an. In dem Brief hieß es weiter:

„Hiermit unterbreite ich Ihnen ein faires Angebot. Wenn Sie damit einverstanden sind, füge ich als Anlage einen Verrechnungsscheck über 3000 DM bei. Ich möchte die Angelegenheit damit abschließen. Da ich in den nächsten Wochen in Winterurlaub fahre, bitte ich Sie, von direkten Stellungnahmen abzusehen. Bitte unterrichten Sie auch Ihre Anwälte. Ich verzichte meinerseits auf Gegenbestätigung."

K antwortete nicht, löste aber den Verrechnungsscheck ein. Mit Anwaltsschreiben vom Tag danach teilte K dem B mit, sie lehne das Vergleichsangebot ab und habe den Scheck als Abschlagszahlung auf die gerichtlich zuerkannte Forderung eingelöst. Zugleich erklärte sie vorsorglich die Anfechtung wegen Irrtum. Kann K von B weitere Zahlung verlangen?[109]

Lösung: K könnte von B keine weiteren Zahlungen verlangen, wenn er das Vergleichsangebot des B wirksam angenommen hätte. In Betracht kommt hier eine konkludente Annahme durch Einlösung des Verrechnungsschecks, wobei der Zugang der Annahmeerklärung nach § 151 BGB entbehrlich gewesen sein könnte.

§ 151 BGB regelt eine Ausnahme vom Grundsatz der Empfangsbedürftigkeit der Annahmeerklärung für den Fall, dass eine Erklärung nach der Verkehrssitte nicht zu erwarten ist oder der andere Teil darauf verzichtet hat. Erforderlich, aber auch ausreichend ist in diesem Fall die Annahme als solche, d.h. ein als Willensbetätigung zu wertendes, nach außen hervortretendes Verhalten des Angebotsempfängers, aus dem sich dessen Annahmewille unzweideutig ergibt. In welchen Handlungen eine Betätigung des Annahmewillens zu finden ist, lässt sich nur in Würdigung des Einzelfalles entscheiden. Dabei ist mangels Erklärungsbedürfnisses nicht auf den Empfängerhorizont (§ 157 BGB) abzustellen; vielmehr kommt es darauf an, ob vom Standpunkt eines unbeteiligten objektiven Dritten aus das Verhalten des Angebotsempfängers aufgrund aller äußeren Indizien auf einen „wirklichen Annahmewillen" (§ 133 BGB) schließen lässt.

Die Anwendbarkeit des § 151 BGB hängt nicht davon ab, ob der anbietende Vertragspartner dem anderen bewusst ein dessen Interesse objektiv widersprechendes Angebot unterbreitet. Anders als beispielsweise beim kaufmännischen Bestätigungsschreiben, wo es für die Frage der Annahme auf die Redlichkeit ankommen kann, kommt es im Rahmen des § 151 BGB allein darauf an, ob das Verhalten des Angebotsempfängers objektiv als Annahme zu werten ist. Ein solcher Schluss ist in der Regel dann gerechtfertigt, wenn der Annehmende den Vertrag erfüllt oder der anbietende Vertragsteil eine mit der Erfüllung

108 A.A. *Boemke/Ulrici*, Rn. 46.
109 **BGHZ 111, 97, 102 = NJW 1990, 1655, 1656**; *Leenen* § 8 Rn 94 f.

des Vertrags zusammenhängende Handlung gestattet und der Annehmende diese Handlung vornimmt.

Hier hat K durch die Einlösung des Schecks das Vergleichsangebot des B angenommen. In der widerspruchslosen Einlösung des Schecks ist die Annahme des Vertrags zu sehen, da B dem K den Scheck zum Zweck der Erfüllung des Vergleichsvertrags mit der Bestimmung übergeben hat, dass dieser nur bei Annahme des Vergleichsvertrags eingelöst werden darf. Lediglich bei einem krassen Missverhältnis zwischen angebotener Abfindung und nicht bestrittener oder rechtskräftig festgestellter Schuld ist ein Annahmewille zu verneinen.[110] Ein derart krasses Missverhältnis liegt nicht vor. Der Vergleichsvertrag kam damit wirksam zustande, K kann keine weiteren Ansprüche mehr geltend machen. Eine Anfechtung muss hier bereits mangels Anfechtungsgrundes ausscheiden.

2. Selbstbedienungsgeschäfte

Geben beide Beteiligte nur konkludente Erklärungen ab, so muss für die Frage des Vertragsschlusses auf die Verkehrssitte abgestellt werden. Im Selbstbedienungssupermarkt kommt der Vertrag daher erst bei Vorlage der Ware an der Kasse[111] und entsprechendes Einscannen oder Eintippen durch die Kassiererin zustande; vorher kann der Kunde Waren beliebig auswählen und auch wieder in das Regal zurücklegen. Umgekehrt muss auch die Kassiererin das Angebot des Kunden nicht annehmen. Ist die Ware am Regal oder auf der Packung fehlerhaft ausgezeichnet, so kommt kein Kauf zu dem fehlerhaften Preis zustande,[112] wenn der Fehler entdeckt wird. 69

Zweifelhafter ist die Vertragskonstruktion beim Tanken an einer Selbstbedienungstankstelle. 70

Fall 29: Der Engländer E fährt zu einer deutschen Selbstbedienungstankstelle, füllt den leeren Tank seines Rolls-Royce und macht sich auf den Weg zur Kasse. Dort erklärt ihm der schlecht gelaunte Tankwart, seit dem gegen „Chelsea" verlorenen Fußballspiel wolle er nichts mehr mit Engländern zu tun haben und werde deshalb das Benzin wieder aus dem Tank abpumpen lassen. Ist er dazu berechtigt?

Lösung: Der Tankwart könnte einen Anspruch auf Rückgabe des Benzins aus § 985 BGB haben, wenn er noch Eigentümer des Benzins wäre. Hier könnte jedoch durch Einigung und Übergabe gemäß § 929 S. 1 BGB das Eigentum bereits an E übergegangen sein. Da es sich um eine Selbstbedienungstankstelle handelt, ist ein Angebot seitens des Tankwarts bereits im Bereitstellen einer funktionstüchtigen Zapfsäule zu sehen. Indem E das Benzin in den Tank seines Autos füllt, nimmt er das Angebot des Tankwarts konkludent endgültig an, denn anders als im Selbstbedienungsladen kann das Benzin nicht einfach „zurückgelegt" werden.[113] Die Erklärung der Annahme ist nach der Verkehrssitte entbehrlich, § 151 BGB. Es ist also eine dingliche Einigung zustande gekommen. Somit liegt eine wirksame Übereignung vor. Ein Anspruch aus § 985 BGB muss ausscheiden.

---

110 BGH ZIP 2001, 1329, 1330 (hier 0,68 % der Hauptforderung); vgl. *Säcker/Mohr*, Fall 5 (S. 84 ff).
111 Zum Zugang des Angebots s. *Häublein*, JURA 2007, 728.
112 *Fritzsche*, JA 2006, 674, 678.
113 BGH NJW 2011, 2871.

Ebenso scheidet ein Anspruch aus §§ 812 ff BGB aus. Ein solcher käme lediglich bei fehlendem Rechtsgrund in Betracht. Da hier jedoch der Abschluss des Kaufvertrages – ebenso wie der Übereignungsvertrag – durch das konkludente Angebot des Tankwarts und die konkludente Annahme des E zustande kam, wobei die Empfangsbedürftigkeit der Annahmeerklärung ausnahmsweise nach § 151 BGB entbehrlich ist, liegt ein wirksamer Rechtsgrund vor.

Der Tankwart darf folglich das Benzin nicht abpumpen lassen.

3. Vertragsschluss am Warenautomaten

71 Nach h.M. gibt der Automatenbetreiber mit einem betriebsbereiten Warenautomaten ein *Angebot an incertas personas* ab. Jedermann kann daraufhin seine Annahme durch ordnungsgemäßen Geldeinwurf und Warenauswahl erklären. Sachgerechter erscheint es freilich anzunehmen, dass erst der Käufer mit dem Geldeinwurf das Angebot abgibt, das der Verkäufer durch den Automaten mit Ausgabe der Ware annimmt.[114] Wirft der Käufer ausländische oder gefälschte Münzen ein, die der Automat „akzeptiert", so kommt dennoch kein Vertrag zustande. Der Automatenbetreiber hat gegen den Empfänger der Ware einen Anspruch nach § 812 I 1 (2. Fall) und ggf. § 823 BGB.[115] Nimmt der Automat eine ordnungsgemäße Zahlung an, gibt aber keine Ware aus, so hat der Käufer Ansprüche wegen Nichterfüllung (§§ 280, 281, 249 BGB).[116] Ob der Käufer sein Geld als vertraglichen Schadensersatz oder über eine Leistungskondition (§ 812 I 1 BGB [1. Fall]) zurückerhält, ist freilich ohne Belang. Im praktischen Ergebnis unterscheiden sich die Ansichten nur, wenn dem Käufer (ausnahmsweise) eine Nachfristsetzung für die Lieferung (§ 281 I, II BGB) zuzumuten ist.

4. Bindung an das Angebot und freibleibendes Angebot

72 Nach § 145 BGB ist ein Anbieter an seinen Antrag gebunden, es sei denn, dass er die Gebundenheit ausgeschlossen hat.[117] Nach § 146 BGB erlischt der Antrag, wenn er abgelehnt oder nicht rechtzeitig angenommen wird. Wie ein „freibleibendes" Angebot zu verstehen ist, ist zweifelhaft.

Fall 30: Die Eisenwarenfabrik V bietet dem Heizkesselhersteller K 500 t Stahl mit genauen Größen- und Qualitätsangaben zum Preis von 400 € pro Tonne „freibleibend" an. Mit Faxschreiben nimmt K dieses Angebot an. Erst zwei Monate später, kurz vor dem vorgesehenen Liefertermin teilt V der K mit, sie könne nicht liefern, weil ihr eigener Lieferant aufgrund von EU-Auflagen an der Lieferung gehindert sei. Deshalb widerrufe sie ihr Angebot. K hält diesen Widerruf für unwirksam. Er tätigt einen Deckungskauf bei einem dritten Händler zum Preis von 450 € pro Tonne und macht die Differenz als Schadensersatz geltend. Zu Recht?[118]

---

114 Vgl. *Säcker/Mohr*, Fall 7 (S. 103 ff).
115 Vgl. *Fritzsche*, JA 2006, 674, 679.
116 A.A. *Fritzsche*, Fälle zum AT, Fall 11 (Warenvorrat und Funktionieren des Automaten als Bedingungen des Angebots des Betreibers).
117 Vgl. *Rüthers/Stadler*, AT, § 19 Rn. 8; *Lindacher/Hau*, Fälle zum AT, Fall 11.
118 **BGH NJW 1984, 1885.**

Lösung: K könnte gegen V einen Schadensersatzanspruch aus §§ 280 I, II, 281 BGB geltend machen, wenn V mit seiner Lieferpflicht in Verzug gekommen wäre. Eine Nachfristsetzung könnte gemäß § 281 II BGB wegen ernsthafter und endgültiger Erfüllungsverweigerung entbehrlich sein.[119]

Problematisch ist jedoch, ob ein wirksamer Kaufvertrag vorliegt. Fraglich ist insbesondere, ob die Erklärung des V unter Verwendung der Klausel „freibleibend" überhaupt als Angebot i.S.d. § 145 BGB zu verstehen ist. Hierzu gibt es mehrere Auffassungen.

Ein Teil der Literatur sieht im Anschluss an die Rechtsprechung des RG in einem „freibleibenden Angebot" keinen Antrag nach § 145 BGB, sondern lediglich die Aufforderung an den Gegner, seinerseits ein Vertragsangebot abzugeben, sog. *invitatio ad offerendum*. Der auf das freibleibende Angebot hin abgegebene Antrag wird durch Schweigen des Auffordernden angenommen.[120] Folgt man dieser Meinung, hat V den Antrag des K nach § 151 konkludent angenommen; der spätere Widerruf ist ohne Bedeutung.

Eine andere Auffassung möchte ein derartiges Angebot zwar als Antrag nach § 145 BGB auslegen, jedoch soll aufgrund eines mit dieser Klausel verbundenen Widerrufsvorbehalts das Angebot noch bis zum Zugang der Annahmeerklärung widerrufen werden können.[121] Demnach läge hier auf jeden Fall ein wirksamer Kaufvertrag vor, da K das Angebot des V durch sein Faxschreiben angenommen hat, bevor der Widerruf erfolgte.

Eine dritte Auffassung schließlich versteht unter einem freibleibenden Angebot einen Antrag unter Ausschluss der Bindungswirkung, der auch nach Zugang der Annahmeerklärung noch unverzüglich widerrufen werden kann.[122] Das Vorliegen eines wirksamen Kaufvertrages hängt dann davon ab, ob der Widerruf seitens des V „unverzüglich" nach Annahme durch K erfolgte oder nicht. Auch nach dieser Ansicht besteht ein wirksamer Kaufvertrag, da V sein Angebot nicht unverzüglich nach Annahme durch K, sondern erst zwei Monate später widerrufen hat.

5. Vertragsschluss durch sozialtypisches Verhalten?

Im Rahmen von Angebot und Annahme ist erneut auf den Vertragsschluss durch sozi- 73
altypisches Verhalten einzugehen. Denn nach der Lehre vom sozialtypischen Verhalten hat die Inanspruchnahme einer Leistung im Massenverkehr die sozialtypische Bedeutung einer Annahmeerklärung, und zwar ohne Rücksicht auf den Willen desjenigen, der eine Leistung in Anspruch nimmt. Diese Lehre wird heute von der ganz h.M. abgelehnt. Die Weigerung, bei Inanspruchnahme der Leistung eine Annahmeerklärung abzugeben, sei eine *protestatio facto contraria*. Jeder müsse die Bedeutung seines Verhaltens nach der Verkehrssitte gegen sich gelten lassen, auch wenn er ausdrücklich das Gegenteil erkläre. Es komme danach allein auf das konkludente Verhalten an. Teilweise wird bei ausdrücklicher Weigerung, den Vertrag abzuschließen, das Zustandekommen eines

119 *Palandt/Grüneberg* § 281 Rn. 14; *Looschelder*, Schuldrecht AT, Rn. 617.
120 *Bamberger/Roth/Eckert* § 145 Rn. 38.
121 *Köhler* § 8 Rn. 13; Palandt/*Ellenberger* § 145 Rn. 4.
122 MüKo/*Busche* § 145 Rn. 8 f; vgl. *Lindacher/Hau*, Fall 11.

Vertrages aber auch ganz verneint, teilweise wird der Vorrang des Minderjährigenschutzes betont.[123]

Fall 31: Die Stadt Hamburg hat einen Teil des Rathausmarktes, der im Eigentum der Stadt steht, zum entgeltpflichtigen Parkplatz erklärt und die Fläche zur Nutzung an die Fa. K verpachtet. Frau B ist Halterin eines Mercedes 250. Sie stellte ihr Auto mehrfach auf dem Rathausmarkt ab, erklärte den Mitarbeitern der Fa. K aber, dass sie die Bewachung ihres Fahrzeugs und die Bezahlung eines Entgelts ablehne. Fa. K klagt nun das Bewachungsentgelt für zehn Benutzungstage ein. Zu Recht?[124]

Lösung: K könnte einen Anspruch auf das Bewachungsentgelt aus dem Bewachungsvertrag aus § 611 BGB haben, wenn zwischen ihr und B jeweils ein solcher Vertrag zustande gekommen ist.

Der BGH[125] hat unter Berufung auf die sozialtypische Bedeutung des Verhaltens der B einen faktischen Vertragsschluss bejaht. Mittlerweile wird die Lehre vom faktischen Vertrag allgemein abgelehnt,[126] da sie mit der auf Willensübereinstimmung basierenden Vertragskonzeption des BGB nicht zu vereinbaren ist.

Das Fahren auf den Parkplatz könnte ohne weiteres als konkludente Willenserklärung gesehen werden, da das Verhalten aus der Sicht eines objektiven Empfängers auf Abschluss eines Vertrages mit dem Parkplatzpächter gerichtet ist. Problematisch ist hier aber, dass B die Bezahlung eines Entgeltes gleichzeitig abgelehnt hat *(protestatio facto contraria)*. Die Behandlung dieses Verhaltens ist umstritten.

Eine Ansicht hält die protestatio facto contraria für völlig unbeachtlich,[127] weil der Erklärungswert des Verhaltens durch die mündliche Äußerung nicht wieder zunichte gemacht werden könne. Die Gegenansicht stimmt dem für einen nachträglichen Protest zu, weil eine einseitige Lösung von einer vorher abgegebenen Erklärung nicht möglich ist. Bei zuvor oder gleichzeitig erklärtem Protest hingegen lehnt sie einen Vertragsschluss ab, da dies einen Verstoß gegen die Privatautonomie darstellen würde.[128]

Die zweite Ansicht ist vorzugswürdig. Ein objektiver Empfänger kann in dem Verhalten einer Person keine Willenserklärung sehen, wenn er weiß, dass diese eine solche gar nicht abgeben will. Auch würde man dann dem realen Tun eine stärkere Erklärungsbedeutung beimessen als einer verbalen Erklärung.

Folglich kam zwischen B und K mangels Willenserklärung kein Vertrag zustande.

K steht dann allerdings ein Anspruch aus Bereicherungsrecht gemäß § 812 I 1 2. Alt. BGB aus Eingriffskondiktion zu. Da B bewusst den Vertragsschluss verhindert hat, kann

123 Vgl. *Weth*, Zivilrechtliche Probleme des Schwarzfahrens, JuS 1998, 795; *Rüthers/Stadler*, AT, § 19 Rn. 32 ff; *Bork*, AT, Rn. 744 f; *Leipold* § 10 Rn. 28; *Grigoleit/Herresthal*, Fall 1 (S. 23 ff).
124 **BGHZ 21, 319 = NJW 1956, 1475.**
125 BGHZ 21, 319 ff = NJW 1956, 1475.
126 MüKo/*Busche* Vor § 145 Rn. 44.
127 *Wieacker*, JZ 1957, 61; MüKo/*Armbrüster* Vor § 116 Rn. 10.
128 *Köhler*, JZ 1981, 464.

sie sich wegen §§ 819 I, 818 IV BGB nicht auf Entreicherung berufen. Sie schuldet daher Wertersatz gemäß § 818 II BGB in Höhe des Bewachungsentgeltes.

Derartige typische Verhaltensweisen kommen aber nicht nur im Massenverkehr vor. Auch sonst stellt sich die Frage, ob die Inanspruchnahme von Leistungen stets als Annahme eines Vertragsangebots zu werten ist. **74**

Fall 32: Makler M bemühte sich um den Verkauf eines Hausgrundstücks. Aufgrund eines Telefongesprächs vereinbarte er mit K die Besichtigung des Objekts. Dazu trafen sich ein Angestellter des M und K in der Nähe des Hauses. Der Angestellte wies K darauf hin, dass M von ihm eine Maklerprovision beanspruche, wenn er das Haus erwerbe. B wies diesen Anspruch zurück. Daraufhin unterblieb eine Hausbesichtigung. K konnte den Hauseigentümer aber ermitteln und erwarb das Hausgrundstück dann für 270 000 €. Muss er die Provision bezahlen?[129]

Lösung: Ein Provisionsanspruch würde bestehen, wenn ein Maklervertrag zustande gekommen wäre, § 652 BGB. Voraussetzung hierfür ist ein Provisionsversprechen des K, das auch stillschweigend abgegeben werden kann.

Ein solches könnte zunächst in der telefonischen Vereinbarung eines Besichtigungstermins liegen. Die Maklertätigkeit hat die Besonderheit, dass sie sowohl für einen Verkäufer als auch für einen Käufer erbracht werden kann. Wenn ein potenzieller Käufer aufgrund einer Anzeige mit dem Makler einen Termin vereinbart, kann er – zumindest solange, bis der Makler eine Provisionsforderung stellt – davon ausgehen, dass der Makler eine Leistung für den Verkäufer erbringen will. Damit liegt in der telefonischen Vereinbarung kein schlüssiges Provisionsversprechen.

Aus dem gleichen Grund enthält auch die Entgegennahme der weiteren Maklerdienste, insb. der Informationen über die Lage des Objektes kein Provisionsversprechen.[130]

Fraglich ist, ob das Ausnutzen dieser Informationen nach dem Provisionsverlangen eine schlüssige Erklärung darstellt. Das kann nur dann der Fall sein, wenn sich aus dem Verhalten eine klare Entscheidung für die Inanspruchnahme der Dienste ergibt. Dies hat K ausdrücklich abgelehnt. Der spätere Kaufvertrag wurde auch ohne weiteres Zutun von M abgeschlossen, insbesondere kam es nicht mehr zur Besichtigung des Objektes im Beisein des M.

Damit ist kein wirksamer Maklervertrag geschlossen worden.

Ein Anspruch aus § 354 HGB ist ebenfalls nicht gegeben, weil M vor dem Provisionsverlangen davon ausgehen konnte, dass K seine Leistung für den Verkäufer erbringt.

Ein anderes Ergebnis ergibt sich auch nicht aus dem Grundsatz von Treu und Glauben (§ 242 BGB). Ein Makler, der ohne vorherige Provisionsvereinbarung Informationen weitergibt, handelt auf eigenes Risiko und hauptsächlich in der Erwartung einer späteren Vereinbarung. Wenn allein schon das Zunutzemachen von weitergegebenen Informationen einen Zahlungsanspruch auslösen würde, würde dem Interessenten die eigene

---

129 **BGHZ 95, 393 = NJW 1986, 177.**
130 Vgl. MüKo/*H. Roth* § 652 Rn. 46; *Jauernig/Mansel* § 652 Rn. 4.

Entscheidungsfreiheit über den Abschluss und den Umfang eines Maklervertrages genommen.

M hat daher keinen Provisionsanspruch gegen K.

6. Vertragsschluss durch betriebliche Übung

Gewährt ein Arbeitgeber seinen Arbeitnehmern eine Leistung (ohne vertragliche Verpflichtung) mindestens drei Jahre lang (z.B. eine Weihnachtsgratifikation oder ein Ruhegeld), so ist dieses Verhalten nach h.M. als konkludentes Vertragsangebot (auf weitere Gewährung der Leistung) anzusehen, das von den Arbeitnehmern nach § 151 BGB stillschweigend angenommen wird. Dieser Anspruch kann dann nur wie ein Arbeitsvertrag durch Kündigung oder Änderungsvertrag beseitigt werden.[131] Ein Änderungsvertrag wird nicht konkludent dadurch geschlossen, dass der Arbeitgeber seine Zahlungen ausdrücklich unter einen Freiwilligkeitsvorbehalt stellt und die Arbeitnehmer die Leistung dennoch widerspruchslos annehmen. Denn nach §§ 305 I, 308 Nr. 5 BGB ist eine an das Schweigen der Arbeitnehmer geknüpfte Fiktionswirkung (Zustimmung zu einem nachteiligen Änderungsangebot) unwirksam.[132]

In der Literatur wird diese Vertragstheorie teilweise kritisiert, weil der Anspruch der Arbeitnehmer letztlich unabhängig von einem Verpflichtungswillen des Arbeitgebers besteht. Abzustellen sei deshalb auf das berechtigte Vertrauen des Arbeitnehmers (Theorie der Vertrauenshaftung).[133] Nach dieser Lehre könnte der Arbeitgeber das Vertrauen aber ohne weiteres durch einen Freiwilligkeitsvorbehalt zerstören.

7. Vertragsschluss im Internet

Auch im Internet kommt ein Vertrag nur durch Angebot und Annahme zustande. Häufig werden Waren oder Dienstleistungen im Internet nur inseriert, so dass erst der die Internetseite ausfüllende „Besucher" rechtlich ein Angebot abgibt. Dessen Zugang hat der Unternehmer nach § 312g I 1 Nr. 3 BGB unverzüglich elektronisch zu bestätigen, was idR durch einen Autoresponder erfolgt. Ob der Unternehmer den Antrag uno acto mit dem Absenden der Bestellung bzw. mit Erteilung der Eingangsbestätigung angenommen hat oder noch frei bleiben will, hängt entscheidend vom Inhalt seiner Erklärung ab.[134]

75 **Fall 33:** Die ricardo.de AG in Hamburg ermöglicht es Dritten, im Internet unter der Bezeichnung „private Auktionen" eigene Verkaufsveranstaltungen durchzuführen. Vor der Teilnahme müssen sich die Teilnehmer bei „ricardo.de" anmelden und dabei deren AGB durch Doppelklick anerkennen. Auf die AGB wird bereits auf der Homepage der „ricardo.de" verwiesen, wo sie von Teilnehmern durch Doppelklick in druckgerechter Form abgerufen werden können.

---

131 BAG AP BGB § 242 Betriebliche Übung Nr. 80; BAGE 118, 360, 369 = NZA 2006, 1174; BAGE 130, 21 (Rn. 13) = NJW 2009, 2475.
132 BAGE 130, 21 (Rn. 17 ff) = NJW 2009, 2475.
133 So ErfK/*Preis*, 13. Aufl. 2013, § 611 BGB Rn. 262.
134 *Leenen* § 8 Rn. 120 ff; *Paal*, JuS 2010, 953, 954; MüKo/*Wendehorst* § 312g Rn. 95 ff; vgl. *Lindacher/Hau*, Fall 6 (S. 29 ff); *Fritzsche*, Fall 12 (S. 90 ff).

Die AGB lauten u.a.:

§ 3 Verkaufsangebot bei privaten Auktionen

(1) ricardo.de ermöglicht es Teilnehmern, im Eigentum des jeweiligen Teilnehmers stehende Gegenstände, die im Rahmen von „private Auktionen" verkauft werden sollen, auf Angebotsseiten öffentlich zu präsentieren.

(5) Der anbietende Teilnehmer wird im Rahmen der Freischaltung der Angebotsseite aufgefordert, die in … § 5 IV genannten Zusicherungen und Erklärungen gegenüber ricardo.de abzugeben. ricardo.de handelt dabei als Empfangsvertreter aller anderen Teilnehmer, § 164 III BGB. Die Freischaltung erfolgt erst, wenn der anbietende Teilnehmer die geforderten Zusicherungen und Erklärungen abgegeben hat.

§ 4 Vertragsangebot

(1) Für die von … anbietenden Teilnehmern im Rahmen von „private Auktionen" angebotenen Gegenstände können alle Teilnehmer mit Ausnahme des in Abs. 2 genannten Personenkreises während des jeweils für den angebotenen Gegenstand angegebenen Angebotszeitraums verbindliche Kaufangebote über die ricardo.de Webseite abgeben.

§ 5 Annahme der Vertragsangebots

(1) Der Vertrag über einen angebotenen Gegenstand kommt ohne Erklärung gegenüber dem Teilnehmer der das Vertragsangebot abgegeben hat, bereits durch Annahme des Vertragsangebots zustande. Der Antragende verzichtet auf eine Annahmeerklärung, § 151 S. 1 BGB. …

(4) Bei private Auktionen erklärt der anbietende Teilnehmer bereits mit der Freischaltung seiner Angebotsseite gemäß § 3 V die Annahme des höchsten unter Berücksichtigung von § 4 IV und V wirksam abgegebenen Kaufangebots. …

B führte bei ricardo.de unter „private Auktionen" eine eigene Verkaufsveranstaltung durch und bot einen Neuwagen Passat mit detaillierter Beschreibung (Listenpreis 28 000 €) bei einem Startpreis von 5 € ohne Angabe eines Mindestpreises für 5 Tage an. Innerhalb der Bieterzeit gab K als 963ster und letzter Bieter online ein Gebot über 13 175 € ab. Kurz nach Ende der Auktion wurde er von „ricardo.de" per E-Mail darüber informiert, dass er den Zuschlag für den Passat bekommen habe. Außerdem wurde ihm die E-Mail-Adresse des B bekannt gegeben, damit er sich mit diesem wegen Versand und Zahlungsmodalitäten in Verbindung setzen kann.

Während des daraufhin durchgeführten Telefonats lehnte B die Lieferung des von ihm angebotenen Fahrzeugs zu dem von K gebotenen Kaufpreis ab. Kann K die Lieferung des Pkws verlangen?[135]

Lösung: K könnte einen Anspruch gegen B auf Übereignung und Übergabe des Pkw aus § 433 I 1 BGB haben. Voraussetzung dafür ist ein wirksamer Kaufvertrag, der durch zwei übereinstimmende Willenserklärungen, Antrag und Annahme, zustande kommt. Auch bei Willenserklärungen, die im Internet abgegeben werden, gelten die allgemeinen Vorschriften der §§ 145 ff BGB. Willenserklärungen können rechtswirksam auch online per Mausklick abgegeben werden, da dieser als Erklärungszeichen für den äußeren Tatbestand der Willenserklärung ausreicht.[136]

---

135 Vgl. **BGHZ 149, 129 ff = NJW 2002, 363 ff = JZ 2002, 504 (*J. Hager*)**; BGH NJW 2005, 53, 54; MüKo/*Busche* § 145 Rn. 14; *Dörner*, AcP 202 (2002), 363.

136 Zum Vertragsschluss bei Online-Geschäften vgl. *Schwab/Löhnig*, Rn. 549, 550; *Grigoleit/Herresthal*, Fall 2 (S. 42 ff); *Säcker/Mohr*, Fall 16 (S. 229 ff).

Fraglich ist, ob in der Freischaltung der Angebotsseite durch B ein Angebot zu sehen ist. Unter einem Angebot i.S.d. § 145 BGB ist jede empfangsbedürftige Willenserklärung zu verstehen, die auf Abschluss eines Vertrages gerichtet ist, dessen Gegenstand und Inhalt in der Erklärung hinreichend bestimmt oder bestimmbar ist, wobei eine ausreichende Bestimmbarkeit auch dann vorliegt, wenn der Anbietende die Festlegung einzelner Vertragspunkte dem Angebotsempfänger überlässt.

Problematisch könnte hier der Rechtsbindungswille sein, wenn in der Freischaltung der Angebotsseite durch B lediglich eine *invitatio ad offerendum* zu sehen sein sollte. In der Regel ist das Warenangebot auf einer Website nicht anders als ein Angebot im Katalog oder Schaufenster zu beurteilen, also als bloße invitatio einzuordnen.[137] Ob dem auch hier so ist, muss im Wege der Auslegung nach dem Verständnis eines objektiven Betrachters in der Situation des Empfängers beurteilt werden. Möglicherweise können dabei die AGB von „ricardo.de" herangezogen werden.

Die AGB wurden im Verhältnis der Parteien zu „ricardo.de" wirksam gemäß § 305 II BGB einbezogen, da die Teilnehmer der Internetaktion mehrmals auf die AGB hingewiesen wurden und diese auch in druckgerechter Form abrufen konnten. Auf eine wirksame Einbeziehung der AGB im Verhältnis der Parteien zueinander kommt es nicht an, denn bei den Vertragsbestimmungen handelt es sich, bezogen auf die Parteien, nicht um AGB i.S.d. §§ 305 ff BGB, da keiner von ihnen Verwender der AGB ist. Diese sind vielmehr von einem Dritten, der „ricardo.de" zur Voraussetzung der Teilnahme an dem System gemacht worden. Damit bilden die AGB von „ricardo.de" die Auslegungsgrundlage, wie die Parteien als Erklärungsempfänger bzw. „ricardo.de" gemäß § 166 I BGB als nach §§ 3 V, 4 VII der AGB jeweils i.S.v. § 167 I 1. Alt. 1 BGB bevollmächtigter Empfangsvertreter die jeweilig abgegebenen Erklärungen der Parteien verstehen durften.

Für eine invitatio ad offerendum könnte § 3 I der AGB sprechen, wonach den Teilnehmern an der Auktion die öffentliche Präsentation ihrer zu verkaufenden Gegenstände ermöglicht werden soll. Weiterhin gehen § 4 I und § 5 I der AGB davon aus, dass die bietenden Teilnehmer das Angebot abgeben. Dem entspricht auch § 156 BGB, wonach bei Versteigerungen das Angebot von dem Ersteigerer ausgeht.[138]

Allerdings ergibt sich aus § 5 IV der AGB sinngemäß, dass die Freischaltung der Angebotsseite die rechtlich verbindliche Erklärung auf Abschluss eines Kaufvertrages über den angebotenen Gegenstand enthält. Die allgemeine Erwägung, die im Zweifel für die Annahme einer unverbindlichen „invitatio ad offerendum" spricht, dass nämlich der in seinen Kapazitäten eingeschränkte Warenanbieter keine rechtsverbindliche Erklärung abgeben will, um nicht gegenüber allen potenziellen Auktionsteilnehmern rechtlich verpflichtet zu sein, greift nicht ein, da das Angebot insoweit beschränkt ist, als es gemäß § 5 der AGB nur durch das am Ende der Bietzeit abgegebene höchste Gebot angenommen werden könnte. § 156 BGB ist insofern durch die AGB abbedungen.

Zweifel bestehen auch nicht an der möglicherweise fehlenden Bestimmtheit bzw. Bestimmbarkeit, weil nach dem Angebot des B lediglich der Verkäufer und der Kaufgegen-

137 *Dethloff,* JURA 2003, 730, 731.
138 Eingehend zu Internet-Versteigerungen NK-BGB/*Kremer* Anhang zu § 156 Rn. 1–53.

stand fest standen. Nach den AGB von „ricardo.de" sind jedoch sowohl der Vertragspartner, als auch der Kaufpreis hinreichend bestimmbar.

Die Annahme ist in dem höchsten Gebot des K zu sehen, so dass ein Kaufvertrag zustande gekommen ist.[139]

Folglich hat K einen Anspruch gegen B auf Lieferung des Pkw.

8. Unbestellt zugesendete Ware

Werden einem Verbraucher Waren unbestellt zugesendet und erklärt der Absender dabei, er verzichte auf eine Annahmeerklärung, so könnte man annehmen, dass der Empfänger, der die Ware ohne Protest oder Aufforderung zur Rücknahme behält, das Vertragsangebot konkludent bzw. nach § 151 BGB annimmt. Zum Schutz des Verbrauchers schließt § 241a I BGB eine solche Auslegung jedoch aus (s. o. Rn. 67).[140] Ohne ausdrückliche oder konkludente Annahme (durch Überweisung des Kaufpreises nach Belehrung) kommt weder ein Vertrag zustande noch schuldet der Verbraucher gesetzliche Ausgleichsansprüche.[141]

9. Vorvertrag und Hauptvertrag

Die Parteien können sich auch zunächst über einen Vorvertrag einigen, durch den sie sich 76
wechselseitig zum späteren Abschluss des Hauptvertrages verpflichten. Der Abschluss eines Vorvertrages bezweckt eine vorzeitige Bindung der Parteien, wenn dem sofortigen Abschluss des Hauptvertrages noch tatsächliche oder rechtliche Hindernisse entgegenstehen. Werden die Hindernisse behoben, ist jede Seite zum Abschluss des Hauptvertrages verpflichtet und kann sich von dieser Verpflichtung nicht mehr einseitig lösen.[142]

IV. Konsens und Dissens

Ein Vertrag setzt eine Einigung der Parteien über alle wichtigen Umstände des Vertrages, 77
die **essentialia negotii**, voraus. Dazu gehören die **Vertragsparteien** und die von diesen zu erbringenden **Leistungen**, z.B. bei einem Kaufvertrag: Käufer und Verkäufer, Kaufgegenstand, Kaufpreis. Können sich die Parteien insoweit nicht einigen, kommt kein Vertrag zustande. Es liegt dann ein **Totaldissens** vor. Die §§ 612 II und 632 II BGB sowie die §§ 315 ff BGB zeigen aber, dass sich die Parteien auch ohne Einigung über den Preis vertraglich binden können, wenn sie das wirklich wollen.[143]

Kommt zwischen den Parteien keine Einigung über die Nebenpunkte, die **accidentalia negotii**, zustande, so hängt es vom Willen der Parteien ab, ob und wann der Vertrag geschlossen sein soll. Der Parteiwille kann u.U. mit Hilfe der **ergänzenden Vertragsausle-**

---

139 BGH NJW 2005, 53, 54; *Oechsler*, JURA 2012, 497; a.A. OLG Koblenz MMR 2009, 630 (§ 242 BGB bei Gebot von 5,50 € für einen Porsche).
140 PWW/*Schmidt-Kessel* § 241a Rn. 11.
141 *Brox/Walker*, Allgemeines Schuldrecht, § 3 Rn. 7 ff; vgl. *Säcker/Mohr*, Fall 9 (S. 127 ff).
142 LAG Hamm NZA 2004, 210, 213 f (Vorvertrag über Einstellung eines Gymnasiallehrers).
143 OLG Stuttgart NJW-RR 2011, 202, 203; vgl. *Bork*, AT, Rn. 764 ff.

gung festgestellt werden. Nur wenn der Wille der Parteien nicht eindeutig festgestellt werden kann, kommt es auf die **Auslegungsregeln der §§ 154, 155 BGB**, deren Anwendungsbereich ausschließlich den Fall der fehlenden Einigung über Nebenpunkte beinhaltet, an. Beim **offenen Dissens** (§ 154 BGB) ist den Parteien bewusst, dass sie sich nicht über alles geeinigt haben, beim versteckten meinen sie, sie hätten sich geeinigt, obwohl das gar nicht der Fall ist.[144]

78 In der Praxis ergeben sich hieraus aber Probleme, weil der Einigungsmangel häufig nicht evident ist.

Fall 34: K hatte der B ein Preisverzeichnis mit den von ihr geführten Waren freibleibend übersandt. Darin war auch Weinsteinsäure zu einem Preis von 34,25 € aufgeführt.

Am 20.3. telegrafierte B der K: „Erbitten Limit über 100 kg Weinsteinsäuregrieß bleifrei." K antwortete per Telegramm: „Weinsteinsäuregrieß bleifrei kg 64 € netto bei hiesiger Übernahme". Darauf telegrafierte B erneut: „100 KG Weinsteinsäuregrieß bleifrei geordert, briefliche Bestätigung folgt."

Nach Erhalt der Bestätigung stellte sich heraus, dass jede Seite die Weinsteinsäure verkaufen wollte. B verweigert die Abnahme und Zahlung der Ware. K ließ sie öffentlich versteigern und verlangte die Differenz zum vereinbarten Kaufpreis als Schadenersatz. Zu Recht?[145]

Lösung: K könnte einen Schadensersatzanspruch aus §§ 280 I, 281 I, II BGB wegen endgültiger Erfüllungsverweigerung haben, wenn zwischen ihm und B ein Kaufvertrag nach § 433 BGB zustande gekommen wäre.

Dies ist fraglich, weil beide Parteien Weinsteinsäure verkaufen wollten. Es liegt keine Einigung über die essentialia negotii (sog. Totaldissens) vor, weil keine Übereinstimmung hinsichtlich der Kaufvertragsparteien, Käufer und Verkäufer, erzielt wurde. In diesem Fall kommt schon aus der Natur des Vertrages kein Vertrag zustande.[146]

Ein Anspruch aus §§ 280 I, 281 I, II BGB scheidet daher aus.

K könnte aber einen Schadensersatzanspruch nach §§ 280 I, 311 II BGB haben. Ob diese Grundsätze hier zur Anwendung kommen können, ist umstritten.

Nach der ablehnenden Ansicht[147] hat sich jeder Vertragspartner die aus dem Dissens resultierenden Nachteile selbst zuzuschreiben. Die befürwortende Ansicht[148] stützt sich auf Billigkeitserwägungen und den Verkehrsschutz. Letzterer Ansicht ist zuzustimmen. Da das Vertrauen in die Äußerungen der Gegenpartei im Geschäftsverkehr sehr wichtig ist, besteht eine Verpflichtung, durch klare Ausdrucksweise eine Irreführung des Verhandlungspartners zu vermeiden. Da B diese Pflicht fahrlässig verletzt hat, ist er zum Ersatz des Vertrauensschadens des K verpflichtet.

144 *Brox/Walker*, AT, Rn. 252 ff; *Brehm*, AT, Rn. 538 ff.
145 **RGZ 104, 265.**
146 *Palandt/Ellenberger* § 155 Rn. 1.
147 MüKo/*Busche* § 155 Rn. 15; *Flume*, AT II, § 34, 5 S. 626.
148 RGZ 104, 265; *Staudinger/Bork* § 155 Rn. 17; *Medicus*, AT, Rn. 439.

Seine eigene undeutliche Ausdrucksweise in dem Telegramm muss sich K allerdings gemäß § 254 I BGB als Mitverschulden anrechnen lassen.

K kann demnach von B einen anteilig gekürzten Schadensersatz verlangen.

Fall 35: Die Spritfresser-AG schließt mit der Täuscher-GmbH einen langfristigen Vertrag über den Alleinvertrieb von Spritfresser-Pkws. Dieser Vertrag war mit erheblichen Investitionen für die Täuscher-GmbH verbunden. Aus nicht mehr aufklärbaren Gründen unterblieb die Vereinbarung einer konkreten Vertragsdauer. Schon nach sechs Monaten kündigt die Spritfresser-AG den Vertrag zum Jahresende. Die Täuscher-GmbH widerspricht dieser Kündigung und begehrt die gerichtliche Feststellung, dass der Vertriebsvertrag frühestens nach fünf Jahren zum Jahresende beendet werde. Zu Recht?[149]

Lösung: Die gerichtliche Feststellung, dass der Vertrag frühestens nach 5 Jahren beendet werden kann, kann von der Täuscher-GmbH nur dann erfolgreich begehrt werden, wenn sich dieses Ergebnis aus dem geschlossenen Vertrag ergibt. Eine Vereinbarung über die Vertragsdauer wurde nicht ausdrücklich getroffen. Falls nicht im Wege der ergänzenden Vertragsauslegung ermittelt werden kann, welche Vereinbarung die Parteien getroffen hätten, ist auf die Auslegungsregeln der §§ 154, 155 BGB abzustellen. Voraussetzung für eine ergänzende Vertragsauslegung ist das Bestehen einer Regelungslücke, das Fehlen von dispositivem Gesetzesrecht und ein entsprechender hypothetischer Wille der Parteien.[150] **79**

Eine Regelungslücke ist dann gegeben, wenn ein Vertrag einen offen gebliebenen Punkt enthält, dessen Ergänzung zwingend und selbstverständlich geboten ist, um einen offenbaren Widerspruch zwischen der tatsächlichen Lage und dem vertraglich Vereinbarten zu beseitigen.[151] Die Spritfresser AG und die Täuscher-GmbH haben einen langfristigen Vertrag ohne Endzeitpunkt geschlossen. Bei Dauerschuldverhältnissen ist für beide Parteien die Beendigungsmöglichkeit wichtig, da sie sich auch wirtschaftlich auf die Vertragserfüllung einstellen müssen. Deshalb besteht hier eine Regelungslücke.

Eine gesetzliche Regelung besteht nicht. Insbesondere kann nicht § 89 HGB herangezogen werden, da die Parteien einen langfristigen Vertrag über mehrere Jahre anstrebten.

Für den hypothetischen Willen der Parteien ist anhand aller in Betracht kommender Umstände eine angemessene Interessenabwägung durchzuführen, um die Regelung zu erhalten, die redliche Vertragspartner vereinbart hätten.[152] Dabei ist hier sowohl der geäußerte Wille zum Abschluss eines langfristigen Vertrages als auch die Tatsache zu berücksichtigen, dass die Täuscher-GmbH erhebliche Investitionen getätigt hat. Eine Mindestlaufzeit von fünf Jahren erscheint dabei dem hypothetischen Willen der Parteien am besten gerecht zu werden.

Die Täuscher-GmbH verlangt deshalb die gerichtliche Feststellung zu Recht.

---

149 **BGH NJW 1975, 1116.**
150 MüKo/*Busche* § 157 Rn. 38 ff; *Bork*, AT, Rn. 532 ff.
151 *Staudinger/Roth* § 157 Rn. 15.
152 *Palandt/Ellenberger* § 157 Rn. 7; *Medicus*, AT, Rn. 342 ff.

80 **Fall 36:** Die Klägerin K erhielt von einer Wohnbaugesellschaft einen Makleralleinauftrag. Vereinbarungsgemäß sollte die K im Falle eines Kaufvertragsschlusses nur vom Käufer eine Provision erhalten.

Am 5.2.2002 übersandte die K dem Beklagten B einen formularmäßig vorbereiteten Kaufvertrag, in dem folgender Hinweis enthalten war:

„Die Provision beträgt 5.75% des Kaufpreises und ist vom Käufer bei Vertragsschluss zu zahlen".

B reichte den unterschriebenen und ausgefüllten Kaufantrag bei K ein, hatte jedoch die angeführte Provisionsklausel durchgestrichen und mit dem handschriftlichen Zusatz „nach Vereinbarung" versehen.

Nach Abschluss des notariellen Kaufvertrages am 29.4.2002 machte die K gegenüber B einen Provisionsanspruch in Höhe von 5,75% des Kaufpreises und damit in Höhe von 37 200 € geltend. B ist der Ansicht, dass kein wirksamer entgeltlicher Maklervertrag zustande gekommen ist. Wie ist zu entscheiden?[153]

Lösung: K hätte gegen B einen Anspruch auf Mäklerlohn gemäß §§ 652, 653 BGB, wenn zwischen den Parteien ein wirksamer entgeltlicher Maklervertrag zustande gekommen wäre.

Die Parteien müssten sich daher zunächst über die essentialia negotii des Maklervertrages im Sinn des § 652 BGB geeinigt haben. Einer solchen Einigung könnte das Durchstreichen der Provisionsklausel durch B entgegenstehen. Jedoch hat B mit dieser handschriftlichen Änderung keineswegs jede Provisionszahlung abgelehnt, sondern im Gegenteil seine Bereitschaft zur Provisionszahlung zu erkennen gegeben. Nur bezüglich der Höhe war keine Übereinstimmung mit K festzustellen. Eine Einigung über die wesentlichen Vertragsbestandteile ist daher gegeben.

Fraglich ist, ob der Vertrag im Zweifel als nicht geschlossen zu behandeln ist, da die Parteien sich nicht über die Provisionshöhe geeinigt haben und daher ein offener Einigungsmangel gemäß § 154 I BGB vorliegt.

§ 154 I BGB ist jedoch dann unanwendbar, wenn sich die Parteien trotz der noch offenen Punkte erkennbar vertraglich binden wollen. Ein Kaufinteressent, der in Kenntnis des eindeutigen Provisionsverlangens die Dienste des Maklers in Anspruch nimmt, gibt damit grundsätzlich in schlüssiger Weise zu erkennen, dass er den in dem Provisionsbegehren liegenden Antrag auf Abschluss des Maklervertrages annehmen will. Etwas anderes ergibt sich nur bei einem eindeutigen Widerspruch des Käufers.

Der Bindungswille der Vertragsparteien ist in der begonnenen Vertragsdurchführung zu sehen.[154] Ein wirksamer entgeltlicher Maklervertrag ist daher gegeben.

Problematisch ist letztlich noch die Festlegung des angemessenen Provisionsbetrages. Da B durch die handschriftliche Änderung zu erkennen gegeben hat, dass die Provisionshöhe nicht im Ermessen der K stehen soll und daher § 316 BGB unanwendbar ist, ist gemäß

153 Vgl. **BGH NJW 2002, 817 f.**
154 BGHZ 119, 283 f, 288 = NJW 1993, 64.

§ 653 II BGB der angemessene Betrag tatrichterlich festzulegen.[155] Dessen Höhe ist jedoch durch die durchgestrichene Provisionsklausel beschränkt.

K hat daher gegen B einen der Höhe nach noch festzustellenden Anspruch auf Vergütung seiner Maklertätigkeit.

V. Vertragsschluss unter Verwendung Allgemeiner Geschäftsbedingungen

Die Verwendung von Allgemeinen Geschäftsbedingungen (§§ 305 ff BGB)[156] ist aus dem Alltag des Geschäftslebens nicht mehr wegzudenken. Fast jeder Unternehmer verwendet sie, um einheitliche, auf seine besonderen Bedürfnisse abgestimmte Verträge zu schließen, ohne deren Details stets erneut aushandeln zu müssen.

Im Einzelfall kann es freilich zweifelhaft sein, ob ein Vertragsmuster der Gegenseite wirklich „gestellt" ist. Bei Verträgen zwischen Unternehmer und Verbraucher wird nach § 310 III Nr. 1 BGB vermutet, dass der Unternehmer die AGB gestellt hat. Bei Verträgen zwischen Verbrauchern gibt es keine derartigen Vermutungen. Als Verwender ist die Partei anzusehen, die die AGB in die Verhandlungen einführt. Werden aber verschiedene Musterverträge erörtert und entscheiden sich beide Seiten für einen bestimmten, sind die §§ 305 ff BGB nicht anwendbar.[157]

1. Einbeziehung in den Vertrag

Allgemeine Geschäftsbedingungen sind keine Rechtsnormen; deshalb gelten sie nur, 81
wenn sie im Einzelfall in den jeweiligen Vertrag einbezogen werden. Hierzu ist ein deutlicher Hinweis am Ort des Vertragsschlusses, die Möglichkeit der Kenntnisnahme und das Einverständnis der anderen Vertragspartei erforderlich, § 305 II, III BGB.[158]

Fall 37: K betreibt eine Gebäudereinigungsfirma. Für den Privatbedarf seiner Tochter mietet er ein Großzelt als Winterreithalle. Auf Anfrage unter seiner Firmenanschrift unterbreitet ihm Fa. V ein Kostenangebot: 500 € Mietzins pro Monat zuzüglich Kosten für Antransport und Aufstellung. Außerdem heißt es in dem Schreiben:

„Für alle Aufträge gelten die AGB des Bundesverbandes der Schwergewebekonfektion."

Diese sind dem Angebot beigefügt. Unter Ziff. 14 heißt es darin:

„Der Mieter eines Zeltes hat dieses von Schnee zu räumen oder ausreichend zu beheizen; er ist für jeden Schaden aus der Verletzung dieser Pflicht verantwortlich."

K glaubt, das Angebot sei günstig; er ruft daher bei Fa. V an und bestellt das Zelt entsprechend dem Angebot zum Aufbau Ende Oktober für ein halbes Jahr. Nach einigen Tagen erhält er ein Schreiben von Fa. V mit der Überschrift: „Auftragsbestätigung". Darin heißt es:

„Wir danken für Ihren geschätzten Auftrag, den wir zu den Bedingungen des Bundesverbandes der Schwergewebekonfektion ausführen. Wir weisen darauf hin, dass das Zelt nicht für Schneelast ausgelegt ist, sondern bei Schneefall ausreichend zu räumen oder zu beheizen ist."

155 MüKo/*H. Roth* § 653 Rn. 13 ff; PWW/*Fehrenbach* § 653 Rn. 4.
156 Zum Begriff s. *Löhnig/Gietl*, JuS 2012, 393.
157 BGHZ 184, 259 = NJW 2010, 1131.
158 Vgl. *Faust* § 15 Rn. 10 ff; *Köhler*, AT, § 16 Rn. 15 ff.

K nimmt nur den Dank in diesem Schreiben zur Kenntnis und lässt es ablegen. Ende Oktober wird das Zelt aufgebaut und von K in Betrieb genommen. Beim ersten stärkeren Schneefall in der Nacht vom 25. zum 26. November bricht das Zelt zusammen; die Bahnen zerreißen, lediglich ein Teil des Gestänges ist wiederverwertbar. V verlangt deshalb von K Schadensersatz in Höhe von 75 000 €. Zu Recht?

Lösung: V könnte gegen K einen Schadensersatzanspruch aus Verletzung mietvertraglicher Pflichten gemäß §§ 535 ff, 280 I 1, III, 282 BGB, haben, wenn K zum Räumen des Zeltes verpflichtet war.

Ein Mietvertrag über das Zelt ist mit der Annahme durch K zustande gekommen. Fraglich ist, ob K das Zelt schuldhaft nicht vom Schnee befreit hat. Nach § 535 I 2 BGB hat der Vermieter die vermietete Sache während der Mietzeit in einem vertragsmäßigen Zustand zu erhalten. Die Schneeräumpflicht ist deshalb grundsätzlich Sache des Vermieters. Die Fa. V könnte diese Pflicht aber durch vertragliche Vereinbarung auf K abgewälzt haben.[159]

In dem von K angenommenen Angebot des V wurde auf die beigefügten Allgemeinen Geschäftsbedingungen verwiesen, in deren Ziff. 14 eine Räum- und Heizpflicht des Mieters enthalten war.

Auf die Einbeziehung der Allgemeinen Geschäftsbedingungen gemäß § 305 II BGB kommt es nur an, wenn nicht § 310 I BGB einschlägig ist. Fraglich ist, ob K als Unternehmer anzusehen ist, obwohl er das Zelt für den Privatbedarf gemietet hat. Im Zweifel ist ein Rechtsgeschäft eines Unternehmers dessen Handelsgewerbe zuzuordnen, vgl. § 344 HGB. Somit findet § 305 II BGB wegen § 310 I BGB keine Anwendung.

Bedenken ergeben sich hier aber, weil überraschende Klauseln nach § 305c I BGB nicht wirksam vereinbart werden. Denn das Heizen oder Schneeräumen eines großen Zeltes erfordert erhebliche Vorkehrungen und verursacht erhebliche Kosten. Wenn daher ein spezifisches Kostenangebot gemacht wird, diese erheblichen Kosten darin aber nicht wenigstens andeutungsweise erwähnt sind, so ist es für den Empfänger überraschend, wenn ihm durch Allgemeine Geschäftsbedingungen zusätzliche erhebliche wirtschaftliche Pflichten auferlegt werden. Hiermit muss er auch dann nicht rechnen, wenn eine entsprechende Auferlegung von Pflichten wirtschaftlich sinnvoll ist.

Weiterhin könnte die Überbürdung der Instandhaltungsgefahr auf den Mieter gegen § 307 I, II Nr. 1 BGB verstoßen. Die Instandhaltungspflicht des Vermieters hat den Grund, dass der Mieter nicht einem erheblichen Kostenrisiko ausgesetzt wird. Die Gefährdung des Mietgegenstandes durch Schnee ist auch von der vereinbarten Gebrauchsüberlassung des Zeltes unabhängig. Daher ist die Klausel mit den Grundgedanken des Mietvertrages nicht vereinbar.[160]

Die Schneeräumpflicht könnte auf den Mieter K aber im Wege der „Auftragsbestätigung“, in der die Fa. V nochmals ausdrücklich auf diese hingewiesen hatte, übertragen

159 *Palandt/Weidenkaff* § 535 Rn. 32, 37 f; PWW/*Elzer* § 535 BGB Rn. 112.
160 OLG Dresden NJW-RR 1997, 395.

worden sein. Dieser ausdrückliche Hinweis fällt aus dem Rahmen der §§ 305 ff BGB und könnte als individuelle Vertragsabrede gültig sein, wenn der Inhalt der Auftragsbestätigung bindend geworden ist.

Das wäre der Fall, wenn es sich bei dem Schreiben der Fa. V um ein **kaufmännisches Bestätigungsschreiben** gehandelt hat, durch das der Vertragsinhalt verändert wird, ohne dass es einer ausdrücklichen Zustimmung des Vertragspartners bedarf. Darauf, dass V sein Schreiben als Auftragsbestätigung bezeichnet hat, kommt es nicht an. Vielmehr ist allein die rechtliche Bedeutung entscheidend. Während die modifizierte Auftragsbestätigung ein verändertes Angebot i.S.d. § 150 II BGB darstellt, bezieht sich das kaufmännische Bestätigungsschreiben auf eine bereits wirksam getroffene Vereinbarung. Da K und Fa. V (mit der telefonischen Annahme durch K) bereits einen Vertrag geschlossen hatten, kommt hier nur ein kaufmännisches Bestätigungsschreiben in Betracht.

Das Schweigen des K auf das Bestätigungsschreiben kann nur dann eine Willenserklärung darstellen, wenn er sich, obwohl er als Privatmann gehandelt hat, als Kaufmann behandeln lassen muss. Als Inhaber einer Gebäudereinigungsfirma ist K Kaufmann gemäß § 1 I HGB. Deshalb ist § 344 I HGB zu beachten. Da für V nicht ersichtlich war, dass K als Privatmann handeln wollte, gilt das Geschäft als Handelsgeschäft.

Daher hätte K unverzüglich dem Inhalt des kurze Zeit nach Vertragsschluss bei ihm eingegangenen Bestätigungsschreibens widersprechen müssen. Da er das nicht getan hat, ist der Vertrag grundsätzlich zu den veränderten Bedingungen zustande gekommen.[161] Etwas anderes könnte nur gelten, wenn die Änderung derart von der vorherigen Vereinbarung abweicht, dass sie für K nicht zumutbar war, und deshalb V nicht mit dem Einverständnis rechnen konnte.[162] Das war hier aber gerade nicht der Fall.

Die Schneeräumpflicht ist somit zwar nicht als Allgemeine Geschäftsbedingung, wohl aber als Individualvereinbarung (§ 305 I 3 BGB)[163] im Wege des kaufmännischen Bestätigungsschreibens Vertragsbestandteil geworden.

Möglicherweise kann K seine Willenserklärung anfechten. Eine Irrtumsanfechtung nach § 119 BGB ist aber weder wegen eines Irrtums über die Bedeutung des Schweigens[164] noch wegen eines Irrtums über die mangelnde Übereinstimmung des Vertrages mit dem Bestätigungsschreiben[165] möglich. Bei Kaufleuten kann man davon ausgehen, dass sie die Wirkungen eines kaufmännischen Bestätigungsschreibens kennen. Auch dient ein solches gerade zur Klarstellung und Regelung möglicher Ungenauigkeiten und Unstimmigkeiten. Eine Anfechtung wegen eines (konkreten) Irrtums über den Inhalt des Bestätigungsschreibens soll dagegen zulässig sein.[166] Darüber, dass sich K über den Bedeutung der Regelungen selbst geirrt hat, ist nichts ersichtlich. Daher scheidet die Anfechtung aus.

Im Ergebnis ist die Räumpflicht Vertragsbestandteil geworden. Da K diese Pflicht schuldhaft verletzt hat, steht dem V der Schadensersatzanspruch zu.

---

161 A.A. aber *Medicus* AT Rn. 443.
162 *Baumbach/Hopt* § 346 Rn. 27; MüKo/*Busche* § 147 Rn. 18.
163 Zu Abgrenzung s. *Miethauer*, NJW 2010, 3121.
164 *Baumbach/Hopt* § 346 Rn. 33.
165 BGH NJW 1972, 45.
166 MüKo/*Armbrüster* § 119 Rn. 66; *Bamberger/Roth/Eckert* § 146 Rn. 14.

2. Kollidierende AGB

82 Verwenden beide Vertragsparteien AGBs mit unterschiedlichem Inhalt, so stellt sich die Frage, ob § 150 II BGB ohne Einschränkung Anwendung findet, also die Annahme unter Änderungen eine Ablehnung verbunden mit einem neuen Angebot darstellt. Dies würde bedeuten, dass die Vertragspartei, die nicht mehr widerspricht, mit den zuletzt übersandten AGBs einverstanden ist **(Theorie des letzten Wortes)**.[167]

Da diese Lösung zufällig ist, geht die neuere Rspr. davon aus, dass kein Vertrag mit den AGBs der einen oder anderen Seite zustande kommt, sich aber bei einer realen Vertragsdurchführung der Wille ergibt, einen Vertrag auf der Grundlage des dispositiven Rechts abzuschließen, soweit sich die Geschäftsbedingungen beider Seiten widersprechen (§ 306 II BGB). Soweit sich AGB-Klauseln nicht widersprechen, werden sie dagegen Vertragsinhalt.[168]

Fall 38: Der Bauunternehmer A trat im Januar 2002 mit dem Baustofflieferanten B in Verhandlung über Zementlieferungen. Am 13.5.2002 sandte A dem B ein Bestellschreiben, in dem formularmäßig auf seine umseitig abgedruckten „Einkaufsbedingungen" Bezug genommen war. Nr. 1 der Einkaufsbedingungen lautet:

„Unsere Aufträge ... erfolgen aufgrund unserer Einkaufsbedingungen. Anderslautende AGB des Auftragnehmers haben keine Gültigkeit."

Diesen Auftrag bestätigte B mit Schreiben vom 22.5.2002 „unter Zugrundelegung unserer beigefügten Lieferungs- und Zahlungsbedingungen". Diese enthielten abweichend von den Einkaufsbedingungen des A eine Gerichtsstandsklausel, durch die die ausschließliche Zuständigkeit des LG München I begründet wurde, sowie folgende Klausel:

„Widersprechen sich Lieferungs- und Zahlungsbedingungen der Vertragspartner, so gelten nur die vorliegenden Bedingungen."

Danach fand kein weiterer Schriftwechsel zwischen den Parteien statt. Ende Juli kam es zur ersten Teillieferung, die A annahm. In einem Rechtsstreit vor einem anderen Gericht über Folgelieferungen macht B unter Berufung auf die Gerichtsstandsklausel in seinen Lieferungs- und Zahlungsbedingungen die Unzuständigkeit dieses Gerichts geltend. Zu Recht?

Lösung: Das Gericht ist unzuständig, wenn eine Gerichtsstandsvereinbarung nach § 38 I ZPO vorliegt. Beide Parteien sind Kaufleute. Die Lieferungs- und Zahlungsbedingungen des B müssten Vertragsbestandteil geworden sein. Dabei handelt es sich begrifflich um AGBs.

Zwar ist § 305 II BGB wegen § 310 I BGB im vorliegenden Fall nicht anwendbar. Die Notwendigkeit rechtsgeschäftlicher Einbeziehung AGBs in den Vertrag zwischen Unternehmern – auch mittels stillschweigend erklärter Willenserklärungen – bleibt davon jedoch unberührt.

Die AGBs des B sind nicht unter dem Gesichtspunkt des Schweigens auf ein kaufmännisches Bestätigungsschreiben Inhalt des Kaufvertrages geworden. Zu den kaufmänni-

167 Vgl. *Ebel*, NJW 1978, 1033; vgl. *Bork*, AT, Rn. 1767.
168 Vgl. BGHZ 61, 282 = NJW 1973, 2106 und BGH NJW 1995, 1671; BGH WM 1985, 694; *Lindacher/Hau*, Fall 13 (S. 71) (auch die Bedingungen, die nur die Gegenpartei begünstigen).

schen Bestätigungsschreiben rechnen nur solche konstitutiven Bestätigungsschreiben, die den Inhalt eines mündlich oder fernmündlich abgeschlossenen Vertrages wiederholen, um etwaige Missverständnisse, Unklarheiten oder Unstimmigkeiten auszuräumen. Diese Voraussetzungen liegen nicht vor. Das Schreiben vom 22.5.2002 ging seinem Inhalt nach davon aus, dass bislang noch kein Vertrag abgeschlossen worden sei, die Auftragsbestätigung den Abschluss vielmehr herbeiführen solle.

Die widerspruchslose Hinnahme einer modifizierten Auftragsbestätigung allein stellt noch keine Annahmeerklärung dar, da Schweigen auch im kaufmännischen rechtsgeschäftlichen Verkehr nur in Ausnahmefällen als Zustimmung zu werten ist, z.B. nach § 362 HGB.[169]

Als Annahme durch A käme die widerspruchslose Teilabnahme der Ware in Betracht. Der ursprüngliche Lösungsansatz der Rspr. ging von der Vorschrift des § 150 II BGB aus. Diejenige Vertragspartei, die sich zuletzt unter Berufung auf ihre eigenen AGBs geäußert hatte, setzt diese dann durch, wenn ihr Gegner nicht mehr widersprach, sondern in die Vertragsabwicklung eintrat. Nach dieser sog. *Theorie des letzten Wortes* kam es also immer darauf an, welche Vertragspartei zuletzt auf ihre Bedingungen verwiesen hatte.[170]

Die neuere Rspr. des BGH hat diesen Lösungsweg eingeschränkt, ohne ihn allerdings grundsätzlich in Frage zu stellen. Festgehalten wird daran, dass die Annahme des in einer modifizierten Auftragsbestätigung liegenden geänderten Antrags (§ 150 II BGB) auch stillschweigend erfolgen und insbesondere in der widerspruchslosen Entgegennahme der Vertragsleistung liegen könne. Voraussetzung dafür sei jedoch, dass die Verkehrssitte und die gesamten Umstände ein solches Verhalten hinreichend deutlich als Einverständnis erkennbar machen würden.[171] Auch für einen modifizierten Antrag nach § 150 II BGB sind §§ 146, 147 BGB zu beachten; der neue Antrag kann also nur bis zu dem Zeitpunkt angenommen werden, in dem der Antragende den Eingang der Antwort unter regelmäßigen Umständen erwarten dürfe.[172]

Im vorliegenden Fall hatte A bei der Bestellung mit der allgemeinen Abwehrklausel in seinen Einkaufsbedingungen eindeutig darauf hingewiesen, er werde keine anderen Vertragsbedingungen gelten lassen. Für B bestand bei diesem Verhalten des A kein Anlass für die Annahme, A wolle nach zwei Monaten von seiner bisherigen Haltung abweichen und sich mit der Abnahme der Lieferung seinen AGBs unterwerfen. Er hat sich selbst in diesem Zeitraum nicht darum bemüht herauszufinden, wessen AGBs nun gelten sollten, sondern nur die Bestellung des A ausgeführt. Er hat damit zu erkennen gegeben, dass er jener Frage für den Abschluss und die Ausführung des Vertrages keine entscheidende Bedeutung beilegte. Er durfte deshalb auch nicht ohne weiteres davon ausgehen, dass A bei der Abnahme des gelieferten Zements überhaupt bewusst war, dass jene Frage noch unbeantwortet war und B in der Annahme der Vertragsleistung die bisher fehlende Antwort sehen könnte. Die Entgegennahme der vertraglichen Leistung ist in dieser Hinsicht nach

169 St. Rspr., vgl. BGHZ 61, 282, 285 = NJW 1973, 2106.
170 Siehe z.B. BGHZ 18, 212 = NJW 1955, 1794.
171 MüKo/*Busche* § 154 Rn. 5.
172 BGH WM 1977, 451.

Treu und Glauben mit Rücksicht auf die Verkehrssitte nicht als eine stillschweigende Billigung der AGBs des B zu werten.

Dass bei nicht behobener Unklarheit über die Geltung kollidierender AGBs keine Einigung zustande kommt, führt allerdings nicht (über § 139 BGB) zur Unwirksamkeit des Vertrages insgesamt. Denn die Parteien wollen den Vertrag gerade nicht an dem Einigungsmangel lediglich über konkurrierende Klauseln scheitern lassen. Diejenigen Teile der AGBs, die sich nicht widersprechen, haben Vorrang vor dispositivem Recht; dieses ersetzt lediglich die einander widersprechenden und daher nicht verbindlichen Klauseln.[173]

Daraus folgt, dass eine ausschließliche Gerichtsstandsvereinbarung nicht zustande gekommen ist. Die Klage an einem gesetzlichen Gerichtsstand ist daher zulässig.

3. Überraschende Klausel

83 Durch § 305 II BGB wird der Empfänger der AGBs noch nicht ausreichend geschützt, da er sie in der Regel nicht liest, sondern davon ausgeht, darin sei das „Übliche" enthalten. Gleichsam als Sanktion gegen ein missbrauchtes Vertrauen bestimmt § 305c I BGB, dass überraschende Klauseln nicht Vertragsinhalt werden.[174]

Fall 39: F war Inhaberin eines Erbbaurechts auf einem Grundstück, auf dem sich eine kommerziell genutzte Tennishalle befand. Nachdem diese abgebr#annt war, erbat ihr Ehemann E, ein Kaufmann, bei der Sparkasse S einen Kredit für seine Frau über 100 000 € zum Wiederaufbau der Tennishalle. Der Kredit sollte durch eine noch anzusparende Kapitallebensversicherung über 128 000 € zurückbezahlt werden. Im Anschluss daran gewährte die Sparkasse Frau E ein Darlehen über 128 000 € und ließ sich von ihr eine Grundschuld über 150 000 € bestellen. In der von F und ihrem Ehemann unterschriebenen Zweckerklärung übernehmen die Ehegatten die persönliche Haftung für das Darlehen. Außerdem heißt es darin im Kleindruck, dass „die Grundschuld zur Sicherung aller bestehenden und künftigen Ansprüche der Sparkasse gegen beide Eheleute" diene.

Nach dem Wiederaufbau der Tennishalle pachtete der Ehemann die Tennishalle von seiner Frau, machte aber sonst verlustreiche Geschäfte, so dass die Sparkasse das Darlehen kündigte. F bezahlte daraufhin das Darlehen zurück. Die Sparkasse verlangt nun aber aus der Grundschuld die Tilgung weiterer Schulden des Ehemanns in Höhe von 100 000 €, hilfsweise Duldung der Zwangsvollstreckung in das Erbbaurecht. Zu Recht?[175]

Lösung: S könnte einen Anspruch gegen F auf Duldung der Zwangsvollstreckung aus §§ 1192, 1191, 1147 BGB haben. Die Grundschuld wurde wirksam bestellt, §§ 1191, 1192, 1116, 1117, 873 BGB. Möglicherweise kann F aber die dingliche Einrede des mangelnden Sicherungsfalles erheben, § 1157 BGB[176], wenn die Verbindlichkeiten des Mannes nicht wirksam in die Sicherungsabrede einbezogen wurden. Da diese Einbeziehung durch Allgemeine Geschäftsbedingungen erfolgte, könnte die entsprechende Klausel nach den §§ 305 ff BGB unwirksam sein.

---

173 *Köhler* § 16 Rn. 18; *Brox/Walker*, Rn. 228; *Leipold* § 14 Rn. 60; *Wolf/Neuner* § 47 Rn. 35; PWW/*Brinkmann* § 150 BGB Rn. 7.

174 Vgl. BGHZ 102, 152, 158 = NJW 1988, 558 (Erweiterung der Sicherung auf Darlehen eines Gesellschafters).

175 **BGH NJW 1992, 1822.**

176 *Medicus/Petersen*, Bürgerliches Recht, Rn. 496; vgl. *Prütting*, Sachenrecht, Rn. 767 ff.

Der sachliche und persönliche Anwendungsbereich i.S.d. § 310 BGB ist eröffnet, die S hat vorformulierte Klauseln i.S.d. § 305 I BGB in den Vertrag einbezogen hat, § 305 II BGB. Die hier verwendete Klausel wäre gemäß § 305c I BGB jedoch dann nicht Vertragsbestandteil geworden, wenn sie überraschend wäre. Nach gefestigter Rechtsprechung ist eine solche formularmäßige Erweiterung dann überraschend, wenn sie den Sicherungszweck über den durch den Anlass des Geschäfts bestimmten Rahmen hinaus in einem nicht zu erwartenden Ausmaß erweitert. Ist Anlass der Zweckerklärung die Absicherung bestimmter Forderungen des Sicherungsnehmers gegen den Sicherungsgeber durch eine Grundschuld, so verstößt die Erweiterung der dinglichen Haftung für alle bestehenden und künftigen Schulden eines Dritten grundsätzlich gegen § 305c I BGB. Hierbei ist unerheblich, dass es sich hier bei dem Dritten um den Ehemann handelt, denn der überraschende Charakter der Klausel entfällt erst dann, wenn Sicherungsgeber und Dritter persönlich und wirtschaftlich so eng verbunden sind, dass das Risiko künftiger von der Grundschuldhaftung erfasster Verbindlichkeiten für den Sicherungsgeber berechenbar und vermeidbar ist. Dies wäre jedoch nur der Fall, wenn F die rechtliche Möglichkeit hätte, die Aufnahme von Krediten durch ihren Ehemann zu verhindern oder zu beeinflussen.

Hier wurde die Grundschuld allein aus dem Anlass der Darlehensaufnahme für den Wiederaufbau der Tennishalle gewährt, die darüber hinausgehende Einbeziehung aller gegenwärtigen und künftigen Forderungen des Ehemannes war folglich überraschend. Da F keinerlei Möglichkeit hatte, auf Geschäfte ihres Mannes einzuwirken, spielt die Tatsache, dass es um Forderungen gegen den eigenen Ehemannes geht, keine Rolle.

Die Klausel wurde also wegen ihres überraschenden Charakters nicht Bestandteil des Vertrages, die Grundschuld kann somit zur Sicherung der Forderungen gegen den Ehemann nicht herangezogen werden.

4. Inhaltskontrolle bei AGBs

Das Gesetz gewährt den Parteien zwar Vertragsfreiheit, will den Gegner eines AGB-Ver- **84**
wenders aber vor unbilligen Regelungen schützen. AGBs sind deshalb an den Maßstäben der §§ 307 ff BGB zu messen. Verstößt eine AGB gegen diese Maßstäbe, so ist sie unwirksam, das Vertragsverhältnis besteht aber im Übrigen fort, und zwar tritt die dispositive Gesetzesregelung an die Stelle der missbilligten Klausel, § 306 I, II BGB. Gibt es keine gesetzliche Regelung, ist die Lücke durch ergänzende Vertragsauslegung zu schließen.[177] Ein wichtiger Fall, in dem der BGH den Vertragsinhalt im Wege ergänzender Vertragsauslegung korrigiert hat, ist die Entscheidung des Großen Senats des BGH zum Freigabeanspruch bei revolvierenden Mobiliarsicherheiten.[178]

Die Inhaltskontrolle nach §§ 307 ff BGB hat Vorrang gegenüber § 138 BGB, es sei denn eine Individualvereinbarung sei sittenwidrig, oder die AGBs seien aus einem nicht von den §§ 307 ff BGB erfassten Grund sittenwidrig.[179]

177 Zur Auslegung bei unwirksamen Preisanpassungsklauseln s. *Säcker/Mengering*, BB 2013, 1859.
178 Vgl. BGHZ 137, 212 = NJW 1998, 671.
179 *Bork*, AT, Rn. 1775 ff; *Köhler* § 13 Rn. 34; MüKo/*Armbrüster* § 138 Rn. 5.

85 **Fall 40:** Der Installateurmeister B unterhält bei der Krankenversicherung K eine Krankentagegeldversicherung. Nach den Musterbedingungen, die dem Versicherungsverhältnis zugrunde liegen, endet das Versicherungsverhältnis bei Wegfall der Voraussetzungen für die Versicherungsfähigkeit. Versicherungsfähig ist nicht, wer Rente wegen Berufs- oder Erwerbsunfähigkeit bezieht.

B leidet an einer schizophrenen Psychose, die einen Krankenhausaufenthalt erforderlich macht. K zahlte ihm deshalb vom 23.11.00 bis 3.4.02 das vereinbarte Krankentagegeld von täglich 150 DM bzw. 75 €. Mit Bescheid vom 6.8.01 erhielt B eine Berufsunfähigkeitsrente, freilich nur befristet bis zum 30.11.02. K meint, damit habe das Versicherungsverhältnis geendet und B müsse das überzahlte Krankentagegeld zurückbezahlen. Zu Recht?[180]

Lösung: K könnte gegen B einen Anspruch aus § 812 I 2, 1. Alt. BGB haben. B hat das Krankentagegeld im angegebenen Zeitraum durch Leistung der K erhalten. Fraglich ist, ob durch den Bezug der Berufsunfähigkeitsrente der Rechtsgrund für die Krankentagegeldzahlungen weggefallen ist.

Die Musterbedingungen sehen eine automatische Beendigung des Vertragsverhältnisses bei Erhalt einer Berufsunfähigkeitsrente vor. Diese Regelung könnte aber gegen § 307 I, II Nr. 2 BGB verstoßen. Bei der Regelung wird nicht berücksichtigt, dass eine Berufsunfähigkeit auch nur vorübergehend sein kann, und danach wieder ein Interesse an dem Erhalt eines Krankentagegeldes besteht. Ein Neueintritt nach einer Berufsunfähigkeit ist aber wegen des höheren Alters und dem gestiegenen Risiko gar nicht mehr oder nur zu einem deutlich höheren Preis möglich. Daher entspricht eine automatische Vertragsbeendigung bei Eintritt einer Berufsunfähigkeit nicht dem Zweck der Krankentagegeldversicherung. Die Regelung ist wegen unangemessener Benachteiligung unwirksam (§ 307 I BGB).

Die Zahlungsverpflichtung könnte aber auch aus anderen Gründen entfallen sein. Soweit durch die Unwirksamkeit von AGBs Regelungslücken im Vertrag entstehen, werden diese gemäß § 306 II BGB mit Hilfe der gesetzlichen Regelung geschlossen. Trotz des Wortlautes des § 306 II BGB ist es allerdings möglich, die Lücke durch ergänzende Vertragsauslegung zu schließen, wenn keine gesetzliche Regelung vorhanden ist.[181] Dabei ist unter Abwägung der beiderseitigen Interessen der Vertragsinhalt zu ermitteln, der redlicherweise von den Parteien vereinbart worden wäre. Krankenhaustagegeld und Berufsunfähigkeitsrente sind Versicherungsleistungen, die sich von ihrer Zweckrichtung gegenseitig ausschließen. Deshalb ist anzunehmen, dass ein Aussetzen der Krankentagegeldzahlungen für den Zeitraum des Bezuges einer Berufsunfähigkeit vereinbart worden wäre. Die ergänzende Vertragsauslegung führt somit zum Wegfall des Rechtsgrundes für das Krankenhaustagegeldes im relevanten Zeitraum.

Im Ergebnis hat K gegen B damit einen Anspruch auf Rückzahlung des ab 8.6.01 überzahlten Krankenhaustagegeldes.

180 **BGHZ 117, 92 = NJW 1992, 1164.**
181 BGHZ 90, 69 = NJW 1984, 1177.

Fall 41: K nahm an einem Fahrerlehrgang auf dem Nürburgring teil, der vom Internationalen Verband der Rennfahrerclubs e.V. veranstaltet wurde. Am ersten Lehrgangstag verlor der Rennfahrer R bei einer Demonstrationsfahrt die Herrschaft über das von ihm benutzte, bei der beklagten Haftpflichtversicherung versicherte Fahrzeug. Der Wagen erfasste K, der am Rand der Strecke vor einer Leitplanke stand. K wurde schwer verletzt; ihm musste das rechte Bein amputiert werden. K verlangt von der Versicherung Zahlung eines Schmerzensgeldes und Feststellung der Ersatzpflicht künftiger Schäden. Diese verweist dagegen auf die Ausschreibungsbedingungen des Lehrgangs. Darin heißt es: **86**

„Jeder Teilnehmer trägt die zivilrechtliche Verantwortung für die von ihm und seinem Fahrzeug verursachten Schäden jeder Art. Der Veranstalter lehnt für sich, den Fahrer und Beifahrer jegliche Haftung für Schäden jeder Art, die vor, während oder nach der Veranstaltung eintreten, ab. Die Teilnehmer fahren in jeder Hinsicht auf eigene Gefahr. Mit Abgabe der Nennung verzichtet jeder Teilnehmer auf die Anrufung der ordentlichen Gerichte."

Stehen K gleichwohl Ansprüche zu?[182]

Lösung: K kann gegen die Versicherung gemäß § 115 VVG n.F. die Schadensersatzansprüche (§ 823 I BGB, §§ 1, 18 StVG) und den Schmerzensgeldanspruch (§ 253 II BGB) nur geltend machen, wenn kein wirksamer Haftungsausschluss vereinbart wurde.

Fraglich ist hier, ob der in den AGB festgehaltene Haftungsausschluss unwirksam ist. Der Haftungsausschluss umfasst nach seiner umfassenden Formulierung auch vorsätzliches und grob fahrlässiges Verhalten, so dass die Klausel gemäß § 309 Nr. 7 BGB unwirksam ist. An die Stelle der unwirksamen Klausel treten die gesetzlichen Bestimmungen (§ 306 II BGB) Eine Anpassung der Klausel an den Inhalt, der nach den §§ 305 ff BGB noch zulässig ist (geltungserhaltende Reduktion), ist nicht möglich. Damit würde nämlich der Zweck des Gesetzes, den Verbraucher vor unbilligen Klauseln zu schützen und einen die beiderseitigen Interessen berücksichtigenden Vertragsinhalt zu erhalten, nicht erreicht. Auch eine Lückenfüllung im Wege der ergänzenden Vertragsauslegung ist nicht möglich, da es eine gesetzliche Regelungen i.S.d. § 306 II BGB gibt.

Ein Sonderfall, der ein anderes Ergebnis aufgrund der Interessenlage verlangt, ist ebenfalls nicht gegeben. Ein Fahrerlehrgang ist nicht mit einem Rennsportereignis vergleichbar, bei dem die Teilnehmer bewusst ein wesentlich höheres Risiko in Kauf nehmen.

Das eigene Verhalten des K kann aber im Rahmen des Mitverschuldens (§ 254 I BGB, § 9 StVG) bzw. bei der Bestimmung der Schmerzensgeldhöhe berücksichtigt werden.

Dem K stehen damit die geltend gemachten Ansprüche gegen die Versicherung zu.

VI. Auslegung von Willenserklärungen und Verträgen

1. Allgemeine Auslegungsgrundsätze

Bei der Auslegung nicht empfangsbedürftiger Willenserklärungen, z.B. eines Testaments, ist grundsätzlich auf den wirklichen Willen des Erklärenden abzustellen **(natürliche Auslegung)**.[183] Dieser Grundsatz bedarf einer Einschränkung, wenn schutzwürdige Belange **87**

182 Vgl. **BGHZ 96, 18 = NJW 1986, 1610**.
183 *Köhler*, AT, § 9 Rn. 5; *Bork*, AT, Rn. 512 ff.

Dritter berührt werden, so z.B. bei einer Auslobung, oder einer Annahmebetätigung i.S.d. § 151 BGB.[184] Die Auslegung erfolgt dann nach den Regeln für empfangsbedürftige Willenserklärungen, deren Inhalt sich nach den §§ 133, 157 BGB bestimmt. Maßgeblich ist danach der **objektive Erklärungstatbestand**; ein innerlich gebliebener Wille bleibt außer Betracht. Außerdem ist zu beachten, dass die Belange des Empfängers zu schützen sind. Weicht die Erklärung objektiv vom tatsächlichen Geschäftswillen des Erklärenden ab, so muss der Empfänger auf einen dem allgemeinen Sprachgebrauch und der Verkehrssitte entsprechenden Sinn der Erklärung vertrauen dürfen, sofern er nicht tatsächlich erkennt, dass der Erklärende etwas anderes gewollt hat. Die Erklärung ist deshalb grundsätzlich – in wertender Betrachtung – **nach dem Empfängerhorizont** auszulegen. Es kommt darauf an, wie der Empfänger die Erklärung, aus der Sicht eines objektiven Beobachters, verstehen durfte (objektive bzw. normative Auslegung), nicht wie er sie tatsächlich verstanden hat.[185]

88 §§ 133, 157 BGB verbieten eine ausschließlich am Wortlaut orientierte Auslegung.[186] Auch ein klarer und eindeutiger Wortlaut einer Erklärung bildet keine Grenze für die Auslegung anhand der Gesamtumstände. Dies gilt sowohl für die einfache als auch für die ergänzende Auslegung.[187] In die Auslegung müssen daher alle relevanten Umstände, wie z.B. die Vorgeschichte, die konkrete Situation der Erklärung und die Interessenlage der Parteien einbezogen werden.[188]

2. Ergänzende Vertragsauslegung

89 Vertragslücken können entweder durch das dispositive Gesetzesrecht oder durch ergänzende Vertragsauslegung geschlossen werden. Auslegungsbedarf besteht nur, wenn tatsächlich eine **Regelungslücke** vorliegt und eine **Lückenfüllung notwendig** ist. Regelmäßig wird die Lücke durch das dispositive Recht ausgefüllt. Dies gilt aber nicht, wenn die Parteien das Gesetz nicht wollten oder ihre Vertragsgestaltung von dem gesetzlichen Vertragstypus oder der Verkehrsübung abweicht. Dann erst ist die ergänzende Vertragsauslegung, d.h. die Möglichkeit der Lückenfüllung, möglich. Zu beachten ist, dass eine ergänzende Vertragsauslegung nicht nur in Betracht kommt, wenn die Parteien einen Punkt übersehen haben, sondern auch dann, wenn sie ihn offengelassen haben, weil sie – aus welchen Gründen auch immer – eine Regelung dieses Punkts für nicht erforderlich hielten.[189] Eine ergänzende Vertragsauslegung scheidet demzufolge aus, wenn die Parteien eine bewusste negative Entscheidung getroffen haben und damit eine bewusste Lücke vorliegt. Die Lücke ist dann so zu ergänzen, wie sie ergänzt worden wäre, wenn die Parteien die Frage in ihre Überlegungen einbezogen hätten **(hypothetischer Parteiwille)**. Der Zweck des Vertrages und die Interessenlage der Beteiligten sind zu beachten.[190]

---

184 Vgl. *Bork*, AT, Rn. 513 ff; *Köhler* § 9 Rn. 6.
185 *Köhler* § 9 Rn. 7; *Leipold* § 15 Rn. 11 f; *Schwab/Löhnig*, Rn. 566; *Leenen* § 5 Rn. 50 ff; vgl. *Stöhr*, JuS 2010, 292.
186 Vgl. BGH NJW 2002, 1260 f.
187 Vgl. BGH NJW 2002, 1260 f.
188 BGHZ 86, 41 f, 47 = NJW 1983, 672; BGH NJW 2010, 2648 (Rn. 17); *Bork*, AT, Rn. 549 ff.
189 Vgl. BGH NJW 2002, 1260 f, 1262; BGH NJW 2012, 2310.
190 Vgl. BGH NJW 2002, 2310; BGH NJW-RR 2013, 494; *Wolf/Neuner* § 35 Rn. 66 ff; *Leipold* § 15 Rn. 22 ff; *Medicus*, AT, Rn. 338 ff; *Rüthers/Stadler*, AT, § 18 Rn. 25 ff; *Kötz*, JuS 2013, 289, 295; *Cziupka*, JuS 2009, 103.

Fall 42: B erwarb 1990 von E ein gewerblich genutztes Grundstück unter Ausschluss jeder Gewährleistung für 2,3 Mio. DM. 1997 veräußerte er es ebenfalls unter Gewährleistungsausschluss an K für 5,3 Mio. DM. Später stellte K fest, dass der Boden mit Ölrückständen von ca. 10 000 l Heizöl verunreinigt war, deren Beseitigung etwa 350 000 DM kosten würde. Die Erstverkäuferin E hatte von dem Heizölschaden gewusst, ihn B aber beim Grundstücksverkauf nicht offenbart. Auch bis zum Weiterverkauf hatte B keine Kenntnis von dem Ölschaden. K verlangt von B Abtretung der Gewährleistungsansprüche gegenüber dem Erstverkäufer E. Zu Recht?[191]

Lösung: K könnte ein vertraglicher Anspruch gegen B auf Abtretung von dessen Gewährleistungsansprüchen gegen den Erstverkäufer zustehen.

B steht ein Schadensersatzanspruch gegen E aus §§ 434 I, II, 437 Nr. 3, 440, 280 BGB zu, da der zwischen ihm und E vereinbarte Gewährleistungsausschluss wegen des arglistigen Verschweigens des Ölschadens nichtig ist (§ 444 BGB). Zwischen K und B besteht aber kein Gewährleistungsanspruch, weil der in ihrem Kaufvertrag vereinbarte Gewährleistungsausschluss wirksam ist; B hatte ja keine Kenntnis von dem Ölschaden.

Einhellig wird davon ausgegangen, dass in einem solchen Fall aufgrund der bestehenden Interessenlage ein Anspruch des K auf Abtretung des B zustehenden Anspruchs besteht.[192] B hat den vollen Kaufpreis von K erhalten und hat gleichzeitig einen Gewährleistungsanspruch gegen den Erstverkäufer. K hat einen Schaden, aber keinen Anspruch. Der Erstverkäufer hat den Schaden arglistig verschwiegen, braucht aber wegen des Zweitverkaufs eine Inanspruchnahme nicht fürchten. Der BGH gelangt zu dieser an die Drittschadensliquidation erinnernden Lösung im Wege der ergänzenden Vertragsauslegung.

Eine Regelungslücke ist deshalb gegeben, weil die Parteien bei der Vereinbarung des Gewährleistungsausschlusses nur das allgemeine Mängelrisiko eines bebauten Grundstücks berücksichtigt haben, ein Anlass zur Beachtung möglicher Schadstoffbelastungen des Bodens aber nicht bestand. Bei Kenntnis der Situation hätten B und K die Abtretung der Gewährleistungsansprüche vereinbart, da dies bei sachgerechter Abwägung den Interessen beider Parteien am besten gerecht geworden wäre.

Die Ansicht, die das Ergebnis über eine entsprechende Anwendung von § 285 BGB erreicht, unterscheidet sich sachlich nicht von der Lösung des BGH, da diese Vorschrift eine kodifizierte Form der ergänzenden Vertragsauslegung darstellt.[193]

K steht daher ein vertraglicher Anspruch gegen B auf Abtretung dessen Gewährleistungsansprüche gegen den Erstverkäufer zu.

Vertragslücken können durch dispositives Gesetzesrecht oder durch ergänzende Vertrags- **90**
auslegung geschlossen werden. Kommen verschiedene Möglichkeiten einer hypothetischen Regelung in Betracht, so scheidet eine ergänzende Vertragsauslegung aus.

---

191 **BGH NJW 1997, 652.**
192 Vgl. MüKo/*H.P. Westermann* § 444 Rn. 9; *Reinicke/Tiedtke*, ZIP 1997, 1093.
193 *Reinicke/Tiedtke*, ZIP 1997, 1093, 1095; *Medicus/Lorenz*, Schuldrecht II, Rn. 188.

Fall 43: Der Bauer B verkaufte dem Bauern K 6,5 ha Ackerland für 64 000 €. In dem Vertrag hieß es: „Die mit dem Kaufgegenstand verbundenen Rechte und Nutzungen … gehen auf den Käufer über.“ Sowohl B als K haben nicht übertragbare Betriebslieferrechte für Zuckerrüben der Zucker AG. K meint, B sei verpflichtet mitzuwirken, dass die Zucker AG die mit der veräußerten Fläche verbundenen Rübenlieferrechte auf K übertrage. Zu Recht?[194]

Lösung: Eine Mitwirkungsverpflichtung zur Übertragung der Lieferrechte würde dann bestehen, wenn der Kaufvertrag diese Lieferrechte mit umfasst.

Eine ausdrückliche Regelung bzgl. der Lieferrechte fehlt. Diese sind keine Nutzungen i.S.d. § 100 BGB. Auch § 311c BGB hilft nicht weiter, da dieser nur für Zubehör gilt, worunter gemäß § 97 BGB nur bewegliche Sachen und keinesfalls Rechte fallen.

Ob eine Mitwirkungspflicht besteht, ist durch Auslegung des Vertrages zu ermitteln, § 157 BGB. Eine Auslegung nach Treu und Glauben und der Verkehrssitte ergibt jedoch, dass die Lieferrechte vom Kaufvertrag nicht erfasst werden. Der im Vertrag vereinbarte Übergang der „verbundenen Rechte“ kann sich allein auf Rechte i.S.d. § 96 BGB beziehen, keinesfalls aber auf schuldrechtliche Lieferrechte, die nicht mit dem Eigentum am Grundstück verbunden sein können. Eine allgemeine Vertragsklausel, wonach „verbundene Rechte“ mit übergehen sollen, kann sich keinesfalls auf schuldrechtliche Rechte beziehen, insoweit wäre eine ausdrückliche Vereinbarung nötig, die hier nicht erfolgt ist.

Die Mitwirkungspflicht könnte sich jedoch aus ergänzender Vertragsauslegung ergeben. Eine solche kommt in Betracht, wenn der Vertrag eine Regelungslücke aufweist. In diesem Fall ist durch ergänzende Auslegung zu ermitteln, was die Parteien bei angemessener Abwägung ihrer Interessen nach Treu und Glauben als redliche Vertragspartner vereinbart hätten, wenn sie den nicht geregelten Fall bedacht hätten. Für ergänzende Vertragsauslegung ist jedoch dann kein Raum, wenn verschiedene Gestaltungsmöglichkeiten zur Ausfüllung der Vertragslücke in Betracht kommen und keine Anhaltspunkte dafür bestehen, welche Regelung getroffen worden wäre. Gerade dies ist hier aber der Fall: es sind keinerlei Anhaltspunkte ersichtlich, ob die Parteien die Übertragung der Lieferrechte nun in den Vertrag einbezogen hätten oder nicht, eine ergänzende Vertragsauslegung scheidet also aus.

Daher besteht keine Pflicht zur Übertragung der Lieferrechte.

3. Falsa demonstratio non nocet

91 Eine gewisse Ausnahme von den oben beschriebenen Auslegungsgrundsätzen bildet die Regel **„falsa demonstratio non nocet“.** Haben die Beteiligten den Vertragsgegenstand subjektiv übereinstimmend und eindeutig, aber objektiv falsch bezeichnet, so gilt das wirklich Gemeinte.[195] Bei übereinstimmendem Parteiverständnis wird mittels der natürlichen Auslegung der tatsächliche Rechtsfolgenwille ermittelt. Mangels schutzwürdiger Interessen Dritter kommt es auf den objektiven Erklärungsgehalt nicht an. Eine erläu-

194 **BGHZ 111, 100 = NJW 1990, 1723.**
195 Vgl. RGZ 99, 147 – Haakjöringsköd; *Köhler* § 9 Rn. 13; *Leipold* § 15 Rn. 6, 29 f; *Medicus*, AT, Rn. 327.

ternde Auslegung, sowie eine Lückenschließung mittels dispositiven Gesetzesrechts oder im Wege der ergänzenden Auslegung sind daher nicht notwendig. „Der wirkliche Wille des Erklärenden geht, wenn alle Beteiligten die Erklärung übereinstimmend in eben diesem selben Sinn verstanden haben, nicht nur dem Wortlaut, sondern jeder anderweitigen Interpretation vor".[196]

4. Falsa demonstratio bei Grundstücksgeschäften

Grundstücksgeschäfte müssen zur Vermeidung der Nichtigkeit nach § 125 S. 1 BGB **formgerecht** abgeschlossen werden (§ 311b I BGB). **92**

Bei der Auslegung formbedürftiger Willenserklärungen ist zweistufig vorzugehen. Zunächst ist der Sinn der Erklärung zu ermitteln. Hierbei finden die allgemeinen Auslegungsmethoden uneingeschränkt Anwendung. Zur Auslegung können auch außerhalb der Erklärung liegende Umstände herangezogen werden.[197]

In einem zweiten Schritt ist dann zu prüfen, ob der ermittelte Sinn auch formgerecht erklärt wurde. Hinsichtlich der Frage der Formwirksamkeit vertritt die herrschende Meinung die sog. **Andeutungstheorie**.[198] Nach ihr ist eine formgebundene Erklärung aus sich selbst heraus auszulegen. Außerhalb der Urkunde liegende Umstände dürfen diesbezüglich zur Ermittlung des Willens nur herangezogen werden, wenn sie in der Urkunde angedeutet sind, darin also einen – wenn auch nur unvollkommenen – Ausdruck gefunden haben.[199]

Freilich ist stets der Formzweck zu beachten. Deshalb gilt auch bei formbedürftigen Geschäften der Grundsatz *„falsa demonstratio non nocet"*.[200]

Fall 43: Der Kläger K war Eigentümer der Flurstücke Nr. 64/2 und Nr. 66/2. Das benachbarte Flurstück Nr. 64/1 stand im Eigentum der Stadt W. Der Kläger K nutzte seit 1989 aufgrund eines privatschriftlichen und damit formunwirksamen Tauschvertrages mit der Stadt W eine etwa 20 m² große, an sein Grundstück angrenzende, Teilfläche dieses Flurstücks Nr. 64/1. Der Kläger hatte der Stadt W im Gegenzug eine 8 m² große Teilfläche des Flurstücks Nr. 64/2 überlassen. Der Geländetausch wurde weder im Liegenschaftsregister noch im Grundbuch eingetragen. Das Flurstück Nr. 64/1 hatte, nach dem Liegenschaftskataster, eine tatsächliche Grundfläche von ca. 645 m². Am 1. November 1995 schlossen die Stadt W und der Beklagte einen notariell beurkundeten Kaufvertrag über das Flurstück Nr. 64/1 mit einer Größe von 633 m². Die Stadt W und der Beklagte vereinbarten einen Preis von 50 DM/m² und einen Gesamtpreis für Grund und Boden in Höhe von 31 650 DM. Vor Vertragsschluss besichtigten Vertreter der Stadt W und der Beklagte das Flurstück Nr. 64/1. Zu diesem Zeitpunkt war von dem Kläger die Hoffläche der ihm gehörenden Grundstücke und die von ihm genutzte Teilfläche von Nr. 64/1 einheitlich mit roten Steinen gepflastert worden. Zusätzlich setzte er im Anschluss an eine auf der Grenze verlaufender halbhoher Mauer zwei massive Steinpoller. Die übrige Fläche des Flurstücks Nr. 64/1 bestand aus grauen, bogenförmig verlegten Natursteinen. Erst nach der Beurkundung erhielt der

---

196 BGH NJW 1984, 721; dazu *Schubert*, JR 1984, 194.
197 *Medicus*, AT, Rn. 330.
198 Vgl. *Bork*, AT, Rn. 562; *Köhler* § 9 Rn. 14 ff; *Säcker/Mohr*, Fall 6 (S. 98 ff).
199 *Palandt/Ellenberger* § 133 Rn. 19; *Bitter* § 7 Rn. 26 f.
200 BGH NJW 2008, 1658; *Bork*, AT, Rn. 562; *Leipold* § 15 Rn. 31; NK-BGB/*Looschelders* § 133 Rn. 78; eher krit. *Medicus*, AT, Rn. 331.

Beklagte von der Stadt W eine Kopie der Katasterkarte. Nach Eintragung des Beklagten als Eigentümer des Flurstücks Nr. 64/1 nahm er die vom Kläger genutzte Teilfläche im Sommer 1998 in Besitz. Der Kläger ist der Ansicht, der Beklagte sei nicht Eigentümer dieser Teilfläche geworden. Kaufobjekt habe nur das Grundstück sein sollen, wie es sich bei der Besichtigung tatsächlich dargestellt habe. Er verlangt von dem Beklagten die Zustimmung zur Eintragung der Stadt W als Eigentümerin der näher beschriebenen umstrittenen Teilfläche im Wege der Grundbuchberichtigung. Die Stadt W hat K ihren Berichtigungsanspruch am 30.9.1998 „abgetreten". Wie ist zu entscheiden?[201]

Lösung: Der Kläger könnte gegen den Beklagten einen Anspruch auf Grundbuchberichtigung gemäß § 894 BGB im Wege der gewillkürten Prozessstandschaft für die Stadt W geltend machen.

Ein eigener Grundbuchberichtigungsanspruch des Klägers gegen die Beklagten gemäß § 894 BGB scheidet aus, da der mit der Stadt W geschlossene Tauschvertrag gemäß §§ 125 I, 311b I BGB formunwirksam war, eine Heilung nicht erfolgt ist und der Kläger daher nicht Eigentümer der umstrittenen Teilfläche wurde.

Der Kläger darf im Prozess ein fremdes Recht auf Grund einer ihm von dem Berechtigten erteilten Ermächtigung im eigenen Namen geltend machen, sofern er hieran ein eigenes schutzwürdiges Interesse hat. Nach dem BGH gilt dies selbst dann, wenn ein nicht selbstständig abtretbarer Grundbuchberichtigungsanspruch geltend gemacht werden soll.[202] Die Ermächtigung des Klägers ist in schlüssiger Weise durch die von der Stadt W erklärte Abtretung erfolgt. Das eigene schutzwürdige Interesse ist nach der beschriebenen Sachlage hinsichtlich der Nutzung der Teilfläche des Flurstücks Nr. 64/1 durch den Kläger gegeben.

Ein Grundbuchberichtigungsanspruch gemäß § 894 BGB wäre gegeben, wenn die im Grundbuch dargestellte Rechtslage nicht mit der tatsächlichen Rechtslage übereinstimmen würde.

Das Grundbuch weist den Beklagten als Eigentümer des gesamten Flurstücks Nr. 64/1 aus.

Die wirkliche Rechtslage würde vom Grundbuch nur dann abweichen, wenn sich die Auflassung vom 1. November 1995 zwischen der Stadt W und dem Beklagten nicht auf das gesamte Grundstück erstreckt hätte und damit die im Streit befindliche Teilfläche nicht deren Gegenstand war.

Eine solche Auslegung der notariellen Urkunde vom 1. November 1995 ist jedoch nur dann möglich, wenn die Vertragsparteien, entgegen dem ausdrücklichen Wortlaut der Urkunde, den Gegenstand der Auflassung versehentlich falsch bezeichnet hatten. Nach dem Wortlaut der Urkunde ist die Auflassung auf die Übereignung des gesamten Flurstücks Nr. 64/1 gerichtet.

201 Nach **BGH NJW 2002, 1038 f.**
202 BGH NJW-RR 1988, 126, 127.

Fraglich ist, ob die allgemeinen Regeln zur rechtlichen Behandlung einer Falschbezeichnung auch dann angewendet werden können, wenn die Beteiligten den Gegenstand der Auflassung versehentlich falsch bezeichnen. In diesem Fall würde das wirklich Gewollte **(falsa demontratio non nocet)** gelten, da die Parteien sich nicht an etwas festhalten lassen müssen, wenn sie übereinstimmend etwas anderes gewollt haben.[203] Problematisch ist, ob dies auch bei formbedürftigen Rechtsgeschäften (§§ 125 I, 311b I BGB) gilt. Der notarielle Vertrag wahrt die Schutz- und Warnfunktion der Formvorschrift. Lediglich die Beweisfunktion wäre nicht gewahrt worden. Jedoch ist bei jeder unklar oder mehrdeutig formulierten Urkunde die Beweisfunktion beeinträchtigt. Der Inhalt der Urkunde ist in solchen Fällen ebenfalls anhand des wirklichen Willens und nicht allein durch ihren objektiven Erklärungsinhalt zu ermitteln. Hierfür sind alle, auch außerhalb der Urkunde liegende, Umstände heranzuziehen, die zur Aufdeckung und Aufhellung des Parteiwillens dienlich sind. Im Ergebnis gilt daher auch bei formbedürftigen Rechtsgeschäften das tatsächlich Gewollte, wenn eine unbewusst unrichtige Erklärung beurkundet wurde.[204]

Im vorliegenden Fall müsste ein tatsächlicher Wille der Stadt W zur Auflassung des Flurstücks Nr. 64/1 ohne die umstrittene, vom Kläger genutzte, Teilfläche festgestellt werden. Dieser tatsächliche Wille müsste vom Beklagten erkannt und das Geschäft müsste in Kenntnis dessen abgeschlossen worden sein.

Der Beklagte hat dies auch erkannt und in dessen Kenntnis das Geschäft abgeschlossen. Tritt wie hier einem Erwerbsinteressenten bei der Besichtigung des Objekts auf Grund der tatsächlichen Situation klar vor Augen, welche Flächen Teil eines Nachbargrundstücks sind, so kann er ohne weitere Anhaltspunkte nicht davon ausgehen, dass ihm der Veräußerer weitergehendes Eigentum verschaffen kann und will, als sich das Grundstück nach seiner faktischen Umgrenzung darstellt. Im vorliegenden Fall ist eine zweifelsfreie Zuordnung möglich. Zudem hat der Beklagte erst nach der Beurkundung eine Kopie der Katasterkarte erhalten.

Letztlich haben die Vertragsparteien bei der Auflassung des Flurstücks Nr. 64/1 eine Größe von 633 m^2 vereinbart, die tatsächliche Grundfläche dessen betrug jedoch 645 m^2.

Der Grundbuchberichtigungsanspruch gemäß § 894 BGB ist daher gegeben. Der Beklagte muss der Eintragung der Stadt W als Eigentümerin der umstrittenen Teilfläche zustimmen.

5. Andeutungstheorie bei Testamenten

Besonderheiten bestehen auch bei der Auslegung von (formbedürftigen) Testamenten. **93**
Diese enthalten einseitige Willenserklärungen des Erblassers. Sie sind daher rein subjektiv auszulegen; auf den Empfängerhorizont, d.h. auf das Verständnis des Inhalts durch die Bedachten kommt es nicht an.

---

203 *Medicus*, AT, Rn. 327.

204 BGHZ 87, 150 = NJW 1983, 1610; BGH NJW 2008, 1658; OLG Stuttgart FamRZ 2012, 1419 (Tiefgaragenplatz zu einer Eigentumswohnung); *Faust* § 8 Rn. 9.

Fall 45: Der Erblasser E hatte in einem ersten notariellen Testament seine Ehefrau zur Alleinerbin eingesetzt. Während des Scheidungsverfahrens verfügte er ebenfalls in notarieller Form, dass seine Frau nicht Erbin werden sollte; im Übrigen sollte gesetzliche Erbfolge gelten. Zu dem damaligen Beurkundungstermin beim Notar war er mit seiner verwitweten Mutter erschienen. Er hatte dem Notar erklärt, seine Mutter M solle Alleinerbin werden. Bald darauf starb der Erblasser. Seine Mutter und die nunmehr aufgetauchte nichteheliche Tochter T streiten darum, wer Erbe ist. Beide stellen einen Antrag auf Erteilung eines Erbscheins als Alleinerbe. Wie ist zu entscheiden?[205]

Lösung: Das Nachlassgericht darf den Erbschein nur dem Erben erteilen (§ 2353 BGB). Dies ist die Tochter T, da sie als Erbin erster Ordnung (§ 1924 I BGB) der Mutter als Erbin zweiter Ordnung (§ 1925 I BGB) nach § 1930 BGB vorgeht. Der Mutter wäre der Erbschein nur dann zu erteilen, wenn sie in einem Testament als Erbin bedacht worden wäre (§ 1937 BGB), weil diese Regelung der gesetzlichen Erbfolge vorgeht.

Der Erblasser hat sein ursprüngliches Testament, in dem er seine Ehefrau bedacht hat, durch ein neues Testament widerrufen (§§ 2253, 2254 BGB). In dem neuen Testament hat er seine Mutter nicht zur Erbin eingesetzt.

Ein Fall der unschädlichen Falschbezeichnung (falsa demonstratio non nocet) liegt nicht vor, da der Erblasser mit der Verwendung des Begriffs „gesetzliche Erbfolge" lediglich auf die gesetzliche Regelung verweist.

Zwar schließt die Beurkundung von Willenserklärungen nicht aus, dass der nach § 133 BGB zu ermittelnde tatsächliche Wille des Erklärenden auch anhand von außerhalb der Urkunde liegenden Umständen ermittelt wird. Der so ermittelte Inhalt muss, um den Schutzzweck der testamentarischen Formvorschriften gerecht zu werden, aber in der Urkunde angedeutet sein.[206] Der Wille des Erblassers hätte also, wenn auch unvollkommen, in dem zweiten Testament zum Ausdruck kommen müssen. Das ist nicht der Fall, weil der Begriff „gesetzliche Erbfolge" lediglich auf die §§ 1924 ff BGB verweist.

Der Erbschein ist deshalb der Tochter als Alleinerbin auszustellen.

VII. Pflichten aus Geschäftsverbindung

94 Im HGB wird die Geschäftsverbindung in einzelnen Normen als Tatbestandselement genannt (§§ 89b I Nr. 1, 355 I, 362 I HGB). Die Frage ist daher, ob die Geschäftsverbindung über diese Einzelnormen hinaus eine rechtliche Bedeutung im Vertragsrecht hat.

Eine laufende Geschäftsverbindung schafft **besondere Schutzpflichten** zwischen den Beteiligten, die den vertraglichen Schutzpflichten vergleichbar sind. Die laufende Geschäftsverbindung begründet mithin ein gesetzliches Schuldverhältnis ohne primäre Leistungspflicht. Dieses ist ein Vertrauensverhältnis und kann damit Grundlage einer Vertrauenshaftung bei einer Pflichtverletzung sein. Diese Vertrauenshaftung geht jedoch nicht auf Erfüllung, sondern nur auf Ersatz eines Schlechterfüllungsschadens wie bei culpa in

---

205 **BGHZ 80, 246 = NJW 1981, 1736**; vgl. *Medicus* AT Rn. 329; *Lipp*, Rep. Erbrecht, Rn. 261 ff.

206 *Palandt/Ellenberger* § 133 Rn. 19; *Wolf/Neuner* § 35 Rn. 46, 48; *Köhler* § 9 Rn. 14 ff; *Medicus*, AT, Rn. 328 ff; *Gerhards*, JuS 1994, 642.

contrahendo. Wer also Schutzpflichten aus laufender Geschäftsverbindung verletzt, schuldet Schadensersatz nach §§ 311 II, 280 BGB, wenn er die Verletzung zu vertreten hat. Für Verschulden seiner Gehilfen haftet er nach § 278 BGB.

Die Geschäftsverbindung hat vor allen Dingen Einfluss auf den Vertragsinhalt, und zwar **95**
für die Auslegung und Ergänzung von Verträgen im Rahmen laufender Geschäftsverbindungen. Die **Konkretisierung von vertraglichen Nebenpflichten** ergibt sich gerade aus der laufenden Geschäftsverbindung. Selbst vorhandene Vertragsbestimmungen, etwa AGBs können durch die Vertragspraxis suspendiert werden. Eine Beurkundung von Vertragsänderungen, die verabredet und nach § 154 II BGB notwendig wäre, kann entbehrlich werden. Vertraglich fixierte Rügefristen können durch die praktische Übung gelockert werden. Der Geschäftsverbindungsbrauch bzw. die Individualübung unter den Parteien geht also einer früheren vertraglichen Übereinkunft vor. Dabei kommt es nicht darauf an, ob der Vertragsbrauch selbst sich auf Willenserklärungen zurückführen lässt. Seine Geltung ergibt sich vielmehr aus § 242 bzw. § 157 BGB.

1. Vertragliche Sorgfaltspflichten

Das Schuldrechtsmodernisierungsgesetz hat die culpa in contrahendo in § 311 II BGB kodi- **96**
fiziert. Mit Aufnahme von Vertragsverhandlungen, der Anbahnung eines Vertrages oder ähnlicher geschäftlicher Kontakte entsteht ein gesetzliches Schuldverhältnis, mit der Pflicht, das in Anspruch genommene Vertrauen des Gegners nicht zu enttäuschen. Nach § 311 III BGB werden sowohl Dritte einbezogen als auch die bisher durch die Rechtsprechung entwickelte Sachwalterhaftung geregelt. Es gibt Erhaltenspflichten und Schutzpflichten, insbesondere Aufklärungs- und Rücksichtspflichten gegenüber dem Vermögen des anderen.

Fall 46: O war Zweigstellenleiter der B-Bank. Er hatte der Bankkundin K eine hochverzinsliche Festgeldanlage angeboten, obgleich dieses Geschäft jenseits seiner Vollmacht lag. Die K empfing er in einem separaten Beratungszimmer, wobei diese ihm 20 000 € bar übergab. Diesen Betrag veruntreute O. Die Kundin verlangt nun Rückzahlung von der Bank, hilfsweise Schadensersatz. Zu Recht?[207]

Lösung: Der K könnte gegen die B-Bank ein Anspruch aus Pflichtverletzung gemäß §§ 280, 311 II BGB zustehen.

Das Verhalten des O stellt eine schuldhafte Pflichtverletzung gegenüber K dar. Fraglich ist, ob sich die B-Bank dies nach § 278 BGB zurechnen lassen muss. Aus der Sicht eines Außenstehenden ist O hier im sachlichen Zusammenhang mit seiner Tätigkeit als Filialleiter der B-Bank aufgetreten. Ein Fall des nur bei Gelegenheit handelnden Gehilfen ist gerade nicht gegeben. Das Innenverhältnis zwischen der B-Bank und O und dessen fehlende Bevollmächtigung sind nicht relevant.[208] Der Anspruch ist daher gegeben.

In Betracht kommt auch eine Haftung der B-Bank nach §§ 823 I, 30, 31 BGB.

Ausschlaggebend für eine Eigenhaftung der B-Bank nach § 823 I BGB ist, ob O als ihr besonderer Vertreter gemäß § 30 BGB angesehen werden kann. Für Filialleiter einer

---

207 **BGH NJW 1977, 2259.**
208 MüKo/*Grundmann* § 278 Rn. 46 ff; *Medicus/Lorenz*, Schuldrecht I, Rn. 385.

Bank ist dies anerkannt,[209] da ihnen wesensmäßige Funktionen einer Bank zur selbstständigen und eigenverantwortlichen Erfüllung zugewiesen sind. Dabei kommt es nur darauf an, dass der Filialleiter die Bank nach außen repräsentiert, das Innenverhältnis spielt insoweit keine Rolle. Der Anspruch ist daher ebenfalls gegeben.

Da O als besonderer Vertreter bzw. Repräsentant der B-Bank anzusehen ist, ist er nicht bloßer Verrichtungsgehilfe;[210] eine Exkulpation nach § 831 I 2 BGB scheidet daher aus.

Im Ergebnis steht dem K gegen die B-Bank ein Schadensersatzanspruch sowohl aus §§ 280, 311 II als auch aus §§ 823 I, 31, 30 BGB zu.

2. Haftung aus Auskunftsvertrag zugunsten Dritter

97 Die Problematik der Geschäftsverbindung zeigt sich auch bei Bankauskünften über die Kreditwürdigkeit Dritter oder bei Kreditauskünften.

Aus einer Geschäftsverbindung können je nach den Umständen auch konkludente vertragliche Pflichten entstehen, selbst gegenüber Dritten.

Fall 47: Ein unbekannter Herr erscheint beim Juwelier J, wählt einen Brillantring im Wert von 15 000 € aus und möchte per Scheck bezahlen. Der Juwelier möchte sich zuvor bei der Bank vergewissern, ob das Konto gedeckt ist. Er ruft daher bei seiner J-Bank an; diese fragt bei der K-Bank des Kunden an, ob der Scheck gedeckt sei. Der Angestellte M, der dort den Anruf entgegennimmt, ruft den Kontostand ab und bejaht die Frage. Die eigene Bank gibt dem Juwelier die entsprechende Auskunft weiter. Dieser kehrt in den Verkaufsraum zurück, händigt dem Kunden Ring und Quittung aus und ist über den Verkauf erfreut.

Drei Tage später kommt der Scheck von der K-Bank als nicht einlösbar zurück. Denn der Kunde hatte zwar zur Zeit des Anrufs ein Guthaben, an diesem Tag aber bereits Überweisungsaufträge seiner K-Bank gegeben, die den verfügbaren Betrag vollständig erschöpften. Eine Bezahlung des Ringes konnte der Juwelier nicht mehr erreichen. Der Juwelier verlangt nun von der K-Bank Schadenersatz wegen fahrlässig falsch erteilter Auskunft. Die Bank beruft sich dagegen auf ihre AGB. Danach erteilt die Bank Auskunft nach bestem Wissen, aber nur unter Ausschluss jeder Verbindlichkeit, auch der Haftung aus den §§ 276, 278 BGB. Wie ist zu entscheiden?[211]

Lösung: Der Juwelier könnte gegen die K-Bank einen Schadensersatzanspruch aus Verletzung eines Auskunftsvertrages, gemäß §§ 280 I, III, 281 I, 305 BGB, in Verbindung mit den Grundsätzen des Vertrages mit Schutzwirkung zugunsten Dritter (vgl. § 311 III 1 BGB) haben.

Einem solchen Anspruch steht § 675 II BGB nicht entgegen, weil sich diese Vorschrift nicht auf einen abgeschlossenen Auskunftsvertrag bezieht.[212]

Zwischen der J-Bank und der K-Bank müsste ein Auskunftsvertrag zustande gekommen sein. Wenn – wie hier – keine ausdrückliche Vereinbarung vorliegt, kommt nur ein konkludenter Vertragsschluss in Betracht, vorausgesetzt, die Auskunft der K-Bank war für die J-Bank er-

209 BGB NJW 1984, 921, 922.
210 Vgl. MüKo/*Wagner* § 831 Rn. 18.
211 **BGHZ 49, 167 = NJW 1968, 588.**
212 *Palandt/Sprau* § 675 Rn. 34.

kennbar von erheblicher Bedeutung und sie wollte sie zur Grundlage wesentlicher Vermögensdispositionen machen.[213] Das ist bei einer Scheckanfrage regelmäßig der Fall, weil Banken den Einreicher bei positiver Auskunft über den Scheckbetrag verfügen lassen, bevor die Einlösung durch die bezogene Bank erfolgt ist. Sie gehen dadurch ein Ausfallrisiko bei Nichteinlösung ein. Ein Auskunftsvertrag zwischen J-Bank und K-Bank ist daher gegeben.

J müsste in den Schutzbereich dieses Vertrages einbezogen worden sein. Seine Leistungsnähe ist zu bejahen, da er im Vertrauen auf die Auskunft von einem unbekannten Herren einen Scheck als Zahlung akzeptiert. Das Kriterium der Gläubigernähe ist hier zwar nicht in der Form der „Wohl und Wehe-Formel" erfüllt, gleichwohl ist es aufgrund des Interesses der J-Bank an der Einbeziehung des J zu bejahen,[214] da die J-Bank die Auskunft im Auftrag des J eingeholt hat. Die Einbeziehung des J war für die K-Bank auch erkennbar. Zwar wusste sie nicht, dass die Auskunft gerade für J eingeholt wird, ihr war aber bewusst, dass solche Auskünfte auch im Interesse von Kunden eingeholt werden. Auf eine Individualisierung der einbezogenen Partei kommt es nicht an. J ist wegen fehlender eigener Ansprüche auch schutzwürdig. Er ist daher in den Schutzbereich des Vertrages einbezogen.

Die Auskunft der K-Bank war fehlerhaft, weil sie die bereits eingereichten Überweisungen in ihre Prüfung hätte einbeziehen müssen.[215] Nur dann kann der Zweck der Auskunft, dem Anfragenden eine sichere Dispositionsgrundlage zu geben, erfüllt werden. Da diese Pflicht durch den Erfüllungsgehilfen M (§ 278 BGB) auch schuldhaft verletzt wurde (§ 280 I 2 BGB), sind die Voraussetzungen für den Schadensersatzanspruch erfüllt.

Fraglich ist, ob die K-Bank sich wirksam von einer Haftung freigezeichnet hat. Die Klausel kommt aber für Auskünfte zwischen Banken nicht zur Anwendung,[216] da wegen der möglichen Wechselseitigkeit der Auskunftsbeziehungen angenommen werden muss, dass beide Seiten ein besonderes Interesse an der Zuverlässigkeit und Richtigkeit der erteilten Auskünfte haben. Darüber hinaus verstößt die Klausel in ihrem Umfang gegen § 307 I BGB, da sie auch die Haftung bei vorsätzlichem und grob fahrlässigen Verhalten ausschließt (§§ 310 I 2, 309 Nr. 7 BGB). Die K-Bank kann sich damit nicht durch ihre AGBs von der Haftung freizeichnen.

J kann von der K-Bank seinen Schaden ersetzt verlangen.

3. Abbruch von Vertragsverhandlungen

Solange ein Vertrag nicht geschlossen worden ist, kann jede Seite die Vertragsverhandlungen **98**
grundsätzlich grundlos abbrechen. Tätigt der Gegner aber im Vertrauen auf den Vertragsschluss Aufwendungen, so sind diese zu ersetzen, wenn sie bei rechtzeitigem Hinweis auf die gewandelte innere Vorstellung unterblieben wären. Diese Ersatzpflicht stützt sich heute auf §§ 280 I, 311 II BGB. Werden Verhandlungen über ein formbedürftiges Rechtsgeschäft abgebrochen, so besteht nach neuerer Rspr. nur dann eine Ersatzpflicht, wenn ein schwerer, i.d.R. vorsätzlicher Verstoß gegen die Pflicht zum redlichen Verhalten gegeben ist.[217]

---

213 BGH NJW 1989, 2882, 2884.
214 *Palandt/Grüneberg* § 328 Rn. 17 f; MüKo/*Gottwald* § 328 Rn. 179.
215 BGH NJW 1969, 588, 589.
216 BGH NJW 1969, 588, 590.
217 Vgl. BGH NJW 1996, 1884 = JZ 1997, 467; krit. *Kaiser*, JZ 1997, 448.

§ 3 Rechts- und Geschäftsfähigkeit

I. Rechtsfähigkeit

➔ Unter Rechtsfähigkeit versteht man die Fähigkeit von Rechtssubjekten, Träger von Rechten und Pflichten zu sein. Zu unterscheiden sind natürliche und juristische Personen.

99 1. Die Rechtsfähigkeit des Menschen beginnt mit Vollendung der Geburt (§ 1 BGB). Das Kind muss vollständig aus dem Mutterleib ausgetreten sein und in diesem Zeitpunkt gelebt haben. Die Rechtsfähigkeit des Menschen endet mit seinem Tode. Nach h.M. ist heute nicht auf den Herztod, sondern auf das vollständige Aussetzen der Hirnströme (Gesamthirntod) (vgl. § 3 II Nr. 2 TPG) abzustellen.[1]

100 2. Juristische Personen sind zwar rechtsfähig, können aber nicht selbst handeln, sondern müssen von ihren Organen vertreten werden (die GmbH durch die Geschäftsführer gemäß § 35 I GmbHG, die AG durch den Vorstand gemäß § 78 I, II AktG).

101 3. Die OHG und die KG sind keine juristische Personen, sondern Personenhandelsgesellschaften. Sie können aber nach § 124 HGB (iVm § 161 II HGB) berechtigt und verpflichtet werden (vgl. auch § 14 II BGB). Man spricht daher auch von Teilrechtsfähigkeit.

Lange Zeit umstritten war die Frage, ob die Gesellschaft bürgerlichen Rechts (GbR) rechtsfähig ist, denn eine § 124 HGB vergleichbare Vorschrift existiert für die GbR nicht. In einer neuen Entscheidung hat sich der BGH dafür ausgesprochen, dass die GbR (teil-) rechtsfähig und parteifähig ist, soweit sie als Teilnehmer am Rechtsverkehr eigene (vertragliche) Rechte und Pflichten begründet.[2]

1. Rechtsstellung des nasciturus

102 Schwierigkeiten ergeben sich aus § 1 BGB bei unfallbedingten Verletzungen der Leibesfrucht. Der nasciturus ist nach § 1 BGB noch nicht rechtsfähig, weil er noch nicht geboren ist. Schutz erfährt der nasciturus aber durch eine Reihe von Sondervorschriften, z.B. § 1923 II BGB.

Problematisch ist der Deliktsschutz des ungeborenen Kindes.

Fall 48: Frau F erlitt durch Alleinverschulden des B einen Verkehrsunfall. F war zu dieser Zeit im 6. Monat schwanger. Bei dem Unfall wurde sie erheblich verletzt; neben mehreren Knochenbrüchen erlitt sie eine schwere Gehirnerschütterung. Als sie drei Monate später die Tochter T zur Welt brachte, zeigte sich, dass diese an spastischen Lähmungen und an einem Hirnschaden litt. T klagt nun auf Feststellung, dass B ihr alle künftigen Schäden zu ersetzen hat. Wie ist zu entscheiden?[3]

---

1 Vgl. OLG Frankfurt NJW 1997, 3099, 3100; MüKo/*Schmitt* § 1 Rn. 21 f; NK-BGB/*Ring* § 1 Rn. 23 f.
2 BGHZ 146, 341, 347 = NJW 2001, 1056; s.u. Fall 48.
3 **BGHZ 58, 48** = JZ 1972, 363 m. Anm. *Stoll*.

Lösung: Im Rahmen der Zulässigkeit der Klage ist allein problematisch, ob das nach § 256 I ZPO erforderliche Feststellungsinteresse gegeben ist. Die Pflicht zum Ersatz eines Unfallschadens ist ein Rechtsverhältnis, da durch das Delikt ein gesetzliches Schuldverhältnis zwischen den Beteiligten entsteht. Soweit ein Geschädigter Leistungsklage erheben kann, ist die Feststellungsklage in der Regel unzulässig. Die Leistungsklage ist aber nur in bezifferter Form möglich und T kann hier ihren Schaden im Einzelnen noch nicht beziffern. Das Feststellungsinteresse ergibt sich deshalb aus dem Verjährungsrecht der §§ 195, 199 I, 197 I Nr. 3 BGB. Danach verjährt ein Anspruch in drei Jahren ab Kenntnis (oder grobfahrlässiger Unkenntnis) von Tat und Täter, ein rechtskräftig festgestellter Anspruch jedoch erst in 30 Jahren.

Die Klage ist begründet, wenn T einen Anspruch aus § 823 I BGB wegen Verletzung ihrer Gesundheit gegen B hat. § 823 I BGB verlangt die Gesundheitsverletzung „eines anderen". Im Sinne diese Haftungsnorm ist nach allgemeiner Auffassung auch das ungeborene Kind vor Vollendung seiner Geburt ein Mensch, vorausgesetzt das Kind wird lebend geboren und erlangt damit nach § 1 BGB die Rechtsfähigkeit. Nach Ansicht des BGH schützt § 823 BGB das Recht des geborenen Menschen auf körperliche Unversehrtheit und Gesundheit. Ob auch die in zahlreichen Einzelvorschriften des BGB geschützte Leibesfrucht (vgl. z.B. § 844 II 2 BGB) einen Schutz auf Unversehrtheit genießt, hat der BGH nicht entschieden. Denn T verlangt hier nur Ersatz des Schadens, den es als Kind erleidet, nachdem es krank zur Welt gekommen ist. Die Leibesfrucht sei dazu bestimmt, als Mensch ins Leben zu treten. Sie und der später geborene Mensch seien identische Wesen. Dem müsse das Haftungsrecht Rechnung tragen. Verletzungen der Leibesfrucht werden daher jedenfalls mit Vollendung der Geburt zu einer Verletzung der Gesundheit des Menschen.

Kausalität vorausgesetzt steht T daher ein eigener Anspruch auf Schadensersatz zu, der selbstständig neben dem der Mutter steht.

2. Rechtsfähigkeit der GbR

Fall 49: Die K-GmbH & Co. KG führte für die B-GbR ein umfangreiches Bauvorhaben aus. **103**
Auf eine Abschlagsrechnung hin stellte die B-GbR der K-GmbH & Co. KG einen Scheck über 90 000 € aus. Als das Insolvenzverfahren über das Vermögen der K-GmbH & Co. KG eröffnet wurde, kündigte die B-GbR das Vertragsverhältnis mit dieser und ließ den Scheck sperren. Der Scheck wurde deshalb nicht eingelöst.

Der Insolvenzverwalter klagt nun gegen die B-GbR und deren Gesellschafter G1 und G2 aus der Scheckforderung. Die B-GbR hält dem entgegen, eine wirksame Scheckverbindlichkeit sei wegen ihrer fehlenden Scheckfähigkeit nicht begründet worden. Wie ist zu entscheiden?[4]

4 Nach **BGHZ 136, 154 = NJW 1997, 2754**; BGHZ 146, 341 = NJW 2001, 1056; BGHZ 151, 203, 206 = NJW 2002, 3539.

Lösung:

I. Zulässigkeit der Klage

Lange Zeit war streitig, ob die B als GbR überhaupt fähig ist, Partei in einem Rechtsstreit zu sein. Nach § 50 I ZPO richtet sich die Parteifähigkeit nach der Rechtsfähigkeit. Die GbR ist eine Gesellschaft i.S. des § 705 BGB, deren Rechtsnatur im Gesetz nicht geregelt ist.

Nach der **individualistischen Gesamthandslehre** werden nur die Gesellschafter selbst, nicht aber die Gesellschaft als solche verpflichtet; das Gesellschaftsvermögen bildet lediglich die Haftungsmasse. Nach der herrschenden **Theorie von der kollektiven Einheit** ist die GbR in dem Umfang (teil-)rechtsfähig, in dem sie als Gruppe berechtigt und verpflichtet werden kann.

Der BGH hat sich in seiner Entscheidung vom 29.1.2001 der Theorie von der kollektiven Einheit angeschlossen. Die (Außen-)Gesellschaft bürgerlichen Rechts besitzt danach Rechtsfähigkeit, soweit sie durch Teilnahme am Rechtsverkehr eigene Rechte und Pflichten begründet. Unter einer *Außengesellschaft* versteht man eine GbR, die, insbesondere im Rahmen der Verwaltung des Gesellschaftsvermögens, durch ihre Vertreter am Rechtsverkehr teilnimmt.[5] Die Rechtssubjektivität hat bedeutende Vorzüge für die Praxis (insbesondere im Hinblick auf einen möglichen Wechsel des Mitgliederbestandes), kann identitätswahrende Umwandlungen einer GbR in andere Rechtsformen erklären (vgl. §§ 190 ff, 226 ff UmwG) und unterstützt die in § 11 II Nr. 1 InsO angeordnete Insolvenzfähigkeit.

Durch Gesetz vom 24.9.2009 hat der Gesetzgeber die Rechtsprechungsänderung bestätigt und mit der Neufassung von § 50 II ZPO die Parteifähigkeit des „nichtrechtsfähigen Vereins" und damit über § 54 S. 1 BGB auch die der GbR anerkannt.[6]

Die notwendige Streitgenossenschaft, die bisher im Bereich der GbR herangezogen wurde, unterliegt für die Prozessführung anderen Regeln, als sie für die Vertretung der Gesellschaft gelten, und ist kein adäquater Ersatz für die Anerkennung der Parteifähigkeit der Gesellschaft. So mussten im Rahmen der notwendigen Streitgenossenschaft immer sämtliche gegenwärtigen Mitglieder der Gesellschaft verklagt werden bzw. klagen, um einen Titel gegen bzw. für die Gesellschaft zu erhalten, was insbesondere bei sog. Publikumsgesellschaften mit zahlreichen Gesellschaftern zu großen praktischen Problemen führte. § 736 ZPO steht der Anerkennung der Parteifähigkeit nicht entgegen, da ein gegen die Gesamtheit der gesamthänderisch verbundenen Gesellschafter als Partei ergangenes Urteil ein Urteil „gegen alle Gesellschafter" i.S.d. § 736 ZPO ist.

Die als Außengesellschaft organisierte B-GBR und der Insolvenzverwalter als Partei kraft Amtes sind daher nach §§ 50 I ZPO, 1 BGB parteifähig.

Die B-GbR wird im Prozess durch ihre Gesellschafter gemäß § 714 BGB vertreten. Die Gesellschafter sind ihrerseits gemäß §§ 51 ZPO, 2, 104 ff BGB prozessfähig.

---

5 BGHZ 146, 341, 347 = NJW 2001, 1056; *Bamberger/Roth/Schöne* § 705 Rn. 136 f; *Saenger*, Rn. 49 ff; *Windbichler* § 5 Rn. 6, 9.

6 Vgl. BGH NJW 2008, 69, 74.

Der Insolvenzverwalter ist gemäß § 80 I InsO befugt, das Recht der K-GmbH & Co. KG aus dem Scheck geltend zu machen. Nach h.M. ist der Insolvenzverwalter Inhaber eines (neutralen) Amtes; er handelt als Partei für die Masse im eigenen Namen (Partei kraft Amtes).

Die B-GbR ist gemäß §§ 253 II Nr. 1, 130 Nr. 1 ZPO in der Klageschrift als Partei zu benennen. Auch hier wirkt sich die nunmehr anzuerkennende Parteifähigkeit der GbR aus.

II. Begründetheit

1. Die Klage ist begründet, wenn die K-GmbH & Co. KG einen Anspruch gegen die B-GbR aus Art. 12 S. 1 ScheckG hätte.

Es ist davon auszugehen, dass der ausgestellte Scheck formgültig ist. Die Rückgriffserfordernisse der Art. 40 ff ScheckG liegen vor, denn der Scheck wurde rechtzeitig vorgelegt und nicht eingelöst, weil mit der Sperrung des Schecks die Auszahlung verweigert wurde. Der Scheck wurde auf die K-GmbH & Co. KG ausgestellt, so dass diese materiell berechtigt ist. Schließlich müsste eine Scheckverpflichtung der in Anspruch genommenen B-GbR bestehen.

Fraglich ist, ob die GbR als solche scheckfähig ist. Die Scheckfähigkeit als Fähigkeit des Ausstellers, eine Scheckverbindlichkeit einzugehen, bestimmt sich gemäß Art. 60 I ScheckG nach dem allgemeinen nationalen Recht. Im deutschen Recht ist nach allgemeiner Ansicht scheckfähig, wer rechtsfähig ist, also Träger von Rechten und Pflichten sein kann. Da die GbR als Teilnehmerin am Rechtsverkehr grundsätzlich jede Rechtsposition einnehmen kann, es sei denn, es stünden spezifische Rechtsvorschriften entgegen, ist die Scheckfähigkeit der GbR zu bejahen. Die GbR darf daher unter ihrer im Verkehr verwendeten Sammelbezeichnung einen Scheck ausstellen. Die u.U. schwierige Ermittlung der Mitglieder einer GbR führt nicht zur Versagung der Scheckfähigkeit, da es sich dabei lediglich um Tatsachenermittlung handelt. I.Ü. genügt die schlagwortartige Bezeichnung des Ausstellers für die Formgültigkeit.[7] Die B-GbR konnte somit einen Scheck unter ihrer Bezeichnung ausstellen.[8]

Die Voraussetzungen für den Anspruch aus Art. 12 S. 1 ScheckG liegen vor. Die K-GmbH & Co. KG hat einen Anspruch über 90 000 € gegen die B-GbR, den der Insolvenzverwalter geltend machen kann.

2. Der Insolvenzverwalter kann den Anspruch aus Art. 12 S. 1 ScheckG auch gegen die Gesellschafter G1 und G2 geltend machen, wenn diese der K-GmbH & Co. KG persönlich haften. Aus der Anerkennung der beschränkten Rechtsfähigkeit der GbR folgt die analoge Anwendung von §§ 128, 129 HGB, wonach die Gesellschafter akzessorisch für die Gesellschaftsschuld einzustehen haben. Der BGH gibt damit die früher vertretene Theorie von der Doppelverpflichtung von Gesellschaft und Gesellschaftern zugunsten der Akzessorietätstheorie auf.[9]

---

7 Vgl. *Baumbach/Hefermehl/Casper*, Wechselgesetz und Scheckgesetz, Recht der kartengestützten Zahlung, 23. Aufl. 2008, Art. 1 WG Rn. 13.
8 BGHZ 136, 254, 256 ff = NJW 1997, 2754, 2755.
9 BGHZ 146, 341, 358 = NJW 2001, 1056, 1061.

Die Gesellschafter G1 und G2 haften der K-GmbH & Co. KG daher analog § 128 HGB für die Scheckverbindlichkeit in Höhe von 90 000 €.

Die Klage des Insolvenzverwalters ist daher zulässig und begründet.

3. Haftung für GmbH in Gründung

104 Eine juristische Person entsteht jeweils erst mit Abschluss der Gründung und der konstitutiven Eintragung in das Handels- bzw. Vereinsregister. Eine GmbH entsteht in mehreren Stufen: Entscheidende Punkte der Entstehung sind der **Abschluss des notariellen Gründungsvertrages** und die **Eintragung** der GmbH ins Handelsregister. Danach unterscheidet man die **Vorgründungsgesellschaft**, die **Vor-GmbH** und die **GmbH**. Probleme treten meist dann auf, wenn die Geschäfte bereits aufgenommen werden, bevor die GmbH tatsächlich wirksam entstanden ist.

Fall 50: A und B sind Gesellschafter der künftigen C-GmbH. Handelnd für die „C-GmbH in Gründung" erwarben sie von K ein Handelsgeschäft mit Warenbestand für 150 000 DM. Zwei Tage später wurde die GmbH durch notariell beurkundeten Vertrag gegründet und einen Monat später ins Handelsregister eingetragen. Die GmbH zahlte auf den Kaufpreis 50 000 DM. K fordert von A und B als Gesamtschuldner den Restkaufpreis. Zu Recht?[10]

Lösung: Eine Haftung der nicht im eigenen Namen handelnden A und B nach § 11 II GmbHG scheidet jedenfalls wegen der späteren Handelsregistereintragung der GmbH gemäß § 13 II GmbHG aus.

Haben A und B unter dem Namen eines (noch) nicht bestehenden Rechtsträgers gehandelt, so wird der wahre Träger des betriebsbezogenen Rechtsgeschäfts verpflichtet.

Zur Zeit des Vertragsschlusses mit K bildeten A und B eine Vorgründungsgesellschaft, die, je nachdem ob sie bereits ein Handelsgewerbe betrieb oder nicht, GbR oder OHG war. Aus dem für sie geschlossenen Geschäft haften A und B persönlich und unbeschränkt als Vorgründungsgesellschafter. Es ist nicht ersichtlich, dass K das Risiko eingehen wollte, lediglich die zukünftige Rechtsperson GmbH verpflichten zu wollen. Allein die Tatsache des Handelns für die „GmbH in Gründung" begründet dabei nicht schon die Vereinbarung einer Haftungsbeschränkung auf das zu erbringende Gesellschaftskapital. Dies ist ohne Individualvereinbarung erst bei der Vorgesellschaft (die mit notarieller Beurkundung des Gesellschaftsvertrages entsteht) anzunehmen, da nur diese eine notwendige Vorstufe zur rechtlich mit ihr identischen GmbH darstellt.

Dasselbe gilt für eine etwaige zeitliche Begrenzung der Haftung von A und B auf die Zeit bis zur Eintragung der GmbH.

Als Mitglieder der Vorgründungsgesellschaft haften A und B aus § 128 HGB bzw. § 128 HGB analog, wenn es sich um eine OHG bzw. eine GbR (so die Akzessorietätstheorie) handelt.[11] Eine Haftungsbegrenzung ist zwar möglich, muss aber vereinbart werden.

---

10 **BGH NJW 1983, 2822.**
11 BGHZ 146, 341 = NJW 2001, 1056; *Peifer*, JuS 2008, 490.

Diese Haftung ist nicht entfallen, als die C-GmbH anschließend gegründet wurde. Denn Rechte und Pflichten aus dem Kaufvertrag gingen nicht automatisch auf die GmbH über. Insoweit hätte es einer Schuldübernahme (§§ 414, 415 BGB) oder einer Vertragsübernahme bedurft.[12] In der Teilzahlung des Kaufpreises durch die GmbH kann man zwar ein konkludentes Angebot zum Abschluss eines Schuld- oder Vertragsübernahmevertrages sehen. In der bloßen Entgegennahme der (Dritt-)Zahlung liegt aber keine Annahme dieses Angebots. K kann daher von A und B Zahlung des Restkaufpreises verlangen.

II. Geschäftsunfähigkeit

Geschäftsunfähige sind zu ihrem eigenen Schutz nicht in der Lage, selbst am rechtsge- **105**
schäftlichen Verkehr teilzunehmen; ihre Willenserklärungen sind gemäß § 105 I BGB **nichtig**. Für sie muss ein **gesetzlicher Vertreter** handeln. § 104 BGB bestimmt, wer geschäftsunfähig ist. Die Altersgrenze von 7 Jahren (§ 104 Nr. 1 BGB) ist einfach zu bestimmen, schwierig ist dagegen die Bestimmung des Momentes, ab dem eine krankhafte Störung der Geistestätigkeit die freie Willensbestimmung ausschließt (§ 104 Nr. 2 BGB). Eine nur vorübergehende Störung der Geistestätigkeit führt nicht zur generellen Geschäftsunfähigkeit, vielmehr ist in diesen Fällen lediglich die in diesem gestörten Zustand abgegebene Willenserklärung nichtig, § 105 II BGB, so z.B. bei Volltrunkenheit, Medikamentenvergiftung oder Hypnose.

1. Geschäfte des täglichen Lebens-, Wohn- und Betreuungsvertrag

Vielfach gibt es einen Bereich von Alltagsgeschäften, den ein Kranker oder Alter durch- **106**
aus noch versteht, während er bei komplexeren, unbekannten Geschäften völlig hilflos ist. Von dieser Lage geht auch § 1903 III 2 BGB aus, wonach ein Betreuungsbedürftiger trotz Einwilligungsvorbehalts Geschäfte über „eine geringfügige Angelegenheit des täglichen Lebens" tätigen kann. Für die Wirksamkeit solcher Geschäfte besteht ein praktisches Bedürfnis. Die Betreuung ändert aber nichts an einer vorhandenen Geschäftsfähigkeit bzw. Geschäftsunfähigkeit. Auch für letzteren Fall sieht § 105a BGB seit 1.8.2002 vor, dass Geschäfte des täglichen Lebens, die mit geringwertigen Mitteln bewirkt werden, als wirksam gelten, sobald Leistung und Gegenleistung erbracht sind.[13] Ausgenommen sind Geschäfte mit erheblicher Gefahr für die Person oder das Vermögen des Geschäftsunfähigen. § 105a BGB eröffnet auch dem Geschäftsunfähigen einen kleinen eigenen Wirkungskreis und hat daher Vorrang vor § 1903 III 2 BGB.[14]

Ein Wohn- und Betreuungsvertrag, den ein volljähriger Geschäftsunfähiger abschließt, ist zu dessen Schutz ebenfalls nicht nichtig, sondern kann nach § 4 II 1 WBVG vom Vorsorgebevollmächtigten oder Betreuer genehmigt werden. Fordert der Vermieter den Vertreter/Betreuer zur Erklärung auf, kann die Genehmigung nur ihm gegenüber erklärt werden (§ 4 II 2 WBVG; § 108 II BGB). Soweit Leistung und Gegenleistung bereits bewirkt sind,

---

12 BGH NJW 1998, 1645.
13 Vgl. *Lipp*, FamRZ 2003, 721, 725 ff; *Heim*, JuS 2003, 141; *Ulrici*, JURA 2003, 520; *Ludyga*, FPR 2007, 3.
14 *Löhnig/Schärtl*, AcP 204 (2004), 25; a.A. *Lindacher/Hau*, Fälle zum AT, Fall 2 (S. 7).

gilt der Vertrag als wirksam geschlossen; vorher kann ihn der Unternehmer (Vermieter) nur aus wichtigem Grund „für gelöst erklären" (§ 4 II 3, 4 WBVG).[15]

2. Relative und partielle Geschäftsunfähigkeit

107 Die Frage ist aber, ob es darüber hinaus eine relative Geschäftsunfähigkeit bzw. Geschäftsfähigkeit gibt.[16] Zu unterscheiden sind die sog. partielle Geschäftsunfähigkeit und die relative Geschäftsunfähigkeit. Die partielle Geschäftsunfähigkeit bezieht sich auf einen bestimmten gegenständlich abgegrenzten Bereich von Angelegenheiten,[17] z.B. bei Querulantenwahn hinsichtlich der Prozessführung. Eine relative Geschäftsunfähigkeit, die sich nur bei besonders schwierigen Geschäften auswirken würde, ist dagegen abzulehnen, weil dies aufgrund der damit einhergehenden Abgrenzungsprobleme zu erheblicher Unsicherheit für den Rechtsverkehr führen würde.

Fall 51: K und B sind Brüder. Ihr Vater V hat durch notariellen Erbvertrag von 1992 den B als Alleinerben eingesetzt. 1993 veräußert V sein Grundstück an K. Zu dieser Zeit litt er bereits an altersbedingtem Hirnabbau, aufgrund dessen er schwierigere Zusammenhänge nicht mehr erfassen konnte. V starb einige Monate später Ende 1993. K verlangt nun von B Räumung des Hauses und Herausgabe des Grundstücks. B weigert sich und beruft sich darauf, dass die Übereignung an K unwirksam sei und sein Recht als Vertragserbe unzulässig beeinträchtige. Wie ist zu entscheiden?[18]

Lösung: K könnte einen Anspruch auf Räumung gegenüber B nach §§ 985, 986 BGB haben, wenn er Eigentümer des Grundstücks und B Besitzer ohne Recht zum Besitz wäre. Die Herausgabe eines Grundstücks erfolgt durch Einräumung des Besitzes, d.h. durch Räumung seitens des Verpflichteten.

Ursprünglich war V Eigentümer des Grundstücks. Er könnte sein Eigentum aber an K gemäß §§ 873, 925 BGB durch Auflassung und Eintragung übertragen haben. Dem steht nicht entgegen, dass V mit B einen Erbvertrag geschlossen hatte, da dieser nach § 2286 BGB Verfügungsgeschäfte unter Lebenden nicht hindert. Die Übereignung wäre indes nichtig, wenn V zur Zeit des Vertragsschlusses nach § 104 Nr. 2 BGB geschäftsunfähig war und deshalb keine wirksame Willenserklärung zur dinglichen Einigung abgeben konnte. Um Geschäftsunfähigkeit gemäß § 104 Nr. 2 BGB anzunehmen, hätte V außerstande sein müssen, seinen Willen frei zu bestimmen, also seine Entscheidungen von vernünftigen Erwägungen abhängig zu machen. Die Unfähigkeit, die volle Tragweite der Erklärung abzuschätzen, reicht dafür aber nicht. Eine nur relative Geschäftsunfähigkeit für schwierige Geschäfte ist wegen der damit verbundenen Abgrenzungsprobleme und der für den Verkehr entstehenden Rechtsunsicherheit abzulehnen.

Eine wirksame Auflassung liegt demnach vor. An den übrigen Übereignungsvoraussetzungen bestehen keine Zweifel, so dass K Eigentümer des Grundstücks geworden ist. Da

15 Vgl. *Leenen* § 6 Rn. 87; *Wedemann*, AcP 209 (2009), 668, 680; *ders.*, JURA 2010, 587, 591.
16 Vgl. *Köhler*, PdW, AT, Fall 26.
17 BGH NJW-RR 2002, 1424 (Telefonsex); BayObLG NJW 1992, 2101.
18 BayObLG NJW 1989, 1679.
19 **BGH NJW 1970, 1680.**

B Besitzer des Grundstücks ist, ohne ein Recht zum Besitz vortragen zu können, ist der Anspruch aus § 985 BGB gegeben.

3. Haftung für Schäden aus eigener Geschäftsunfähigkeit

Das Risiko mit einem unerkannt Geschäftsunfähigen zu kontrahieren, trägt jedermann **108** selbst. Findige Kautelarjuristen haben deshalb überlegt, ob man nicht im zurechnungsfähigen Zustand die Haftung für Schäden aus der eigenen Unzurechnungsfähigkeit übernehmen könnte.

Fall 52: K eröffnete bei B 1986 ein Privatgirokonto unter Anerkennung der AGBs der Bank. 1995 erkrankte er an einer Psychose, derentwegen er mehrfach in ärztlicher Behandlung war. Von Mai bis August 2000 zahlte er 60 mal mit seiner ec-Karte und überzog sein Konto auf diese Weise mit über 20 000 €.

K behauptet, er sei ab 1.5.2000 geisteskrank und geschäftsunfähig gewesen; die ec-Zahlungen seien die Folge unsinniger Gaststättenbesuche gewesen. Die Bank verweist auf Nr. 3 ihrer Geschäftsbedingungen, wonach der Kunde den Schaden trägt, der daraus entsteht, dass die Bank von einem eintretenden Mangel in der Geschäftsfähigkeit des Kunden unverschuldet keine Kenntnis erlangt. Muss K seine Schulden bezahlen?[20]

Lösung: Die Bank hat keinen Anspruch gegen K auf Zahlung der 20 000 € aus dem Girovertrag. K konnte infolge seiner Geschäftsunfähigkeit nach § 104 Nr. 2 BGB bei den ec-Zahlungen (auf Kredit) keine wirksame Willenserklärung abgeben, § 105 II BGB.

Für den Schaden, den die Bank durch die Buchungen ohne Begründung eines Aufwendungsersatzanspruches erlitten hat, könnte aber ein Ersatzanspruch aus Ziffer 3 der AGB des 1986 mit der Bank geschlossenen Vertrages bestehen. Dazu müsste die Klausel mit § 307 BGB, der nach §§ 305 I, 310 BGB anwendbar ist, vereinbar sein. Da sie aber eine verschuldensunabhängige Haftung begründet, widerspricht sie nach § 307 II Nr. 1 BGB dem Grundgedanken der gesetzlichen Haftungsregelung, da grundsätzlich nur bei Verschulden gehaftet wird. Zudem unterläuft sie den vom Gesetzgeber in §§ 104 ff BGB ausgestalteten Schutz des Geschäftsunfähigen, der aufgrund dieser Klausel nahezu so schlecht stünde wie bei Wirksamkeit seiner Rechtsgeschäfte. Dies vermag auch der Gedanke der Haftungsverteilung nach Gefahrenbereichen nicht zu rechtfertigen. Nach § 307 I BGB ist die Klausel daher nichtig, ein Ersatzanspruch besteht nicht.

III. Beschränkte Geschäftsfähigkeit

Beschränkt geschäftsfähig sind Minderjährige zwischen dem 7. und 18. Lebensjahr, §§ 2, **109** 106 BGB. Gleichgestellt sind (noch geschäftsfähige) Volljährige, soweit für sie ein Betreuer mit Einwilligungsvorbehalt bestellt wurde, § 1903 BGB. Wurde ein Minderjähriger wirksam ermächtigt, ein Arbeitsverhältnis[21] einzugehen oder ein Erwerbsgeschäft zu betreiben (§§ 112, 113 BGB), ist er insoweit (partiell) vollgeschäftsfähig.

---

20 **BGHZ 115, 38 = NJW 1991, 2414.**
21 Berufsbildungsverhältnisse sind nicht erfasst, NK-BGB/*Baldus* § 113 Rn. 7.

Bei Geschäften beschränkt Geschäftsfähiger sind das Trennungs- und Abstraktionsprinzip besonders zu beachten, d.h. es ist streng zwischen Verpflichtungs- und Verfügungsgeschäft zu unterscheiden.

1. Wirksamkeit der Willenserklärung eines Minderjährigen

110 Die Willenserklärung eines Minderjährigen ist nur mit Einwilligung des gesetzlichen Vertreters wirksam, es sei denn der Minderjährige erlangt durch sie **nur einen rechtlichen Vorteil**, § 107 BGB. Eine Verpflichtung ist für den Minderjährigen in der Regel nachteilig, bedarf also der Zustimmung des gesetzlichen Vertreters, §§ 107, 108 BGB. § 105a BGB ist auf Minderjährige nicht analog anwendbar.[22] Der Erwerb durch Verfügungsgeschäft ist dagegen lediglich rechtlich vorteilhaft, also auch ohne dessen Zustimmung wirksam, § 107 BGB. Der gesetzliche Vertreter kann vorab zustimmen, § 107 BGB, oder nachträglich genehmigen, § 108 I BGB. Ein einseitiges Rechtsgeschäft des Minderjährigen ist ohne die erforderliche vorab erteilte Einwilligung unwirksam, § 111 S. 1 BGB.

Sind an einem Geschäft zwei Minderjährige beteiligt, so bedarf die Verfügung auf der Seite des Verlierenden nach diesen Grundsätzen ebenfalls der Zustimmung des gesetzlichen Vertreters.[23]

Veräußert etwa ein beschränkt Geschäftsfähiger sein Fahrrad ohne Zustimmung des gesetzlichen Vertreters, so sind Kauf und Übereignung zunächst schwebend unwirksam. Ein Dritter kann aber vom Käufer gutgläubig Eigentum erwerben (§§ 929, 932 BGB), da das Fahrrad dem Minderjährigen nicht abhandengekommen ist (§ 935 I 1 BGB), zumindest wenn er hinreichende Urteilsfähigkeit hatte.[24]

a) Lediglich rechtlicher Vorteil

aa) Schenkungen von Grundstücken

111 Grundstücksschenkungen an Minderjährige sind nicht stets als lediglich rechtlich vorteilhafte Geschäfte i.S.d. § 107 BGB anzusehen. Denn dem Minderjährigen wird zwar etwas unentgeltlich zugewendet, doch können mit dem Erwerb des Geschenks weitgehende Verpflichtungen einhergehen.

Grundsätzlich benötigt der Minderjährige zum Abschluss des Schenkungsvertrages, aber auch zum Erwerb des geschenkten Gegenstandes nicht der Zustimmung des gesetzlichen Vertreters. Verpflichtungsgeschäft und Verfügungsgeschäft werden isoliert betrachtet. Dies gilt auch beim Erwerb von Grundstücken, obwohl mit dem Erwerb die Grundsteuerpflicht und die Pflicht zur Leistung anderer öffentlicher Abgaben verbunden sind.[25] Anders entscheidet die Rspr., wenn es um den Erwerb einer Eigentumswohnung geht oder wenn das zu verschenkende Grundstück vermietet oder verpachtet ist, weil der Minder-

22 NK-BGB/*Baldus* § 105a Rn. 8 f.
23 Vgl. *Thümmler/Zech/Blumert*, JuS 2010, 514; teilweise a.A. *Lettl*, WM 2013, 1245.
24 PWW/*Prütting* § 935 Rn. 4; MüKo/*Oechsler* § 935 Rn. 9; a.A. *Bamberger/Roth/Kindl* § 935 Rn. 8.
25 BGHZ 161, 170 = NJW 2005, 415; krit. *J. Wilhelm*, NJW 2006, 2353; *Röthel/Krackhardt*, JURA 2006, 161.

jährige sonst mit dem Erwerb des Grundstücks aus dem Miet- oder Pachtvertrag unbeschränkt verpflichtet würde (§§ 566 I, 581 II, 593b BGB).[26]

Fall 52: E möchte seinem minderjährigen Sohn S seine Eigentumswohnung schenken. Mit notariellem Vertrag zwischen E und S überließ E seinen Miteigentumsanteil dem S. Die Beteiligten erklärten in dem Vertrag ihre Einigung über den Rechtsübergang; E bewilligte und S beantragte die Eintragung der Eigentumsänderung in das Grundbuch. In der Urkunde heißt es, dass der Erwerber von der für die Wohnanlage bestehenden Gemeinschafts- und Hausordnung Kenntnis habe und in diese eintrete. Die Gemeinschaftsordnung ist gemäß §§ 8 II, 5 IV, 10 II WEG zum Inhalt des Sondereigentums gemacht worden. Kann das Grundbuchamt die Eigentumsänderung vollziehen?[27]

Lösung: Gemäß § 20 GBO kann die beantragte Eigentumsumschreibung nur im Fall einer rechtswirksam erklärten Auflassung nach § 925 BGB erfolgen. Als nach §§ 2, 106 BGB beschränkt Geschäftsfähiger konnte S selbst eine entsprechende Willenserklärung nur dann nach § 107 BGB wirksam abgeben, wenn er durch die Auflassung lediglich einen rechtlichen Vorteil erlangt hätte. Wegen des mit dem Eigentumserwerb verbundenen Eintritts in die Wohnungseigentümergemeinschaft, mit dem vielfältige Verpflichtungen verbunden sind (§§ 10 ff, 20 ff WEG), kann dies aber nicht angenommen werden. Insofern besteht ein Unterschied zum Erwerb eines Grundstücks.

Allerdings hat E als gesetzlicher Vertreter zumindest konkludent seine Einwilligung erteilt. Das Verbots des Selbstkontrahierens nach § 181 BGB würde nicht entgegenstehen, wenn die Einwilligung lediglich dazu dienen würde, das Schenkungsversprechen zu erfüllen (§ 181 letzter Hs. BGB). Damit liefe aber der Schutz des Minderjährigen bei Schenkungen des gesetzlichen Vertreters an den Vertretenen leer, da der schuldrechtliche Vertrag per se lediglich vorteilhaft ist und das Verfügungsgeschäft als solches stets unter § 181 letzt. Hs. BGB fiele. Um diese Aushöhlung zu vermeiden, beantwortet die h.M. die Frage nach dem rechtlichen Vorteil aus einer Gesamtbetrachtung von Schenkung und Erfüllung. § 181 BGB wird durch § 107 BGB teleologisch eingeschränkt. Der Vater war daher an der Erteilung der Einwilligung rechtlich „verhindert", das Grundbuchamt hat die Umschreibung daher abzulehnen, solange nicht die Zustimmung eines nach § 1909 BGB bestellten Ergänzungspflegers vorgelegt wird.[28]

bb) Neutrale Geschäfte

Neutrale Geschäfte tangieren die Rechtssphäre des Minderjährigen nicht. Deshalb kann der Minderjährige Willenserklärungen im fremden Namen wirksam abgeben und empfangen (§ 165).[29] **112**

Aus dem gleichen Grund kann ein Minderjähriger nach h.M. als Nichtberechtigter einem gutgläubigen Dritten wirksam Eigentum nach §§ 929, 932 BGB verschaffen.[30] Die Eini-

26 BGHZ 162, 137, 140 f = NJW 2005, 1430; BGHZ 187, 119 = NJW 2010, 3643; dazu *Kölmel*, FamRZ 2011, 206; a.A. *Heuser*, JR 2013, 125.

27 **BGHZ 78, 28** = JZ 1980, 809; BGHZ 187, 119 = NJW 2010, 3643; vgl. *Stadler*, JA 2011, 466.

28 Vgl. aber BGH NJW 2005, 415. Die Gegenansicht wendet lediglich das Merkmal „Erfüllung einer Verbindlichkeit" nicht an (so *Jauernig/Jauernig* § 181 Rn. 10; vgl. BGHZ 161, 170, 174 = NJW 2005, 415).

29 Vgl. *Staudinger/Steinrötter*, JuS 2012, 97, 100.

30 *Bork*, AT, Rn. 1008; *Wolf/Neuner* § 34 Rn. 33 f.

gungserklärung des Minderjährigen bedürfte hier nicht der Zustimmung des gesetzlichen Vertreters, da sie für den Minderjährigen ein neutrales Geschäft sei. Hieran wird festgehalten, obgleich der Minderjährige zum Bereicherungsausgleich verpflichtet sein kann und ggf. wegen der Unterschlagung haftet.

Die Gegenmeinung lehnt gutgläubigen Erwerb hier ab. Der gutgläubige Erwerber dürfe nicht besser stehen als bei einer Verfügung des Minderjährigen über eigene Gegenstände. Wäre der Minderjährige Berechtigter, stünde dem Erwerb § 107 BGB entgegen.[31]

b) Einwilligung

113 Gesetzlicher Vertreter eines Minderjährigen sind gemäß § 1629 I 1 BGB die Eltern, und zwar grundsätzlich gemeinschaftlich (§ 1629 I 2 BGB). In bestimmten Fällen bedürfen die Eltern der Genehmigung des Familiengerichts, § 1643 I BGB iVm §§ 1821, 1822 Nr. 1, 3, 5, 8–11 BGB; ein Vormund (§§ 1773, 1793 I BGB) bedarf in größerem Umfang der Genehmigung (Einwilligung oder nachträgliche Zustimmung) des Familiengerichts (§§ 1821 ff BGB).

aa) Bankverträge

114 Schließt ein Minderjähriger einen **Girovertrag** mit einer Bank, so ist dieser als gegenseitiger Vertrag mit Vergütungspflicht gemäß § 676 f BGB nur mit Zustimmung des gesetzlichen Vertreters wirksam, es sei denn, der Minderjährige sei partiell geschäftsfähig, §§ 112, 113 BGB. Eine Überziehung eines Girokontos durch den Minderjährigen bedarf sogar der Genehmigung durch das Familiengericht, §§ 1643 I, 1822 Nr. 8 BGB. Fehlt es an der Genehmigung, ist der Vertrag nach § 1829 I 1 BGB schwebend unwirksam. Das Gleiche gilt bei einer stillschweigend geduldeten Überziehung des Kontos. Die Ausgabe einer **Kundenkarte** für Bargeldabhebungen bedarf nur dann nicht der Genehmigung des Familiengerichts, wenn eine Überziehung des Kontos ausgeschlossen ist. Die Ausgabe einer **Kreditkarte** durch ein Kreditkartenunternehmen ist ein Geschäftsbesorgungsvertrag mit Dienstleistungscharakter; die Zustimmung des gesetzlichen Vertreters ist nach §§ 107, 108 I BGB notwendig. Da regelmäßig Kredit gewährt wird, bedarf es außerdem der Genehmigung des Familiengerichts, §§ 1643 I, 1822 Nr. 8 BGB.

Bareinzahlungen sind wegen des damit einhergehenden dinglichen Rechtsgeschäfts zur Eigentumsübertragung an Geldscheinen und -münzen für den Minderjährigen nachteilig, also nach § 108 I BGB schwebend unwirksam. **Barabhebungen** ohne Einwilligung des gesetzlichen Vertreters sind nach § 111 BGB unwirksam. **Überweisungen** sind für den Minderjährigen nicht nur rechtlich vorteilhaft, da die Bank zur Durchführung der Überweisung einen Anspruch auf Vorschuss hat (§ 669 BGB) und der Minderjährige nach Ausführung seine Forderung gegen die Bank verliert. Die Überweisung ist daher ohne Zustimmung nach § 111 BGB unwirksam.[32]

bb) Einwilligung durch Überlassung von Mitteln

115 Der gesetzliche Vertreter kann seine Zustimmung zu einem Verpflichtungsgeschäft des Minderjährigen konkret durch (begrenzte) Generaleinwilligung oder durch Überlassung

31 *Medicus*, AT Rn. 568; *Faust* § 18 Rn. 22; vgl. auch *Köhler*, PdW AT, Fall 28.
32 Vgl. *Kunkel*, Das junge Konto – Minderjährigenschutz im Rahmen des Girovertrages, Rpfleger 1997, 1.

von Mitteln zu einem bestimmten Zweck erteilen. Liegt eine Zustimmung vor, so ist der Schuldvertrag von Anfang an wirksam, auch wenn der Minderjährige die Gegenleistung nicht oder nicht vollständig erbracht hat. Um den Minderjährigen (und seine gesetzlichen Vertreter) vor unnützen oder mehrfachen Aufwendungen (bei Verlust der Mittel) zu schützen, sieht § 110 BGB vor, dass ein Verpflichtungsgeschäft (im Zweifel) erst mit vollständiger Leistung durch den Minderjährigen wirksam wird. Die h.M. sieht in § 110 BGB daher eine gesetzliche Konkretisierung der Einwilligung in das Verpflichtungsgeschäft: diese werde bedingt durch die nachträgliche Leistung durch den Minderjährigen erteilt.[33]

Die Gegenansicht bezieht § 110 BGB dagegen auf das Verfügungsgeschäft. Der Minderjährige dürfe über die ihm überlassenen Mittel verfügen. Der Verpflichtungsvertrag werde dann bei vollständiger Erfüllung kraft Gesetzes wirksam.[34]

Im praktischen Ergebnis unterscheiden sich beide Ansichten nicht. Denn auch die zweite Ansicht erstreckt die Einwilligung in das Verfügungsgeschäft nur auf das übliche, nicht auf Verfügungen über einen Lotteriegewinn aus dem ersten Geschäft.[35]

cc) Der Minderjährige als Gesellschafter einer Personengesellschaft

Nimmt eine Gesellschaft am Rechtsverkehr teil, obwohl ihre vertragliche Grundlage nicht wirksam ist, so entsteht eine faktische Gesellschaft (auch fehlerhaft wirksame Gesellschaft). Zweifelhaft ist, ob diese Regeln auch zu Lasten von Minderjährigen gelten.[36] **116**

Fall 54: Vater V hat mit seiner Frau F, seiner Tochter T und dem Sohn S einen Gesellschaftsvertrag über die Errichtung einer Kommanditgesellschaft abgeschlossen. V sollte Komplementär, die anderen Beteiligten Kommanditisten werden. Die Einlage der Kommanditisten in Höhe von 50 000 DM wurde diesen von V unentgeltlich als Schenkung zur Verfügung gestellt. Der Vertrag wurde privatschriftlich geschlossen; zur Eintragung in das Handelsregister wurden sämtliche Unterschriften notariell beglaubigt. Eine Genehmigung des Familiengerichts wurde nicht eingeholt. V und T entfremden sich nach kurzer Zeit. Nach Erlangung der Volljährigkeit beruft sich T darauf, der Gesellschaftsvertrag sei für sie nicht gültig. Sie verweigert ausdrücklich, nunmehr die Genehmigung zu erteilen und verlangt Auszahlung ihrer Einlage einschließlich des darauf entfallenen Gewinns. Zu Recht?[37]

Lösung: Fraglich ist, ob der Gesellschaftsvertrag trotz fehlender Bestellung eines Ergänzungspflegers (§§ 1629 II 1, 1795 I Nr. 1, II iVm §§ 181, 1909 BGB) und Fehlens der vormundschaftsgerichtlichen Genehmigung nach § 1915 I iVm § 1822 Nr. 3 BGB wirksam geschlossen wurde.

Da die Beteiligung als Kommanditist nicht nur eine reine Kapitalbeteiligung darstellt, sondern auch Unternehmensträgerschaft begründet, also zu einer Mitunternehmerschaft des Minderjährigen führt, und zudem nach § 176 HGB die beschränkte Haftung des

---

33 *Faust* § 18 Rn. 30; *Köhler,* AT, § 10 Rn. 25; *Wolf/Neuner* § 34 Rn. 42 ff; *Leipold* § 11 Rn. 53; *Musielak,* Grundkurs, Rn. 316 ff.
34 So *Leenen,* FamRZ 2000, 863; *Brehm,* Rn. 296; *Schwab/Löhnig,* Rn. 723 f; *Boecken,* Rn. 354.
35 Vgl. RGZ 74, 234, 236.
36 Vgl. *Kraft/Kreutz,* Gesellschaftsrecht, S. 210, 212 f; *Windbichler,* Gesellschaftsrecht, § 12 Rn. 17.
37 **BGH NJW 1955, 1067.**

Kommanditisten erst nach Leistung der Hafteinlage eintritt, war eine Genehmigung hier erforderlich.

Infolge ihres Fehlens war der Vertrag zunächst schwebend unwirksam, mit ausdrücklicher Genehmigungsverweigerung durch die T nach Volljährigkeit (§ 108 III BGB) endgültig unwirksam. Wurde ihr das eingelegte Geld (50 000 DM) wirksam geschenkt, hat sie daher einen Anspruch auf dessen Rückzahlung nach § 812 I 1 1. Alt. BGB.

Den auf den Geschäftsanteil entfallenden Gewinn könnte T verlangen, wenn die Beteiligten nach den Grundsätzen der in Vollzug gesetzten fehlerhaften Gesellschaft auch im Innenverhältnis bis zur Genehmigungsverweigerung als Beendigungstatbestand schuldrechtlich wie bei einem wirksamen Vertrag verbunden gewesen wären. Dies ist grundsätzlich bei Vorliegen übereinstimmender aber unwirksamer Willenserklärungen auf Abschluss eines Gesellschaftsvertrages, der in Vollzug gesetzt wird, zu bejahen. Bei Beteiligung Minderjähriger gilt dies aber jedenfalls nicht zu deren Lasten, da die tatsächliche schuldrechtliche Bindung mit den Grundgedanken des durch das Gesetz intendierten starken Minderjährigenschutzes unvereinbar wäre. Nach umstrittener, aber zur Vermeidung einer ungerechtfertigten, die Rechtssicherheit beeinträchtigenden „Rosinentheorie“ vorzugswürdiger Ansicht, muss dies auch soweit gelten, als dem Minderjährigen günstige Folgen im Einzelfall im Raum stehen.[38] Ein Anspruch auf Gewinnbeteiligung besteht daher nicht.

dd) Grenzen der Einwilligung des gesetzlichen Vertreters

117 Um dem wachsenden Reifeprozess des Minderjährigen Rechnung zu tragen wird die Einwilligung in eine ärztliche Heilbehandlung, insb. in körperliche Eingriffe nicht als Willenserklärung angesehen. Die Einwilligung in die Körperverletzung kann daher nur der Minderjährige selbst erteilen, wenn er Bedeutung und Tragweite des Eingriffs nach seiner Reife zu erkennen vermag.[39]

118 Der gesetzliche Vertreter kann nicht in alle Rechtsgeschäfte des Minderjährigen einwilligen und nicht alle Rechtsgeschäfte, die der Minderjährige einseitig abschließt, nachträglich genehmigen. Es darf nicht zu einer Aushöhlung des Minderjährigenschutzes kommen.

Fall 54: Der 17-jährige K hat gemäß § 10 II FeV einen Führerschein für die Klasse B erhalten und kauft einen gebrauchten Pkw. Der Kaufvertrag wird von seiner Mutter als gesetzlicher Vertreterin mitunterschrieben. In den Geschäftsräumen des Verkäufers beantragt K anschließend auf einem bereit gehaltenen Formular den Abschluss einer Kfz-Haftpflichtversicherung. In dem Antrag ist als Versicherungsbeginn der 5.4., 0:00 Uhr, angegeben. Außerdem enthält der Antrag eine vom Agenten der Versicherung vorab unterschriebene Zusage vorläufiger Deckung ab 4.4.

Die Versicherung übersendet dem K am 6.4. einen Versicherungsschein, auf dem die Zahlung der ersten Vierteljahresprämie quittiert war und schrieb dazu u.a.:

„Damit der Vertrag wirksam wird, bitten wir Sie, die Überweisung der ersten Vierteljahresprämie umgehend zu veranlassen. Den ausgefertigten Versicherungsschein finden Sie in der Anlage.“

38 *Saenger*, Rn. 88.
39 BGHZ 105, 45, 47 = NJW 1988, 2946; *Boecken*, Rn. 209.

Noch am 5.4. verursacht K einen Verkehrsunfall, bei dem ein Dritter schwer verletzt wird. K begehrt aufgrund des Versicherungsvertrages, dessen Abschluss durch seine Mutter genehmigt wurde, festzustellen, dass die Versicherung zur Deckung verpflichtet sei. Diese lehnt jede Leistung ab, weil K die erste Prämie erst Ende April bezahlt habe.

Die Allgemeinen Kraftfahrtversicherungs-Bedingungen lauten:

§ 1 AKB Beginn des Versicherungsschutzes

(1) Der Versicherungsschutz beginnt mit der Einlösung des Versicherungsscheines durch Zahlung des Beitrags und der Versicherungssteuer, jedoch nicht vor dem vereinbarten Zeitpunkt.

(2) Soll der Versicherungsschutz schon vor der Einlösung des Versicherungsscheines beginnen, bedarf es einer besonderen Zusage des Versicherers oder der hierzu bevollmächtigten Personen (vorläufige Deckung).

(4) Die vorläufige Deckung endet mit der Einlösung des Versicherungsscheins. Die vorläufige Deckung tritt rückwirkend außer Kraft, wenn der Antrag unverändert angenommen, der Versicherungsschein aber nicht innerhalb von 2 Wochen eingelöst wird und der Versicherungsnehmer die Verspätung zu vertreten hat.

Wie ist zu entscheiden?[40]

Lösung: Das Gericht wird die begehrte Feststellung treffen, wenn zwischen den Parteien eine wirksame Vereinbarung über den Versicherungsschutz getroffen wurde.

Aus dem Versicherungsvertrag ergibt sich kein Versicherungsschutz, weil K die erste Versicherungsprämie zum Unfallzeitpunkt noch nicht gezahlt hatte, § 37 II VVG n.F., § 1 I AKB.

Die Versicherung könnte aber aus der vorläufigen Deckungszusage gemäß § 1 II AKB, die vom Agenten als Vertreter der Versicherung abgegeben wurde, verpflichtet sein. Dieses Angebot wurde mit Einwilligung der Mutter von K angenommen.

Die vorläufige Deckung könnte jedoch gemäß § 1 IV 2 AKB rückwirkend außer Kraft getreten sein, wenn der Antrag unverändert angenommen, der Versicherungsschein aber nicht innerhalb von zwei Wochen eingelöst wurde und der Versicherungsnehmer die Verspätung zu vertreten hat. Der sofort gewährte Versicherungsschutz beruht auf der Zusage vorläufiger Deckung; sie ist auflösend bedingt durch die vom Versicherungsnehmer zu vertretende verspätete Einlösung des Versicherungsscheins. Der Versicherungsschein wird eingelöst durch die Zahlung der Erstprämie; sie ist dem Versicherungsnehmer bis zu dem Zeitpunkt gestundet, in dem ihm die Prämienrechnung zugeht. Erst nach Zugang einer ordnungsgemäßen und als Zahlungsaufforderung zu wertenden Prämienrechnung muss der Versicherungsnehmer innerhalb von 2 Wochen die Erstprämie zur Einlösung des Versicherungsscheins zahlen (vgl. § 33 I VVG n.F.), wenn er seinen Versicherungsschutz nicht rückwirkend verlieren will. Vor Zugang der Prämienrechnung kann er mit der Zahlung der Erstprämie nicht in Verzug kommen.

Die Zahlungsaufforderung stellt, wie z.B. die Mahnung, zwar keine Willenserklärung dar, da die bei Nichtleistung eintretenden Folgen nicht durch den Willen des Handelnden bestimmt sind, sondern durch das Gesetz. Sie ist aber als geschäftsähnliche Willensäuße-

40 **BGHZ 47, 352** = NJW 1967, 1800; krit. *M. Brauer*, JuS 2004, 472.

rung zu qualifizieren, auf die wegen ihrer Ähnlichkeit grundsätzlich die für Willenserklärungen bestehenden allgemeinen Vorschriften entsprechende Anwendung finden.

Damit musste die Zahlungsaufforderung nach § 131 II BGB der Mutter als gesetzlicher Vertreterin zugehen, wenn sie dem K nicht lediglich einen rechtlichen Vorteil brachte oder die Mutter nicht nach § 131 II 2 BGB zuvor eingewilligt hatte. Teilweise wird verlangt, dass die Aufforderung direkt an den gesetzlichen Vertreter gerichtet sein muss.[41] Nach dem Schutzzweck sollte aber die Kenntnisnahme des gesetzlichen Vertreters von der an den Minderjährigen gerichteten Erklärung genügen.[42]

Zwar könnte die Zustimmung zum Fahrzeugkauf grundsätzlich als schlüssig erteilte Einwilligung auch zum Abschluss der notwendigen Haftpflichtversicherung angesehen werden, doch wäre davon jedenfalls nicht auch die Abwicklung des Vertrages erfasst. Die grundsätzlich auch im Voraus mögliche Einwilligung zu einer Reihe zunächst noch nicht individualisierter Geschäfte darf nämlich nicht zu einer den Minderjährigenschutz unterlaufenden partiellen Rechtsfähigkeit führen. Gerade auch im Blick auf die möglicherweise schweren Folgen bloßer Untätigkeit auf die einseitige Erklärung des Versicherers, verbietet es sich daher, hier eine Einwilligung i.S. des § 131 II 2 BGB anzunehmen. Allerdings ist auch im Fall des § 131 II 2 BGB grundsätzlich eine nachträgliche Genehmigung des gesetzlichen Vertreters möglich. Damit schutzwürdige Interessen des Minderjährigen gewahrt bleiben, muss auch eine Annahme eines Vertragsantrags grundsätzlich genehmigt werden können. Dies gilt aber nicht bei einseitigen empfangsbedürftigen Erklärungen wie einer Zahlungsaufforderung. Die Wahrung der Rechtssicherheit schließt hier wie bei § 111 BGB eine nachträgliche Genehmigung aus. Das Gericht wird daher die beantragte Feststellung treffen.

Vor allem die Fortführung ererbter Unternehmen durch die Eltern etc. hat nicht selten dazu geführt, dass Minderjährige bei Eintritt der Volljährigkeit kein Vermögen, sondern eine große Schuldenlast zu tragen hatten. Nach Beanstandung durch das BVerfG[43] hat der Gesetzgeber deshalb die Haftung des Minderjährigen in § 1629a BGB auf das durch die Eltern verwaltete Vermögen beschränkt.[44]

c) Das Widerrufsrecht des Geschäftsgegners

119 Hat der Minderjährige einen Vertrag ohne die erforderliche Einwilligung geschlossen, kann der andere Teil seine eigene Willenserklärung bis zur Genehmigung widerrufen, § 109 I 1 BGB, und zwar durch Erklärung gegenüber dem Minderjährigen, § 109 I 2 BGB.[45] War ihm die Minderjährigkeit bekannt, kann er nur widerrufen, wenn der Minderjährige behauptet hatte, die Einwilligung des gesetzlichen Vertreters liege vor, § 109 II BGB. Streitig ist, ob der Geschäftsgegner trotz Aufforderung des gesetzlichen Vertreters

41 So BAG NJW 2011, 872 (Rn. 24); BAG NZA 2012, 495 (Rn. 19); *Brox/Walker*, AT, Rn. 160; *Bork*, Rn. 633.
42 *Faust* § 18 Rn. 38; *Köhler* § 6 Rn. 25; *Leipold* § 12 Rn. 41 f; *Boemke/Schönfelder*, JuS 2013, 7, 9.
43 BVerfGE 72, 155 = NJW 1986, 1859.
44 *Bittner*, FamRZ 2000, 325; *Habersack*, FamRZ 1999, 1.
45 Vgl. *Th. Ludwig*, JURA 2011, 9.

sogleich widerrufen kann[46] oder nach § 242 BGB erst eine angemessene Bedenkzeit abwarten muss.[47]

d) Die Genehmigung durch den gesetzlichen Vertreter oder den volljährig Gewordenen

Fall 56: Frau F lebt in Scheidung von ihrem Mann und verlangt Auskunft nach § 1379 BGB über das Endvermögen des Mannes am 5.11.2000. Dieser verweigert die Auskunft im Hinblick auf einen angeblich wirksamen Gütertrennungsvertrag. **120**

Die Frau lernte den Mann im Alter von 16 Jahren kennen, verließ die Schule und arbeitete in seinem Betrieb mit. Schließlich entschlossen sich die beiden noch vor Erreichung des 18. Lebensjahres der Frau im Jahre 1994 zu heiraten.

Die Mutter der Frau, eine Witwe, willigte ein. Die Eheschließung fand am 27.8.1994, drei Monate vor dem 18. Geburtstag (3.11.1994), statt. Der Mann drängte die Frau, mit ihm einen Gütertrennungsvertrag abzuschließen. Die Frau bat ihre Mutter zum Notartermin mitzukommen und den Vertrag zu unterschreiben; die Mutter weigerte sich jedoch.

Am 31.8.1994 schlossen Mann und Frau den notariell beurkundeten Vertrag. Am Nachmittag des gleichen Tages wurde der Geburtstag der Nichte der Frau gefeiert. Die Frau erzählte vom Vertragsschluss und fragte ihre Mutter, ob sie unterschreiben wolle. Es ist streitig, ob die Mutter bei dieser Gelegenheit die Genehmigung verweigert hat.

Am 10.11.1994 fuhren die Eheleute erneut zum Notar. Die Frau ging allein zum Notar und unterschrieb dort folgende Urkunde:

„Nachdem ich am 3.11.1994 volljährig geworden bin, genehmige ich hiermit die im Güterrechtsvertrag vom 31.8.1994 von mir abgegebenen Erklärungen."

Am 23.11.1994 wurde der Vertrag in das Güterrechtsregister eingetragen. Fünf Jahre später reichte die Frau Scheidungsantrag ein und verlangte auch Zugewinnausgleich. Sie meint, der Güterrechtsvertrag sei unwirksam, da ihre Mutter den Vertrag nicht genehmigt habe. Ihre Mutter habe in Gegenwart ihrer Schwestern ausdrücklich dem Mann erklärt, sie sei nicht bereit, den Vertrag zu unterschreiben. Damit habe sie die Genehmigung verweigert. Ihre eigene spätere Genehmigung sei daher nicht geeignet gewesen, den nichtigen Vertrag wieder wirksam werden zu lassen.

Hat die Frau Anspruch auf Zugewinnausgleich?[48]

Lösung: Die Frau hat Anspruch auf Zugewinnausgleich nach § 1378 I BGB, wenn sie mit ihrem Mann im gesetzlichen Güterstand lebte und der Zugewinn (§ 1373 BGB) ihres Mannes den von ihr erzielten Zugewinn übersteigt. Da der Güterstand der Zugewinngemeinschaft nach § 1363 I BGB immer besteht, wenn nicht durch Ehevertrag ein anderes vereinbart ist, hat der Ehemann das Bestehen und die Wirksamkeit des Gütertrennungsvertrages zu beweisen.

Wegen der Minderjährigkeit der F war zum Vertragsschluss nach § 107 BGB die Einwilligung ihrer Mutter als gesetzlicher Vertreterin nach §§ 1680 I, 1629, 1633 BGB nötig. Da diese nicht vorab erklärt worden war, war das Geschäft zunächst nach § 108 I BGB

---

46 *Wilhelm*, NJW 1992, 1666.
47 *Bamberger/Roth/Wendtland* § 109 Rn. 2: MüKo/*Schmitt* § 109 Rn. 9; PWW/*Völzmann-Strickelbrock* § 108 Rn. 5.
48 **BGH FamRZ 1988, 1167 = NJW 1989, 1728.**

schwebend unwirksam. Infolge Genehmigungsverweigerung durch die Mutter gegenüber der F am 31.8.1994, deren Nichtvorliegen der Mann hätte beweisen müssen, wurde der Schwebezustand nach § 182 I BGB zunächst beendet.

Der Schwebezustand konnte jedoch nach § 108 II 1 BGB wieder eingetreten sein, wenn der Mann die Mutter der F zur Genehmigung ihm gegenüber aufgefordert hatte.[49] Da M jedoch nicht beweisen konnte, dass die Mutter daraufhin nicht wie von F behauptet die Genehmigung endgültig verweigerte, ist dennoch von der endgültigen Nichtigkeit des Vertrages auszugehen. Damit konnte auch F selbst nicht mehr nach § 108 III BGB durch ihre Erklärung beim Notar genehmigen. (Nach § 182 II BGB war die Genehmigung aber nicht formbedürftig. F hätte sie gegenüber M, aber auch gegenüber sich selbst erklären können).[50]

Deutete man ihre Erklärung als Annahme des Angebotes vom 31.8.1994 wäre diese nach § 1410 BGB (wegen fehlender Anwesenheit des Ehemannes) formnichtig. An der fehlenden Form scheitert auch eine Auslegung ihrer Erklärung als Neuvornahme nach § 141 BGB, da hierfür die Form des bestätigten Rechtsgeschäfts vorliegen muss. Daher besteht Zugewinngemeinschaft und ein dementsprechender Ausgleichsanspruch.

2. Leistung an den Minderjährigen

121 Wird an den Minderjährigen aufgrund eines wirksam begründeten Anspruchs eine Leistung erbracht, so kann er zwar nach § 107 BGB Eigentum an den Leistungsstücken erwerben, doch tritt **keine Erfüllung** des Leistungsanspruchs ein, da dem Minderjährigen analog § 107 BGB die Empfangszuständigkeit fehlt; nur bei Leistung an den gesetzlichen Vertreter bzw. an den Minderjährigen mit dessen Einwilligung erlischt der Erfüllungsanspruch. Der Verlust einer Forderung durch Erfüllung ist ein rechtlicher Nachteil.[51]

3. Rechtliche Betreuung

122 Die Anordnung einer rechtlichen Betreuung setzt nach § 1896 I BGB voraus, dass ein Volljähriger als Folge einer psychischen Krankheit oder einer körperlichen, geistigen oder seelischen Behinderung ganz oder teilweise unfähig ist, seine Angelegenheiten selbst zu besorgen. Außerdem muss die Betreuung erforderlich sein, § 1896 II 1 BGB. Sie ist entbehrlich, wenn ein Bevollmächtigter ebenso gut für den Betreuungsbedürftigen sorgen kann, § 1896 II 2 BGB (s.u. Rn. 200)

Dem Betreuer werden zur Wahrnehmung seiner Betreuungspflichten (§ 1901 BGB) bestimmte Befugnisse erteilt, vor allem die gesetzliche Vertretung innerhalb seines Aufgabenkreises gemäß § 1902 BGB (siehe aber auch §§ 1904 ff BGB). Trotz der bestehenden Vertretung durch den Betreuer bleibt der Betreute grundsätzlich selbst voll handlungsfähig. Zu Problemen kann es kommen, wenn Betreuter und Betreuer nebeneinander handeln. Die Handlungsfähigkeit des Betreuten kann zu seinem Schutz unter strengen Vor-

---

49 *Paal/Leyendecker*, JuS 2006, 25, 26.
50 *Staudinger/Knothe* § 108 Rn. 21.
51 Vgl. *Köhler*, PdW AT, Fall 31.

aussetzungen eingeschränkt werden, indem das Betreuungsgericht (§ 23c GVG) einen Einwilligungsvorbehalt gemäß § 1903 BGB mit der Folge anordnet, dass insoweit die für beschränkt Geschäftsfähige geltenden Vorschriften Anwendung finden, § 1903 I 2 BGB.[52]

Fall 57: B leidet seit mindestens 13 Jahren an einer Psychose aus dem schizophrenen Formenkreis. Für die Wirkungskreise der Aufenthaltsbestimmung und Zuführung zur ärztlichen Behandlung sowie die Vermögensverwaltung wurde vom Amtsgericht die Betreuung samt Einwilligungsvorbehalt angeordnet.

Im Laufe der Jahre verfasste B Schreiben, mit denen er „die Genehmigung eines Kreditbetrags von zunächst drei Millionen Mark" anstrebte und nachfragte, wer ihm gegenüber „für den nicht entstandenen Gewinn aus einem Kreditvolumen aus fünfzig Billionen DM unendlich" hafte. Sein ganzer Lebensinhalt konzentrierte sich auf diese Inhalte, so dass sein Denken und Handeln überwiegend auf die Erfüllung dieser Wahnideen ausgerichtet war.

Das Amtsgericht erweiterte daher den Aufgabenkreis des Betreuers auf die Vertretung des Betreuten gegenüber Behörden und Gerichten und ordnete auch bezüglich dieses Aufgabenkreises und erneut hinsichtlich der Vermögensverwaltung einen Einwilligungsvorbehalt an. Gegen diese Anordnung wendet sich der Betreute.[53]

Lösung: Für die Erweiterung des Aufgabenkreises des Betreuers gelten die Vorschriften über die Bestellung des Betreuers entsprechend, § 1908d III BGB. Voraussetzung hierfür ist danach, dass ein Volljähriger aufgrund einer psychischen Krankheit oder einer körperlichen, geistigen oder seelischen Behinderung seine Angelegenheiten in den Bereichen, auf die der Aufgabenkreis erweitert wird, nicht besorgen kann, § 1896 I 1 BGB. Der Aufgabenkreis des Betreuers darf nur auf Bereiche erweitert werden, in denen die Betreuung erforderlich ist, § 1896 II 1 BGB. Dies bedarf für jeden einzelnen Aufgabenkreis der Konkretisierung.

B ist volljährig und leidet an einer schizophrenen Psychose. Er kann viele seiner Angelegenheiten nicht mehr selbst wahrnehmen, was sich insbesondere an den verfassten Schreiben zeigt. Beim Umgang mit Behörden, Ämtern und Gerichten im weitesten Sinne hat B den Realitätssinn verloren. Die Betreuung ist daher auch erforderlich.

Die Erweiterung des Aufgabenkreises des Betreuers von Amts wegen setzt voraus, dass der Betreute aufgrund seiner Krankheit oder Behinderung seinen Willen nicht frei bestimmen kann, d.h. nicht imstande ist, seinen Willen unbeeinflusst von der Krankheit oder Behinderung zu bilden und nach zutreffend gewonnenen Einsichten zu handeln. Dies ist hier anzunehmen.

Für die Erweiterung des Umfangs des Einwilligungsvorbehalts gelten dieselben Grundsätze, § 1908d IV BGB. Soweit dies zur Abwendung einer erheblichen Gefahr für die Person oder das Vermögen des Betreuten über den Umfang des bereits bestehenden Einwilligungsvorbehalts erforderlich ist, ordnet das Betreuungsgericht an, dass der Betreute zu einer Willenserklärung, die den Aufgabenkreis des Betreuers betrifft, dessen Einwilligung bedarf (§ 1903 I 1 BGB). Auch insoweit setzt die Anordnung voraus, dass der Be-

52 Vgl. *Schwab*, Familienrecht, Rn. 946; *Muscheler*, Familienrecht, Rn. 808.
53 **BayObLG FamRZ 1998, 454.**

treute aufgrund seiner psychischen Erkrankung oder seiner geistigen oder seelischen Behinderung seinen Willen nicht frei bestimmen kann. Hier besteht die Gefahr, dass B durch unsinnige Anträge oder Rechtsstreitigkeiten seine Person oder sein Vermögen schädigt. Der Einwilligungsvorbehalt reicht auch nicht weiter als unbedingt erforderlich.

Die Anordnungen sind daher zu Recht ergangen.

123 **Fall 58:** B leidet an einer chronisch-paranoiden Schizophrenie mit ausgeprägtem Residualzustand zusammen mit einer sekundären Alkoholabhängigkeit. Daher ist für sie ein Betreuer mit dem Aufgabenkreis Gesundheitsfürsorge, Aufenthaltsbestimmung und Vermögensfürsorge bestimmt. Aufgrund ihrer Erkrankung ist die Unterbringung von B in einer geschlossenen Einrichtung angezeigt. In diesem Zusammenhang genehmigt das Betreuungsgericht darüber hinaus, dass in der Einrichtung die üblichen Maßnahmen im Rahmen der Heilbehandlung durchgeführt werden dürfen. Dagegen wendet sich B.[54]

Lösung: Fraglich ist, wer für die Genehmigung ärztlicher Maßnahmen zuständig ist. Nach § 1904 I BGB ist eine Genehmigung des Betreuungsgerichts nur dann erforderlich, wenn die begründete Gefahr besteht, dass die betreute Person aufgrund der Maßnahme stirbt oder einen schweren und länger dauernden gesundheitlichen Schaden erleidet. Im Regelfall ist daher der Betreuer zuständig. Nur in den genannten gravierenden Ausnahmefällen ergibt sich die Zuständigkeit des Betreuungsgerichts. Da das Gericht hier offensichtlich lediglich die medizinische Betreuung während der Unterbringung gestatten wollte, liegt gerade kein zuständigkeitsbegründender Ausnahmefall vor. Die Genehmigung ist daher nicht vom zuständigen Organ erteilt worden.

Im Übrigen ist die Bezeichnung als „übliche Maßnahmen" nicht ausreichend, da sie dem Bestimmtheitsgrundsatz nicht genügt. Das Gericht muss die konkrete Maßnahme bezeichnen.

Auf die Beschwerde des B ist der Genehmigungsbeschluss daher aufzuheben.

---

54 **BayObLG FamRZ 1999, 1304**.

§ 4 Wirksamkeitserfordernisse des Rechtsgeschäfts

I. Formanforderungen

Gesetzliche Formvorschriften sind Ausnahmen vom Grundsatz der Formfreiheit, der natürlichen Folge der Privatautonomie.[1] Sie rechtfertigen sich aus verschiedenen Formzwecken. 124

Die Formvorschriften sollen Privatleute in der Regel vor Leichtsinn und Übereilung schützen. Die Form hat also **Warn- und Beweisfunktion**, soweit notarielle Beurkundung vorgeschrieben ist, hat sie auch **Belehrungsfunktion** (§ 17 BeurkG), ferner eine gewisse Beweisfunktion, da die notarielle Urkunde vollen Beweis erbringt (§ 415 ZPO). Nach § 154 II BGB ist ein zu beurkundender Vertrag vor der Beurkundung im Zweifel noch nicht geschlossen.[2] Im Einzelfall kann die Form auch dem Schutz Dritter, etwa im Fall des § 550 BGB dem Schutz eines Grundstückserwerbers,[3] oder schließlich der **öffentlich-rechtlichen Kontrolle** dienen.

§ 125 S. 1 BGB gilt nicht, soweit Sondervorschriften eingreifen. In den letzten Jahren wurde die Reihe der formbedürftigen Verträge vermehrt. Verbraucherdarlehensverträge bedürfen nach § 492 I 1 BGB der Schriftform. Die Rechtsfolgen eines Verstoßes in § 494 BGB weichen aber zum Teil von § 125 BGB ab. Nach § 550 S. 1 BGB gelten ein Mietvertrag über Wohnraum, Grundstücke und sonstige Räume, § 578 BGB, sowie ein Pachtvertrag, § 581 II BGB, die für längere Zeit als ein Jahr geschlossen werden, als auf unbestimmte Zeit geschlossen, wenn sie nicht der Schriftform genügen. Ähnliches gilt im Arbeitsrecht: Genügt ein befristeter Arbeitsvertrag nicht der Schriftform, gilt er als auf unbestimmte Zeit geschlossen (§§ 14 IV, 16 S. 1 TzBfG). Der Schriftform bedürfen auch wesentliche Nachträge.[4] Wird ein Mietvertrag von einem Vertreter unterzeichnet, bedarf es zwar keiner Angaben zur Vertretungsmacht, um die Schriftform zu wahren. Bei einer GbR oder einer Erbengemeinschaft verlangt der BGH aber entweder die Unterschrift aller Gesellschafter bzw. Miterben oder bei Unterzeichnung durch eine Person in der Urkunde die Erklärung, dass sie auch in Vertretung der anderen (mit-)vertretungsberechtigten Personen unterschrieben wurde.[5] Unterschreibt bei einer GbR aber ein Gesellschafter mit dem Zusatz des „(Firmen-)“Stempels, so ergibt sich aus der Erklärung für den Geschäftsverkehr sinngemäß, dass er mit Vertretungsmacht handelt. Ein solches Vorgehen genügt daher der Schriftform.[6]

Nach § 518 II BGB wird die fehlende notarielle Beurkundung eines Schenkungsversprechens durch die Bewirkung der versprochenen Leistung geheilt. Nach § 311b I 2 BGB wird ein formunwirksamer Grundstückskaufvertrag durch wirksamen Vollzug des dingli-

---

1 *Wolf/Neuner* § 44 Rn. 3.
2 Vgl. *Leenen* § 8 Rn. 28.
3 BGHZ 176, 301 (Rn. 13) = NJW 2008, 2178.
4 Vgl. BGH NJW 2008, 2181; dazu *Lindner-Figura*, NJW 2009, 1861.
5 BGHZ 183, 67 = NJW 2010, 1453.
6 BGH NJW 2013, 1082.

chen Verfügungsgeschäfts, die formunwirksame Verpflichtung zur Abtretung eines GmbH-Urteils wird durch die formwirksame Abtretung geheilt (§ 15 IV 2 GmbHG), sofern zu diesem Zeitpunkt noch eine Einigung über das Kausalgeschäft besteht.[7] Nach § 623 BGB bedürfen die Kündigung eines Arbeitsvertrages und der Abschluss eines Auflösungsvertrages, aus Gründen der Rechtssicherheit bereits der eines entsprechenden Vorvertrages,[8] der Schriftform.

Nach neuerer Rspr. genügt eine Blankounterschrift nicht dem Erfordernis der Schriftform; eine entsprechende Bürgschaftserklärung ist dann nach §§ 766 S. 1, 125 S. 1 BGB,[9] ein Verbraucherdarlehensvertrag nach §§ 492 I, 125 S. 1 BGB[10] nichtig.

Ein Verstoß gegen gesetzliche Formvorschriften hat grundsätzlich gemäß § 125 S. 1 BGB die **Gesamtnichtigkeit des Rechtsgeschäfts** zur Folge. § 125 BGB stellt eine von Amts wegen zu beachtende **rechtshindernde Einwendung** dar und unterliegt daher nicht der Disposition der Parteien.

1. Formnichtigkeit und Treu und Glauben

125 Wird die gesetzliche Form nicht eingehalten, so ist die entsprechende Willenserklärung (sofern nicht anderes bestimmt ist) nichtig, § 125 S. 1 BGB. Hat der Gegner den Formmangel jedoch verschuldet oder gar absichtlich herbeigeführt, so kann die Berufung auf den Formmangel treuwidrig sein.

Fall 59: K veräußerte an B ein Grundstück für 250 000 € in notariellem Vertrag. Noch vor der Beurkundung übergab B dem K in bar 200 000 €. K verweigerte aber die Erteilung einer Quittung. Beim Notar erwähnten die Parteien diese Zahlung nicht. Zur Eintragung der Eigentumsänderung in das Grundbuch kam es nicht. B wurde aber in den Besitz eingewiesen und wohnte seit der Beurkundung auf dem Grundstück. Als B nach Zahlung des Restkaufpreises Auflassung verlangte, berief sich K darauf, dass der Kaufpreis falsch beurkundet sei und tatsächlich 250 000 € plus 200 000 € = 450 000 € bezahlt werden sollten. Der Beklagte bestreitet dies. K verlangt nun Herausgabe des Grundstücks. Wie ist zu entscheiden, wenn B nachweisen kann, dass der Kaufpreis tatsächlich nur 250 000 € betragen sollte?[11]

Lösung: Der Herausgabeanspruch des K nach § 985 BGB besteht, wenn er Eigentümer und B unberechtigter Besitzer des Grundstücks sein sollte. Da B nicht als Eigentümer in das Grundbuch eingetragen wurde, ist K immer noch Eigentümer. B ist unmittelbarer Besitzer. Fraglich ist, ob B ein Recht zum Besitz hat, § 986 BGB. Ein solches könnte sich aus dem Grundstückskaufvertrag ergeben, vorausgesetzt, dieser ist wirksam zustande gekommen. Da der Kaufpreis nicht richtig beurkundet war, ist er nach §§ 125, 311b, 139 BGB im Zweifel nichtig. Jedoch kann sich K nicht auf die Nichtigkeit nach § 242 BGB berufen. K hat hier eine Vorauszahlung von 200 000 € angenommen und dann deren Erhalt bestritten und einen höheren Kaufpreis behauptet. Sein Verhalten ist daher im hohen

7 BGHZ 127, 129, 134 f = NJW 1994, 3227; vgl. auch *Leenen* § 6 Rn. 62 ff.
8 BAG NZA 2010, 273.
9 BGHZ 132, 119 = NJW 1996, 1467; dazu *Fischer*, JuS 1998, 205; *Grigoleit/Herresthal*, Fall 5 (S. 131 ff).
10 BGH MDR 2005, 1153; MüKo/*Schürnbrand*, § 492 Rn. 8.
11 **BGHZ 65, 315 = NJW 1983, 563.**

Maße arglistig und verstößt gegen § 242 BGB. Deshalb darf er sich nicht auf den Formmangel des Vertrages berufen; B hat ein Recht zum Besitz, die Herausgabeklage ist abzuweisen.

Eine andere Frage ist, ob B die Auflassung des Grundstücks erreichen kann. Wer die Unwirksamkeit eines Vertrages schuldhaft verursacht, haftet i.d.R. gemäß §§ 280 I, 311 II BGB auf Schadenersatz. Nur wenn die Folgen der Nichterfüllung für den Gegner schlechthin untragbar sind, ist der Formmangel unbeachtlich. Hier kann er daher nicht Erfüllung des unwirksamen Vertrages verlangen, sondern ist lediglich in Geld so zu stellen, wie er wirtschaftlich bei einer ordnungsgemäßen Vertragserfüllung stehen würde.

2. Schriftform und Telefax

Soweit das Gesetz einfache Schriftform verlangt, wie z.B. bei Bürgschaft (§ 766 S. 1 BGB), Verbraucherdarlehen (§ 492 BGB), Kündigung des Arbeitsvertraes (§ 623 BGB), dem Schuldanerkenntnis (§ 781 BGB) oder der Abtretung einer hypothekarisch gesicherten Forderung (§ 1154 I 1 BGB) stellt sich in den letzten Jahren zunehmend die Frage, ob eine Erklärung durch Telefax oder Email der gesetzlichen Schriftform genügt. Problemlos ist dies nur, soweit Bürgschaft und Schuldversprechen von Kaufleuten formlos (§ 350 HGB) erklärt werden können. Ansonsten hat die Rspr. im **materiellen Recht** ausnahmslos daran festgehalten, dass dies nicht der Fall ist, weil die übermittelte Faxerklärung (bzw. E-Mail mit dem eingescannten Text als Anlage) allenfalls die **Kopie der Originalunterschrift** trägt und damit eine **Authentizität nicht gewährleistet** sei.[12] Im **Prozessrecht** ist dagegen gewohnheitsrechtlich anerkannt, dass bestimmende Schriftsätze bei Gericht per Telefax eingereicht werden können.[13] **126**

Durch das Gesetz zur Anpassung der Formvorschriften des Privatrechts und anderer Vorschriften an den modernen Rechtsgeschäftsverkehr vom 13.7.2001 wurden die §§ 126a und 126b BGB neu eingefügt. § 126a BGB stellt mit einer **qualifizierten elektronischen Signatur**[14] versehene E-Mails Erklärungen gleich, für die gesetzliche Schriftform besteht. Mit der **Textform** des § 126b BGB sollten vor allem Serieninformationen erleichtert werden.[15] Der neu eingeführten Textform kommt mangels einer Unterschrift weder eine Warn- noch eine Beweisfunktion zu. Sie soll lediglich die Weitergabe bestimmter Informationen dokumentieren.[16] **127**

Fall 60: Die B-Bank verlangt für ein dem S gewährtes Darlehen eine Sicherheit in Form einer Bürgschaft. Der Vater von S ist bereit, die Bürgschaft zu übernehmen. Um die Angelegenheit möglichst schnell abzuwickeln, schickt V der B-Bank eine E-Mail, in der er sich verpflichtet, für das Darlehen seines Sohns selbstschuldnerisch einzustehen. Er versieht aus Angst vor „Hackern" die Mail mit einer qualifizierten elektronischen Signatur. Kann V aus der Bürgschaft in Anspruch genommen werden?

---

12 BGHZ 121, 224 = JR 1993, 318 m. Anm. *K. Schmidt*; vgl. *Köhler*, PdW AT, Fall 76.
13 GmSOGB BGHZ 144, 160 = NJW 2000, 2340; *Ebneth*, NJW 1992, 2985; s. jetzt § 130 Nr. 6 ZPO.
14 Vgl. NK-BGB/*Noack/Kremer* § 126a Rn. 19 ff.
15 Vgl. *Nowak*, MDR 2001, 841; *Hähnchen*, NJW 2001, 2831.
16 *Schack*, AT, Rn. 320b.

Lösung: V könnte aus der Bürgschaft gemäß § 765 BGB verpflichtet sein, wenn ein wirksamer Bürgschaftsvertrag zustande gekommen wäre. Fraglich ist dabei allein, ob die E-Mail dem Formerfordernis von § 766 S. 1 BGB genügt, da Willenserklärungen auch in elektronischer Form abgegeben werden können.

§ 766 S. 1 BGB verlangt für die Bürgschaftserklärung Schriftform, d.h. der Aussteller muss gemäß § 126 I BGB eigenhändig durch Namensunterschrift unterzeichnen. Dies ist bei einer E-Mail gerade nicht der Fall. Die Schriftform könnte aber durch die elektronische Form des § 126a BGB ersetzt worden sein, § 126 III BGB. Bei der elektronischen Form ist die Schriftform gewahrt, wenn der Aussteller seinen Namen hinzufügt und das elektronische Dokument mit einer elektronischen Signatur nach dem Signaturgesetz versieht. Demnach wäre die elektronische Form des § 126a BGB gewahrt, weil V eine elektronische Signatur hinzugefügt hatte.

Allerdings ersetzt die elektronische Form die Schriftform nur dann, „wenn sich nicht aus dem Gesetz ein anderes ergibt", § 126 III BGB. § 766 S. 2 BGB verbietet jedoch die elektronische Form. Der Gesetzgeber hat in vielen sensiblen Bereichen einen Ausschluss der elektronischen Form angeordnet (z.B. in §§ 623 II, 630 S. 3, 766 S. 2, 780 S. 2, 781 S. 2 BGB), um die Rechtssicherheit und die Warnfunktion der Schriftformerfordernisse zu gewährleisten. Folglich genügt die E-Mail nicht der in § 766 S. 1 BGB verlangten Schriftform. Ein Bürgschaftsvertrag ist somit nicht formwirksam zustande gekommen, so dass V nicht in Anspruch genommen werden kann. Bei Verbraucherdarlehensverträgen ist die elektronische Form (§ 126a BGB) nunmehr zulässig; die Erklärung des Darlehensgebers bedarf keiner Unterschrift (§ 492 I 3 BGB).[17]

Anmerkung: Die in § 126b BGB neu eingefügte Textform verzichtet auf die Unterschrift, so dass der Erklärung eine geringere Beweis- und Warnfunktion zukommt. Das Gesetz lässt sie in speziell angeordneten Fällen, z.B. §§ 355 I 2, 357 III 1, 477 II, 492 V, 493 I 5, 554 III 1, 556a II 1, 556b II 1 und § 558a I BGB zu, etwa für rechtsgeschäftsähnliche Erklärungen geringerer Bedeutung oder für Verbraucherinformationen. Soweit diese Vorschriften relevant werden, ist im Einzelfall konkret zu prüfen, ob die Anforderungen des § 126b BGB beachtet wurden.

II. Bedingung und Befristung

1. Bedingung

128 Zukunftsgerichtetes Handeln hängt vielfach von ungewissen Ereignissen ab. Damit die Parteien dafür vorsorgen können, gestattet auch das BGB, dass ein Rechtsgeschäft unter einer **aufschiebenden** oder einer **auflösenden** Bedingung vorgenommen wird, § 158 BGB.

Davon zu unterscheiden ist die Vereinbarung eines bestimmten **Anfangs- und/oder Endtermins**, § 163 BGB.

Rechtsgeschäfte können grundsätzlich bedingt oder befristet abgeschlossen werden, sofern das Gesetz nicht aus Gründen der Rechtssicherheit im Einzelfall ausdrücklich die

17 MüKo/*Schürnbrand* § 492 Rn. 9, 10; PWW/*Kessal-Wulf* § 492 Rn. 1, 2.

Bedingungsfeindlichkeit anordnet, wie etwa bei der Aufrechnung, § 388 S. 2 BGB, oder bei der Auflassung, § 925 II BGB. Nach dem Sinn und Zweck sind aber auch einseitige Gestaltungserklärungen, wie Anfechtungen, Rücktritt oder Kündigung bedingungsfeindlich.[18] Zulässig ist es aber, (im Prozess) primär einen bestimmten Vertragsinhalt zu behaupten und den Vertrag hilfsweise anzufechten.[19]

Wird ein Rechtsgeschäft aufschiebend bedingt geschlossen, so tritt seine Wirkung erst **129** mit dem Eintritt der Bedingung ein. Wer eine bewegliche Sache unter Eigentumsvorbehalt veräußert, übereignet sie im Zweifel aufschiebend bedingt durch die vollständige Zahlung des Kaufpreises, §§ 929, 158 I; § 449 I BGB.[20] Der Veräußerer bleibt mithin bis zur vollständigen Zahlung des Kaufpreises Eigentümer und kann die Sache in dieser Zeit auch nach Übergabe an den Käufer gemäß §§ 929, 930, 868 bzw. §§ 929, 931 BGB anderweitig veräußern. Tritt die Bedingung nie ein, so ist gegen die Wirksamkeit einer zweiten Veräußerung nichts einzuwenden. Tritt die Bedingung dagegen ein, so bedarf es des Schutzes des bedingt Berechtigten.

Nach § 161 I BGB ist die Zweitverfügung, die der Berechtigte trifft, im Fall des Bedin- **130** gungseintritts insoweit unwirksam, als sie die erste Verfügung vereiteln oder beeinträchtigen würde. Mit Zahlung des Kaufpreises wird daher der Ersterwerber Eigentümer; der Zweiterwerber verliert sein Eigentum wieder. Etwas anderes gilt lediglich, wenn der Zweiterwerber entsprechend §§ 161 III, 932 ff BGB gutgläubig Eigentum erwerben konnte. Solange der Erstkäufer aber Besitzer der Sache ist, scheidet ein gutgläubiger Erwerb nach § 933 bzw. nach §§ 934, 936 III BGB aus. Ein gutgläubiger Erwerb kommt danach nur in Betracht, wenn der Erstkäufer die Sache dem Veräußerer aus irgendwelchen Gründen zeitweise zurückgegeben hat und dieser die Gelegenheit zur Übergabe an den Zweitkäufer nutzt.

Vereitelt der Veräußerer auf diese Weise den Eintritt der Bedingung, so kann der Erstkäu- **131** fer nach § 160 I BGB Schadensersatz verlangen. Verhindert der Berechtigte treuwidrig den Eintritt der Bedingung, z.B. durch Nichtannahme des Restkaufpreises, so gilt die Bedingung als eingetreten, § 162 I BGB.

Hat ein Eigentümer eine Sache aufschiebend bedingt veräußert, so kann sie von seinen **132** Gläubigern zwar noch gepfändet werden (vgl. aber § 809 ZPO), tritt die Bedingung aber ein, so wird das Pfändungspfandrecht zugunsten des Erwerbers ebenfalls unwirksam, § 161 I 2 ZPO.

Die Rechtsstellung des aufschiebend bedingt Berechtigten ist daher weitgehend unent- **133** ziehbar. Man spricht deshalb von einem **dinglichen Anwartschaftsrecht**, das als wesensgleiches Minus zum Vollrecht nach den gleichen Regeln wie dieses übertragen wird.[21]

---

18 *Bork*, AT, Rn. 1258.
19 BGH NJW 1968, 2099; *Leenen* § 14 Rn. 19 ff.
20 Vgl. *Habersack/Schürnbrand*, JuS 2002, 833.
21 Vgl. BGH NJW 1984, 1184; *Bork*, AT, Rn. 1281 ff; *Köhler*, AT, § 14 Rn. 22, § 17 Rn. 17; *Prütting*, Rn. 392 ff.

2. Befristung

134 Bei Dienst- und Werkleistungen sowie bei Dauerschuldverhältnissen jeder Art haben Befristungen erhebliche Bedeutung. Nach § 163 gelten für Anfangs- und Endtermin die Regeln über aufschiebende und auflösende Bedingungen entsprechend. Vor Eintritt des Anfangstermins besteht daher noch kein Leistungsanspruch; nach Eintritt des Endtermins ist der Anspruch auf die Leistung erloschen. Auch bei Befristungen gilt der Schutz des Erstberechtigten vor Zweitverfügungen. Allerdings hat er hier geringere Bedeutung, da das befristete Rechtsgeschäft häufig eine Gattungsschuld betrifft oder der Erstbesteller die Reihenfolge der Bestellungen nicht nachweisen kann.

135 Endet die Wirkung eines Rechtsgeschäfts durch den Eintritt eines Endtermins, so schließt dies eine **konkludente Fortsetzung des Vertragsverhältnisses** jedoch nicht aus. Setzt etwa ein Mieter nach Ablauf der Mietzeit den Gebrauch der Mietsache fort, so verlängert sich das Mietverhältnis gemäß § 545 BGB auf unbestimmte Zeit, sofern nicht eine der Parteien ihren entgegenstehenden Willen innerhalb von zwei Wochen dem anderen Teil erklärt. Zieht ein Hotelgast am vereinbarten Abreisetag nicht bis zur üblichen Abreisezeit aus, so verlängert sich der Hotelbeherbergungsvertrag sinngemäß um einen Tag, sofern der Hotelier dem nicht, etwa wegen anderweitiger Vermietung, widerspricht.

III. Verstoß gegen gesetzliche Verbote oder die guten Sitten

1. Verstoß gegen ein gesetzliches Verbot

136 Auch in einer liberalen Marktwirtschaft verbietet die Rechtsordnung Verhaltensweisen, die sozialschädlich sind.[22] Eines dieser Gesetze ist das Schwarzarbeitsgesetz. Lässt ein Bauherr ein Haus unter Verstoß gegen das **Schwarzarbeitsgesetz** errichten, so hat er keine Gewährleistungsansprüche gegen den Maurer; dieser kann auch seinen Arbeitslohn nicht verlangen. Diese Rechtsfolgen können aber im Einzelfall unbillig sein.[23] Nichtigkeit tritt beim Verstoß gegen das Schwarzarbeitsgesetz nur ein, wenn beide Seiten gegen das Verbot verstoßen. Der vorleistende Schwarzarbeiter erhält allerdings Wertersatz für seine Leistung nach §§ 812, 818 II BGB. Da er (wegen der Nichtigkeit des Vertrages) keine Gewährleistung schuldet, ist ein Abschlag vom objektiven Leistungswert zu machen.[24] Liegt nur ein nur einseitiger Verstoß gegen das Schwarzarbeitergesetz vor, bleibt der Werkvertrag dagegen wirksam, es sei denn, der andere Teil kennt diesen Verstoß und nutzt ihn aus.[25]

137 In einem Fall hatte der „Baubetreuer" eine Festpreisgarantie übernommen, die er im Ergebnis nicht einhalten konnte. Seine Materiallieferanten verlangten 50 000 DM vom Bauherrn über den Festpreis hinaus. Dieser begehrt deshalb insoweit Freistellung vom Baubetreuer. Der BGH ging zwar von der Nichtigkeit des Vertrages aus, nahm aber an, der Bauherr sei nach § 242 BGB davor zu schützen, dass die Preisgarantie nachträglich nicht eingehalten werden könne und gab dem Antrag auf Freistellung bzw. Erstattung statt.[26]

---

22 Vgl. BGH NJW 1993, 1335; *Leipold*, § 20 Rn. 1 ff; *Köhler*, PdW AT, Fall 77. Zum umfassenden Überblick über die wichtigsten Verbotsgesetze s. NK-BGB/*Looschelders* § 134 Rn. 87–278.

23 § 134 BGB sieht selbst die Möglichkeit abweichender Rechtsfolgen vor; vgl. BGH NJW 2013, 1742 (Verstoß gegen § 57 AktG; Folge § 62 AktG).

24 BGHZ 111, 308, 310 = NJW 1990, 2542.

25 BGH NJW 1985, 2403 m. krit. Anm. *Canaris*.

26 BGHZ 85, 39 = NJW 1983, 109; krit. *Tiedtke* NJW 1983, 713.

Richtet sich das gesetzliche Verbot nur gegen das Erfüllungsgeschäft, so muss auch das dazu gehörige Verpflichtungsgeschäft nach § 134 BGB nichtig sein.

Tritt ein Rechtsanwalt beispielsweise die Honorarforderung gegen einen Mandanten ohne dessen Zustimmung ab, verstößt dies gegen § 203 StGB, weil der Anwalt als Zedent nach § 402 BGB verpflichtet wäre, dem Zessionar notwendige Informationen zu erteilen. Deshalb muss auch der Kaufvertrag über die Forderung unwirksam sein.[27]

Fall 61: Eigentümer K ließ sich vom Bauunternehmer B seine Grundstücksauffahrt neu pflastern. Das Pflaster sollte mit einem 40t-LKW befahrbar sein. Vereinbart wurde ein Preis von 1800 € zahlbar in bar ohne Rechnung. Schon bald zeigten sich erhebliche Unebenheiten im Pflaster, weil B unter den Steinen eine zu starke Sandschicht aufgetragen hatte. B kann den Mangel nicht beseitigen. K verlangt daher von B Zahlung von 6000 € Vorschuss auf die Mangelbeseitigungskosten. Zu Recht?[28]

Lösung: Nach §§ 631, 633, 634 Nr. 2, 637 I, III BGB kann der Besteller vom Unternehmer einen Vorschuss auf die für eine Mangelbeseitigung erforderlichen Aufwendungen verlangen, wenn die Werkleistung mangelhaft ist (§ 633 II BGB) und der Unternehmer den Mangel nicht innerhalb einer Nachfrist beseitigen kann (§ 637 I BGB).

Der Anspruch besteht aber nur, wenn der geschlossene Werkvertrag wirksam ist. Die Vereinbarung „Barzahlung ohne Rechnung" bedeutet, dass der Unternehmer pflichtwidrig keine Rechnung stellt, die Einnahme nicht verbucht, darauf keine Mehrwertsteuer und auch keine Einkommensteuer abführt. Dem Besteller wird die Leistung entsprechend billiger angeboten. Hierin liegt ein Verstoß gegen § 1 II Nr. 2 SchwarzArbG (2004). Da B keine nach § 14 II Nr. 1 UStG geschuldete Rechnung ausstellt und dadurch gleichzeitig seine Umsatzsteuer (§§ 1 I Nr. 1; 2 I UStG) und seine Einkommensteuer (§§ 1 I 1; 2 I Nr. 2; 15 I EStG) verkürzt, begeht er strafbare Steuerhinterziehung (§ 370 I AO). Die Vereinbarung, ein Werklohn solle „schwarz" bezahlt werden, ist deshalb aus all diesen Gründen nach §§ 134, 138 BGB nichtig.

Ursprünglich hatte der BGH angenommen, der Vertrag sei bei einer „Ohne-Rechnung-Abrede" nur dann nichtig, wenn die Steuerhinterziehung Hauptzweck des Vertrages sei.[29] 2008 hielt er zwar die Abrede selbst für nichtig, meinte aber der Vertrag sei dennoch nach § 139 BGB wirksam, wenn er auch bei Abführung der Steuern zu denselben Bedingungen geschlossen worden wäre (eine wohl lebensfremde Vorstellung). Zusätzlich meinte er, der Werkunternehmer, der seine Leistung erbracht habe und sich zur Abwehr von Mängelansprüchen des Bestellers auf die Vertragsnichtigkeit berufe, handele treuwidrig (§ 242 BGB), müsse also die Ansprüche nach § 634 BGB erfüllen.[30]

Diese Argumentation hat der BGH jetzt zu Recht aufgegeben, wenn der Unternehmer vorsätzlich gegen seine Steuerpflichten verstößt und der Besteller den Verstoß kennt und bewusst zu seinem Vorteil ausnützt. Bei einem Verstoß gegen das Schwarzarbeitsgesetz

---

27 BGH NJW 1995, 2026.

28 **BGH (VII ZR 6/13 v 1.8.2013)**; Vorinstanz OLG Schleswig BauR 2013, 826; vgl. MüKo/*Armbrüster* § 134 Rn. 57.

29 BGH ZIP 2001, 202 = NJW-RR 2001, 380.

30 BGHZ 176, 198, 203 = JZ 2008, 1004 (krit. *Armbrüster*); vgl. *Säcker/Mohr*, Fall 18 (S. 275 ff).

sei stets der gesamte Vertrag nichtig. Ohne Schwarzgeldabrede wäre der Vertrag zu wesentlich anderen Bedingungen geschlossen worden. Da der Besteller den illegalen Preisvorteil ausnützt, sei auch er nicht nach § 242 BGB schutzwürdig.

Der Werkvertrag ist daher nach § 134 BGB vollständig nichtig. Ein Anspruch auf Leistung eines Vorschusses auf die Aufwendungen zur Mangelbeseitigung (§ 637 III BGB) besteht daher nicht.

2. Der Verstoß gegen die guten Sitten

138 Sittenwidrigkeit liegt vor, wenn das Rechtsgeschäft „dem Anstandsgefühl aller billig und gerecht Denkenden widerspricht“.[31]

Ein Rechtsgeschäft ist sittenwidrig und nichtig, wenn ein sittenwidriges Verhalten gegenüber dem Vertragspartner[32] (Sonderfall: Wucher gemäß § 138 II BGB) oder ein sittenwidriges Verhalten gegenüber der Allgemeinheit oder Dritten vorliegt. Im Hinblick auf den unterschiedlichen Schutzzweck sowie aus prozessökonomischen Gründen können nichtige Rechtsgeschäfte dennoch wegen Irrtums oder arglistiger Täuschung angefochten oder etwa bei einem Fernabsatzgeschäft (§§ 321d I 1, 355 BGB) vom Verbraucher widerrufen werden.[33]

Nach dem **Abstraktionsprinzip** ist grundsätzlich nur das Verpflichtungsgeschäft nach § 138 I BGB nichtig, nicht aber das wertneutrale Erfüllungsgeschäft. Dessen Nichtigkeit ist ausnahmsweise nur dann gegeben, wenn der Sittenverstoß gerade in der dinglichen Rechtsänderung zu sehen ist, z.B. bei sittenwidrigen Kreditsicherungsgeschäften.[34] Die abstrakte Formel der Sittenwidrigkeit wird durch die Entwicklung von Fallgruppen konkretisiert.

a) Sittenwidrigkeit von Bierbezugsverpflichtungen

139 Eine zwischen einem Gaststätteninhaber und einer Brauerei vereinbarte Bierbezugsverpflichtung ist sittenwidrig, wenn eine grobe Interessenverletzung von erheblicher Stärke vorliegt.[35] Nach neuester Rechtsprechung des BGH ist dies jedenfalls dann nicht der Fall, wenn das außerordentliche Kündigungsrecht des Gastwirts nicht ausgeschlossen wurde. Aufgrund der in der Regel von der Brauerei zu Beginn des Vertrages erbrachten Leistungen werden an das Vorliegen eines Kündigungsgrundes jedoch hohe Anforderungen gestellt.

Unter dieser Voraussetzung liegt in der langen Vertragsbindung keine unzulässige Einschränkung der Dispositionsfreiheit des Gastwirts. Gerade die übliche Zurverfügungstellung des Darlehens und die damit verbundene Sicherung der Existenzgrundlage des Gastwirts rechtfertigen engere Bindungen. Zudem halten sich Laufzeiten von Bierbezugsverpflichtungen von maximal 10 Jahren im Rahmen der Höchstlaufzeiten, von deren Einhaltung Art. 8 Abs. 1d der Gruppenfreistellungsverordnung Nr. 1984/83 der Kommission der Europäischen Gemeinschaften vom 22. Juni 1983 (ABl. L I 173/5) die Freistellung von Bierlieferungsverträgen von den Kartellverboten des Art. 101 AEUV abhängig macht.

---

31 BGH NJW 1999, 2266, 2267; BGHZ 69, 295 = NJW 1977, 2356; BGHZ 10, 228, 232 = NJW 1953, 1665.
32 Zur Sittenwidrigkeit von Eheverträgen s. BGHZ 158, 81 = FamRZ 2004, 601; BGH FamRZ 2013, 195.
33 BGHZ 183, 235 = NJW 2010, 610 (Kauf eines Radarwarn-Geräts); dazu *Würdinger*, JuS 2011, 769, 771.
34 *Bork*, AT, Rn. 1200; *Boecken*, Rn. 459.
35 BGHZ 147, 279 f, 287 f = NJW 2001, 2331.

b) Vertragsschluss aufgrund Bestechung

Auch eine Bestechung kann unter bestimmten Umständen zur Sittenwidrigkeit des anschließend abgeschlossenen Rechtsgeschäfts führen. 140

Fall 62: Der Architekt K hat mit dem Geschäftsführer der Wohnbaugesellschaft B am 30. April 1992 einen schriftlichen, als Rahmenvertrag ausgestalteten Architektenvertrag über die Sanierung einiger im Eigentum der B stehender Wohnblöcke abgeschlossen. K hat dem Geschäftsführer von B ein Bestechungsgeld von monatlich 5000 DM zugesagt, das ab Mai 1992 auch zehnmal gezahlt wurde. Im Architektenvertrag haben die Parteien unter anderem Abschlagszahlungen für die Leistungen des K in Höhe von monatlich 100 000 DM vereinbart. Die Parteien legten eine Honorarzahlung nach den Mittelsätzen der Honorarordnung für Architekten und Ingenieure (HOAI) fest. K arbeitete auf dieser Grundlage für B bis 1993. Nachdem B an K keine Abschlagszahlungen mehr geleistet hatte und K die B über die Zahlungen der Bestechungsgelder informiert hatte kündigte B den Rahmenvertrag fristlos und verweigerte die Zahlung des ausstehenden Architektenlohnes. K verlangt von B die Zahlung des restlichen Architektenhonorars in Höhe von 3 679 793,37 DM. B meint, der Architektenvertrag sei aufgrund der Bestechungsgelder nichtig; K habe daher keinen vertraglichen Honoraranspruch. Wie ist zu entscheiden?[36]

Lösung: K könnte gegen B einen Anspruch auf Zahlung der vertraglich vereinbarten Vergütung gemäß § 631 I BGB haben.[37]

Dazu müsste zwischen K und B ein wirksamer Architektenvertrag geschlossen worden sein.

Die Einigung zwischen K und dem Geschäftsführer der B wäre dieser jedoch nur dann zurechenbar, wenn eine wirksame Stellvertretung des Geschäftsführers im Sinn der §§ 164 ff BGB vorliegen würde. Problematisch ist in diesem Zusammenhang nur, ob der Geschäftsführer innerhalb der Vertretungsmacht gehandelt hat, vgl. § 164 I BGB. Nach Ansicht des BGH ist ein Geschäftsführer im Zweifel ohne vorherige Information seines Geschäftsherrn nicht befugt, für diesen einen Vertrag mit dem Verhandlungspartner abzuschließen, der den Geschäftsführer zuvor bestochen hat. Der zwischen K und dem Geschäftsführer der B abgeschlossene Architektenvertrag ist daher wenigstens schwebend unwirksam und genehmigungsbedürftig, vgl. § 177 I BGB.

Der Architektenvertrag könnte aber darüber hinaus gegen die guten Sitten verstoßen und nach § 138 I BGB nichtig sein.

Für die Beurteilung der Sittenwidrigkeit ist zwischen dem Rechtsgeschäft der Bestechung und dem Folgegeschäft zu unterscheiden. Die Schmiergeldzahlung selbst ist ohne weiteres sittenwidrig. Anders ist jedoch die Wirksamkeit des Folgegeschäftes zu beurteilen. Dieses ist nur dann sittenwidrig, wenn die Schmiergeldzahlung zu einer für den Geschäftsherrn nachteiligen Vertragsgestaltung geführt hat. Fehlt ein solcher Nachteil, so ist der Vertrag trotz der Bestechung nicht sittenwidrig. Falls ein Anhaltspunkt für einen Nachteil gegeben ist, so gelten die Grundsätze des prima facie Beweises. Derjenige, der bestochen hat, hätte daher das Fehlen eines Nachteiles zu beweisen.

Allein die Zahlung des Schmiergeldes reicht für sich noch nicht zur Behauptung eines Nachteiles aus. Es kann nicht ohne weiteres davon ausgegangen werden, dass ohne die

36 Nach **BGH NJW 1999, 2266 f.**

37 Zur Qualifikation des Architektenvertrages, vgl. *Palandt/Weidenkaff* Einf v. § 611, Rn. 17 f.

Zahlung eines Bestechungsgeldes, das Honorar des Architekten um dessen Höhe gemindert worden wäre. Vielmehr haben die Parteien im vorliegenden Fall die Honorarzahlung nach den Mittelsätzen der HOAI vereinbart. Die Vereinbarung von Mittelsätzen enthält im Allgemeinen keinen Hinweis auf einen zur Sittenwidrigkeit führenden Nachteil. Die Höhe des Honorars wurde von B nicht beanstandet. Zudem handelt es sich um kein Bauvorhaben, welches eine Vergütung nach Mittelsätzen nicht rechtfertigen würde.

B kann daher keinen Anhaltspunkt für einen Nachteil geltend machen. Der Architektenvertrag ist daher nicht sittenwidrig.[38]

Der vertragliche Anspruch auf Zahlung der Vergütung hängt daher von einer Genehmigung durch B gemäß §§ 177 I, 184 BGB ab. Verweigert B diese, so hätte K nur einen gesetzlichen Anspruch gegen B auf Wertersatz für die eingetretene Bereicherung unter Berücksichtigung der Grundsätze der aufgedrängten Bereicherung gemäß §§ 812 ff BGB.

c) Vertragsbruchtheorie

141 Die Sittenwidrigkeit begründenden Umstände können sich auch aus einem Verleiten des Vertragspartners zum Vertragsbruch ergeben. Im Zusammenhang mit den Problemen der Globalzession im Verhältnis zu den Lieferanten unter verlängertem Eigentumsvorbehalt hat der BGH entschieden, dass eine unzulässige Verleitung des Globalzedenten zum Vertragsbruch jedenfalls dann nicht vorliegt, wenn entweder der Abtretungsempfänger nach den Umständen des Einzelfalles – insbesondere wegen der Unüblichkeit des verlängerten Eigentumsvorbehalts in der betreffenden Wirtschaftsbranche – eine Kollision für ausgeschlossen halten darf, oder wenn dem verlängerten Eigentumsvorbehalt nach dem Willen der Vertragspartner von Anfang an Vorrang eingeräumt werden soll.[39] Dies kann zum einen durch einen im Abtretungsvertrag vereinbarten dinglich wirkenden Vorrang des verlängerten Eigentumsvorbehalts oder zum anderen durch eine Freigabeerklärung des hinterlegten Betrages mit dem Ziel einer vorrangigen Befriedigung der anderen Lieferanten erfolgen.[40]

d) Wucherähnliche Geschäfte

142 Gegenseitige Verträge können als wucherähnliche Geschäfte sittenwidrig und nichtig sein, wenn zwischen Leistung und Gegenleistung objektiv ein auffälliges Missverhältnis besteht und eine verwerfliche Gesinnung des begünstigten Teils hervorgetreten ist, weil er die wirtschaftlich schwächere Lage des anderen Teils zu seinem Vorteil ausgenutzt oder sich zumindest leichtfertig der Erkenntnis verschlossen hat, dass sich der andere Teil nur aufgrund seiner schwächeren Lage auf nachteilige Vertragsbedingungen eingelassen hat.[41] Sittenwidriger Lohnwucher (§ 138 II BGB) liegt vor, wenn die Arbeitsvergütung nicht zwei Drittel des üblichen Tariflohns erreicht.[42]

Ein Ratenkreditgeschäft ist in diesem Sinne wucherähnlich, wenn ein Vergleich von Leistung und Gegenleistung mit dem effektiven Jahreszins bei einem Darlehen ergibt, dass die

---

38 Beispiele für eine Sittenwidrigkeit durch Bestechung: BGH NJW 1989, 26: 10%iger Aufschlag auf den normalen Kaufpreis; RGZ 136, 359: Der Beklagte hat die Überteuerung der in Rechnung gestellten Preise geltend gemacht.

39 BGH NJW 1999, 2588, 2589; BGH NJW 1991, 2144.

40 BGH NJW 1999, 2588, 2589.

41 *Bork*, AT, Rn. 1160 ff; *Boecken*, Rn. 458.

42 BAGE 130, 338 = MDR 2009, 1117.

Leistung des Vertragspartners die eines normalen Kreditnehmers relativ um rund 100% oder absolut um 12 Prozentpunkte übersteigt.[43]

Auch ein Finanzierungs-Leasingvertrag kann in diesem Sinne wucherähnlich sein, weil das Finanzierungsleasing mit dem drittfinanzierten Kauf wirtschaftlich vergleichbar ist.[44] Neben das auffällige Missverhältnis von Leistung und Gegenleistung muss aber eine verwerfliche Gesinnung hinzutreten. Nach Ansicht des BGH ist diese nicht bei Geschäften mit einem vollkaufmännischen Leasingnehmer, wohl aber mit einem privaten Endverbraucher zu vermuten.[45]

e) Sittenwidrige Umkehr der Beweislast

Fall 63: Ein Mann besucht in einer Winternacht den Nachtclub Château d'amour. Dort ließ er es sich gut gehen. Für die anwesenden Damen und andere Beschäftigte bestellte er zahlreiche Runden Champagner, die Flasche für 300 DM. Während seines nächtlichen Aufenthaltes unterschrieb er fünf Belastungsbelege als Inhaber einer American Express Card über insgesamt 70 000 DM, den Ersten über 4600 DM. Am nächsten Morgen wurde er von den Angestellten des Nachtclubs in sein Hotel gebracht. Dort unterzeichnete er ein abstraktes Schuldanerkenntnis über 70 749 DM zuzüglich 10% Verzugszinsen. Da die Express Card Slips nicht eingelöst wurden und auch das Schuldanerkenntnis nicht honoriert wurde, klagt der Nachtclubbesitzer auf Zahlung. Wie ist zu entscheiden?[46] 143

Lösung: Aus dem Schuldanerkenntnis ergibt sich ein selbständiger Zahlungsanspruch, § 781 BGB. Das Schuldanerkenntnis könnte möglicherweise nach § 105 II BGB nichtig sein. Dies ist freilich eine Beweisfrage. Einfacher ist die Nichtigkeit nach § 138 I BGB zu beurteilen. Der BGH meint, schließlich habe es sich der Gast gut gehen lassen, so dass der erste anerkannte Betrag über 4600 DM zuzüglich der Zinsen wirksam sei. Darüber hinaus sei es aber sittenwidrig, durch ein Schuldanerkenntnis die Darlegungs- und Beweislast über die getätigten Bestellungen ganz auf den Gast abzuwälzen. Ob auch ein Fall von Wucher (§ 138 II BGB) vorliegt, ließ der BGH offen.

f) Sittenwidrige Mitverpflichtung von Familienangehörigen

In den letzten Jahren hat sich häufig die Frage gestellt, inwieweit Banken die Mitverpflichtung – aus Bürgschaft oder Schuldbeitritt – von einkommens- und vermögenslosen Ehepartnern oder Kindern verlangen und hieraus vorgehen können. 144

Fall 64: Die K-Bank (Klägerin) gewährte dem Ehemann der Beklagten, dem Alleininhaber eines Montagebetriebes, ein Darlehen über 47 000 DM zu einem auf fünf Jahre festgeschriebenen Zinssatz von 9%, rückzahlbar in monatlichen Raten von 800 DM. Die Beklagte erklärte auf der Darlehensurkunde ihren Schuldbeitritt. Mit dem Kredit sollten die Geschäftsverbindlichkeiten des damaligen Ehemannes der Beklagten umgeschuldet und gemeinsame Restschulden der Eheleute in Höhe von 9000 DM abgelöst werden. Zur Sicherung des Darlehens wurden der Klägerin eine Lebensversicherung der Beklagten und zwei Lebensversicherungen ihres Ehemannes übertragen. Die Beklagte betreute ihre vier Kinder im Alter von einem bis acht Jahren und half gegen ein geringes Entgelt im Betrieb ihres Ehemannes aus. Nach Insolvenz des Ehemannes und Ver-

43 BGH NJW 1990, 1595.
44 BGHZ 128, 255, 260 ff, 265 ff = NJW 1995, 1019.
45 BGHZ 128, 255, 267 f = NJW 1995, 1019.
46 **BGH ZIP 1987, 519.**

wertung der Lebensversicherungen verblieb eine Restschuld von ca. 20 000 DM. Die Bank verlangt von der Beklagten Zahlung dieser Restschuld. Zu Recht?[47]

Lösung: Die Bank hat einen Zahlungsanspruch aus dem gesetzlich nicht geregelten Schuldbeitritt, § 311 I BGB, sofern dieser nicht nach § 138 I BGB nichtig ist. Dass ein Schuldbeitritt einen Lebenspartner oder späteren Ehegatten finanziell überfordert, macht ihn noch nicht sittenwidrig. Es müssen vielmehr weitere Umstände hinzukommen, durch die ein unerträgliches Ungleichgewicht zwischen den Vertragspartnern hervorgerufen wird, das die Mitverpflichtung auch unter Berücksichtigung der berechtigten Belange des Gläubigers als nicht mehr hinnehmbar erscheinen lässt. Das wäre etwa der Fall, wenn die Entscheidungsfreiheit des Mitverpflichteten in rechtlich anstößiger Weise beeinträchtigt wurde und der Gläubiger sich dies zurechnen lassen muss.

Nach der neuesten Rspr. kann der Schuldbeitritt aber auch ohne solche Einwirkungen sittenwidrig und nichtig sein. Besteht nämlich ein krasses Missverhältnis zwischen dem Haftungsumfang und der Leistungsfähigkeit des Schuldbeitretenden, so ist zu vermuten, dass er sich auf diese Verpflichtung nur aufgrund seiner emotionalen Bindung an den Hauptschuldner und infolge mangelnder Geschäftsgewandtheit und Rechtskundigkeit eingelassen hat und die Bank dies verwerflich ausgenutzt hat. Einem solchen wirtschaftlich sinnlosen Geschäft verweigert die Rechtsordnung jede Wirkung. Ein solches Missverhältnis ist grundsätzlich erst dann zu bejahen, wenn der Betroffene voraussichtlich nicht einmal die laufenden Zinsen der Hauptschuld aufzubringen vermag.[48]

Zur Beurteilung der finanziellen Überforderung können anderweitige Sicherheiten des Kreditgebers nur dann berücksichtigt werden, wenn von Beginn an gewährleistet ist, dass die Beklagte im Sicherungsfalle nur noch in einem sie nicht mehr unzumutbar belastenden Umfang haften würde.[49] Dies ist hier nicht der Fall.

Freilich sind sämtliche sonstigen Umstände des Einzelfalles mit zu berücksichtigen. So nimmt die Rspr. an, es sei legitim, wenn sich ein Kreditgeber durch eine solche die finanziellen Verhältnisse des Ehegatten übersteigende Mitverpflichtung dagegen sichert, dass Vermögensverlagerungen vom Hauptschuldner auf den Partner erfolgen. Dies rechtfertigt eine Sicherung aber nur in Höhe möglicher Verlagerungen, nicht darüber hinaus. Für Bürgschaften nach dem 1.1.1999 muss der beschränkte Haftungszweck vertraglich festgelegt worden sein.[50] Der Anspruch entfällt, wenn der Mitverpflichtete kein Vermögen erlangt hat oder die Gefahr von Vermögensverlagerungen nicht mehr besteht, z.B. wegen Aufhebung der Lebensgemeinschaft.[51]

Die Sittenwidrigkeit würde entfallen, wenn die Schuldbeitretende eigenverantwortliche unternehmerische Absichten gehabt und unmittelbare Vorteile erlangt hätte. Allein der Erwerb bloßer mittelbarer Vorteile aus einem vom Hauptschuldner aufgenommenen Betriebsmittelkredit (in Form höheren Unterhalts) können die Sittenwidrigkeit nicht beseitigen.[52]

47 **BGHZ 146, 37 = JZ 2001, 1036 f = NJW 2001, 815.**
48 Vgl. dagegen *Säcker/Mohr*, Fall 17 (S. 249 ff).
49 BGH NJW 2009, 2671 (Rn. 21); BGHZ 146, 37, 44 = NJW 2001, 815.
50 BGH NJW 1999, 58.
51 BGHZ 128, 230, 237 = NJW 1995, 592; BGH NJW 2000, 1182.
52 Vgl. BGH NJW 1999, 2584 u. NJW 2000, 1185.

Ausnahmsweise kann die Mithaftungsabrede nach § 139 BGB teilweise aufrechterhalten werden. Grundsätzlich sind sittenwidrige Rechtsgeschäfte als Einheit zu werten und können nicht durch eine geltungserhaltende Reduktion oder Umdeutung mit einem zulässigen Inhalt aufrechterhalten werden. Etwas anderes ergibt sich jedoch, wenn der sittenwidrige Teil der Mitverpflichtung aufgrund der objektiven Umstände genau bestimmt und ohne weiteres ausgesondert werden kann. In einem solchen Fall wird eine geltungserhaltende Reduktion nicht durch richterliches Ermessen, sondern durch den genau feststellbaren Parteiwillen bestimmt. Im vorliegenden Fall hätten die Parteien, bei Kenntnis der Unwirksamkeit des Schuldbeitritts, die Mitverpflichtung auf die gemeinsamen Restschulden der Eheleute begrenzt.

Die Beklagte ist daher nur zur Zahlung von 9000 DM verpflichtet.

Diese Grundsätze gelten, wenn zwischen dem Bürgen und dem Schuldner eine emotionale Verbundenheit besteht[53] und daher auch für Verlobte[54], für Partner einer nichtehelichen Lebensgemeinschaft[55] und für Bürgschaften von Kindern[56]. Auf Geschwister finden sie nur Anwendung, wenn zwischen ihnen zur Zeit der Verpflichtung eine vergleichbar enge Beziehung bestand.[57]

g) Sittenwidrigkeit von Gesellschafter- oder Geschäftsführerbürgschaften

Ein Kreditinstitut, das einer GmbH ein Darlehen gewährt, hat grundsätzlich ein berechtigtes Interesse daran, die persönliche Haftung maßgeblich beteiligter Gesellschafter sowie der Geschäftsführer für die Geschäftskredite zu verlangen. Es entspricht gängiger Bankpraxis eine Kreditgewährung davon abhängig zu machen, dass die rechtlich und wirtschaftlich verantwortlichen Personen für die entstehenden Forderungen eintreten. **145**

In der Regel handeln diese Personen aus wirtschaftlich vernünftigen, allein von ihnen selbst zu verantwortenden Gründen. Allein eine finanzielle Überforderung, ohne das Hinzutreten weiterer Umstände kann für sich genommen daher noch keine Sittenwidrigkeit eines Bürgschaftsvertrages begründen.

Etwas anderes könnte sich allenfalls dann ergeben, wenn die Bürgschaft für die Gesellschafter oder Geschäftsführer ein wirtschaftlich sinnloses Rechtsgeschäft darstellen würde, weil sie diese nur aus emotionalen Gründen abgeschlossen haben. Dies könnte dann der Fall sein, wenn der Gesellschafter oder Geschäftsführer ausschließlich Strohmannfunktion hatte und die Mithaftung oder Bürgschaft nur aus emotionaler Verbundenheit mit der hinter ihm stehenden Person übernommen hat.

Fall 65: Der Beklagte B war seit September 1988 Alleingesellschafter der C-GmbH. Mit Vertrag vom 23. September 1991 gewährte die Klägerin K der GmbH einen Kontokorrentkredit bis zum Betrag von 200 000 DM. In einer Urkunde vom selben Tage verbürgte sich der Beklagte für alle bestehenden und künftigen Forderungen aus der Geschäftsverbindung der Gesellschaft. Am 4. Januar 1994 nahm die GmbH ein Festzinsdarlehen in Höhe von 355 000 DM bei der K auf.

53 BGH NJW 2000, 1182.
54 BGH 136, 347 f, 350 = NJW 1997, 3372.
55 BGH NJW 1997, 1005.
56 BGH 125, 206 = FamRZ 1994, 688; vgl. BVerfGE 89, 214 = NJW 1994, 36.
57 BGHZ 137, 329 = NJW 1998, 597.

B erteilte seinem Vater am 10. Dezember 1992 in notarieller Form uneingeschränkte Vollmacht zur Vertretung der GmbH. Am 29. Dezember 1994 kündigte die K die Geschäftsverbindung. Die C-GmbH ist insolvent. Am 23. Januar 1995 wurde B als Geschäftsführer abberufen und dessen Vater zum Geschäftsführer bestellt.

Die K verlangt nun von B die Zahlung einer Bürgschaftssumme, für genau belegte Forderungen der K gegen die C-GmbH, in Höhe von 100 000 DM. B macht geltend, dass der Bürgschaftsvertrag sittenwidrig sei. Der K sei bekannt gewesen, dass B nur als Strohmann für seinen Vater tätig geworden sei. B selbst habe die Bürgschaft nur nach den Vorgaben seines Vaters geleistet. Zudem habe der Vater von B nach dem Vertragsschluss sämtliche Verhandlungen mit der K geführt. Er selbst war zudem zum damaligen Zeitpunkt noch in Ausbildung und verfügte nur über geringe Einkünfte, so dass er finanziell nie in der Lage gewesen sei, die Hauptforderung in nennenswerten Umfang zu tilgen. Wie ist zu entscheiden?[58]

Lösung: Ein Anspruch der K gegen B auf Zahlung der verlangten Bürgschaftssumme besteht nach § 765 I BGB, sofern der Bürgschaftsvertrag nicht gemäß § 138 I BGB sittenwidrig und damit nichtig ist.

Bei Bürgschaften von Verwandten oder Lebenspartnern hat der BGH in ständiger Rechtsprechung eine Sittenwidrigkeit bereits bei einer krassen finanziellen Überforderung des Bürgen angenommen. Einem wirtschaftlich sinnloses Rechtsgeschäft verweigert die Rechtsordnung jede Wirkung.

Diese Rechtsprechung könnte auch auf sog. Gesellschafterbürgschaften angewendet werden kann. Eine Sittenwidrigkeit wäre jedenfalls dann zu bejahen, wenn die Bürgschaft ein wirtschaftlich sinnloses Rechtsgeschäft darstellen würde.

Gehört die Gesellschaft wirtschaftlich gesehen, zu wesentlichen Teilen einer mit dem Bürgen eng verbundenen Person, so befindet sich derjenige, der die Haftung übernehmen soll, nicht selten in einer für Verwandten- oder Ehegattenbürgschaften typischen Konfliktsituation. Die Bürgschaft könnte dann nicht auf wirtschaftlichen, sondern nur auf emotionalen Gründen beruhen. Der Bürge würde daher in einem solchen Fall denselben Gefahren wie bei einer unmittelbaren Haftung für Verbindlichkeiten des ihm nahestehenden Hauptschuldners unterliegen. Der Bürge könnte daher in vergleichbarer Weise schutzbedürftig sein.

Anders als bei den Fällen der reinen Verwandten- oder Ehegattenbürgschaft ist jedoch die besondere Lage, die der Mithaftung von Gesellschaftern zu Grunde liegt, zu berücksichtigen.

Es entspricht einer gängigen Bankpraxis, die Kreditgewährung davon abhängig zu machen, dass die rechtlich und wirtschaftlich verantwortlichen Personen für die entstehenden Forderungen eintreten. Die Banken dürfen dabei im Allgemeinen davon ausgehen, dass derjenige, der sich an einer Gesellschaft beteiligt, dies aus eigenen finanziellen Interessen tut und schon deshalb durch die Haftung kein ihm unzumutbares Risiko auf sich nimmt. Für den Kreditgeber besteht grundsätzlich daher keine Veranlassung, der Frage nachzugehen, aus welchen Gründen die Beteiligung an einer Gesellschaft erfolgt und die

58 Nach **BGH NJW 2002, 1337 f**; vgl. auch BGH NJW 2002, 956 f.

Haftung für deren Schulden übernommen wird.[59] Nach Ansicht des BGH gilt dies selbst dann, wenn dem verpflichteten Gesellschafter nur die Funktion eines Strohmannes zukommt.

Etwas anderes kann sich jedoch dann ergeben, wenn für die Bank die wirklichen Motive des Bürgen klar hervortreten. Wenn die Bank sowohl das vollständige Fehlen wirtschaftlicher Interessen des Bürgen als auch die Übernahme der Haftung allein aufgrund emotionaler Abhängigkeit erkennt, ist der Bürge in gleicher Weise wie bei einer reinen Verwandten- oder Ehegattenbürgschaft schutzwürdig.[60]

Da der Gläubiger grundsätzlich von einem unmittelbaren wirtschaftlichen Interesse für die Haftungserstreckung ausgehen darf, obliegt dem Bürgen die volle Darlegungs- und Beweislast für die Behauptung eines die Sittenwidrigkeit begründenden Sachverhalts.

Zum Zeitpunkt des Abschlusses des Bürgschaftsvertrages zwischen B und K war der Kläger alleiniger Geschäftsführer der C-GmbH. Alle Umstände, wie die Erteilung der uneingeschränkten Vollmacht für den Vater des B, die Leitung aller Verhandlungen mit der K und die spätere Einsetzung des Vaters des B als alleiniger Geschäftsführer erfolgten erst nach Vertragsschluss.

Im maßgeblichen Zeitpunkt des Vertragsschlusses waren daher der K keine Umstände bekannt, die Zweifel an einem eigenen unmittelbaren Interesse des Klägers hervorrufen konnten.

Weder aus der krassen finanziellen Überforderung des B noch aus dessen emotionaler Verbundenheit seinem Vater, der die Gesellschaft beherrschte, folgt eine Vermutung zu Lasten der K.

Der Bürgschaftsvertrag ist daher nicht sittenwidrig.

Die K kann daher von B Zahlung gemäß § 765 I BGB verlangen.

h) Geschäfte zu Lasten der Sozialhilfe

Verzichtet ein nicht erwerbsfähiger, vermögensloser Ehegatte in einer Scheidungsvereinbarung auf jeden nachehelichen Unterhalt und fällt deshalb der Sozialhilfe zur Last, so ist der Unterhaltsverzicht sittenwidrig (§ 138 I BGB) und nichtig.[61] **146**

Ein Erbvertrag, durch den ein Erblasser sein behindertes Kind von der Erbfolge ausschließt, so dass der Sozialhilfeträger über den Pflichtteilsanspruch hinaus keinen Ersatz für die nach dem Tod des Erblassers aufgewandte Sozialhilfe erhält, ist dagegen mit den guten Sitten vereinbar. Sog. **Behindertentestamente,** durch die dem Kind über die Sozialhilfe hinaus Annehmlichkeiten zugewendet werden, ohne dass der Sozialhilfeträger auf das dem gesetzlichen Erbteil nach den Eltern entsprechende Vermögen zugreifen kann, hat die Rechtsprechung stets gebilligt.[62]

59 BGHZ 137, 329 f = NJW 1998, 597; BGH WM 1997, 511 f, 513.
60 BGHZ 137, 329 f, 336 f = NJW 1998, 597.
61 BGHZ 86, 82, 86 = NJW 1983, 1851; BGH NJW 1987, 1546, 1548.
62 BGHZ 123, 368, 373 ff = NJW 1994, 248; BGHZ 111, 36, 39 ff = NJW 1990, 2055; vgl. *Lipp*, Rep. Erbrecht, Rn. 386 ff.

IV. Relative Unwirksamkeit

147 Ist ein Rechtsgeschäft nur zugunsten einer bestimmten Person unwirksam, allen anderen aber gegenüber wirksam, spricht man von relativer Unwirksamkeit.

Gesetzliche relative Veräußerungsverbote (§ 135 BGB) gibt es kaum, und wenn, sind ihre Rechtsfolgen meist selbständig geregelt.[63] Von praktischer Bedeutung sind aber **behördliche relative Verfügungsverbote** (§ 136 BGB). In allen Fällen der Zwangsvollstreckung wegen Geldforderungen entsteht zugunsten des Gläubigers ein relatives Verfügungsverbot. Bei der Forderungspfändung ergibt sich dies unmittelbar aus § 829 I 2 ZPO, bei der Zwangsversteigerung von Grundstücken aus § 23 I ZVG.[64]

Eine Einziehung der gepfändeten Forderung durch den Schuldner oder eine Veräußerung des Grundstücks ist daher dem Gläubiger gegenüber ohne Wirkung.

Fall 66: G lässt wegen einer titulierten Kaufpreisforderung bei S pfänden. Der Gerichtsvollzieher pfändet einen Flügel, der im Wohnzimmer steht, durch Anlegung eines Pfandsiegels. S löst das Pfandsiegel eigenmächtig ab und veräußert den Flügel für 50 000 € an den ahnungslosen B. Hat G Ansprüche gegen B?

Lösung: Als Inhaber eines fälligen Pfändungspfandrechts könnte G nach § 804 ZPO iVm §§ 1227, 985, 861, 1007 BGB Herausgabe des Flügels an den Gerichtsvollzieher zum Zwecke der Versteigerung verlangen. Die Ansprüche sind dagegen ausgeschlossen, wenn B gutgläubig unbelastetes Eigentum erworben hat.

B hat den Flügel von S nach § 929 S. 1 BGB durch Einigung und Übergabe erworben. S war Eigentümer, aber durch das Pfändungspfandrecht in seiner Verfügungsbefugnis beschränkt. Nach § 936 I 1, II BGB erlischt ein privates Recht eines Dritten mit der Veräußerung an einen gutgläubigen Erwerber. Dieser erwirbt mithin lastenfreies Eigentum.

Hier bestand aber aufgrund der öffentlich-rechtlichen Pfändung eine hoheitliche Verstrickung. Diese hat ein hoheitliches Verfügungsverbot gegenüber dem Schuldner zum Inhalt, wie dies in § 829 I 2 ZPO für Forderungspfändungen ausdrücklich ausgesprochen wird. Die Verstrickung bewirkt also ein relatives Veräußerungsverbot nach den §§ 135, 136 BGB und hat insoweit materiell-rechtliche Bedeutung.

Nach den §§ 135 I 1, 136 BGB ist folglich die Veräußerung an B gegenüber G unwirksam, sofern nicht zugunsten des B § 135 II BGB eingreift. Danach finden die Regeln über den Erwerb vom Nichtberechtigten entsprechende Anwendung. Ein Erwerb wäre demnach gem. § 935 BGB ausgeschlossen, wenn der Flügel dem Gerichtsvollzieher abhandengekommen wäre. § 935 BGB liegt aber nur vor, wenn der unmittelbare Besitzer seinen Besitz ohne seinen Willen verliert. Unmittelbarer Besitzer blieb trotz der Pfändung der Schuldner S. Der Gerichtsvollzieher wurde nur mittelbarer Besitzer erster Stufe, der Gläubiger mittelbarer Besitzer zweiter Stufe. Nach § 936 I 1, II BGB erwarb B lastenfrei, wenn er hinsichtlich des Pfandrechts gutgläubig war. Im Ergebnis ist das Pfandrecht erloschen. Der Gläubiger hat keine Herausgabeansprüche.

63 *Palandt/Ellenberger* §§ 135, 136 Rn. 3; *Bork*, AT, Rn. 1137.
64 Vgl. *Bork*, AT, Rn. 1138; *Medicus*, AT, Rn. 672.

§ 5 Willensmängel

Bei empfangsbedürftigen Willenserklärungen ist nicht entscheidend, was der Erklärende 148
selbst wollte, sondern was er aus Sicht eines objektiven Erklärungsempfängers tatsächlich erklärt hat. Ein Verständnis der Lehre von den Willensmängeln setzt voraus, dass man zunächst feststellt, ob überhaupt eine Willenserklärung abgegeben wurde und welchen Inhalt diese Willenserklärung bei sachgerechter Auslegung hat.

➔ Ein Willensmangel liegt vor, wenn nach Abschluss dieser Überlegungen Wille und Erklärung auseinanderfallen, wenn das Gewollte nicht erklärt und das Erklärte nicht gewollt ist.

Dieses Auseinanderfallen von Wille und Erklärung kann unterschiedliche Ursachen haben. Einerseits kann die Divergenz bewusst, so in den Fällen der §§ 116–118 BGB,[1] andererseits unbewusst herbeigeführt worden sein, so in den Fällen der §§ 119, 120, 123 BGB. Das Gesetz sieht für die Behandlung der Willensmängel unterschiedliche Lösungen vor. In den Fällen der bewussten Divergenz ist die Willenserklärung **von Anfang an nichtig** (so §§ 117, 118 BGB), bei der unbewussten Divergenz ist die Willenserklärung zwar **wirksam, aber anfechtbar**. Aus praktischen Gründen kann auch eine (möglicherweise) nichtige Willenserklärung angefochten oder widerrufen werden (sog. *Doppelwirkung im Recht*).[2]

I. Das Scheingeschäft

Ein Scheingeschäft oder simuliertes Geschäft ist nichtig, § 117 I BGB. Zwar liegt der äu- 149
ßere Schein eines Rechtsgeschäfts vor, aber auf beiden Seiten **fehlt** der **Rechtsfolge- und Rechtsbindungswille**. Im Unterschied zum geheimen Vorbehalt und Scherz (§§ 116, 118 BGB) handeln hier beide Vertragspartner einverständlich, in der Regel um einen Dritten oder die öffentliche Hand zu täuschen oder zu schädigen. Da die Vertragspartner zusammenarbeiten, bedarf es keines Schutzes des Erklärungsgegners.

Tritt einer der Vertragspartner seine vermeintlichen Rechte aber an einen gutgläubigen Dritten ab, so kann sich der andere dem Dritten gegenüber nicht darauf berufen, dass nur ein Scheingeschäft vorliegt (§ 405 BGB).[3]

Scheingeschäft kann etwa die Aufnahme eines Darlehens sein, das nicht ernstlich gewollt ist und nur die Schuld einer GmbH verschleiern soll, damit der Zweigstellenleiter einer Bank intern keine Schwierigkeiten bekommt.[4] Ein **Strohmanngeschäft** ist dagegen kein Scheingeschäft. Denn der Strohmann will ernstlich den Vertrag für den Hintermann schließen; der Vertrag ist daher gültig.[5]

1 Vgl. *Preuß*, JURA 2002, 815.
2 *Coester-Waltjen*, JURA 2006, 348, 349; *Würdinger*, JuS 2011, 769; einschränkend *Schreiber*, AcP 211 (2011), 35.
3 Vgl. *Kuhn*, AcP 208 (2008), 101 ff.
4 BGH NJW 1993, 2435.
5 OLG Düsseldorf WM 1985, 346; OLG Köln NJW 1993, 2623.

In Prüfungsaufgaben ist der häufigste Fall des Scheingeschäfts der Schwarzkauf. Die Parteien eines Grundstückskaufvertrages lassen bewusst einen niedrigeren als den tatsächlich vereinbarten Kaufpreis beurkunden (sog. **Unterverbriefung**), um Notargebühren und Steuern zu sparen.[6] Hier ist der abgeschlossene Vertrag als Scheingeschäft nichtig, auf das verdeckte Geschäft sind aber die dafür geltenden Regeln anzuwenden, § 117 II BGB. Dies bedeutet, dass das gewollte Geschäft formnichtig ist, §§ 311b I 1, 125 I 1 BGB, da es nicht beurkundet wurde. Jedoch kann es nach § 311b I 2 BGB wirksam werden, wenn der Käufer tatsächlich als Eigentümer im Grundbuch eingetragen wird.

Ein Scheingeschäft liegt aber nicht vor, wenn die Vertragspartei den Vertrag selbst abschließt und dabei die Scheinabrede ihres vorherigen Verhandlungsbevollmächtigten nicht kennt. Dessen Kenntnis ist ihr nicht nach § 166 I BGB zuzurechnen. In diesem Fall ist allerdings die Erklärung der Gegenseite nach § 118 BGB nichtig,[7] so dass im Ergebnis kein Vertrag zustande gekommen ist.

II. Der Irrtum

150 Wer eine Erklärung irrtümlich abgibt, kann diese unter bestimmten Voraussetzungen durch Anfechtung wieder „aus der Welt schaffen".[8] § 119 I BGB lässt eine Anfechtung zu, wenn Wille und Erklärung unbewusst voneinander abweichen. Der Erklärende soll nicht an einer Erklärung festgehalten werden, die nicht seinem Geschäftswillen entspricht. § 119 II BGB lässt eine Anfechtung aber auch bei einem sog. Eigenschaftsirrtum zu, wenn der Erklärende das erklärte, was er wollte, ihm aber bei der Willensbildung ein Irrtum unterlaufen ist. Jenseits des § 119 II BGB ist ein solcher Irrtum bei der Willensbildung (Motivirrtum) dagegen unbeachtlich.[9] Die Abgrenzung der einzelnen Irrtumsfälle kann durchaus Schwierigkeiten bereiten.

Zwischen dem Irrtum und der abgegebenen Willenserklärung muss ein Kausalzusammenhang bestehen. Es muss anzunehmen sein, dass der Erklärende die Erklärung bei Kenntnis der Sachlage nicht abgegeben hätte; außerdem dürfte der Erklärende seine Erklärung bei objektiv verständiger Würdigung des Falls nicht abgegeben haben (vgl. § 119 I BGB).

Wer sich irrt, kann sich nach den §§ 119, 120 BGB vom Vertrag durch Anfechtung lösen (§ 142 BGB), muss dann freilich dem Gegner den Vertrauensschaden ersetzen, § 122 BGB. Dies gilt entsprechend, wenn eine aufgrund eines Computerprogramms „automatisch generierte" Willenserklärung abgegeben wird.[10]

---

6 Vgl. *Leenen* § 6 Rn. 99 ff.
7 BGHZ 144, 331 = NJW 2000, 3127; dazu *Thiessen*, NJW 2001, 3025.
8 *Brox/Walker*, AT, Rn. 407; vgl. *Petersen*, JURA 2006, 660.
9 *Brox/Walker*, AT, Rn. 416; *Bitter* Rn. 62; vgl. *Cziupka*, JuS 2009, 887.
10 *Faust*, § 21 Rn. 23.

1. Vorrang der Vertragsauslegung

Die Auslegung der Willenserklärung geht einer Anfechtung vor. Die Auslegung hat zwei Funktionen. 151

a) Durch Auslegung muss ermittelt werden, ob tatsächlich das Erklärte vom Gewollten abweicht. Ein Abweichen der Erklärung vom Willen kann erst dann angenommen werden, wenn eine solche Divergenz auch nach deren Auslegung angenommen werden kann. Hat der Erklärungsempfänger trotz abweichender Erklärung den wirklichen Willen des Erklärenden verstanden, so gilt das tatsächlich Gewollte (s.o. Rn. 91). Ein Unterschied zwischen Erklärung und Willen ist dann gar nicht entstanden, eine Anfechtung mithin nicht notwendig und möglich.

b) Die Auslegung ist notwendig, um die Art der Abweichung und damit die dogmatische Einordnung des Irrtums vornehmen zu können. Bei der weiteren Prüfung ist festzustellen, in welchem Stadium – Willensbildung oder Willensentäußerung – der Erklärende dem Irrtum unterlag. Für den Fall eines Irrtums bei der Willensentäußerung ist letztlich eine Einordnung in die gesetzlichen Fälle der §§ 119, 120 BGB vorzunehmen.

2. Der Inhaltsirrtum

Zum Inhaltsirrtum (§ 119 I 1. Alt. BGB) gehört ein Irrtum über die Rechtsnatur des Geschäfts oder über die Bedeutung von Klauseln, die im Verkehr einen bestimmten üblichen Sinn haben. 152

Eine Sozialrentnerin wird etwa im Krankenhaus von der geriatrischen Abteilung in die chirurgische Abteilung verlegt und unterschreibt dabei ein Formular, dass sie damit einverstanden ist. Später erhält sie eine Privatrechnung des Chefarztes der Chirurgie, weil auf dem Formular auch die Unterbringung in einem Zwei-Bett-Zimmer mit ärztlichen Wahlleistungen angekreuzt war. Möglicherweise fehlt in diesem Fall bereits der Wille, eine rechtsgeschäftliche Erklärung abzugeben, jedenfalls wollte die Patientin aber nicht ärztliche Wahlleistungen bezahlen. Deshalb kann sie anfechten.[11]

Ein lustiger Irrtumsfall ist derjenige der Konrektorin einer Mädchenschule, die „25 Gros Rollen Toilettenpapier“ bestellte und dabei nicht wusste, dass das Wort „Gros“ 12 Dutzend bedeutet. Objektiv ging der Sinn ihrer Erklärung auf die Bestellung von 3600 Rollen, doch konnte sie ihre Bestellung wegen Inhaltsirrtums anfechten.[12]

Kein Inhaltsirrtum liegt vor, wenn jemand eine Urkunde *ungelesen unterschreibt*. Dies gilt grundsätzlich auch, wenn der Unterschreibende der deutschen Sprache nicht mächtig ist. Hatte der Unterschreibende jedoch aufgrund des Geschehens vor der Unterzeichnung die Vorstellung eine Urkunde mit anderem Inhalt zu unterzeichnen, so liegt ein relevanter Inhaltsirrtum vor.[13] 153

11 LG Köln NJW 1988, 1518. Auch § 305c I BGB dürfte eingreifen.
12 LG Hanau NJW 1979, 721.
13 BGH NJW 1995, 190, 191; vgl. auch LG Memmingen NJW 1975, 451.

3. Der Erklärungsirrtum

154 Die Fälle des Erklärungsirrtums (§ 119 I 2. Alt. BGB) sind weitgehend unproblematisch. Es handelt sich meist um ein Vertippen, Verschreiben oder Vergreifen. Der Irrtum muss freilich auch in diesen Fällen für den Gegner nicht erkennbar sein.

Gleichgestellt wird nach h.M. die Anfechtung bei einer ohne Erklärungsbewußtsein abgegebenen Willenserklärung (s.o. Rn. 37).

Bietet eine Internet-Firma ein Notebook auf ihrer Website anstelle der eingegebenen 2650 € aufgrund eines Softwarefehlers für 245 € an, bestellt ein Kunde das Notebook zu diesem Preis und wird diese Bestellung vollautomatisch bestätigt, so wirkt der Erklärungsirrtum bei der invitatio ad offerendum im Internet auf die Annahmeerklärung fort. Die Firma kann ihre Annahmeerklärung wegen Erklärungsirrtum anfechten.[14]

Entsprechend liegt ein Erklärungsirrtum bei der Annahme vor, wenn ein Buch in einer Selbstbedienungsbuchhandlung irrtümlich (Tippfehler bei der Herstellung des Preisetiketts) falsch ausgezeichnet ist.[15]

Zum Erklärungsirrtum des Boten s.u. Rn. 179.

4. Der Eigenschaftsirrtum

155 Das Verhältnis von Inhaltsirrtum und Eigenschaftsirrtum (§ 119 II BGB) ist zweifelhaft. Manche halten den Eigenschaftsirrtum für einen ausnahmsweise beachtlichen Motivirrtum.[16] Andere sagen, der Eigenschaftsirrtum sei ein Inhaltsirrtum, wenn die Relevanz der Eigenschaft ausdrücklich oder doch konkludent vertraglich festgelegt worden sei.[17] Verkehrswesentliche Eigenschaften einer Person sind etwa ihr Alter, ihre Vorbildung bzw. Sachkunde, ihr Gesundheitszustand, etwaige Vorstrafen oder ihre Zahlungsfähigkeit bzw. Kreditwürdigkeit. Wer glauben darf, er verbürge sich für einen reichen Unternehmer, kann anfechten, wenn dieser tatsächlich kurz vor der Insolvenz steht.[18] Verkehrswesentliche Eigenschaften einer Sache sind alle tatsächlichen oder rechtlichen Verhältnisse, die auf Dauer ihren Nutzen oder ihren Wert beeinflussen und für den konkreten Geschäftstyp wesentlich sind. Bei einem Gemälde gehört auch die Urheberschaft zu den Eigenschaften.

Fall 67: K verkaufte B das Ölgemälde „Bildnis eines jungen Mannes" für 6000 DM, und zwar als „Männerkopf von Frank Duveneck". B ließ das Gemälde einige Monate nach dem Kauf von einem Konservator untersuchen, der es dem Maler Wilhelm Leibl zuschrieb. Danach veräußerte er das Bild an eine Galerie zum Preis von 25 000 DM. K, der das Bild in einer Ausstellung wieder entdeckte, focht daraufhin den Kaufvertrag und die Übereignungserklärung wegen Irrtums an und verlangt nun Rückgabe des Bildes Zug um Zug gegen Rückzahlung des bezahlten Kaufpreises. Zu Recht?[19]

14 BGH NJW 2005, 976; *Boecken* Rn. 509.
15 A.A. *Fritzsche*, Fälle zum AT, Fall 20.
16 *Schack*, AT, Rn. 278; *Bitter*, Rn. 101; *Boecken*, Rn. 511.
17 Vgl. *Bork*, AT, Rn. 844 ff, 853 (Motivirrtum, der wie ein Inhaltsirrtum behandelt wird).
18 *Faust* § 21 Rn. 11.
19 **BGH NJW 1988, 2597**; vgl. *Leipold* § 18 Rn. 31 ff, 45.

Lösung: K könnte gegen B einen Anspruch auf Herausgabe des Bildes aus §§ 985, 986 BGB haben, wenn er noch Eigentümer und B unberechtigter Besitzer des Bildes sein sollte. Jedoch war B zum Zeitpunkt des Herausgabeverlangens schon nicht mehr Besitzer des Bildes. Besitzer war inzwischen die Galerie.

K könnte aber einen Anspruch auf Herausgabe des Bildes aus § 812 I 2 1. Alt. BGB haben, wenn der Kaufvertrag durch Anfechtung gemäß §§ 142 I, 119 II BGB unwirksam geworden sein sollte. Die §§ 434, 437 BGB schließen das Anfechtungsrecht des Verkäufers nicht aus, weil diesem keine Gewährleistungsrechte zustehen. Die Anfechtung wegen Eigenschaftsirrtums erfasst aber nur den Kaufvertrag, nicht auch die dingliche Einigung.[20] Die Anfechtung ist nur dann ausgeschlossen, wenn der Verkäufer sich durch die Anfechtung Gewährleistungsansprüchen des Käufers absichtlich entziehen will, was hier aber nicht der Fall ist. Ob ein Bild von Leibl einen höheren Wert hat als eines von Duveneck ist für die Anfechtung nach § 119 II BGB unbeachtlich. Lediglich wertbildende Faktoren wie die Urheberschaft eines Gemäldes stellen verkehrswesentliche Eigenschaften dar. Aufgrund der erfolgreichen Anfechtung schuldet B gemäß § 812 I BGB die Rückübereignung des Bildes, allerdings nur, wenn dies noch möglich ist. Hat er das Bild wirksam weiterübereignet, so schuldet er nur Wertersatz gemäß § 818 II BGB.

Anmerkung: Wegen Fehlens einer verkehrswesentlichen Eigenschaft kann der Käufer nicht anfechten, soweit ihm aus dem gleichen Grund Gewährleistungsrechte zustehen.[21] Dies ist grundsätzlich ab Gefahrübergang der Fall.[22] Ab diesem Zeitpunkt muss der Käufer dem Verkäufer im Regelfall die Nachlieferung einer mangelfreien Sache ermöglichen (vgl. §§ 437 Nr. 1, 439, 440 BGB). Dieses Recht darf nicht durch Anfechtung unterlaufen werden. Umgekehrt ist die Gewährleistung auf zwei Jahre beschränkt (§ 438 I Nr. 3 BGB), während eine Anfechtung 10 Jahre lang möglich wäre (§ 121 II BGB).

5. Der Kalkulationsirrtum

Beim Kalkulationsirrtum irrt der Erklärende über einen Umstand, den er intern seiner **156**
Preisberechnung zugrunde gelegt hat. Grundsätzlich liegt ein unbeachtlicher Fehler im Rahmen der Willensbildung vor.

Ist die Kalkulationsgrundlage dem Gegner nicht offen gelegt worden, so handelt es sich lediglich um einen Motivirrtum, der nicht zur Anfechtung berechtigt *(verdeckter Kalkulationsirrtum)*.[23] Nach Ansicht der Rspr. gilt dies nur dann nicht, wenn etwa bei einer öffentlichen Ausschreibung ein Gebot so evident von den prognostizierten Kosten abweicht, dass der Ausschreibende eindeutig mit einem Irrtum rechnen muss.[24]

Nach der Rechtsprechung des Reichsgerichts war eine Anfechtung nach § 119 I BGB möglich, wenn das Motiv zum Inhalt der Willenserklärung, d.h. zum Gegenstand der für

---

20 *Köhler*, AT, § 7 Rn. 21; *Rüthers/Stadler* § 25 Rn. 60; vgl. *Leipold* § 18 Rn. 57; *Haferkamp*, JURA 1998, 511, 513.
21 BGHZ 34, 32 = NJW 1961, 772.
22 Zum Ausschluss bereits vor Gefahrübergang vgl. *Schack*, AT, Rn. 291; *Säcker/Mohr*, Fall 12 (S. 169 ff).
23 BGHZ 154, 276, 281 = NJW-RR 2003, 921; *Wolf/Neuner* § 41 Rn. 79; vgl. *Säcker/Mohr*, Fall 14 (S. 201 ff).
24 Vgl. BGH ZIP 1998, 1640; *Pawlowski*, JZ 1997, 741; *Köhler*, PdW AT, Fall 60.

den Vertragsschluss entscheidenden Verhandlungen gemacht wurde.[25] Die Literatur lehnt eine Anfechtungsmöglichkeit einhellig ab.[26] Es liege nur ein unbeachtlicher Irrtum in der Willensbildung vor. Dieser kann entweder im Wege der Auslegung[27] – so bei einem offensichtlichen Rechenfehler – oder über die Grundsätze des Fehlens der Geschäftsgrundlage berichtigt werden.[28] Die bloße Offenlegung der Kalkulationsgrundlage genügt dafür aber nicht, vielmehr muss der Gegner die Vorstellung des Irrenden wirklich erkannt und nicht beanstandet haben.[29] Der Kalkulationsirrtum stellt keine eigene Irrtumskategorie im Sinn des § 119 I BGB dar.

Der Fall, dass beide Seiten gemeinsam kalkuliert haben, es sich also um einen gemeinsamen beiderseitigen Irrtum über den Erklärungsinhalt handelt, wird später gesondert unter der Problematik des Doppelirrtums behandelt (s.u. Rn. 158).

6. Der Rechtsfolgenirrtum

157 Bezieht sich der Irrtum auf Rechtsfolgen, die mit dem Geschäft direkt angestrebt werden, so liegt ein Inhaltsirrtum vor. Dagegen ist die Anfechtung ausgeschlossen, wenn sich der Irrtum nur auf gesetzliche Folgen eines unzweifelhaft gewollten Rechtsgeschäfts bezieht.[30]

Fall 68: Die G-GmbH unternahm mit einem Planwagen des B einen Betriebsausflug. B erhielt dafür 200 DM. Auf der Rückfahrt brach ein Karabinerhaken an einem Geschirr eines Pferdes; das ungleiche Ziehen der Pferde brachte den Wagen zum Umstürzen. K verletzte sich dabei schwer. Er verlangt von B Schadensersatz. B meint, er habe den Wagen aus Gefälligkeit zur Verfügung gestellt; die 200 DM seien ein reines Trinkgeld für den Kutscher gewesen. Wie ist zu entscheiden?[31]

Lösung: Der Anspruch des K beruht auf § 536a I BGB iVm den Grundsätzen über den Vertrag mit Schutzwirkung zugunsten Dritter (§ 311 III 1 BGB). Dieser Haftung kann sich B nicht unter Berufung auf einen Rechtsfolgenirrtum entziehen. Das Zurverfügungstellen eines Planwagens für einen Betriebsausflug ist mehr als eine Gefälligkeit; auch wenn es gegen nur geringes Entgelt erfolgt, handelt es sich um einen Mietvertrag. B muss daher für anfängliche Mängel der Mietsache auch ohne Verschulden einstehen. Dieser Haftung kann er sich nicht durch Anfechtung wegen eines Rechtsfolgenirrtums entziehen, weil sich dieser nur auf eine Nebenfolge des Mietrechts bezieht.

7. Der Doppelirrtum

158 Unterliegen beide Seiten demselben Irrtum (unterscheide beiderseitiger Motivirrtum oder beiderseitiger Irrtum über den Erklärungsinhalt), so wird regelmäßig eine Auslegung des

---

25 RGZ 101, 107: Silberfall; RGZ 105, 407: Rubelfall; RGZ 149, 239; Grundschuldfall.
26 *Flume*, AT II § 23, 4e; *Medicus*, AT, Rn. 758.
27 BGHZ 154, 276, 282 = NJW-RR 2003, 921; *Wolf/Neuner* § 41 Rn. 79; vgl. *Säcker/Mohr*, Fall 14 (S. 201 ff).
28 Vgl. *Medicus*, AT, Rn. 757 ff; *Pfeifer*, JURA 2005, 744. Zur Abgrenzung von Erklärungsirrtum und Kalkulationsirrtum s. BGH NJW 2005, 976.
29 BGHZ 128, 230, 236 = NJW 1995, 592; BGH NJW 2002, 2312.
30 BGHZ 134, 152 = NJW 1997, 653; *Schwab/Löhnig*, Rn. 627 ff.
31 **OLG Karlsruhe NJW 1989, 907.**

Vertrages ergeben, dass die Parteien etwas anderes gewollt haben. Der Vertrag gilt dann mit dem Inhalt dieses Auslegungsergebnisses. Ist dies nicht möglich, kommt für den Fall eines Irrtums über den Erklärungsinhalt die Möglichkeit einer Anfechtung in Betracht. Letztlich ist der Vertrag, unabhängig von der Art des Irrtums, nach den Regeln über den Wegfall der Geschäftsgrundlage (§ 313 BGB) anzupassen oder aufzulösen.[32] Nur so werden die beiderseitigen Vertragsinteressen ausreichend berücksichtigt.

Fall 69: Der Kläger hatte dem Beklagten, einem Kriegsgefangenen, 30 000 Sowjet-Rubel für die Heimreise nach Deutschland geliehen. Der Beklagte hatte ihm darauf per Schuldschein versprochen, nach der Rückkehr in die Heimat 7500 Mark zu zahlen. Der Kläger behauptet nun, bei der Zahlung des Geldes habe man übereinstimmend geglaubt, ein Rubel sei 25 Pfennig wert. Erst später habe man den wahren, wesentlich schlechteren Rubelkurs (100 : 1) erfahren. Wie ist zu entscheiden?[33]

Lösung: Der Vertrag der Beteiligten ist auszulegen. Hatten sie Rückzahlung zum vertraglich vereinbarten Kurs oder Rückzahlung zum tatsächlichen Tageskurs vereinbart?

Beide wollten die Rückzahlungssumme zum Tageskurs berechnen und nahmen an, dass der Rubel 25 Pfennig wert sei. In Wirklichkeit hatte der Rubel einen geringeren Wert. Eine Vertragsauslegung zur Bestimmung des Kurses ist nicht möglich, da die Parteien übereinstimmend einem Irrtum unterlagen. Hier wäre für beide eine Anfechtung des Darlehensvertrages nach § 119 I BGB in Form des beiderseitigen Inhaltsirrtums gegeben, weil Erklärtes (Berechnung zum angenommenen Tageskurs) und Gewolltes (Berechnung zum wirklichen Tageskurs) auseinander fallen. Würde der Kläger aber die Anfechtung erklären, müsste er dem Beklagten nach § 122 BGB unter Umständen Schadensersatz leisten, obwohl sich der Beklagte im gleichen Irrtum befand. Um dieses unbillige Ergebnis zu vermeiden, wird eine Anfechtung ausgeschlossen. Der Vertrag ist wegen anfänglichen Fehlens der Geschäftsgrundlage nach § 313 I, II BGB anzupassen. Der Beklagte schuldet daher nur Rückzahlung des tatsächlichen Gegenwertes in Mark.

Fall 70: Altmetallhändler V verkauft dem K einen auf seinem Gelände abgegrenzt gelagerten Posten Altmetall, wobei beide davon ausgehen, die Menge umfasse 30 Waggonladungen. Bei einem Preis von 1000 DM pro Waggonladung wird ein Kaufpreis von 30 000 DM festgelegt. Später stellt sich heraus, dass es sich in Wirklichkeit um 60 Waggonladungen handelt. Wer kann anfechten?[34] **159**

Lösung: Der Vertrag ist zunächst auszulegen. Eine Auslegung scheitert jedoch schon daran, weil offen ist, ob die Parteien den Kaufvertrag zum Preis von 1000 DM pro Waggonladung auch dann abgeschlossen hätten, wenn sie gewusst hätten, dass die geschätzte Menge Alteisen in Wirklichkeit doppelt so groß war.

Eine Anfechtung ist weder durch V noch durch K möglich. Ein Irrtum i.S.d. § 119 I BGB besteht nicht, weil sich bei ihnen Erklärtes und Gewolltes decken. Beide Parteien erklär-

32 Vgl. *Petersen*, JURA 2011, 430.
33 **RGZ 105, 406.**
34 **Altmetallfall, RGZ 90, 268.**

ten und wollten einen bestimmten Posten Altmetall für 30 000 DM, nicht aber Altmetall für 30 Waggonladungen kaufen. Die Vorstellung der Parteien, die abgegrenzt lagernde Altmetallmenge sei nur halb so groß, ist ein auf beiden Seiten liegender unbeachtlicher Motivirrtum.

Doch kann der Vertrag wegen Fehlens der Geschäftsgrundlage (§ 313 II BGB) angepasst werden. Es stellt sich daher die Frage, was die Parteien nach Treu und Glauben unter Berücksichtigung der Verkehrssitte vereinbart hätten, wenn ihnen die wirkliche Menge Alteisen bekannt gewesen wäre. Wollten die Parteien auf jeden Fall die abgegrenzt gelagerte Altmetallmenge zum Gegenstand des Kaufvertrages machen, ist der Kaufpreis entsprechend anzupassen. Wollte aber nur eine Partei keinen Kauf der gesamten Menge zum Preis von 1000 DM pro Waggon, ist der Vertrag aufzulösen.[35]

III. Arglistige Täuschung und widerrechtliche Drohung

1. Arglistige Täuschung

160 ➔ Arglistige Täuschung ist die bewusste Verursachung falscher Vorstellungen über Tatsachen beim Erklärenden, die diesen zur Abgabe einer Erklärung veranlassen, welche er nicht abgegeben hätte, wenn er die wahren Tatsachen gekannt hätte. Bedingter Vorsatz ist ausreichend, so dass auch unrichtige Angaben ins Blaue hinein genügen. Auf einen Schädigungsvorsatz kommt es nicht an. Ein Verkäufer kann arglistig täuschen, indem er Tatsachen vorspiegelt; er kann aber auch negative Tatsachen verschweigen. Arglistig ist dies dann, wenn ihn eine Aufklärungs- oder Offenbarungspflicht trifft. Dies ist nach der Verkehrsauffassung und Treu und Glauben zu entscheiden.[36] Wer sich in wirtschaftlichen Schwierigkeiten befindet, muss diese nicht ungefragt offenbaren.

Fall 71: Die Agentur X vermittelte der Klägerin K, einer Versicherungsgesellschaft, den Abschluss von Versicherungsverträgen. Der Beklagte B war für die Agentur tätig. 1994/1995 stellte K fest, dass die Prämien für die abgeschlossenen Lebensversicherungen nicht aus den eigenen Mitteln der Versicherungsnehmer, sondern aus den bevorschussten Abschlussprovisionen aufgebracht worden seien und daher der klassische Fall eines sog. „Schneeballsystems" vorliegen würde. Alle von X vermittelten Verträge wurden storniert. K verlangte von X die vorschussweise gezahlten Provisionen zurück. Über diesen Betrag gaben die Inhaber von X gegenüber K ein „abstraktes Schuldanerkenntnis" ab.

K verlangte zudem in einer Mitarbeiterversammlung von X Mitverpflichtungserklärungen der Mitarbeiter der Agentur. Einer der Inhaber von X behauptete gegenüber den Mitarbeitern, dass diese Besicherung der Provisionen wichtig sein, um den Fortbestand der Firma zu garantieren. Er hat dadurch in den Mitarbeitern den Eindruck hervorgerufen, dass „die künftigen Provisionen fließen würden". Die bei der Versammlung anwesenden Angestellten der K nahmen dies zur Kenntnis. Daraufhin gab B eine schriftliche Erklärung ab, mit der er sich für alle gegenwärtigen und zukünftigen Verpflichtungen der X aus ihrer Tätigkeit oder aus einem sonstigen Rechts-

35 Für Anfechtung des K wegen Inhaltsirrtum *Faust* § 21 Rn. 18 ff.
36 Vgl. *Köhler*, PdW AT, Fall 68; *Leipold* § 19 Rn. 6 f; *Petersen*, JURA 2006, 904.

grund gegenüber K bis zu einem Höchstbetrag von ca. 100 000 DM selbstschuldnerisch und auf erste schriftlich Anforderung verbürge.

Die K verlangt von B die Bezahlung der Bürgschaftssumme. B verweigert die Zahlung mit der Behauptung, er habe die Bürgschaftserklärung wegen arglistiger Täuschung wirksam und fristgerecht angefochten. Wie ist zu entscheiden?[37]

Lösung: Die K könnte von B die Zahlung der Bürgschaftssumme gemäß § 765 I BGB verlangen.

Voraussetzung ist jedoch, dass B seine Bürgschaftserklärung, des unstreitig mit K zustande gekommenen Bürgschaftsvertrages, nicht fristgerecht wegen arglistiger Täuschung gemäß §§ 142 I, 123 I Alt. 1 BGB angefochten hat.

Einziger in Betracht kommender Anfechtungsgrund ist der der arglistigen Täuschung durch stillschweigendes Verhalten und Unterlassen seitens der Angestellten der K, vgl. § 123 I Alt. 1 BGB.

K selbst könnte durch ein eigenes, mittels ihrer Angestellten ihr zurechenbares, Verhalten den B arglistig durch Unterlassen getäuscht haben.

Zwar besteht im Allgemeinen keine Rechtspflicht, den Vertragspartner über alle Umstände aufzuklären, die für dessen Entscheidung von Bedeutung sind.[38] Anders ist es aber, wenn der andere Vertragspartner eine solche Mitteilung aufgrund der konkreten Gegebenheiten nach der Verkehrsauffassung erwarten durfte.[39]

In dem Schweigen der den Angestellten der K bekannten Erwartung, dass die Besicherung für den Fortbestand der X notwendig sei, ist eine arglistige Täuschung durch Unterlassen zu sehen. Die Angestellten der K gingen schon damals davon aus, dass keine Provisionen mehr an X fließen würden, da es sich um ein unzulässiges „Schneeballsystem" gehandelt habe. Ihnen war auch bewusst, dass der Beklagte die Bürgschaft nur unter diesem Eindruck und diesen Erwartungen erklärt hatte.

B konnte daher seine Bürgschaftserklärung gemäß §§ 142 I, 123 I Var. 1 BGB anfechten. Als Folge davon war sie nach § 142 I BGB von Anfang an nichtig. Ein wirksamer Bürgschaftsvertrag liegt daher nicht vor.

K hat demnach gegen B keinen Anspruch auf Zahlung der Bürgschaftssumme.

Offenbarungspflichten bestehen häufig bei Geschäften mit Verbrauchern. Fragt der Käufer eines Gebrauchtwagens danach, ob es ein Unfallfahrzeug ist, so muss der Verkäufer die Wahrheit sagen.[40] **161**

37 Vgl. **BGH NJW 2001, 3331 f.**
38 Vgl. BGH ZIP 1983, 1073 f, 1075; BGH WM 1997, 1045 f, 1047.
39 Vgl. BGH NJW 1979, 2243; BGH WM 1991, 604 f, 606.
40 BGH NJW 1977, 1914.

Fall 72: Der Gebrauchtwagenhändler B verkaufte einen Pkw mit einer Laufleistung von 170 000 km. Dies war ihm bekannt. In dem Fahrzeug brachte er aber ein Schild an: Km-Stand 70 000, so wie es der ausgetauschte Tacho anzeigte. K kaufte den Pkw für 7500 DM und ficht später den Kaufvertrag wegen arglistiger Täuschung an. Bis zur Stilllegung war er mit dem Wagen 4000 km gefahren. Was muss B zurückzahlen?[41]

Lösung: B ist zur Rückzahlung des Kaufpreises nach § 812 I BGB verpflichtet, weil K den Vertrag nach §§ 123 I, 142 I BGB wirksam anfechten konnte. Beim Verkauf eines Gebrauchtwagens hat der Händler nach Treu und Glauben (§ 242 BGB) alle ihm bekannten, nach der Verkehrssitte für die Kaufentscheidung relevanten Tatsachen mitzuteilen. eine Aufklärungspflicht besteht für Unfallschäden, bloßen Unfallverdacht oder, wie hier, über die wirkliche, vom Tacho abweichende Laufleistung. Arglistig handelt, wer eine solche Tatsache in Kenntnis ihrer Bedeutung verschweigt.[42] Die Möglichkeit Ansprüche nach § 437 BGB geltend machen zu können, schließt die Anfechtung wegen arglistiger Täuschung nicht aus. Von dem Kaufpreis muss K sich allerdings die gezogenen Gebrauchsvorteile abziehen lassen; diese muss er dem B nach §§ 812 I, 818 I BGB erstatten. Die Höhe des Wertes dieser Nutzungen ist nach § 287 ZPO zu schätzen. B muss nur den Saldo erstatten. Die Zweikondiktionentheorie gilt nur dann zugunsten des K, wenn seine Bereicherung entfallen ist.

162 Wer arglistig getäuscht wurde, kann seine eigene Willenserklärung anfechten; er wird mit der Anfechtung von jeder vertraglichen Verpflichtung frei (§ 142 I BGB); eine Pflicht zum Ersatz irgendeines Vertrauensschadens besteht nicht. Täuscht ein Versicherungsnehmer über seinen Gesundheitszustand, kann die Versicherung den Versicherungsvertrag anfechten; sie ist nicht verpflichtet, den Vertrag mit einer entsprechenden Haftungsausschlussklausel fortbestehen zu lassen.[43]

Hält der Getäuschte aber am Vertrag fest, so bleibt auch er verpflichtet. Treten Leistungsstörungen auf, so ist allerdings ein Rücktritt wegen der vorherigen Täuschung in der Regel sofort ohne weitere Nachfristsetzung zulässig.[44]

163 Eine arglistige Täuschung liegt nur vor, wenn die Frage des Vertragspartners zulässig ist, was besonders im Arbeitsrecht von Bedeutung ist. Eine Frage ist unzulässig, wenn sie die Privatsphäre betrifft und keinen Zusammenhang mit dem Vertrag hat. Wer als Buchhalter nach Vorstrafen gefragt wird, muss nicht angeben, dass er wegen eines fahrlässigen Verkehrsunfalls bestraft worden ist. Wegen Verstoßes gegen das Benachteiligungsverbot der §§ 1, 2 Nr. 1, 6 I 2, 7 I AGG braucht eine Frau nicht anzugeben, ob sie schwanger ist und darf selbst dann nicht danach gefragt werden, wenn die Frau die Tätigkeit wegen der Schwangerschaft zunächst nicht aufnehmen kann.[45]

---

41 **OLG Köln NJW-RR 1988, 1136.**

42 Teilweise gewährt die Rspr. aber lediglich einen Schadenersatzanspruch wegen Verletzung einer vorvertraglichen Aufklärungspflicht; s. BGH NJW 2010, 858.

43 BGH NJW 2010, 289.

44 BGH NJW 2008, 1371; dazu *Gutzeit*, NJW 2008, 1359.

45 Vgl. BAG NZA 2003, 848, 849; zu den Grenzen der Erkundigung nach dem Gesundheitszustand bei Einstellungen s. *Bayreuther*, NZA 2010; enger noch EuGHE 1994, I – 1657 *(Habermann-Beltermann)* = NJW 1994, 2077.

Während sich ein Irrtum nach § 119 BGB nur auf das schuldrechtliche Geschäft bezieht, wird allgemein angenommen, dass sich eine arglistige Täuschung auch auf das dingliche Verfügungsgeschäft auswirkt. Der getäuschte Verkäufer kann also Kauf- und Übereignungserklärung anfechten.[46] **164**

Eine vertragliche Willenserklärung kann angefochten werden, wenn der Vertragspartner die Täuschung verübt hat. Hat dagegen ein *Dritter* die arglistige *Täuschung verübt*, so ist die Anfechtung grundsätzlich ausgeschlossen, weil der Erklärende, der sich hat täuschen lassen, die Nachteile der Täuschung nicht auf den Erklärungsempfänger abwälzen darf. Er muss diese Nachteile vielmehr selber tragen und den Dritten auf Ersatz in Anspruch nehmen. Schutzwürdig ist der Vertragspartner jedoch dann nicht, wenn er die Täuschung durch den Dritten kannte oder kennen musste, § 123 II 1 BGB. Einer gerechten Interessenabwägung entspricht es, dem Erklärungsempfänger eine Täuschung durch die eigenen Hilfspersonen zuzurechnen.[47] Deshalb sind der Vertreter des Erklärungsempfängers, aber auch sonstige Verhandlungsgehilfen nicht als Dritte im Sinne des § 123 II 1 BGB zu behandeln. **165**

Wer als Vertreter ohne Vertretungsmacht nach § 179 BGB in Anspruch genommen wird, kann seine Haftung durch eigene Anfechtung nach § 123 BGB abwehren.[48] **166**

2. Widerrechtliche Drohung

Anfechtbar ist auch eine Willenserklärung, die aufgrund einer widerrechtlichen Drohung abgegeben wurde.[49] Schwierigkeiten bereitet es sowohl, berechtigte und widerrechtliche Drohungen als auch eine Drohung von der bloßen Ausnutzung einer vorgegebenen Zwangslage abzugrenzen. **167**

Fall 73: Ehemann M veruntreute als Lohnbuchhalter Gelder seines Arbeitgebers und erkannte, als dies entdeckt wurde, an, dass er 350 000 DM schuldete und bestellte eine Grundschuld über 200 000 DM an seinem Hausgrundstück. Um den Ehemann vor Strafverfolgung zu schützen, unterzeichnete die Ehefrau F eine selbstschuldnerische Bürgschaft in unbeschränkter Höhe. Der Arbeitgeber stellte später fest, dass ihm durch die Veruntreuung ein Schaden von mehr als 1 Mio. DM entstanden war. Daraufhin focht die Ehefrau die Bürgschaftserklärung wegen widerrechtlicher Drohung an. Der Arbeitgeber verlangt noch eine Restzahlung von 350 000 DM. Zu Recht?[50]

Lösung: Die Ehefrau muss die Bürgschaft nach §§ 765, 767 BGB honorieren, wenn sie diese nicht nach §§ 123 I, 142 I BGB angefochten hat. Dazu müsste sie widerrechtlich durch Drohung zur Abgabe der Bürgschaftserklärung bestimmt worden sein. Drohung ist die Ankündigung eines künftigen Übels. Dies kann eine Strafanzeige gegen einen nahen Angehörigen durchaus sein. Freilich genügt nicht, dass der Arbeitgeber hier die bestehende Zwangslage ausgenützt hat. Er muss selbst das Übel angedroht haben. Es genügt

46 *Faust* § 22 Rn. 10 f.
47 Vgl. *Boecken*, Rn. 526; *S. Martens*, JuS 2005, 887.
48 BGH NJW 2002, 1867.
49 Vgl. *Köhler*, PdW AT, Fall 70; *Petersen,* JURA 2006, 904, 907.
50 **BGH NJW 1988, 2599.**

nicht, dass die Ehefrau erwartet hat, der Arbeitgeber werde bei Nichtabgabe der Erklärung ein Übel zufügen. Das Ausnutzen einer Zwangslage des Erklärenden erfüllt nicht den Tatbestand einer Drohung. Nach Ansicht des BGH liegt auch keine Sachlage vor, die eine analoge Anwendung des § 123 I BGB rechtfertigt. § 123 BGB schützt nur die rechtswidrig beeinflusste Willensentscheidung.

Nach Ansicht des BGH ist selbst die Bürgschaft in unbeschränkter Höhe nicht nach § 138 BGB nichtig, da diese Bürgschaft nicht auf einer unzulässigen Willensbeeinflussung durch den Arbeitgeber beruht. Möglicherweise könnte sich eine Sittenwidrigkeit aus § 138 II BGB ergeben, etwa wenn der Arbeitgeber die Ehefrau unter erheblichen Zeitdruck gesetzt hätte und ihr keine angemessene Überlegungsfrist eingeräumt hätte. Ein Zeitdruck allein genügt aber nicht, um den Vorwurf der Sittenwidrigkeit zu begründen. Es müssen vielmehr weitere Umstände vorliegen, die die unter Zeitdruck zustande gekommenen Verträge als sittenwidrig erscheinen lassen würden.

IV. Die Wirkungen der Anfechtung

1. Rechtsfolgen der Anfechtung

168 Die Anfechtung bedarf der Erklärung gegenüber dem Anfechtungsgegner (§ 143 I BGB). Das Wort „anfechten" muss dabei nicht verwendet werden, aber der Wille, sich vom Vertrag wegen eines Irrtums lösen zu wollen, muss ersichtlich sein.[51] Sobald sie dem Anfechtungsgegner (§ 143 II, III BGB) zugegangen ist (§ 130 BGB) ist das Rechtsgeschäft nach § 142 I BGB **rückwirkend** als **nichtig** anzusehen. Insoweit unterscheidet sich die Anfechtung in ihren Folgen vom **Rücktritt** (§ 349 BGB), der nur **ex nunc** wirkt.

Wird ein Verpflichtungsgeschäft angefochten, so entfällt es rückwirkend. Bereits erbrachte Leistungen sind nun rückwirkend ohne Grund erbracht worden; sie sind nach §§ 812 ff BGB rückabzuwickeln, wobei die Saldotheorie zu beachten ist. Wird auch das Verfügungsgeschäft angefochten, so ist auch die dingliche Rechtslage rückwirkend wieder hergestellt.

169 Von besonderer Bedeutung ist schließlich § 142 II BGB. Danach muss sich derjenige, der die Anfechtbarkeit kannte oder kennen musste, nach der Anfechtung so behandeln lassen, wie wenn er die Nichtigkeit des Rechtsgeschäfts gekannt hätte oder hätte kennen müssen. Dies gilt sowohl bei der Anfechtung des Verpflichtungsgeschäfts als auch des Verfügungsgeschäftes. Als Folge davon kann u.U. ein gutgläubiger Erwerb einer fremden Sache wieder entfallen.[52]

170 Die Anfechtung wirkt nicht nur zwischen den Parteien des Rechtsgeschäfts, sondern auch gegenüber Dritten. Auch dem Bürgen steht etwa nach § 770 I BGB die Einrede der Anfechtbarkeit zu. Die Anfechtung ist jedoch ausgeschlossen, wenn der Berechtigte das anfechtbare Rechtsgeschäft bestätigt, § 144 I BGB. Dazu bedarf es einer Willenserklärung,

---

51 BGHZ 91, 324, 331 = NJW 1984, 2279.
52 Vgl. *Rüthers/Stadler*, § 25 Rn. 63; *Boecken*, Rn. 558.

die auch in einem schlüssigen Verhalten liegen kann. Die Bestätigung ist keine Neuvornahme des Geschäfts, sondern lediglich ein Verzicht auf das Anfechtungsrecht und bedarf daher nicht der für das Rechtsgeschäft vorgesehenen Form, § 144 II BGB.

2. Sonderfälle

Das Anfechtungsrecht unterliegt in besonders gelagerten Fällen unterschiedlichen Regelungen. **171**

Zum einen sind hinsichtlich bestimmter Willenserklärungen Spezialregelungen zu beachten, die das Anfechtungsrecht nach den §§ 119 ff BGB modifizieren. Für die Anfechtung der Annahme oder der Ausschlagung einer Erbschaft enthalten die §§ 1954 ff BGB Sonderregelungen und bei der Anfechtung letztwilliger Verfügungen sind die §§ 2078 ff BGB und die §§ 2281 ff BGB zu berücksichtigen.

Zum anderen würde die ex tunc Wirkung des § 142 I BGB bei **in Vollzug gesetzten Dauerschuldverhältnissen** zu erheblichen Rückabwicklungsschwierigkeiten führen. Die Anfechtung von in Vollzug gesetzten Dauerschuldverhältnissen wirkt daher grundsätzlich nur für die Zukunft. Es liegt also nur eine **Nichtigkeit ex nunc** vor. Dies wird inzwischen für Arbeits- und Gesellschaftsverhältnisse angenommen, da diese über die rein vermögensrechtlichen Beziehungen hinaus nicht rückabwickelbare Positionen beinhalten (s.o. Rn. 110). Bei Arbeitsverhältnissen sind dies die personenbezogenen und sozialen Verflechtungen, bei Gesellschaftsverhältnissen stellen dies die abgeschlossenen Verträge, die gefassten Beschlüsse und die Erwirtschaftung und Verteilung von Gewinn und Verlust dar.[53] Bei Kapitalgesellschaften ist die Anfechtung gesetzlich ab Eintragung, gemäß den §§ 241 ff, 275 AktG, 75 GmbHG, 94 ff GenG, ausgeschlossen. Eine Ausnahme von der ex nunc Wirkung der Anfechtung bei in Vollzug gesetzten Dauerschuldverhältnissen bilden die rein vermögensrechtlichen Dauerschuldverhältnisse wie z.B. Mietverträge und Versicherungsverträge.[54] **172**

---

53 Vgl. *Bork*, AT, Rn. 958 ff (zur bloßen ex nunc-Wirkung bei vollzogenen Gesellschafts- und Arbeitsverhältnissen).

54 BGHZ 178, 16 = NJW 2009, 1266 (Geschäftsraummiete); vgl. *Bork*, AT, Rn. 961.

§ 6 Stellvertretung

173 Im Wirtschaftsleben treten bei der Beteiligung von Firmen (§§ 17, 18, 19 HGB) in der Regel Dritte für die eigentlich handlungsunfähigen Vertragsparteien auf (vgl. zur Rechtsfähigkeit auch Rn. 100 ff). Meist werden auf beiden Seiten Organe oder Angestellte tätig, die sowohl das Verpflichtungsgeschäft als auch das Verfügungsgeschäft vollziehen. Stellvertretung ist bei einseitigen und zweiseitigen Rechtsgeschäften sowie bei rechtsgeschäftsähnlichen Handlungen zulässig. Ein einseitiges Rechtsgeschäft, z.B. die Kündigung eines Arbeitsverhältnisses durch einen Vertreter kann der andere Teil aber zurückweisen, wenn der Bevollmächtigte keine Vollmachtsurkunde vorlegt (§ 174 BGB). Entsprechendes gilt für die Annahme eines Vertragsangebots durch einen Vertreter.[1] Stellvertretung ist nur bei Rechtsgeschäften, nicht aber bei tatsächlichen Handlungen möglich. Das hat insbesondere zur Folge, dass im Rahmen des Verfügungsgeschäfts für die dingliche Einigung auf den Stellvertreter, für die tatsächlichen Handlungen (z.B. Übergabe) aber auf den Besitzdiener, § 855 BGB, abzustellen ist.

Fall 74: Prokurist (P) von der Fa. Stahlbau Huber KG (H-KG) kauft für seine Firma bei der Fa. Donaustahlhandel-GmbH (D-GmbH) einen größeren Posten Stahlblech. Er fährt zur Verkäuferin, der D-GmbH, um die Bleche dort auszusuchen, und wird dort vom Abteilungsleiter für den Verkauf, Manfred Müller (M), bedient. Die Bleche werden von dem Fahrer F mit dem eigenen Lkw der D-GmbH geliefert und von Leuten der H-KG in Empfang genommen, wobei der Lagerverwalter L den Lieferschein unterschreibt. In welcher Weise ist ein Kaufvertrag zustande gekommen und wie ist die H-KG Eigentümerin der Bleche geworden?

Lösung: Ein *Kaufvertrag* könnte zwischen der D-GmbH als juristischer Person nach § 13 I GmbHG und der (teil-)rechtsfähigen KG nach § 124 I HGB durch übereinstimmende Willenserklärungen der sie vertretenden M und P zustande gekommen sein, § 164 BGB.

Die D-GmbH wurde durch den Abteilungsleiter für den Verkauf M vertreten, der als Handlungsbevollmächtigter i.S.d. § 54 HGB anzusehen ist, da der Verkauf von Blechen zu den gewöhnlichen Geschäften gehört (s.u. Rn. 224). Ein Handeln im Namen der D-GmbH ergibt sich jedenfalls aus dem Gedanken des *unternehmensbezogenen Handelns*, da aus den Umständen zu erkennen war, dass nicht der handelnde M persönlich, sondern die GmbH als Betriebsinhaberin verpflichtet werden sollte, § 164 I 2 BGB.

Auch die H-KG wurde wirksam durch ihren Prokuristen P vertreten, der mit Vertretungsmacht nach §§ 48, 49 HGB handelte. Auch er handelte „unternehmensbezogen" für die H-KG.

Die *Übereignung* erfolgte bei Lieferung der Bleche nach § 929 S. 1 BGB durch Einigung und Übergabe. Die Einigung ist ein Rechtsgeschäft, so dass bei ihr Stellvertretung gemäß § 164 BGB möglich ist. Die Einigung kam hier durch entsprechende Willenserklärungen des Fahrers und des Lagerverwalters zustande. Beide handelten nach den Umständen im

1 *Bamberger/Roth/Valenthin* § 174 Rn. 4.

fremden Namen. Die Vollmacht ergibt sich wiederum aus § 54 I HGB. Alle Erklärungen wurden auch dem jeweiligen Vertreter gegenüber abgegeben, was nach § 164 III BGB zulässig ist, weil die entsprechende Vollmacht auch die passive Stellvertretung umfasst.

Bei der *Übergabe* der Waren als Realakt ist Stellvertretung dagegen ausgeschlossen. Sie kann aber unter Einschaltung Dritter erfolgen, wenn diese nach § 855 BGB als Besitzdiener angesehen werden können, da deren tatsächliche Gewalt alleine dem Besitzherrn als Besitzer zugerechnet wird. Nach den Umständen ist bei L und F von einem entsprechenden sozialen Abhängigkeitsverhältnis auszugehen.

I. Voraussetzungen und Folgen der Stellvertretung

Kommt eine Stellvertretung in Betracht, muss untersucht werden, ob die Voraussetzungen des § 164 I BGB gegeben sind. Danach ist die Zulässigkeit der Stellvertretung, die Abgabe einer eigenen Willenserklärung, die Offenkundigkeit und die Vertretungsmacht erforderlich. Probleme bereitet häufig das Bestehen der Vertretungsmacht. **174**

1. Zulässigkeit der Stellvertretung

Sofern die Stellvertretung nicht ausdrücklich gesetzlich ausgeschlossen ist, ist sie bei allen Rechtsgeschäften zulässig. Aufmerksamkeit ist bei höchstpersönlichen Angelegenheiten geboten. Denn bei ihnen ist eine Stellvertretung nicht zulässig (vor allem bei Eheschließung, § 1311 BGB, und Testamentserrichtung, § 2064 BGB). **175**

Fall 75: Die beiden nobelpreisverdächtigen Chemiker Mann M und Frau F beschließen, ihre nichteheliche Lebensgemeinschaft zu Weihnachten zu legalisieren. Da sie ihr Labor wegen wichtiger Versuche aber nicht verlassen wollen, bitten sie ihre Zwillingsgeschwister M 2 und F 2 für sie zum Standesbeamten zu gehen und unter ihrem Namen für sie die Ehe zu schließen. So geschieht es auch. Sind M und F verheiratet?

Lösung: Nach § 1310 I BGB kommt eine Ehe nur zustande, wenn die Eheschließung vor dem Standesbeamten stattgefunden hat. Dies ist hier der Fall, denn M und F haben sich M 2 und F 2 als verdeckte Stellvertreter bedient. Die Frage, ob die Stellvertretung zulässig ist, wird nicht durch § 1310 BGB, sondern durch § 1311 S. 1 BGB geregelt. Danach müssen die Eheschließenden persönlich und bei gleichzeitiger Anwesenheit vor dem Standesbeamten erklären, dass sie die Ehe miteinander eingehen wollen.

In den Fällen verdeckter Stellvertretung kommt eine Ehe zwischen den Vertretenen zustande, sofern dem Erklärungsgegner jeweils klar ist, für wen der ihm Gegenüberstehende handeln will. Ist dies nicht der Fall, käme allerdings eine gültige Ehe zwischen den Erschienenen zustande. M und F sind also zunächst trotz Verstoßes gegen § 1311 BGB verheiratet. Ihre Ehe ist aber nach § 1314 I BGB aufhebbar, weil sie an einem Formmangel leidet. Wird die Aufhebbarkeit nicht geltend gemacht, so wird der Mangel der Form nach § 1315 II Nr. 2 BGB mit Zeitablauf von 5 Jahren geheilt.

Das Erfordernis gleichzeitiger Anwesenheit der Vertragsparteien in § 925 BGB für die Auflassung schließt die Stellvertretung nicht aus. Die Form ist erfüllt, wenn bei der Beur- **176** kundung Stellvertreter anwesend sind. Allerdings muss die Vollmacht für den Grundbuchvollzug öffentlich beglaubigt werden, § 29 GBO.

2. Abgabe einer eigenen Willenserklärung

177 Unmittelbar aus § 164 I 1 BGB ergibt sich, dass der Vertreter eine eigene Willenserklärung abgibt. Ob tatsächlich eine eigene Willenserklärung abgegeben oder nur eine fremde übermittelt wird, ist nicht immer einfach zu beantworten. Im ersten Fall liegt *Stellvertretung*, im zweiten *Botenschaft* vor.[2]

Für die Abgrenzung kann entweder auf das Innenverhältnis zwischen Vertretenem und Vertreter oder auf das Außenverhältnis zwischen Vertreter und Geschäftspartner abgestellt werden. Stellt man auf das Innenverhältnis ab, berücksichtigt man die Interessen des Geschäftsherrn stärker, während durch das Außenverhältnis den Interessen des Geschäftspartners der Vorrang eingeräumt wird. Da der Geschäftsherr durch Einschaltung des Vertreters bewusst ein Risiko setzt und andererseits dem Geschäftspartner das Innenverhältnis meist unbekannt bleiben wird, ist die Abgrenzung aus Gründen des Verkehrsschutzes nicht nach dem Innen-, sondern nach dem Außenverhältnis vorzunehmen.[3] Es kommt daher darauf an, wie der Geschäftspartner das Verhalten des Vertreters verstehen durfte.

178 Geschäftsunfähige können keine wirksame Willenserklärung abgeben und daher nicht als Stellvertreter tätig werden.

Fall 76: Frau A schickt ihre sechsjährige Tochter T zum Metzger M zum Einkaufen. Sie gibt der Tochter einen Bestellzettel und eine Geldbörse mit. T gibt dem M sowohl Zettel als auch Geldbörse, dieser liest, packt die gewünschte Ware ein, entnimmt den Kaufpreis der Geldbörse und übergibt die Ware an T.

Ist ein Kaufvertrag zustande gekommen?

Lösung: Während die Stellvertretung mittels beschränkt Geschäftsfähiger nach § 165 BGB zulässig ist, weil ja nur der Geschäftsherr, nicht aber der minderjährige Vertreter verpflichtet wird, kann T als Geschäftsunfähige gemäß § 104 Nr. 1 BGB keine selbstständige Willenserklärung abgeben. Sie kann also nicht Stellvertreterin sein.[4] T ist aber als Bote aufgetreten. Sie hat eine fest vorformulierte Erklärung der A dem M überbracht. Für die Überbringung dieser Erklärung ist ihre Geschäftsfähigkeit keine Voraussetzung. Zwischen A und M ist demnach ein Kaufvertrag zustande gekommen.

179 Problematisch sind aber die Fälle, in denen der Bote eine andere Erklärung überbringt, als ihm aufgetragen worden ist.

Fall 77: Frau A schickt wiederum ihre sechsjährige Tochter T zum Metzger M, diesmal um 3 Paar Wiener zu kaufen. T sagt M, ihre Mutter möchte 5 Paar Wiener. Diese erhält sie.

---

2 *Boecken*, Rn. 608 ff; *Brox/Walker*, AT, Rn. 518; *Mock*, JuS 2008, 309.
3 BGHZ 12, 327, 334 = NJW 1954, 797, 798; vgl. *Rüthers/Stadler*, § 30 Rn. 2 ff.
4 Vgl. *Brehm*, Rn. 439; krit. *Chiusi*, JURA 2005, 532, 533.

Lösung: Hat T die zu kaufende Menge auf dem Weg vergessen, ist ihr bei der Übermittlung der Willenserklärung also ein Irrtum unterlaufen, dann kann A ihre Erklärung wegen Inhaltsirrtums gemäß §§ 120, 119 I, 1. Fall BGB anfechten. Wegen § 142 BGB ist der Kaufvertrag dann unwirksam. Die Rückabwicklung dieses unwirksamen Vertrages erfolgt über das Bereicherungsrecht.

Anders ist es, wenn T absichtlich eine andere Menge verlangt, als ihr aufgetragen wurde. Übermittelt der Bote bewusst eine falsche Erklärung, so kann diese dem Geschäftsherrn nicht als bindend zugerechnet werden. Er ist durch die Erklärung des Boten nicht gebunden. Die h.M. wendet aber die §§ 177 ff BGB entsprechend an. Nach § 177 I BGB kann A daher den Vertrag genehmigen. Verweigert sie die Genehmigung, muss der dann unwirksame Vertrag wiederum nach den §§ 812 ff BGB rückabgewickelt werden. Beruft sich A darauf, dass T eine andere Erklärung abgegeben hat, als sie sollte, so schuldet sie ggf. Schadensersatz nach §§ 280 I, 311 II, 241 II BGB, weil ihr das Handeln der ungetreuen Botin als Handeln aus ihrer Rechtssphäre zuzurechnen ist.[5]

3. Offenkundigkeit

§ 164 I 1 BGB setzt für die Stellvertretung voraus, dass der Vertreter **im Namen des Vertretenen** handelt. Das darin zum Ausdruck kommende **Offenkundigkeitsprinzip** wird aus Gründen des Verkehrsschutzes und der Rechtsgleichheit verlangt. Der Gegner muss wissen, wer sein Vertragspartner ist. Allerdings gibt es in der Praxis Abstufungen. Es genügt, wenn sich aus den Umständen ergibt, wen es angeht, § 164 I 2 BGB. Die Vertretung kann danach offen, aber auch verdeckt erfolgen, wenn es, wie bei Bargeschäften des täglichen Lebens, dem Vertragspartner gleichgültig ist, mit wem er kontrahiert (s.u. Rn. 184). **180**

a) Handeln unter fremdem Namen

Handelt jemand unter fremdem Namen, so will er häufig selbst Vertragspartner sein, aber anonym bleiben; bei einem Bargeschäft ist dies in der Regel der Fall.[6] Die Auslegung kann aber ergeben, dass ein Vertrag für den Namensträger gewollt ist; dann sind die §§ 164 ff, 177 ff BGB analog anzuwenden.[7] Nutzt jemand etwa ein fremdes Nutzer-Account bei eBay, gibt er sinngemäß eine Willenserklärung im Namen des Account-Inhabers ab.[8] Dieser wird dadurch aber nur verpflichtet, wenn er das Handeln durch Übergabe der Zugangsdaten selbst ermöglicht hat (konkludente Vollmachtserteilung), es nachträglich genehmigt oder eine Rechtsscheinvollmacht vorliegt.[9] Wird freilich ein Bargeschäft über ein fremdes Nutzerkonto getätigt, so kommt der Vertrag mit dem Handelnden zustande.[10] **181**

---

5 Vgl. *Fritzsche*, Fälle zum AT, Fall 21.
6 BGH NJW 2013, 1946.
7 Vgl. *Leipold* § 22 Rn. 14 ff; *Rüthers/Stadler*, § 30 Rn. 9; *Schwab/Löhnig*, Rn. 744.
8 BGHZ 189, 346 = NJW 2011, 2421; dazu *Faust*, JuS 2011, 1027; *Borges*, NJW 2011, 2400; *Linardatos*, JURA 2012, 53; vgl. auch OLG München NJW 2004, 1328.
9 Vgl. LG Bonn NJW-RR 2012, 453; dazu *M. Schwab*, JuS 2013, 453. Eine Urheberrechtsverletzung, von einem WLAN-Anschluss aus begangen, wird dessen Inhaber dagegen bereits zugerechnet, wenn er es unterlassen hat, marktübliche Sicherungen gegen eine unbefugte Nutzung durch Dritte zu installieren (BGHZ 185, 330 = NJW 2010, 2061).
10 Vgl. *Oechsler*, AcP 208 (2008), 565; *ders.*, JURA 2012, 581.

b) Nachträgliche Bestimmung des Vertretenen

182 Auch wenn § 164 I 1 BGB verlangt, dass die Willenserklärung im Namen des Vertretenen abgegeben wird, so muss gleichwohl der Vertretene nicht bekannt sein. § 164 II BGB verlangt nur, dass der Wille im fremden Name zu handeln, erkennbar ist. Deshalb ist es durchaus zulässig, dass der Vertretene bei der Vornahme des Vertretergeschäfts noch nicht bestimmt ist. Es genügt, dass die nachträgliche Bestimmung dem Vertreter überlassen wird oder vereinbarungsgemäß aufgrund bestimmter Umstände erfolgen soll.[11] Wird der Vertretene allerdings überhaupt nicht bestimmt, findet § 179 BGB analog Anwendung.[12]

c) Das unternehmensbezogene Handeln

183 Ob jemand als Vertreter oder für sich selbst handelt, ist häufig gemäß § 164 I 2 BGB aus den Umständen abzuleiten. Bei dem unternehmensbezogenen Handeln handelt es sich also um einen Anwendungsfall des § 164 I 2 BGB und nicht um eine Ausnahme vom Offenkundigkeitsprinzip.[13] Der Handlungsbevollmächtigte einer Firma (Verkäufer, Einkaufsleiter) muss nicht ständig erklären, dass er im Namen der Firma tätig wird, vielmehr ergibt sich sein Handeln im fremden Namen aus dem Grundsatz des unternehmensbezogenen Handelns.[14] Wer bei einem unternehmensbezogenen Rechtsgeschäft den Anschein erweckt, er sei Mitinhaber, haftet wie ein wirklicher Mitinhaber.[15]

Fall 78: B organisierte als Konzertmanager eine Deutschlandtournee des Sängers C. Zur Vorfinanzierung nahm er bei K ein Darlehen von 160 000 € auf. Für Veranstaltungen in Düsseldorf und Dortmund nahm er mit D Kontakt auf, dem Gesellschafter und Geschäftsführer der H-GmbH, die Musikveranstaltungen organisiert.

Zwischen B und D kam es zu einer Telexvereinbarung. Darin bestätigte D gegenüber B, dass er diesem als Anteil an den Einspielerlösen aus beiden Konzerten insgesamt 110 000 € garantiere. Absender des Telex war „m.f.G. H-GmbH D." In einem an D persönlich gerichteten Schreiben erklärte B, er nehme das Angebot des D an und trete seine Garantieansprüche unwiderruflich an K ab.

D unterzeichnete seinerseits in einem Anwaltsbüro des damaligen Bevollmächtigten des K einen Zusatz auf diesem Schreiben, wonach er von der Abtretung an K Kenntnis habe und sich unwiderruflich verpflichte, die Garantiebeträge an K zu zahlen. K verlangt nun von D persönlich Zahlung der Garantiesumme. D meint, Vertragspartner von B und damit Schuldner der Garantiesumme sei nicht er, sondern nur seine H-GmbH. Wie ist zu entscheiden?[16]

Lösung: Ein eigener vertraglicher Anspruch des K gegen D aufgrund des von D unterschriebenen Zusatzes scheidet aus, da in dem Schreiben des D, in dem er sich verpflichtete an K zu zahlen, mangels entsprechender Anhaltspunkte für einen dahingehenden Willen kein abstraktes Schuldanerkenntnis nach § 781 BGB gesehen werden kann.

---

11 BGH NJW 1989, 164; *Faust* § 25 Rn. 4.
12 BGH NJW 1995, 1742; *Brox/Walker*, AT, Rn. 607.
13 *Köhler* § 11 Rn. 20; *Medicus*, AT, Rn. 917; *Rüthers/Stadler*, AT, § 30 Rn. 5.
14 BGH NJW 2008, 1214 (m. Anm. *Witt*).
15 BGH NJW 2012, 3368; dazu *K. Schmidt*, JuS 2013, 553.
16 **BGH NJW 1990, 2678.**

Fraglich ist, ob die H-GmbH oder D persönlich nach § 164 II BGB Vertragspartner des B wurde und daher nach Abtretung sämtlicher Garantieansprüche an K gegenüber K zur Leistung verpflichtet ist. Da sich B nicht an D persönlich wandte, sondern ihn als Geschäftsführer der im Konzertbereich tätigen H-GmbH kontaktierte und auch die Art der Unterzeichnung des Telex durch D auf die H-GmbH hindeutet, ist nach den für B erkennbaren Umständen davon auszugehen, dass D hinreichend deutlich gemacht hat, nicht persönlich handeln zu wollen. Vielmehr ist nach den Grundsätzen des unternehmensbezogenen Geschäfts davon auszugehen, dass Vertragspartner die H-GmbH und nicht der für sie persönlich handelnde D werden sollte. Damit bestand kein vertraglicher Anspruch.

Allerdings könnte ein Haftungsanspruch gegen D persönlich bestehen. Da er hier das an ihn persönlich gerichtete Annahmeschreiben entgegen § 4 GmbHG ohne einen die beschränkte Haftung deutlich machenden Zusatz unterzeichnete, durfte B (bei Gutgläubigkeit im Übrigen) darauf vertrauen, D sei persönlich Inhaber des Unternehmens. § 15 II HGB ist insoweit verdrängt. D haftet daher kraft Rechtsscheins als Gesamtschuldner neben der GmbH auch persönlich. Auch dieser Anspruch ist nach § 398 BGB an K abgetreten, da die Zessionserklärung dahin zu verstehen ist, dass alle Forderungen aus dem Geschäft mit D erfasst sein sollten.

d) Handeln für den, den es angeht

Von dem Offenkundigkeitsprinzip gibt es eine wichtige Ausnahme in Form des **Handelns, für den, den es angeht**. Der Vertreter handelt hier lediglich verdeckt im Namen des Geschäftsherrn. Allerdings hilft das Geschäft für den, den es angeht, über die mangelnde Offenkundigkeit nur in solchen Fällen hinweg, in denen es dem Geschäftspartner gleichgültig ist, mit wem er kontrahiert. Handelt der Erklärende bzw. der Erklärungsempfänger mit Vertretungswillen[17] kommt der Vertrag auch ohne Offenlegung der Stellvertretung mit dem Hintermann zustande. Das ist vor allem bei Bargeschäften des täglichen Lebens der Fall.[18] 184

e) Die Schlüsselgewalt

Vorsicht ist bei der **Schlüsselgewalt** gemäß § 1357 BGB geboten. Durch Geschäfte zur Deckung des Lebensbedarfs der Familie werden im Regelfall beide Ehegatten berechtigt und verpflichtet. Es handelt sich dabei um eine gesetzliche Verpflichtungsermächtigung und gerade nicht um Stellvertretung.[19] 185

§ 1357 Abs. 1 BGB bezieht sich nur auf das Verpflichtungsgeschäft, nicht auf das dingliche Verfügungsgeschäft. Insoweit gelten die allgemeinen Regeln. Erwirbt ein Ehegatte Hausratsgegenstände, ist es dem Veräußerer idR gleichgültig, ob neben der handelnden Person auch der Ehegatte Eigentümer wird. Seine Erklärung ist vielmehr so zu verstehen, dass er an den übereignet, den es angeht. Auch der Handelnde wird im Zweifel wollen, dass an Gegenständen für den gemeinsamen Haushalt Miteigentum entsteht und die

17 Vgl. OLG Düsseldorf NJW 1992, 1706.

18 Vgl. RGZ 100, 190; *Einsele,* JZ 1990, 1005, 1008; nicht bei Bankgeschäften BGHZ 154, 276, 279 = NJW-RR 2003, 921.

19 Vgl. *Bork*, AT, Rn. 1414, 1430; *Schwab*, Familienrecht, Rn. 160.

Übereignungserklärung nicht nur für sich, sondern aufgrund schlüssig erteilter Vollmacht auch für seinen Ehegatten annehmen. Mit dem Erlangen von Mitbesitz sind dann beide Ehegatten Miteigentümer geworden.[20]

f) Die mittelbare Stellvertretung

186 Das deutsche Recht kennt nicht nur die unmittelbare Stellvertretung, sondern, z.B. bei Einschaltung eines Kommissionärs, auch die **mittelbare Stellvertretung.**[21]

Kommissionär ist nach § 383 I HGB, wer es gewerbsmäßig unternimmt, Waren für Rechnung eines anderen (des Kommittenten) in eigenem Namen zu kaufen oder zu verkaufen (beachte auch § 406 HGB). Der mittelbare Stellvertreter (Kommissionär) wird dabei selbst Vertragspartner des Dritten und ist lediglich aufgrund des Kommissionsvertrages als einer Art Treuhandverhältnis seinem Auftraggeber (Kommittent) gegenüber gebunden. Auch der **Strohmann,** der für einen anderen als Käufer, Bürge, Gesellschafter usw. auftritt, ist mittelbarer Stellvertreter.[22]

Der Kommissionsvertrag ist ein Geschäftsbesorgungsvertrag, wobei ein Dienstvertrag bei längerer Geschäftsverbindung, ein Werkvertrag bei Einzelgeschäften, § 675 BGB, vorliegt.[23]

Fall 79: Die Bundesländer Bayern und Niedersachsen beauftragen 1984 den New Yorker Kunsthändler K, das bei Fa. Sotheby's in London vermutlich im Auftrag des Herzogs von Braunschweig angebotene Evangelienbuch Heinrichs des Löwen für sie zu ersteigern. K erhält auch tatsächlich den Zuschlag auf ein Gebot für ca. 32,4 Mio DM. Welche Rechte haben nun beide Bundesländer im Hinblick auf das ersteigerte Buch (nach deutschem Recht)?

Vorbemerkung: Eine private Versteigerung führt zum Abschluss eines normalen Kaufvertrags; lediglich die Art des Angebots und der Annahme unterliegt besonderen Regeln. Nach § 156 BGB kommt bei der Versteigerung der Vertrag erst durch den Zuschlag zustande. Der Zuschlag ist also die Annahme. Ein Gebot erlischt nach § 156 S. 2 BGB, wenn ein Übergebot abgegeben oder die Versteigerung ohne Erteilung des Zuschlags geschlossen wird.

Lösung: Nach den Gepflogenheiten bei Versteigerungen ist davon auszugehen, dass die Fa. Sotheby's als Kommissionär nach § 383 I HGB handelnd, eine Willenserklärung im eigenen Namen abgegeben hat, mit der sie das Kaufangebot des K mit dem Zuschlag annahm.[24] Die beiden Bundesländer sind selbst aus dem Kaufvertrag berechtigt und verpflichtet, wenn K als Vertreter gemäß § 164 BGB handelte und nicht auch als Kommissionär. Dabei ist die Frage der Vollmachtserteilung nach § 167 BGB (Außenverhältnis) von der Auftragserteilung nach § 662 BGB (Innenverhältnis) zu trennen. Handelte K im eigenen Namen haben die Auftraggeber „nur" einen Herausgabeanspruch auf das Erlangte nach § 667 BGB bzw. § 384 II HGB.

20 BGHZ 114, 74, 78 f = NJW 1991, 2283.
21 Vgl. *Köhler*, PdW AT, Fall 120; *Schwark*, JuS 1980, 777.
22 *Mock*, JuS 2008, 309, 310.
23 *Baumbach/Hopt* § 383 Rn. 6; *Brox/Henssler*, Rn. 430; generell für Dienstvertrag: *Canaris* § 30 Rn. 5, 12.
24 BGH NJW 2005, 53, 54.

Fraglich ist die Art ihrer Gläubigerstellung. Bayern und Niedersachsen können, wenn sie einen über den gemeinsamen Erwerb der Sache hinausgehenden Zweck wie etwa die gemeinsame Ausstellung des Buches verfolgen, eine GbR nach § 705 I BGB gegründet haben. Dann wäre die GbR berechtigt, Fa. Sotheby's könnte nur an diese leisten (vgl. zur GbR Fall 48). Wäre keine Gesellschaft anzunehmen, müsste von Mitgläubigerschaft nach § 432 I BGB ausgegangen werden. Als solche sind Bayern und Niedersachsen nur gemeinsam forderungsberechtigt. In ihrem Innenverhältnis gelten dann §§ 741 ff BGB. Zwar wäre auch Gesamtgläubigerschaft nach § 428 BGB grundsätzlich möglich, sie erscheint hier aber nicht interessengerecht.

Übergibt Fa. Sotheby's das Buch an K, wird dieser Eigentümer (§ 929 BGB). Dem Interesse der Bundesländer am Erwerb von Miteigentum kann aber Rechnung getragen werden. Entweder übereignet K das Buch in Erfüllung seiner Herausgabepflicht durch ein nach außen kenntlich gemachtes Insichgeschäft (§ 181 BGB) auf die Bundesländer oder diese haben mit K bereits im Kommissionsvertrag vereinbart, dass K das Buch mit Ablieferung durch Fa. S im Wege der antizipierten Einigung und des antizipierten Besitzkonstituts (§§ 929, 930, 868 BGB) an die Bundesländer weiterübereignet.[25]

4. Die Vertretungsmacht

Man unterscheidet die **gesetzliche** und die **rechtsgeschäftliche** (= Vollmacht, § 166 II BGB) Vertretungsmacht. Die gesetzliche Vertretungsmacht dient dem Schutz und der Fürsorge des Vertretenen. Geschäftsunfähige und beschränkt Geschäftsfähige benötigen einen gesetzlichen Vertreter, vgl. §§ 1629 I, 1793, 1902 BGB.[26] Im Wirtschaftsleben ist vor allem die rechtsgeschäftliche Vertretungsmacht von Bedeutung. 187

Fall 80: Emma und Paul waren verheiratet und hatten den gemeinsamen vierjährigen Sohn Stefan. Nachdem Paul bei einem Verkehrsunfall ums Leben gekommen war, suchte Emma Trost bei ihrer Freundin Charlotte. Aus Freundschaft wurde bald mehr. Nach 2 Jahren glücklicher Beziehung begründen Emma und Charlotte eine formelle Lebenspartnerschaft.

Während eines Fußballspiels mit Freunden zog sich Stefan einen komplizierten Beinbruch zu. Charlotte hatte ihn zum Fußballplatz begleitet und brachte ihn auch ins Krankenhaus, da Emma gerade auf einer kurzen Geschäftsreise in England war.

Kann Charlotte die ärztliche Behandlung veranlassen?[27]

Lösung: Ein Arztvertrag kommt durch übereinstimmende Willenserklärungen der Parteien zustande. Der sechsjährige Stefan ist geschäftsunfähig und kann selbst keine Willenserklärung abgeben, § 104 Nr. 1 BGB. Er könnte jedoch von Charlotte vertreten worden sein, wenn sie Vertretungsmacht hatte.

Gesetzliche Vertreterin ist an sich Emma als alleinige Sorgeberechtigte gemäß §§ 1629 I 1, 1680 I, 1626 I BGB. Charlotte könnte aber aufgrund der bestehenden Lebenspartnerschaft gemäß § 9 II LPartG ausnahmsweise vertretungsberechtigt sein.

25 Vgl. *Baur/Stürner* § 51 Rn. 30, 31, 42.
26 *Rüthers/Stadler* § 30 Rn. 48 ff.
27 *Dethloff*, NJW 2001, 2598; *Schwab*, FamRZ 2001, 385.

Voraussetzung ist danach, dass Gefahr im Verzug besteht. Diese liegt vor, wenn die Mitwirkung, insbesondere die Zustimmung des sorgeberechtigten Elternteils nicht eingeholt werden kann, ohne dass der Zweck der Maßnahme gefährdet würde.[28] Im Hinblick auf den komplizierten Beinbruch, der eine schnelle Operation erfordert, und die noch andauernde Geschäftsreise der Emma, liegt Gefahr im Verzug vor. Die Entscheidung von Emma könnte nicht rechtzeitig eingeholt werden.[29] Unter Rechtshandlungen, die zum Wohl des Kindes notwendig sind, sind vor allem die zu verstehen, die eine medizinische Maßnahme ermöglichen.

Somit liegen die Voraussetzungen für die Notfallkompetenz des § 9 II LPartG vor. Charlotte durfte Stefan vertreten. Ein Arztvertrag kommt zustande.

Aufgrund von § 9 II LPartG kann Charlotte auch in den Eingriff in den Körper von Stefan einwilligen, so dass dieser nicht rechtswidrig ist, vgl. § 823 I BGB.

a) Erteilung der Vollmacht und Innenverhältnis

188 Bei der Stellvertretung sind stets das Innenverhältnis und das Außenverhältnis zu unterscheiden. Die Vollmacht betrifft nur das Außenverhältnis zwischen Vollmachtgeber und Dritten. Sie ist streng einseitig und bedarf keiner Annahme. Nach dem BGB ist sie rechtlich selbstständig gegenüber dem Grundverhältnis im Innenverhältnis. Sie ist in ihrer Wirksamkeit generell unabhängig von dessen Gültigkeit, also *abstrakt gültig*.[30] Das gesetzliche Verbot Rechtsdienstleistungen zu erbringen (§ 3 RDG: § 134 BGB) erfasst dagegen nach seinem Zweck nicht nur den Geschäftsbesorgungsvertrag (§ 675 BGB), sondern auch die zu seiner Ausführung erteilte Vollmacht.[31]

Eine Vollmacht kann vom Vollmachtgeber sowohl im Innenverhältnis gegenüber dem Vertreter (sog. **Innenvollmacht**) als auch im Außenverhältnis gegenüber dem Geschäftspartner (sog. **Außenvollmacht**) erteilt werden, § 167 I BGB. Der Erteilung einer Außenvollmacht steht es gleich, wenn dem Vertreter eine Vollmachtsurkunde übergeben wird und dieser sie dem Dritten vorlegt (§ 172 I BGB).

Ein Minderjähriger kann eine Vollmacht gemäß § 111 S. 1 BGB nur mit vorab erklärter Einwilligung seines gesetzlichen Vertreters erteilen.[32]

b) Erlöschen der Vollmacht

189 Die gewöhnliche Vollmacht erlischt mit Beendigung des Grundverhältnisses, § 168 S. 1 BGB, sie kann aber grundsätzlich auch bei dessen Fortbestehen einseitig widerrufen werden, § 168 S. 2 BGB. Beendet der Vollmachtgeber das Grundverhältnis, muss er eine im Außenverhältnis erteilte Vollmacht u.U. wegen der §§ 170–173 BGB weiterhin gegen sich gelten lassen.

---

28 Vgl. BGH JZ 1962, 609.
29 *Schwab*, FamRZ 2001, 385; *Lorenz*, JuS 2010, 771, 772.
30 Vgl. *Petersen*, JURA 2004, 829 u. JURA 2003, 310.
31 BGH NJW 2003, 2091, 2092; BGHZ 159, 294, 304 = NJW 2004, 2736; *Jauernig/Jauernig* § 167 Rn. 1.
32 *Paal/Leyendecker*, JuS 2006, 25, 29; *Staudinger/Knothe* § 111 Rn. 3; a.A. (genehmigungsfähig analog § 108) *Wolf/Neuner* § 50 Rn. 18.

Lässt sich der Vollmachtgeber die Vollmachtsurkunde zurückgeben, erlischt die Außenvollmacht, § 172 II BGB. Beschafft sich der Vertreter danach eigenmächtig die nicht vernichtete Vollmachtsurkunde, handelt er trotz deren Vorlage ohne Vertretungsmacht. Hat der Vollmachtgeber den Zugriff auf die Urkunde fahrlässig ermöglicht, so haftet er dem Dritten nach §§ 280 I, 311 II BGB nur auf Ersatz des Vertrauensschadens.[33]

aa) Widerruf der Vollmacht

§ 168 S. 2 BGB deutet an, dass eine Vollmacht auch unwiderruflich erteilt werden kann. **190**
In diesem Fall hat der Bevollmächtigte eine eigenständige Position, weil er praktisch nicht mehr den Einzelweisungen des Vollmachtgebers unterliegt.

Zum Schutz des Vollmachtgebers nimmt die Rspr. an, dass eine **unwiderrufliche Vollmacht** nur mittels Vertrags erteilt werden kann. Der einseitige Verzicht des Vollmachtgebers auf den Widerruf binde dagegen nicht; der Vollmachtgeber sei nicht gehindert, den einseitig erklärten Widerrufsverzicht zurückzunehmen.[34] Zum Schutz des Vollmachtgebers kann eine unwiderrufliche Vollmacht zudem immer aus wichtigem Grund widerrufen werden.

Fall 81: Um seine eigene Einkommensteuer zu vermindern, schenkt Vater V seiner Tochter T unter Verrechnung mit teilweise erbrachten Gegenleistungen einen Geschäftsanteil an der Fa. H-GmbH im Wert von 300 000 DM. Nach einiger Zeit veräußert V diesen Anteil mit Zustimmung der T und legt den Gegenwert in Wertpapieren an, die bei der X-Bank deponiert werden. Gegenüber der Bank erteilt T dem V Vollmacht, über ihr Depot und die jeweiligen Guthaben zu verfügen. Außerdem erteilte sie V folgende Vollmacht:

„Hiermit erteile ich meinem Vater unwiderruflich die Vollmacht, bis zu seinem Lebensende die Gelder aus dem Verkauf der Anteile der H-GmbH für mich zu verwalten und über sie zu verfügen, die Gelder zu verwenden und zu nutzen. Ich nehme davon Kenntnis, dass vorerst als Veräußerungsgewinn 600 000 DM und als Lastenausgleich weitere 640 000 DM in Pfandbriefen angelegt wurden. Mein Vater wird mir die jährlich notwendigen Steuerunterlagen mitteilen."

Nach einigen Jahren kommt es zu Spannungen zwischen V und T. V nimmt aufgrund der Vollmacht aus dem Depot Wertpapiere im Nominalwert von 1,1 Mio. DM. Als T davon erfährt, widerruft sie die Vollmacht des V gegenüber der Bank. Zugleich widerruft sie die dem V unmittelbar erteilte unwiderrufliche Vollmacht.

Zur Begründung verweist sie darauf, bei der Schenkung habe sie auf ihre Pflichtteilsrechte verzichtet. V habe die Vollmacht lediglich zur Verwaltung der Wertpapiere und zu Entnahmen für seine notwendige Altersversorgung ausüben dürfen. Aus der erteilten Vollmacht ergebe sich, dass sie das Vermögen voll versteuern müsse und dass ihr infolgedessen die erforderlichen Vermögenswerte dazu verbleiben müssten. Da V ihr die Auskunft über die Verwendung der 1,1 Mio. DM verweigere und ihr erklärt habe, er werde sie vernichten, so dass sie noch 30 Jahre nach seinem Tode darunter leiden und ihr ganzes Leben an ihn denken werde, sei der Widerruf gerechtfertigt. V verlangt dagegen Feststellung, dass die Vollmacht fortbesteht. Zu Recht?[35]

33 Vgl. *Lindacher/Hau*, Fall 16.
34 RGZ 109, 331.
35 **BGH WM 1969, 1009.**

Lösung: Die Vollmacht besteht fort, wenn T sie nicht gemäß § 168 S. 2 BGB widerrufen konnte.

Der Ausschluss der Widerruflichkeit bedeutet meist die Reduzierung der (negativen) Vertragsfreiheit auf die Kündigung aus wichtigem Grund, etwa wegen Missbrauchs der Vollmacht. Im Einzelfall ist der Inhalt der getroffenen Vereinbarungen maßgeblich. Vorrangiges Interesse beider war einerseits die väterliche Nutzungsmöglichkeit des von ihm stammenden Vermögens bis zur Grenze eines bei der Tochter eintretenden Vermögensschadens. Wirtschaftlich betrachtet sollte der Vater Eigentümer der aus den Anteilen stammenden Erlöse sein, während die Tochter treuhänderisch nach außen (Finanzamt) als Kontoinhaberin auftreten sollte. Andererseits könnte die Tochter auch treugeberisch fungiert haben, wenn der Vater zwar zum eigenen Nutzen verfügen durfte, er aber sein Eigentum formal und wirtschaftlich verloren hat. Wegen der Kenntnisnahmeklausel erscheint eine Auslegung geboten, wonach der Vater über Beträge der zu erwartenden Steuerverpflichtungen nicht verfügen durfte. Seine Mitteilungspflicht über die anfallenden Steuerunterlagen legt die Vermutung nahe, er werde über das Vermögen nur soweit verfügen, dass es in seinem wesentlichen Bestand erhalten bleibt. Die Sicherstellung des väterlichen Lebensunterhaltes deutet auf eine bloße Verfügungsgewalt über die zu ziehenden Nutzungen hin. Hingegen mag aber der Begriff der Altersversorgung im Sinne einer sorgenfreien Rente auf die umfängliche Schuldenbefreiung des Vaters hinweisen. Im Ergebnis hatte die Tochter zum unverzüglichen Widerruf der Vollmacht keine Alternative, da sie persönlich zur Deckung der Steuerlast verpflichtet war. Es bestand die Gefahr, dass sie hierzu mit weiteren finanziellen Eskapaden des Vaters nicht mehr imstande sein würde. Vor allem nach dessen Vortrag lag nahe, dass er das verbleibende Vermögen bald und umfänglich verschleudern werde, um ihr mit der Steuerlast Schulden zu hinterlassen, an denen sie noch „dreißig Jahre nach seinem Tode leiden werde“. Dies ergab ein Kündigungsrecht aus wichtigem Grund.

191 Aufgrund der Verweisung des § 168 S. 3 BGB auf § 167 I BGB kann der Widerruf der Vollmacht wie deren Erteilung sowohl gegenüber dem Vertreter als auch gegenüber dem Geschäftspartner erfolgen. Probleme treten dann auf, wenn die Vollmacht im Außenverhältnis erteilt wurde, der Widerruf jedoch im Innenverhältnis erfolgt. Der Vertretene muss dann den durch ihn gesetzten Rechtsschein gegen sich gelten lassen.

Fall 82: Der Geschäftsmann G ist beruflich so eingespannt, dass er keine Zeit hat, für seine Tochter ein Auto als Geschenk zum 18. Geburtstag zu kaufen. Er bittet daher seinen Freund V, ihm diese zeitaufwendige Aufgabe abzunehmen. V ist einverstanden.

G ruft daraufhin bei dem Autohaus des D an und teilt D mit, dass V befugt sei, für ihn ein Auto zu kaufen.

Noch bevor V sich der Sache annehmen kann, kommt es zum Streit zwischen G und T. G ist so verärgert, dass er nicht mehr sicher ist, ob T so ein teures Geschenk bekommen soll. Er widerruft daher gegenüber V die Vollmacht, bittet ihn aber, sich doch einmal umfassend über mögliche Autos zu informieren. V nimmt an, dass sich schon alles wieder einrenken werde und kauft absprachewidrig ein Auto für T. Als G davon erfährt, weigert er sich, das Auto zu bezahlen. Zu Recht?

Lösung: D könnte einen Anspruch gegen G aus § 433 II BGB haben, wenn ein Kaufvertrag wirksam zwischen den beiden geschlossen worden wäre. Ein Kaufvertrag kommt durch zwei übereinstimmende Willenserklärungen zustande. G hat zwar nicht selbst gehandelt, könnte aber gemäß § 164 I 1 BGB wirksam von V vertreten worden sein. V handelte im Namen des G, so dass die Offenkundigkeit gewahrt ist. Problematisch ist aber, ob er auch Vollmacht hatte.

Dadurch, dass G gegenüber D erklärt hat, V habe Vollmacht, um ein Auto zu kaufen, hat G eine wirksame Außenvollmacht gemäß § 167 I 2. Alt. BGB erteilt.

Diese könnte aber durch den Widerruf des G erloschen sein. Nach § 168 S. 1 BGB bestimmt sich das Erlöschen nach dem zugrunde liegenden Rechtsverhältnis. Demnach endet mit dem Grundverhältnis auch die Vollmacht. Nach § 168 S. 2 BGB kann aber auch allein die Vollmacht widerrufen werden, ohne dass das Grundgeschäft beendet wird. Ob § 168 S. 1 BGB oder § 168 S. 2 BGB eingreift, hängt also davon ab, ob das Grundverhältnis fortbestehen sollte. Hier ist von einem Auftragsverhältnis gemäß § 662 BGB auszugehen, das nach § 671 BGB jederzeit gekündigt werden kann. Da V aber weiterhin Informationen über Autos sammeln soll, besteht das Auftragsverhältnis zwischen ihnen fort. G erklärte lediglich den Widerruf der Vollmacht, nicht des Grundgeschäfts. Fraglich ist, ob die Vollmacht dadurch erloschen ist, obwohl G den Widerruf nur im Innenverhältnis erklärte.

Eine Ansicht geht mit dem Wortlaut des § 170 BGB davon aus, dass eine Außenvollmacht so lange in Kraft bleibt, bis dem Dritten durch einen externen Widerruf das Erlöschen mitgeteilt wird. Ein Rechtsschein entsteht dann gar nicht, weil die erteilte Außenvollmacht wirksam bleibt, bis der externe Widerruf erfolgt (Rechtsgeschäftstheorie[36]).

Die hM dagegen liest § 170 BGB im Zusammenhang mit § 173 BGB. Danach finden die §§ 170, 171 II, 172 BGB keine Anwendung, wenn der Dritte wusste oder wissen musste, dass die Vollmacht erloschen ist. Demnach geht das Gesetz davon aus, dass der Dritte in all diesen Fällen auch anderweitig Kenntnis vom Erlöschen der Vollmacht erlangt haben kann und sich dann nicht mehr auf das Fortbestehen der Vollmacht verlassen darf. § 170 BGB schützt den Dritten, der sich auf den **Rechtsschein einer fortbestehenden Vollmacht** verlässt (Rechtsscheintheorie[37]). Für diese Auffassung spricht auch § 168 S. 3 BGB iVm § 167 I BGB, wonach der Widerruf als actus contrarius zur Vollmachtserteilung sowohl gegenüber dem Bevollmächtigten als auch gegenüber dem Dritten erklärt werden kann.[38]

Da G dem D das Erlöschen der Vollmacht nicht angezeigt hat und dieser auch nicht anderweitig Kenntnis davon erlangt hat oder hätte erlangen können (§ 173 BGB), kann sich D auf den gesetzten Rechtsschein verlassen. Folglich wirkt die Vollmacht gegenüber D fort.

G wurde daher gemäß § 164 I 1 BGB iVm §§ 170, 173 BGB ordnungsgemäß vertreten und ist somit aus dem Kaufvertrag verpflichtet.

---

36 Vgl. *Flume* § 51, 9.
37 Vgl. *Wolf/Neuner* § 50 Rn. 63 ff; MüKo/*Schramm* § 170 Rn. 1 ff; *Faust* § 26 Rn. 20.
38 *Palandt/Ellenberger* § 168 Rn. 5; *Bork*, AT, Rn. 1507.

Anmerkung: § 170 BGB greift auch dann ein, wenn die Vollmacht im Innenverhältnis beschränkt wird.

bb) Vertretungsgeschäft nach dem Tod des Vollmachtgebers

192 Nach § 672 S. 1 BGB erlischt ein Auftrag im Zweifel nicht durch den Tod des Auftraggebers; entsprechend erlischt auch die Vollmacht nicht, § 168 S. 1 BGB.[39]

Man unterscheidet zwei Arten von Vollmachten, die in diesem Zusammenhang von Bedeutung sein können, zum einen die **transmortale Vollmacht**, also eine Vollmacht, die zu Lebzeiten erteilt wurde und über den Tod hinaus bestehen bleibt, und die **postmortale Vollmacht**, die unter der **aufschiebenden Bedingung des Todes** wirksam wird.[40] Eine besondere Bedeutung kommt der postmortalen Vollmacht bei der nichtehelichen Lebensgemeinschaft zu. Den Ehegatten/Lebenspartnern hat der Gesetzgeber im Hinblick auf Organspenden eine gewisse „Reservefunktion", vgl. § 4 Abs. 2 TPG, zugewiesen.[41] Diese fehlende gesetzliche Reservefunktion gleichen Partner nichtehelicher Lebensgemeinschaften vielfach durch postmortale Vollmachten aus.[42] Vielfach wird eine Vorsorgevollmacht (s.u. Rn. 200) mit einer transmortalen Vollmacht verbunden, damit eine Person berechtigt ist, Nachlassgeschäfte (Beerdigung; Mietzahlung; Auflösung des Haushalts etc) bis zur Ermittlung der Erben und der Erteilung eines Erbscheins zu tätigen.[43] Eine transmortale Kontovollmacht umfasst aber grundsätzlich nicht das Recht, das Konto aufzulösen oder in die Vertragsstellung der Miterben einzugreifen. Der Bevollmächtigte darf das Konto daher nicht auf sich selbst übertragen.[44]

193 Bei einer postmortalen Vollmacht, die gerade für den Todesfall und zur Vornahme von Geschäften nach dem Tod erteilt wird, vertritt der Bevollmächtigte zwar die Erben, aber muss nicht wissen, wer diese sind und braucht sich bei diesen nicht rückversichern, ob die Vornahme des Geschäfts auch in ihrem Interesse liegt. Allerdings darf er nicht mehr tätig werden, sobald die Erben den Auftrag (§ 671 I BGB) und die Vollmacht (§ 168 S. 1 BGB) widerrufen haben.[45]

Fall 83: Tante T aus Amerika erteilt ihrer in der Bundesrepublik lebenden Nichte N 1996 Generalvollmacht, über ihr inländisches Vermögen zu verfügen. Außerdem unterzeichnet sie 1998 eine Ermächtigungsurkunde, worin N beauftragt wird, nach ihrem Tod bestimmte Verfügungen vorzunehmen, insbesondere den Grundbesitz im Schwarzwald zum Einheitswert an Abkömmlinge der Mutter der N zu verkaufen. 2000 stirbt T, ohne ein Testament zu hinterlassen. Einen Monat nach ihrem Tod schließt N in ihrer Eigenschaft als Generalbevollmächtigte mit ihrem Bruder B einen notariellen Vertrag. Darin verkauft sie ihm die zum Nachlass gehörenden Waldgrundstücke zum Preis von 1000 DM geschätzten Einheitswerts und lässt sie ihm im Februar 2000 auf. Der Eintragungsantrag des B geht beim Grundbuchamt im Juni 2000 ein; Anfang 2001 wird B als Eigentümer im Grundbuch eingetragen.

---

39 OLG Frankfurt FamRZ 2012, 1676, 1677.
40 *Bork*, AT, Rn. 1502; *Bitter*, Rn. 113; NK-BGB/*Ackermann* § 168 Rn. 20; *Seif*, AcP 200 (2000), 192.
41 *Grziwotz*, FPR 2001, 45 f.
42 *Grziwotz*, FPR 2001, 45 f, 47 f.
43 Vgl. *Seif*, AcP 200 (2000), 192 ff; *Zimmer*, ZEV 2013, 307, 310.
44 BGHZ 180, 191 = FamRZ 2009, 1053 *(Grziwotz)*.
45 Vgl. BGH NJW 1995, 953; ferner BGH FamRZ 2008, 1516.

Im Juni 2000, aber nach Eingang beim Grundbuchamt, widerruft K, ein Neffe der T, zusammen mit anderen gesetzlichen Miterben die Generalvollmacht und die Ermächtigungsurkunde der N.

Er begehrt Zustimmung des B zur Grundbuchberichtigung, hilfsweise Rückauflassung der erworbenen Grundstücke an die Erbengemeinschaft. Er meint, N habe nach dem Tod der T auf die Interessen der Erbengemeinschaft Rücksicht nehmen müssen und daher die Grundstücke nicht zu dem niedrigen Einheitswert veräußern dürfen. Wie ist zu entscheiden?[46]

Lösung: Die Erbengemeinschaft könnte einen Anspruch auf Berichtigung des Grundbuchs gegen B aus § 894 BGB haben. K kann als Miterbe den Anspruch aus § 894 BGB für die Erbengemeinschaft geltend machen, § 2039 BGB. § 894 BGB verlangt, dass der Inhalt des Grundbuchs mit der wirklichen Rechtslage nicht im Einklang steht und B materiell fehlerhaft als Eigentümer eingetragen ist.

B ist als Eigentümer im Grundbuch eingetragen. Fraglich ist, ob er auch tatsächlich Eigentümer ist. Er könnte das Eigentum durch Auflassung und Eintragung gemäß §§ 873, 925 BGB von T erlangt haben. Dazu müsste die verstorbene T wirksam von N vertreten worden sein, § 164 I BGB. Ursprünglich hatte N Vollmacht. Fraglich ist aber, ob die Generalvollmacht der N widerrufen wurde. Nach § 2038 I 1 BGB steht die Verwaltung des Nachlasses den Erben gemeinschaftlich zu. Da es hier um eine zur Erhaltung des Nachlasses notwendige Maßnahme ging, wäre gemäß § 2038 I 2, 2. Hs. BGB sogar jeder Miterbe allein zum Widerruf befugt gewesen. Die die Generalvollmacht und die Ermächtigungsurkunde begründenden Willenserklärungen behalten auch über den Tod des Urhebers hinaus ihre Gültigkeit. Zwar können die Erben (§ 1922 BGB) sowohl die Generalvollmacht als auch das zugrunde liegende Auftragsverhältnis widerrufen (§§ 168 S. 2, 671 I BGB). Dies erfolgte hier aber nach dem Stellen des Eintragungsantrages und berührte die schon bindend gewordene Einigungserklärung (§ 873 II BGB) nicht mehr. Der Eigentumserwerb des B scheitert daher nicht an der fehlenden Vollmacht der N.

Der hilfsweise geltend gemachte Anspruch auf Rückauflassung der erworbenen Grundstücke kann nicht über die Grundsätze der positiven Forderungsverletzung (§ 280 I BGB) geltend gemacht werden, da B nicht Vertragspartner des Auftragsverhältnisses war, mithin nicht treuwidrig gehandelt haben kann. Der Anspruch könnte sich aber aus ungerechtfertigter Bereicherung ergeben. Jedoch entsprach der Kaufvertrag inhaltlich dem Willen der Ausstellerin. Alleine der Umstand, dass der Verkauf zum Einheitswert nun nach dem Tod der Tante T nicht nur deren Interessen berührte, sondern auch nachteilig in die wirtschaftlichen Positionen der übrigen Erben eingriff, vermag die Sittenwidrigkeit des notariellen Vertrages nicht zu begründen. Folglich besteht ein Rechtsgrund.

Der Ansicht, eine zu Lebzeiten erteilte Vollmacht erfahre durch den Tod der Ausstellerin wegen eines rechtlichen Ausführungshindernisses die Einschränkung, dass der Bevollmächtigte gegenüber den Erben einer besonderen Pflichtenstellung unterworfen würde, kann ebenso wenig gefolgt werden. Sie würde den Auftragnehmer verpflichten, sich vor der Ausführungshandlung zu vergewissern, was die Erben des Verstorbenen wünschten. Häufig würden die Pflichten des Benannten unmöglich, wenn die Person des Erben rechtlich noch gar nicht geklärt ist. Ein allgemeiner Zustimmungszwang liefe auch dem er-

46 **BGH NJW 1969, 1245.**

sichtlichen Zweck der Vollmacht zuwider, welche die Rechtsgeschäfte vom Erbwillen gerade unabhängig gestalten wollte.

194 Macht jemand von einer postmortalen Bankvollmacht Gebrauch, so hat die Bank die erteilten Weisungen unverzüglich und ohne Vorbehalt auszuführen. Die Bank ist grundsätzlich weder berechtigt noch verpflichtet, die Zustimmung des Erben abzuwarten oder durch Zuwarten den Erben Gelegenheit zu geben, die postmortale Vollmacht zu widerrufen.[47]

Fall 83: E lebte 16 Jahre lang mit seiner Lebensgefährtin F zusammen, die er während dieser Zeit durch Testament vom 1.7.1990 als Alleinerbin einsetzte. Außerdem hatte er ihr am 22.10.1983 für den Todesfall eine nur schriftlich widerrufliche Bankvollmacht über seine Konten erteilt. Danach war die Ausführung von Verfügungen nur von der Vorlage der Sterbeurkunde abhängig. Die Beziehung zwischen E und F ging in die Brüche, und E wandte sich seiner jetzigen Lebensgefährtin K zu, die er ebenfalls durch Testament vom 25.4.1998 als Alleinerbin einsetzte. E verstarb am 11.8.2000.

Zwei Tage nach seinem Tod sprach F bei der Bank B des E vor, bezeichnete sich als Alleinerbin und wollte unter Hinweis auf die ihr erteilte Vollmacht über die Konten des E verfügen. Die Sterbeurkunde führte F mit sich. F wies die Bank an, das Vermögen des E auf ihr Konto zu übertragen. F beantragte außerdem einen Erbschein.

Später am gleichen Tag rief K, die zuvor von der bestehenden Vollmacht der F erfahren hatte, bei der Bank an und bezeichnete sich als testamentarische Alleinerbin des Verstorbenen. Auf den Hinweis, sie müsse sich als Erbin legitimieren, beantragte auch sie einen Erbschein und reichte das sie begünstigende Testament ein. K widerrief nun auch gegenüber der B die F erteilte Bankvollmacht. In diesem Zeitpunkt waren die Weisungen der F bereits ausgeführt: 150 000 DM waren von den Konten des E auf das Konto der F überwiesen worden.

Diesen Betrag will die K von der B ersetzt haben. Zu Recht?[48]

Lösung: K könnte einen Anspruch auf Ersatz der 150 000 DM gegen die B aus Verletzung des zugrunde liegenden Geschäftsbesorgungsvertrages gemäß §§ 280 I, III, 281 I BGB haben.

Dazu müsste ein Schuldverhältnis bestehen. Ein Geschäftsbesorgungsvertrag gemäß § 675 BGB bestand zwischen E und B. K ist als wahre Erbin nach §§ 1922, 1967 BGB in die Rechtsstellung des E eingetreten sein, da sie nach dem Testament vom 25.5.1998 Alleinerbin des E wurde. Das frühere Testament vom 1.7.1990 zugunsten der F wurde durch das neuere widerrufen, §§ 2253, 2254 BGB.

Weiterhin müsste die Bank B eine aus dem Schuldverhältnis stammende Pflicht verletzt haben.

Eine Pflichtverletzung könnte darin zu sehen sein, dass B die Weisung der F ausgeführt hat, obwohl diese unwirksam war. Die Weisung könnte unwirksam sein, wenn F den E nicht wirksam vertreten hat, § 164 I 1 BGB. Problematisch ist, ob F wirksam bevollmächtigt war. E hatte ihr eine Bankvollmacht „für den Todesfall" erteilt, § 167 I BGB. Die Vollmacht sollte also erst mit Eintritt des Todesfalls wirksam werden (aufschiebende Be-

47 BGHZ 127, 239 = NJW 1995, 250; vgl. BGH FamRZ 2008, 1516.
48 **BGHZ 127, 239 = NJW 1995, 250.**

dingung, § 158 I BGB). Da die Bedingung eingetreten ist, war die Vollmacht zunächst wirksam.

Sie könnte aber durch K widerrufen worden sein, § 168 S. 2 BGB. Ein Widerruf könnte in dem Anruf der K bei der B gesehen werden. Allerdings hat K die bestehende, ihr bekannte Vollmacht der F in diesem Anruf nicht erwähnt. In dem Hinweis auf ihre Erbenstellung allein kann kein Widerruf erblickt werden. Hinzu kommt, dass sie die für den Widerruf erforderlich Schriftform nicht gewahrt hat.

Es könnte ein Vollmachtsmissbrauch durch F gegeben sein. Zwar trägt grundsätzlich der Vertretene das Risiko eines Vollmachtsmissbrauchs, doch muss dieser ausnahmsweise geschützt werden, wenn der Vertreter von seiner Vertretungsmacht in ersichtlich verdächtiger Weise Gebrauch gemacht hat, so dass bei dem Vertragspartner begründete Zweifel entstehen mussten, ob nicht ein Treueverstoß des Vertreters gegenüber dem Vertretenen vorliege. Notwendig ist eine massive Verdachtsmomente voraussetzende, objektive Evidenz des Missbrauchs. Aus der Übertragung des Geldes vom Konto des E auf das Konto der F ergaben sich für B jedoch keinerlei Verdachtsmomente, zumal F über eine wirksame postmortale Bankvollmacht verfügte. Diese hat gerade den Sinn, der bevollmächtigten F im Todesfall des Vollmachtgebers zu ermöglichen, über dessen Konten zu verfügen. Somit liegt mangels Evidenz kein Vollmachtmissbrauch vor.

Somit war die Vollmacht wirksam und infolgedessen auch die Weisung. Eine Pflichtverletzung kann daher nicht in der Ausführung dieser Weisung gesehen werden.

Eine Pflichtverletzung könnte aber in dem unterbliebenen Hinweis der B auf die Bankvollmacht der F liegen. Ob eine solche Informationspflicht gegenüber Erben überhaupt besteht, kann hier dahinstehen, weil sich K (noch ohne Erbschein) nicht ausreichend gegenüber der Bank als Erbin legitimiert hat. Im Übrigen hatte K bereits Kenntnis von der postmortalen Vollmacht.

Schließlich könnte die Bank ihre Warte- und Rückfragepflicht gegenüber den Erben verletzt haben. Eine Pflicht, solche Sicherungsvorkehrungen für die Erben zu treffen, könnte sich hier daraus ergeben, dass es für die Bank erkennbar war, dass ein Erbprätendentenstreit bevorsteht, denn sowohl F als auch K hatten sich als Alleinerbin ausgegeben. Dagegen spricht jedoch, dass es gar nicht um die Frage geht, wer Erbin geworden ist. Denn F handelte allein aufgrund der bestehenden postmortalen Vollmacht. Die Bank ist nicht verpflichtet, auf die Klärung der Rechtsnachfolge zu warten. Gegenüber dem Vollmachtgeber als dem ursprünglichen Vertragspartner der Bank hätte keine Pflicht zur Sicherung seiner Interessen bestanden. Das Gleiche muss gelten, nachdem der E gestorben ist. Das Besondere an einer postmortalen Vollmacht ist gerade, dass diese über den Tod hinaus wirkt. Die Bank braucht sich über das Innenverhältnis zwischen Erben und Bevollmächtigen keine Gedanken zu machen. Dass das Widerrufsrecht von den Erben meist zu spät ausgeübt wird, ist im Hinblick auf die Zulässigkeit der postmortalen Vollmacht hinzunehmen. Folglich hat die B keine Warte- und Rückfragepflichten verletzt.

Mangels Pflichtverletzung scheidet ein Anspruch gegen die B nach §§ 280 I, III, 281 I BGB aus.

c) Anfechtung der Vollmacht

195 Weiterer Grund für die Beendigung der Vollmacht kann eine Anfechtung sein. Da die Bevollmächtigung eine Willenserklärung ist, gelten grundsätzlich die **allgemeinen Anfechtungsregeln.**[49] Unproblematisch anfechtbar ist die nicht ausgeübte Vollmacht. Praktisch relevant ist dies aber nur für die unwiderrufliche Vollmacht; die einfache Vollmacht ist ohne jeden Grund frei widerruflich.[50]

Problematisch ist die Anfechtung der Innenvollmacht dagegen nach Abschluss des Vertretergeschäfts.

Fall 85: Zahnärztin Z hält ihren Bekannten V irrtümlich für einen Kenner bäuerlicher Antiquitäten. Sie beauftragt ihn daher, für sie einen alten Bauernschrank zu erstehen, und erteilt ihm Ankaufsvollmacht. V erwirbt bei dem Trödler T einen Bauernschrank, der freilich alles andere als alt ist. Z möchte vom Vertrag wieder loskommen, weil sie sich über die fachlichen Qualitäten des V geirrt hat. Zu Recht?

Lösung: Die Z könnte die dem Bekannten V erteilte Innenvollmacht gemäß §§ 142 I, 119 II BGB anfechten und damit die Bindung an das Vertretergeschäft rückwirkend beseitigen. Grundsätzlich stellt die erteilte Innenvollmacht eine anfechtbare Willenserklärung dar. Infolgedessen würde der Vertreter rückwirkend zum falsus procurator und damit der Haftung nach § 179 BGB ausgesetzt. Der Schadensersatzanspruch des Vertreters gegenüber dem Vertretenen gemäß § 122 BGB könnte aufgrund einer möglichen Insolvenz des Vertretenen ins Leere gehen. Das mit der Anfechtung verbundene Risiko würde daher entgegen der Wertung des § 122 BGB in Grenzfällen den Vertreter treffen.

Nach einer Auffassung soll daher die Irrtumsanfechtung einer betätigten Vollmacht zum Schutz von Vertreter und Dritten generell versagt werden.[51] Dem entgegen steht die herrschende Meinung, die die betätigte Vollmacht als anfechtbar ansieht, aber aufgrund der materiellen Beseitigung der Bindungswirkung des Vertretergeschäfts eine Anfechtungserklärung auch gegenüber dem Geschäftspartner fordert.[52] Diese Auffassung ist vorzuziehen, da mithilfe dieser Konstruktion nur der Geschäftspartner einen Anspruch aus § 122 BGB gegen den Vertretenen hat und daher das Anfechtungsrisiko beim Anfechtenden, dem Vertretenem, bleibt.

Die Z kann somit die Vollmacht anfechten, die Bindung des Vertretergeschäfts rückwirkend beseitigen. Gemäß § 122 BGB ist sie jedoch gegenüber dem T zum Ersatz des negativen Interesses verpflichtet.

d) Form der Vollmacht

196 § 167 II BGB enthält (parallel zu § 182 II BGB) die den Verkehr begünstigende, den Vertretenen aber u.U. gefährdende Regel, dass die Vollmacht stets formlos ist. Von dieser Grundregel hat die Rspr. eine Reihe von Ausnahmen entwickelt, wenn die Vollmacht

---

49 *Bitter*, Rn. 118 ff.
50 Vgl. *Köhler*, AT, § 11 Rn. 32; *Boecken*, Rn. 627.
51 *Brox/Walker*, Rn. 574; *Schack*, AT, Rn. 517; *Eujen/Frank*, JZ 1973, 232.
52 *Leipold*, § 24 Rn. 39; *Medicus*, AT, Rn. 945; *Boecken*, Rn. 629; *Petersen*, AcP 201 (2001), 375 ff, 385 f.

selbst praktisch zur wesentlichen Bindung führt und der Schutzzweck der Norm andernfalls vereitelt würde.

Fall 86: Dem Fliesenleger H und dessen Lebensgefährtin L gehörte ein bebautes Grundstück je zur Hälfte. H wollte seinen Miteigentumsanteil auf die L übertragen und zwar zum Ausgleich für ihre unentgeltliche Mitarbeit in seinem Betrieb. Am 30.9. gingen beide zum Notar. Da dieser nicht anwesend war, war eine Beurkundung nicht möglich. H ging deshalb zum Amtsgericht und ließ dort folgende Vollmacht beglaubigen:

„Ich, der Fliesenlegermeister H, bevollmächtige hiermit Frau L, den Kauf- bzw. Tausch- bzw. Übergabevertrag betreffend mein Grundstück … abzuschließen und sämtliche Erklärungen zur Auflassung und Eintragung im Grundbuch vor einem Notar abzugeben. Diese Vollmacht soll auch über meinen Tod hinaus gelten. Die Bevollmächtigte soll von der Beschränkung des § 181 BGB befreit sein."

Etwa zwei Monate später starb H. Aufgrund der Vollmacht übertrug die L nach dem Tod den Miteigentumsanteil des H durch notariellen Vertrag auf sich selbst und bewilligte eine entsprechende Auflassungsvormerkung. In der Vertragsurkunde erklärte sie, dass die Übertragung zum Ausgleich für ihre Mitarbeit in Übereinstimmung mit dem beurkundeten Willen des H erfolge. Die Erben des H halten die Vollmacht und den zum Vollzug abgeschlossenen Vertrag für nichtig. Sie meinen, die Vollmacht habe der notariellen Beurkundung bedurft. Sie beantragen beim zuständigen Landgericht den Erlass eines Erwerbsverbots gegen die L. Kann dieses erlassen werden?[53]

Lösung:

Vorbemerkung: Die Erben behaupten, der Grundstückskaufvertrag sei unwirksam. Falls dies der Fall ist, hätten sie als Eigentümer einen Anspruch auf Grundbuchberichtigung gemäß § 894 BGB, weil ein Auflassungsanspruch nicht besteht und daher die eingetragene Vormerkung unrichtig ist. Darüber hinaus hätten sie einen Kondiktionsanspruch auf Herausgabe der durch den unwirksamen Vertrag erlangten Erwerbsposition. Nach der Rspr. kann dieser Anspruch in solchen Fällen durch ein Erwerbsverbot gesichert werden. Dieses wird ohne gesetzliche Regelung als Sicherungsmaßnahme nach §§ 935, 938 I ZPO zugelassen. Durch das Erwerbsverbot wird die Befugnis des Auflassungsempfängers, das Grundstückseigentum zu erwerben, beschränkt und damit ein Eintragungshindernis geschaffen, das vom Grundbuchamt auch noch nach Stellung des Eintragungsantrags durch den Erwerber zu beachten ist. Ist das Erwerbsverbot wirksam erlassen, so setzt es praktisch die bereits vollzogene Auflassung im Verhältnis der Parteien zueinander vorläufig außer Kraft.

Ein Erwerbsverbot könnte erlassen werden, wenn der Grundstückskaufvertrag unwirksam wäre. Die Unwirksamkeit kann sich nur daraus ergeben, dass die Vollmacht zum Abschluss des Vertrags unwirksam ist.

§ 167 II BGB stellt die Vollmacht grundsätzlich nicht unter die Formstrenge des Hauptgeschäftes. Von diesem Grundsatz wird für den Fall einer *unwiderruflichen Vollmacht* zur Veräußerung eines Grundstücks eine Ausnahme gemacht.[54] Eine solche hat H hier aber

53 **BGH NJW 1979, 2306.**
54 *Bamberger/Roth/Valenthin* § 167 Rn. 9; *Brox/Walker*, AT, Rn. 544.

nicht erteilt, da er auch die postmortale Vollmacht noch hätte widerrufen können. Die §§ 125, 313 BGB kämen aber dennoch in Betracht, wenn die Befreiung von der Vorschrift des § 181 BGB darauf schließen ließe, der H habe sich bereits unwiderruflich binden wollen. Dafür hätte die Vollmacht den in Wahrheit bereits gewollten Übertragungsvertrag verdecken müssen. Die Befreiung vom § 181 BGB diente jedoch nur der Vereinfachung der späteren Rechtsgeschäfte und erweiterte nur die Vertretungsmacht. Sie schuf keine größere Bindung, als sie der Vollmachtgeber bei Entschluss zur Übereignung ohnehin bereits wollte. Überlegungen gesteigerter Zweckmäßigkeit rechtfertigen keinen Schluss auf eine absolute Bindung.

Der Kaufvertrag ist daher wirksam, das beantragte Erwerbsverbot ist abzulehnen.

Eine Ausnahme von § 167 II BGB gilt bei der Erteilung einer Vollmacht für eine Bürgschaftserklärung, die gemäß § 766 BGB formbedürftig ist, d.h. die Vollmacht ist formbedürftig, wenn der Vollmachtgeber nicht Kaufmann ist (vgl. § 350 HGB).[55] Auch die Vollmacht zum Abschluss eines Verbraucherdarlehensvertrages muss schriftlich erteilt werden (§ 492 IV 1 BGB); die Vollmacht zur Erklärung der Erbausschlagung muss öffentlich beglaubigt werden (§ 1945 III BGB).

Die widerrufliche Vollmacht zum Abschluss eines Ehevertrages bedarf keiner notariellen Beurkundung.[56] Auch die Einwilligung des Eigentümers in die Auflassung seines Grundstücks durch einen Dritten bedarf nach § 182 II BGB nicht der Form des § 925 BGB, wenn sie frei widerruflich (§ 183 BGB) ist.[57]

e) Arten der Vollmacht

197 Hinsichtlich des Umfangs der Vollmacht unterscheidet man verschiedene Arten von Vollmachten, und zwar die Spezial-, die Gattungs- und die Generalvollmacht.

aa) Einzel- und Gesamtvertretungsmacht

198 Vor allem im Handels- und Gesellschaftsrecht können vielfach nur zwei Bevollmächtigte gemeinsam ein Unternehmen vertreten. Nach § 48 II HGB kann statt einer Einzelprokura eine Gesamtprokura erteilt werden. Dies muss zum Handelsregister angemeldet werden, § 53 I 2 HGB.

Bei einer **OHG** kann im Gesellschaftsvertrag bestimmt werden, dass alle oder mehrere Gesellschafter nur in Gemeinschaft zur Vertretung ermächtigt sein sollen (Gesamtvertretung), § 125 II HGB. Bei der **GmbH** muss im Gesellschaftsvertrag geregelt werden, wie die Gesellschaft vertreten wird. Ist nichts darüber bestimmt, so müssen Erklärungen durch sämtliche Geschäftsführer erfolgen, § 35 II 2 GmbHG. Bei einer **AG** sind die Vorstandsmitglieder nach § 78 II AktG grundsätzlich nur gemeinschaftlich zur Vertretung der Gesellschaft befugt. Die Satzung kann aber bestimmen, dass einzelne Vorstandsmitglieder allein oder in Gemeinschaft mit einem Prokuristen zur Vertretung befugt sind, § 78 III AktG.

---

55 BGHZ 132, 119, 124 = NJW 1996, 1467.
56 BGHZ 138, 239 = NJW 1998, 1857.
57 BGH NJW 1998, 1482 = JuS 1998, 656.

Beim Verein hat der Vorstand gesetzliche Vertretungsmacht, § 26 II BGB. Besteht der Vorstand aus mehreren Personen, so muss die Satzung bestimmen, ob Einzel- oder Gesamtvertretungsmacht besteht. Enthält die Satzung keine Regelung, so gilt anders als im Gesellschaftsrecht nicht der Grundsatz der Gesamtvertretung, sondern das Mehrheitsprinzip. Es müssen dann im Zweifel die für die Vertretung notwendige Zahl von Vorstandsmitgliedern nach außen mitwirken.

Fall 87: In einer Familien-KG sind nach dem Tod des Vaters dessen beiden Söhne S1 und S2 Komplementäre mit Gesamtvertretungsbefugnis, die Witwe und die beiden Töchter des verstorbenen dritten Sohnes sind Kommanditisten. Die KG betreibt ihre Geschäfte auf einem Betriebsgrundstück, dessen Eigentümer der Vater persönlich war. Zwischen ihm und der KG bestand ein Pachtvertrag. In seinem Testament hatte der Vater den S1 ermächtigt, sich selbst vor jeder anderen Nachlassteilung das Fabrikgrundstück nach Ableben des Vaters zu Eigentum aufzulassen. S1 tat dies. Bald darauf kündigt er den Pachtvertrag mit der KG und vereinbart mit ihr, vertreten durch seinen Bruder S2, einen neuen Pachtvertrag mit einem wesentlich höheren Pachtzins. Die Kommanditisten halten diesen Vertrag für unwirksam und klagen gegen S1 auf Rückzahlung der erhöhten Pachtbeträge an die KG. War die Vertretung wirksam?[58]

Lösung: S1 und S2 hatten Gesamtvertretungsmacht für die KG. §§ 161 II, 125 II 2 HGB bestimmen, dass die gesamtvertretungsberechtigten Gesellschafter einen Einzelnen zur Vornahme bestimmter Geschäfte (entsprechend den §§ 182–184 BGB im Voraus oder nachträglich) ermächtigen können.[59] Diese Ermächtigung ist auch und vor allem dann zulässig, wenn der andere Gesamtvertreter Vertragspartner der Gesellschaft sein soll. Der Ermächtigte handelt dann allein im Namen der Gesellschaft. Die Frage ist aber, ob dieses Vorgehen mit § 181 BGB vereinbar ist.

Wenn S2 als Untervertreter des S1 aufgetreten wäre, könnte gegen § 181 BGB verstoßen worden sein. Niemand kann mehr Rechte übertragen, als ihm selbst zustehen. Wenn das Rechtsgeschäft von S1 also an § 181 BGB gescheitert wäre, muss dasselbe für den Bevollmächtigten S2 gelten. Diese allgemeinen Erwägungen können jedoch auf den vorliegenden Fall nicht übertragen werden, da die Vertretungsmacht hier nicht vertraglich abgeleitet wurde, sondern mit § 125 II 2 HGB organschaftlich von Gesetzes wegen bestand. Da sich die gesetzliche und die gewillkürte Vertretungsmacht ausschließen, findet § 181 BGB mangels rechtsgeschäftlicher Handlungsvollmacht keine Anwendung mehr. Die zweckgebundene Auslegung des § 181 BGB bestätigt das gefundene Ergebnis, da auf die Gefahr der Interessenkollision und mögliche Schädigungen abzustellen ist. Ein Umgehungsgeschäft folgt nicht schon aus der Annahme einer (so früher vertreten) bloßen Ordnungsvorschrift. Denn eine Interessenkollision ist auszuschließen, da zwischen den Söhnen wegen der handelsrechtlichen Besonderheiten kein Abhängigkeitsverhältnis bestand. Der alleinvertretungsberechtigte Komplementär ist geschäftsführungsbefugt und handelt auch im Innenverhältnis eigenverantwortlich. Der neue Pachtvertrag ist somit wirksam; der Anspruch besteht nicht.

---

58 **BGHZ 64, 72 = NJW 1975, 1117.**
59 *Faust* § 28 Rn. 7; *Bitter* § 10 Rn. 188.

Anmerkung: Da S1 Gesellschafter der KG ist, wäre die Zahlung des erhöhten Pachtzinses eine unzulässige Entnahme, wenn tatsächlich kein Pachtvertrag wirksam geschlossen wurde. S1 wäre aus dem Gesellschaftsvertrag bzw. nach § 812 BGB verpflichtet, die unzulässige Entnahme an die Gesellschaft zurückzuzahlen. Es handelt sich um einen Anspruch der Gesamthand der Gesellschafter gegen den Einzelnen. In einem solchen Fall kann – unabhängig von der Geschäftsführungsbefugnis – jeder Gesellschafter auf Leistung an die Gesellschaft klagen **(actio pro socio)**.[60]

bb) Untervollmacht

199 Ein gesetzlicher Vertreter, aber auch ein rechtsgeschäftlich Bevollmächtigter, kann bei entsprechender Vollmacht seinerseits einen Unterbevollmächtigten für den Geschäftsherrn bestellen. Es entsteht dann eine **mehrstufige Vertretung**. Diese führt aber weder dazu, dass der Hauptvertreter seine Vertretungsmacht verliert, noch bewirkt sie, dass der Untervertreter den Hauptvertreter vertritt. Der Unterbevollmächtigte vertritt vielmehr stets den Vertretenen.[61] Seine Vollmacht kann vom Vertretenen und vom Hauptvertreter widerrufen werden. Da die Untervollmacht in ihrem Bestand davon abhängt, dass die gesamte Kette intakt ist, erlischt sie nach § 168 BGB sowohl beim Ende des Grundverhältnisses zwischen Vertretenem und Hauptvertreter als auch beim Ende des Verhältnisses zwischen Hauptvertreter und Unterbevollmächtigten.[62]

Probleme bei der Untervertretung entstehen meist im Zusammenhang mit fehlender Vertretungsmacht (s.u. Rn 220).

cc) Vorsorgevollmacht

200 Nach § 1896 II 2 BGB entfällt das Bedürfnis für die Bestellung eines Betreuers, soweit der Betreuungsbedürftige eine Vertrauensperson zur Erledigung seiner Angelegenheiten bestellt hat.[63] Die Vollmacht kann mit sofortiger Wirkung oder aufschiebend bedingt (§ 158 I BGB) auf den Eintritt des Fürsorgebedürfnisses erteilt werden. Zumeist wird sie nur für den Fall erteilt, dass der Vollmachtgeber selbst seine Angelegenheiten nicht mehr besorgen kann, insb. geschäftsunfähig geworden ist. Wirksam ist sie nur, wenn der Vollmachtgeber zur Zeit der Erteilung noch geschäftsfähig war.[64] Die Vollmacht zur Einwilligung in Heilbehandlungen oder eine Unterbringung mit Freiheitsentziehung muss ausdrücklich und schriftlich erteilt worden sein (§§ 1904 V 2, 1906 V 1 BGB). In eine ggf. lebensgefährdende Behandlung, eine Unterbringung oder in jegliche freiheitsbeschränkende Maßnahme kann der Bevollmächtigte nur mit Genehmigung des Betreuungsgerichts einwilligen (§§ 1904 I, II, 1906 II, V 2 BGB),[65] es sei denn sie entspreche unstreitig dem in einer Patientenverfügung festgelegten Willen des Betreuten (§ 1904 IV BGB).

60 Vgl. *Höfler*, JuS 1992, 388; *Hassold*, JuS 1980, 32.
61 Vgl. NK-BGB/*Ackermann* § 167 Rn. 62 f.
62 Vgl. *Bork*, AT, Rn. 1446 ff; *Bitter* § 10 Rn. 190 ff; *Windbichler* § 7 Rn. 6; krit. NK-BGB/*Ackermann* § 167 Rn. 69.
63 Vgl. *Bühler*, FamRZ 2001, 1585; *U. Walter*, FamRZ 1999, 685; MüKo/*Schwab* § 1896 Rn. 49 ff.
64 *Brox/Walker*, AT, Rn. 576; MüKo/*Schwab* § 1896 Rn. 50.
65 BGH FamRZ 1021, 1372 *(Sonnefeld)*; dazu auch *Wellenhofer*, JuS 2013, 260.

dd) Prozessvollmacht

Neben den Standardvollmachten des Handelsrechts gibt es auch im Prozessrecht eine **201** Standardvollmacht, nämlich die Prozessvollmacht, §§ 80 ff ZPO. Der Umfang der Prozessvollmacht ist in den §§ 81, 82 ZPO gesetzlich festgelegt. Die Prozessvollmacht berechtigt danach zu **allen Prozesshandlungen** und ferner zur Abgabe von **rechtsgeschäftlichen Erklärungen** im Prozess. Die Prozessvollmacht kann nur im Rahmen des § 83 ZPO mit Außenwirkung eingeschränkt werden; andere Beschränkungen wirken nur im Innenverhältnis.[66]

Die Prozessvollmacht erlischt mit ihrem Widerruf. Ist sie bereits dem Gegner und dem Gericht mitgeteilt, so erlischt sie im Anwaltsprozess aber erst durch die Anzeige der Bestellung eines neuen Anwalts, § 87 ZPO. Handlungen des Bevollmächtigten wirken unmittelbar für und gegen die vertretene Partei, § 85 ZPO. Tatsächliche Erklärungen kann die anwesende Partei jedoch sofort widerrufen oder berichtigen, § 85 I 2 ZPO.

ee) Duldungs- und Anscheinsvollmacht

Handelt ein Stellvertreter, besteht für den Geschäftspartner stets das Risiko, dass der Ver- **202** treter keine Vollmacht hat, so dass der Hintermann nicht berechtigt oder verpflichtet wird. Zwar greift zugunsten des Geschäftspartners § 179 BGB ein, doch dadurch wird der vermeintlich Vertretene nicht zur Vertragspartei. Die §§ 170–173 BGB schützen den Geschäftspartner mittels **gesetzliche Rechtsscheinvollmachten**, nur in einigen wenigen Konstellationen, so bei einer Außenvollmacht (§ 170 BGB), bei öffentlicher Bekanntmachung (§ 171 BGB), bei Vorlage einer Vollmachtsurkunde (§ 172 BGB)[67] und aufgrund einer Anstellung in einem Laden oder Warenlager (§ 56 HGB).[68]

Daher haben Rspr. und Lehre aus den Tatbeständen der §§ 170 ff BGB allgemein die **Rechtsscheinsvollmacht** entwickelt.[69]

➔ Diese setzt voraus, dass der Vollmachtgeber den Rechtsschein einer Vollmachtserteilung oder einer fortbestehenden Vollmacht gesetzt hat. Dieser Rechtsschein muss dem Vertretenen zurechenbar sein und der Gegner muss in schutzwürdiger Weise auf das Vorliegen einer Vollmacht vertraut haben.

Kannte der Vollmachtgeber das Handeln des Vertreters und duldete es, so spricht man von **203** einer **Duldungsvollmacht**. Bei der Duldungsvollmacht ist streitig, ob es sich dabei um eine konkludent erteilte Vollmacht oder eine Rechtsscheinvollmacht handelt. Das hat Auswirkungen auf die Anfechtung, denn ein gesetzter Rechtsschein kann durch Anfechtung nicht zerstört werden, wohl aber eine Vollmacht.[70] Auch bei Einordnung als Rechtsscheinvollmacht lässt die Literatur eine Anfechtung überwiegend zu, wenn auch eine echte Außenvollmacht angefochten werden könnte.[71] Eine Anfechtung wegen Irrtums über die Rechtsfolgen der Duldung oder des zurechenbaren Rechtsscheins scheidet daher aus.[72]

66 *Jauernig/Hess*, Zivilprozessrecht, 30. Aufl., § 21 Rn. 23 f; *Rosenberg/Schwab/Gottwald* § 55 Rn. 24 ff.
67 Vgl. *Stöhr*, JuS 2009, 106.
68 *Canaris* § 14 Rn. 5; *Brox/Henssler* Rn. 225; s.u. Rn. 225.
69 Vgl. BGH NJW 2005, 2985, 2987; *Köhler*, PdW AT, Fall 132–135.
70 Vgl. insbes. *Bork*, AT, Rn. 1550 ff; *Rüthers/Stadler* § 30 Rn. 42 ff.
71 Vgl. MüKo/*Schramm* § 167 Rn. 53; PWW/*Frensch* § 167 Rn. 48; *Bitter* § 10 Rn. 169.
72 Vgl. *Säcker/Mohr*, Fall 20 (S. 309 ff).

Fall 88: Die B-GmbH beabsichtigte, sich an einer Bauherrengemeinschaft zu beteiligen und zwei Wohnungen in München zu erwerben. Mit notariell beurkundeter Erklärung bot sie der T-GmbH den Abschluss eines umfassenden Treuhand- und Geschäftsbesorgungsvertrages an. Darin war vorgesehen, dass die T-GmbH die B-GmbH bei der Abwicklung des Vorhabens vertreten und eine entsprechende Vollmacht erhalten sollte. Dieses Angebot nahm die T-GmbH durch notariell beurkundete Erklärung an. Allerdings wurde ein wesentlicher Bestandteil des Treuhandvertrages nicht mitbeurkundet.

Im Folgenden errichtete die T-GmbH für die B-GmbH ohne Vorlage der Vollmacht bei der K-Bank zwei Konten, auf denen nach entsprechender Bonitätsprüfung die von der T-GmbH hereingegebenen Belastungen vorgenommen werden würden. Auf Veranlassung der T-GmbH wurde der B-GmbH von der K-Bank auf beiden Konten ein Kreditvolumen in Höhe von jeweils 150 000 DM eingeräumt. Dies teilte die K-Bank der B-GmbH schriftlich mit. Diese Kredite wurden durch Überweisungsaufträge der T-GmbH an Dritte voll ausgeschöpft. Die K-Bank hat die Kredite inzwischen fristlos gekündigt und verlangt Rückzahlung von 300 000 DM. Zu Recht?[73]

Anmerkung: Ein Bauherrenvertrag wird im Rahmen des Bauherren-Modells zwischen Kapitalanlegern und meistens einem Treuhänder geschlossen. Dadurch entsteht eine Bauherrengemeinschaft, die zur späteren Vermietung z.B. Eigentumswohnungen bauen lässt. Die Vorteile des Bauherren-Modells lagen in erheblichen Steuerersparnissen.[74]

Lösung: Die K-Bank könnte einen Anspruch gegen die B-GmbH auf Rückzahlung der 300 000 DM aus § 488 I 1 BGB haben. Dazu müsste ein Darlehensvertrag zwischen der B-GmbH und der K-Bank zustande gekommen sein. Die B-GmbH handelte nicht selbst, sondern ließ sich von der T-GmbH vertreten. Die T-GmbH handelte in fremdem Namen, jedoch ist fraglich, ob sie Vollmacht hatte.

Eine Vollmacht könnte sich aus dem Treuhand- und Geschäftsbesorgungsvertrag ergeben, den die B-GmbH und die T-GmbH abgeschlossen haben, vorausgesetzt, dieser wäre wirksam. Der Treuhandvertrag enthielt eine entsprechende Bevollmächtigung der T-GmbH. Der Vertrag könnte aber gemäß § 125 S. 1 BGB unwirksam sein, weil er der gesetzlichen Form nicht entsprach. In Betracht kommt hier § 311b I 1 BGB iVm § 139 BGB. Treuhandvertrag, Grundstückserwerb und die Errichtung der Eigentumswohnungen sollten nach den Vorstellungen der Beteiligten untrennbar voneinander abhängig sein. Der Treuhandvertrag bildete mit dem von den Beteiligten beabsichtigten Grundstückserwerb eine rechtliche Einheit, § 139 BGB. Somit ist die Formvorschrift des § 311b I 1 BGB auch auf den Treuhandvertrag anzuwenden. Ein wesentlicher Teil des Vertrages wurde nicht beurkundet. Die Form des § 311b I 1 BGB ist nicht beachtet worden. Wegen § 139 BGB ist der gesamte Treuhandvertrag nach § 125 S. 1 BGB unwirksam.[75]

Möglicherweise liegt aber eine **Duldungsvollmacht** vor. Diese ist gegeben, wenn der Vertretene es wissentlich geschehen lässt, dass ein anderer für ihn wie ein Vertreter auftritt und der Geschäftsgegner dieses Dulden nach Treu und Glauben dahingehend versteht und auch verstehen darf, dass der als Vertreter Handelnde bevollmächtigt ist.[76]

---

73 Nach **BGH NJW 1997, 312.**
74 Siehe *Creifelds/Weber*, Rechtswörterbuch, 20. Aufl. 2011, S. 142.
75 BGH NJW 1997, 312, 313; *Palandt/Grüneberg*, § 311b Rn. 45.
76 Vgl. *Palandt/Ellenberger*, § 172 Rn. 8 ff; *Bitter* § 10 Rn. 155 ff.

Der Rechtsschein könnte sich aus der nicht wirksam beurkundeten Vollmacht ergeben. Eine solche Haftung würde voraussetzen, dass die T-GmbH als Vertreterin dem Dritten, d.h. der K-Bank, die den Rechtsschein begründende Urkunde selbst oder eine Ausfertigung vorgelegt hat. Die Vorlage von Abschriften oder Fotokopien genügt regelmäßig nicht. Das war aber nie geschehen, so dass kein Rechtsschein von der nicht wirksam beurkundeten Vollmacht ausgeht.

Eine Duldungsvollmacht könnte aber aufgrund des Verhaltens der B-GmbH anzunehmen sein. Diese schwieg auf die Mitteilung der K-Bank über die Krediteinräumung und nahm die sich anschließenden Darlehensverpflichtungen einfach hin. Die Duldungsvollmacht setzt nur voraus, dass der Geschäftsherr das Verhalten des Vertreters kannte und nicht dagegen eingeschritten ist, obwohl ihm das möglich gewesen wäre. Eine Willenserklärung des Vertretenen oder eine gleichzusetzende Willensbetätigung ist nicht erforderlich. Die B-GmbH duldete die Aktionen der T-GmbH. Die K-Bank musste daher davon ausgehen, dass die T-GmbH bevollmächtigt ist.

Folglich liegt eine Duldungsvollmacht vor. Es kam also ein Darlehensvertrag zwischen der B-GmbH und der K-Bank zustande. Nachdem die K-Bank die Darlehen gekündigt (§ 488 III BGB) hat, kann sie die Rückzahlung der 300 000 DM verlangen.

Wird jemand mehrfach für einen anderen tätig, so dass der Geschäftsgegner auf das Vorliegen einer Vollmacht schließen kann, kannte der Vollmachtgeber das Handeln des Vertreters jedoch nicht, hätte es aber bei pflichtgemäßer Sorgfalt erkennen und verhindern können, so liegt eine **Anscheinsvollmacht** vor.[77] Bei einem ersten Handeln für den Vertretenen besteht daher auch dann keine Anscheinsvollmacht, wenn dieser fahrlässig keine Sicherheitsvorkehrungen dagegen getroffen hat, dass ein anderer, etwa über seinen Internet-Zugang, in seinem Namen handelt.[78] Zweifelhaft ist, ob die Anscheinsvollmacht wirklich eine Vollmacht ist, oder den Geschäftsherrn lediglich nach c.i.c.-Grundsätzen (jetzt: §§ 280, 282, 311 II BGB) ersatzpflichtig macht.[79] Die Rspr. ist stets davon ausgegangen, dass der Geschäftsherr das volle Organisationsrisiko trägt, der Dritte auf den Rechtsschein der Vollmacht vertrauen darf und die Anscheinsvollmacht daher einer echten Vollmacht gleichzustellen ist. Die Anscheinsvollmacht ist zudem nicht anfechtbar (s.o. Rn. 203).[80] **204**

Fall 89: Der Spengler S erbrachte an einem Anwesen in Augsburg Spenglerarbeiten. Eigentümerin des Hauses war die Fa. M-GmbH in Traunstein, die sich durch die Fa. P-GmbH in Rosenheim vertreten ließ. Die P-GmbH beauftragte die H-GmbH mit der Hausverwaltung und gab ihr dabei auch auf, sich um die Renovierung des Hauses zu kümmern. Welche Vollmacht insoweit erteilt wurde, ist streitig. S verlangt Zahlung seines Werklohns zunächst von der M-GmbH. Diese verwies ihn aber an die H-GmbH, weil sie die Arbeiten weder selbst in Auftrag gegeben, noch der H-GmbH Vollmacht erteilt habe. Daraufhin nimmt S die H-GmbH in Anspruch und verlangt von ihr Zahlung. Diese meint, sie hafte nicht, weil sie kraft Anscheinsvollmacht für die

---

77 Vgl. zur Rechtsscheinshaftung bei Verwendung eines Faksimilestempels, BGH vom 14. März 2000 – XI ZR 55/99 – BGHR BGB § 167 Anscheinsvollmacht 9.

78 BGH 189, 346 = NJW 2011, 2421 (Rn. 28).

79 So z.B. *Medicus*, AT, Rn. 971; *Flume* § 49, 4.

80 Vgl. insbes. *Bork*, AT, Rn. 1560 ff, *Brox/Walker*, Rn. 566; *Köhler* § 11 Rn. 44 f; *Rüthers/Stadler*, AT, § 30 Rn. 46.

Eigentümerin, die M-GmbH, gehandelt habe. Das Gericht überzeugt sich vom Bestehen einer Anscheinsvollmacht. Wie ist dann zu entscheiden? Kann sich S dagegen sichern, dass das für eine Klage gegen die M-GmbH zuständige Gericht das Bestehen einer Anscheinsvollmacht in einem Folgeprozess doch verneint?[81]

Lösung: Der Zahlungsanspruch gegen die H-GmbH könnte sich aus § 179 I BGB ergeben. Voraussetzung dieser schuldunabhängigen Garantiehaftung ist, dass die H-GmbH Vertrauen veranlasst und enttäuscht hätte. Aus § 179 BGB könnte zu folgern sein, dass nicht zuerst gegen den Vertretenen vorgegangen werden müsse. Das Verhältnis von § 179 BGB und der Anscheinsvollmacht ist jedoch umstritten. Weil auf beiden Wegen Vertrauen geschützt werde, könnte man geneigt sein, dem Dritten unter mehreren Anspruchsgegnern die freie Wahl zu lassen. Dies würde aber das von § 179 BGB geschützte Verkehrsinteresse überbewerten. Dieses besteht berechtigterweise nur, wenn der Anspruchsteller ein Interesse hat, sich am Vertreter schadlos zu halten. Soweit die Vollmacht kraft Anschein eine Bindung des Vertretenen gewährleistet, fehlt es an dem von § 179 BGB geforderten Vertretungsmangel.

S könnte im Prozess gegen die H-GmbH der M-GmbH den Streit verkünden, so dass sich nach §§ 74 III, 68 ZPO die M-GmbH als Streitverkündete wie ein Nebenintervenient im Nachfolgestreit nicht darauf berufen kann, der Rechtsstreit sei im ersten Prozess unrichtig entschieden worden.

205 **Ergänzung:** Die Anscheinsvollmacht muss dem Vertretenen aber zurechenbar sein. Der Vertretene muss praktisch die Möglichkeit gehabt haben, den Rechtsschein zu verhindern. Bei der unberechtigten Entgegennahme von R-Gesprächen durch die 16-jährige Tochter hat der BGH deshalb zu Recht deren Anscheinsvollmacht verneint, da der Elternteil, der Inhaber des Telefonanschlusses ist, praktisch keine Möglichkeit hat, die unbefugte Entgegennahme zu unterbinden.[82]

f) Weisungswidriges Ausfüllen einer Blanketturkunde

206 Das Ausfüllen einer Blanketturkunde hat Ähnlichkeit mit dem Gebrauchmachen von einer Vollmacht: Der Erklärende gibt eine fremde Erklärung, die des Unterzeichnenden, ab, füllt sie lediglich inhaltlich aus und übermittelt sie. Wird das Blankett weisungswidrig vervollständigt, so fehlt an sich der **Geschäftswille des Ausstellers**. Dennoch bindet ihn die h.M. zum Schutze des Geschäftsgegners ohne die Möglichkeit jeder Anfechtung. Der Aussteller müsse sich an dem Rechtsschein, den er gesetzt hat, analog §§ 172 I, 173 BGB festhalten lassen.[83]

Fall 90: B kaufte bei V einen fabrikneuen Volvo für 34 000 €. Er gab seinen gebrauchten Opel für 7500 € in Zahlung. Den Restkaufpreis finanzierte die E-Bank durch ein von B in Raten zurückzuzahlendes Darlehen. Nach einiger Zeit ersah B aus den ihm von der E-Bank übersandten Unterlagen, dass V den Opel nur mit 5000 € auf den Kaufpreis angerechnet hatte. Er stellte V deshalb zur Rede. Dieser versprach den Darlehensvertrag abzulösen und durch einen neuen zu

81 **BGH NJW 1983, 1308 = JZ 1983, 389.**
82 BGH MDR 2006, 1033, 1034; dazu *Schlegel*, MDR 2006, 1021: *Klees*, MDR 2007, 185.
83 Vgl. *Bork*, AT, Rn. 1642 ff, 1650; *Medicus*, AT, Rn. 913.

ersetzen. Er ließ sich deshalb von B ein weiteres Darlehensformular blanko unterzeichnen und außerdem einen Blankowechsel geben.

14 Tage später gab B den Volvo an V zurück, da der erste Finanzierungsvertrag noch nicht abgelöst worden war; er erhielt seinen Opel wieder. Gleichwohl reichte V weitere 14 Tage später den blanko unterzeichneten Darlehensantrag nebst dem Blankowechsel ausgefüllt bei einer anderen Bank, der B-Bank ein. Diese zahlte den eingesetzten Darlehensbetrag von 28 000 € noch am gleichen Tage an V aus. Dem B erklärte sie die Annahme des Finanzierungsantrags und wies auf die Wechselfälligkeiten hin. B schrieb zurück, er habe den Volvo zurückgegeben, so dass er zu nichts verpflichtet sei. Muss er Darlehen und Wechsel honorieren?[84]

Lösung: B muss das Darlehen honorieren, wenn ein wirksamer Darlehensvertrag nach § 488 I BGB zwischen ihm und der B-Bank zustande gekommen ist.

Zwar hat B tatsächlich keine auf den Darlehensvertrag mit der B-Bank gerichtete Willenserklärung abgegeben. Indes muss er u.U. die seinem Willen nicht entsprechende Ausfüllung des Blanketts gegen sich als seine Willenserklärung gelten lassen.

Dies ergibt sich jedoch nicht aus § 172 I BGB direkt, da die Bank nicht auf eine entsprechende Vollmacht des V, sondern schon auf den Bestand einer eigenen schriftlichen Willenserklärung des B vertraute. Hinsichtlich der Schutzwürdigkeit des redlichen Geschäftsverkehrs decken sich aber die Interessenlagen. Da B den Rechtsschein selbst in zurechenbarer Weise dadurch geschaffen hat, dass er das blanko unterschriebene Formular aus der Hand gegeben hat, muss er auch einen abredewidrig geschaffenen Blankettinhalt einem redlichen Dritten gegenüber, dem die Urkunde vorgelegt wird, als seine Willenserklärung gegen sich gelten lassen. Folglich ist aufgrund des gesetzten Rechtsscheins ein Darlehensvertrag zwischen B und der B-Bank zustande gekommen, § 172 II BGB analog.

Ein abredewidriges Ausfüllen des Wechsels kann schon nach § 10 WechselG dem Wechselinhaber nicht entgegengesetzt werden.

II. Wissenszurechnung

1. Wissenszurechnung

Der Vertreter repräsentiert den Vertretenen. Das Vertretergeschäft hat nach § 164 BGB Wirkung ausschließlich für und gegen den Vertretenen **(Repräsentationsprinzip)**.[85] Deshalb werden auch Kenntnis und Willensmängel des Vertreters dem Vertretenen zugerechnet, § 166 I BGB. Die Kenntnis eines Organmitglieds ist der juristischen Person oder Gesellschaft zuzurechnen (vgl. § 26 II 2 BGB). Die durch Vertreter der Organ abgebenden Willenskerklärung ist daher nur anfechtbar, wenn sich der Handelnde geirrt hat.[86] **207**

Die Reichweite der sog. **Wissenszurechnung** im Zivilrecht ist im Detail aber außerordentlich umstritten. Die Tendenz geht freilich dahin, § 166 I BGB stets dort analog anzu-

84 **BGHZ 40, 65 = NJW 1963, 1971.**
85 Vgl. *Leenen* § 4 Rn. 79 ff.
86 PWW/*Frensch* § 166 Rn. 4; *Bitter* § 10 Rn. 171; *Boemke/Ulrici* § 13 Rn. 75.

wenden, wo ein anderer mit der eigenverantwortlichen Erledigung bestimmter Angelegenheiten von einem Dritten betraut wird. Immer dann muss sich der Geschäftsherr die Kenntnis seines Wissensvertreters zurechnen lassen.[87]

Fall 91: K buchte bei der Pauschalreisen-GmbH (P-GmbH) über das Reisebüro A eine Flugreise für 4 Personen in das Hotel C in Sardinien. Die Angestellte B des Reisebüros trug in das von K unterschriebene Anmeldeformular des Veranstalters als Sonderwunsch ein:

„Unbedingt obere Etage, Zimmer nebeneinander mit Meerblick."

Bei der Ankunft erhielt K jedoch nur ein Zimmer im Mittelgeschoss des dreigeschossigen Hauses unmittelbar über der Diskothek. Da keine gleichwertige Ersatzunterkunft zu erhalten war, flog K mit seiner Familie nach Hause zurück und verlangt Rückzahlung der Reisekosten. Zu Recht?[88]

Lösung: Der geltend gemachte Rückzahlungsanspruch könnte sich aus § 651e BGB ergeben, der den Reisevertrag zwischen K und der Pauschalreisen-GmbH nach h.M. in ein Rückgewährschuldverhältnis umwandelt. Die Frage ist, ob ein Mangel der Reise nach § 651c BGB vorliegt und ob der Reiseveranstalter, die P-GmbH, diesen zu vertreten hat.

Zu klären ist daher, ob die GmbH die Unterbringung in einem Zimmer „im obersten Stock" zugesichert hatte, obwohl A in das Anmeldeformular nur „oberer Stock" eingetragen hat. Fraglich ist, ob A die P-GmbH hinsichtlich des Sonderwunsches des K wirksam vertreten hat.

Zwar ist auch zwischen K und A ein Geschäftsbesorgungsvertrag zustande gekommen, doch hat die P-GmbH das Reisebüro ständig mit der Vermittlung von Reisen betraut, um sich die Unterhaltung einer eigenen Vertriebsorganisation zu ersparen. Das Reisebüro ist hier Handelsvertreter gemäß § 84 HGB, also als selbstständiger Gewerbetreibender ständig damit betraut, für einen anderen Unternehmer Geschäfte zu vermitteln oder in dessen Namen abzuschließen. Als Handelsvertreter ohne Abschlussvollmacht ist das Reisebüro trotzdem ermächtigt, Vertragsangebote Dritter mit Wirkung für den Reiseveranstalter entgegenzunehmen. Es ist mithin nicht Erklärungsbote des K, was zur Folge hätte, dass eine Fehlübermittlung in seinen Risikobereich fiele. Der Übermittlungsfehler liegt daher in der Sphäre des Reiseveranstalters. Das von K erklärte Vertragsangebot behielt den Inhalt, den es hatte, als es in den Bereich des Reisebüros gelangte. Durch die vorbehaltlose Annahme des Reisevertragsangebotes wurde auch die Gewährung der gewünschten Zimmer zugesagt.

Da die Reise die zugesicherten Eigenschaften nicht hat, ist sie im Sinne von § 651c BGB mangelbehaftet. Nach h.M. ist aber nicht schon aufgrund des Fehlens einer zugesicherten Eigenschaft die Erheblichkeit zu bejahen (anders im Werkvertragsrecht!). Diese ist vielmehr durch eine Gesamtwürdigung aller Umstände und der Bedeutung der Reise zu bestimmen. Hier kann sie bejaht werden. Ein teilweiser Vergütungsanspruch der P-GmbH für die erbrachten Transportleistungen ist für K ohne Interesse, so dass er diese nicht nach § 651e III 2 BGB zu vergüten hat. Der Anspruch ist in voller Höhe begründet.

---

87 Vgl. *Köhler*, PdW AT, Fälle 129–131.
88 **BGHZ 82, 222 = NJW 1982, 377.**

Ehegatten treten nach außen häufig als eine Art Einheit auf. Dennoch ist ein Ehegatte nicht kraft Gesetzes Wissenserklärungsvertreter des anderen. Seine Erklärungen werden dem Anderen vielmehr nur dann zugerechnet, wenn ihn der andere mit der Abgabe von Erklärungen betraut hat.[89] Auch das Wissen eines verstorbenen Geschäftsführers einer GmbH soll dieser nicht zugerechnet werden.[90] **208**

Fall 92: Die Ehefrau des B beantragte im Jahr 2000 ohne Wissen des B über ein Kreditvermittlungsbüro bei der K-Bank ein Darlehen in Höhe von 6000 DM. Den entsprechenden Auftrag unterschrieb sie mit ihrem Namen und ohne Vollmacht mit dem Namen des B. Die Bank überwies daraufhin Anfang 2001 den Kreditbetrag auf das von der Ehefrau angegebene Girokonto des Ehemannes B. Aufgrund einer Kontovollmacht verfügte sie über das Guthaben, hob das Geld ab und verbrauchte es, ohne dass dies ihr Mann bemerkte. Alsbald starb sie. Mit der Klage verlangt die Bank Rückzahlung des überwiesenen Betrages plus Zinsen. Der Darlehensvertrag ist wegen überhöhten Zinssatzes nach § 138 BGB unwirksam. Kann die Bank von B dennoch Rückzahlung verlangen?[91]

Lösung: Die K-Bank kann von B nach § 812 I 1 Alt. 1 BGB Rückzahlung verlangen, wenn B etwas durch Leistung der Bank ohne rechtlichen Grund erlangt hat. Die Zielrichtung der bewussten und zweckgerichteten Vermögensmehrung bemisst der objektive Empfängerhorizont danach, wie es die Interessen des sicheren Rechtsverkehrs in analoger Anwendung der §§ 133, 157 BGB verlangen. Ein sorgfältiger Kontoinhaber hätte die Überweisung als Auszahlung einer Darlehensvaluta erkannt, mithin eine Leistung entgegengenommen. Da der Darlehensvertrag nach § 138 BGB unwirksam ist, ist kein Rechtsgrund gegeben.

Fraglich ist, ob B der Entreicherungseinwand nach § 818 III BGB zusteht oder ob er den Mangel des rechtlichen Grundes beim Empfang kannte und deshalb verschärft haftet.

Eine unmittelbare verschärfte Haftung nach § 819 I BGB kommt nicht in Betracht, weil B über die Darlehensaufnahme von seiner Frau nicht unterrichtet worden war. Möglicherweise muss sich B aber die Kenntnis seiner Ehefrau zurechnen lassen. Die Vorschrift des § 166 I BGB ist im Rahmen des § 819 BGB entsprechend anwendbar. Wer sich im rechtsgeschäftlichen Verkehr bei der Abgabe von Willenserklärungen eines Vertreters bedient oder das Handeln eines in seinem Namen auftretenden Vertreters ohne Vertretungsmacht nachträglich genehmigt, muss es im Interesse des Adressaten hinnehmen, dass ihm die Kenntnis des Vertreters als eigene zugerechnet wird. Aufgrund des dem § 166 BGB zu entnehmenden allgemeinen Rechtsgedankens muss sich derjenige, der einen anderen mit der Erledigung bestimmter Angelegenheiten in eigener Verantwortung betraut, das in diesem Rahmen erlangte Wissen des anderen zurechnen lassen, unabhängig von einem Vertretungsverhältnis. Hier hatte B seiner Frau Kontovollmacht eingeräumt, sich aber nicht um die Kontobewegungen gekümmert.

Folglich haftet B nach §§ 819 I, 818 IV, 292, 989, 279 BGB auf Schadensersatz, weil er den Darlehensbetrag nicht mehr herausgeben kann. § 276 BGB und § 278 BGB sind nicht

89 BGHZ 122, 388 = NJW 1993, 2112.
90 BGH NJW 1995, 2169.
91 **BGHZ 83, 293 = NJW 1982, 1585.**

einschlägig, weil B kein eigenes Verschulden trifft und seine Ehefrau nicht mit seinem Willen tätig geworden ist. Da Geldschulden Gattungsschulden sind und dem verschärft haftenden Bereicherungsschuldner die Vergünstigungen des Bereicherungsrechts genommen werden sollen, ist die Anwendung des § 279 BGB nach Ansicht des BGH interessengerecht.

2. Handeln auf Weisung eines unwissenden Geschäftsherrn

209 § 166 II BGB stellt für den Fall einer Weisung durch den Vertretenen an den Vertreter klar, dass sich der Vertretene nicht auf die Unkenntnis des Vertreters berufen kann, wenn er selbst Kenntnis hatte. Dadurch soll primär erreicht werden, dass sich ein bösgläubiger Geschäftsherr nicht hinter einem ahnungslosen Vertreter verstecken kann.

Schließt umgekehrt der Vertreter das Geschäft auf irrtümliche Weisung des Vertretenen ab, obwohl er selbst die Sachlage durchschaut, so stellt sich die Frage, ob sich der Vertretene von dem Vertrag lösen kann. In Betracht kommt nur eine **Analogie zu § 166 II BGB** zugunsten des Vertretenen.[92]

Fall 92: A wurde von B verdächtigt, als Vorstandsmitglied 240 000 DM unterschlagen und dies durch fehlerhafte Buchführung verschleiert zu haben. A bestritt dies, willigte aber schließlich in einen Vergleich ein, wonach er sich zur Zahlung von 125 000 DM verpflichtete. Diesen Vergleich schloss der von A bevollmächtigte Rechtsanwalt RA auf seine Weisung ab. Zur Annahme des Vergleichs war A durch die arglistige Täuschung des B veranlasst worden, er könne den Vergleich jederzeit später widerrufen, wenn sich seine Unschuld herausstellen sollte. Dem Anwalt war die Sachlage dagegen klar. Kann A den Vergleich anfechten?[93]

Lösung: A könnte seine Willenserklärung zur Annahme des Vergleichs anfechten (§ 142 BGB), wenn er sich auf den Anfechtungsgrund der arglistigen Täuschung gemäß § 123 BGB berufen könnte.

Nach § 166 I BGB bestimmt sich die Anfechtbarkeit wegen eines Willensmangels bei Stellvertretung allein nach der Person des Vertreters. Der vertretende RA war hier nicht getäuscht worden, sondern erkannte klar, dass ein Widerrufsrecht nicht vereinbart wurde. Danach besteht also kein Willensmangel.

Nach dem Wortlaut des § 166 II BGB entscheidet aber über die Zurechnung von Willensmängeln auch bei weisungsbestimmten Vertretern die Person des Vertreters, denn § 166 II BGB regelt nur, dass sich der wissende Vertretene nicht auf die Unkenntnis des Vertreters berufen kann. Die Frage ist daher, ob § 166 II BGB analog zugunsten des Vertretenen angewendet werden kann, wenn er selbst ein Rechtsgeschäft infolge von Willensmängeln zum Abschluss bringt, der Vertreter den Irrtum aber nicht teilt. Nach Auffassung des BGH ergibt sich aus § 166 BGB der gemeinsame Grundgedanke, dass es jeweils auf die Person desjenigen ankommt, auf deren Entschließung der Geschäftsabschluss beruht. Bei einem weisungsgebundenen Stellvertreter ist das der Vollmachtgeber, da hier sein Geschäftswille Abgabe und Inhalt der Vertretererklärung entscheidend bestimmt. Im

92 Vgl. *Bork*, AT, Rn. 1655 ff.
93 **BGHZ 51, 145 ff = NJW 1969, 925.**

„Normalfall" des § 166 I BGB unterliegt der Vertreter dagegen gerade keinen Weisungen, so dass er allein das Geschäft bestimmt. In diesem Fall stellt § 166 I BGB, dem Grundgedanken von § 166 BGB entsprechend, auf die Person des Vertreters ab.

Folglich kann A sich analog § 166 II BGB auf den Anfechtungsgrund der arglistigen Täuschung berufen und den Vergleich anfechten.[94]

III. Grenzen der Vertretungsmacht

1. Das Insichgeschäft

Da man nicht gleichzeitig Diener zweier Herren sein kann, untersagt § 181 BGB **210**
- die gleichzeitige Vertretung beider Vertragsparteien durch eine Person sowie
- das Kontrahieren für sich selbst und gleichzeitig als Vertreter für die Gegenseite.

Ein Insichgeschäft ist danach unzulässig, und zwar erstens, wenn der Vertreter im Namen des Vertretenen mit sich im eigenen Namen ein Rechtsgeschäft vornimmt *(Selbstkontrahieren)*, und zweitens, wenn der Vertreter für beide Seiten das Rechtsgeschäft als Vertreter abschließt *(Mehrfachvertretung)*. Als Folge des Verstoßes ist das Rechtsgeschäft nicht nichtig, sondern nur schwebend unwirksam und kann vom Vertretenen nach § 177 BGB genehmigt werden.

§ 181 BGB sieht davon aber Ausnahmen vor, wenn das Selbstkontrahieren ausdrücklich gestattet ist oder es sich nur um die Erfüllung einer Verbindlichkeit handelt.[95] Eine Gestattung wird in notariellen Verträgen häufig erklärt, in anderen Fällen kann sie aus den Umständen abzuleiten sein.

Sinn des § 181 BGB ist es, die Gefahr eines Interessenkonflikts und eines Vollmachtsmissbrauchs zu verhindern: beim Selbstkontrahieren, damit der Vertreter nicht in die eigene Tasche wirtschaftet, bei der Mehrfachvertretung, damit er nicht die Interessen einer Seite einseitig wahrnimmt. Dieser Interessenkonflikt ist aber nur abstrakter Regelungsgrundsatz. § 181 BGB wird wegen der vom Gesetzgeber verlangten Personenidentität, auch dann angewandt, wenn ein Interessenkonflikt im konkreten Fall nicht besteht.

Allerdings hat die Rspr. davon Ausnahmen gemacht, insbesondere wenn das *Rechtsgeschäft* für den Vertretenen *rechtlich vorteilhaft* ist (Rechtsgedanke des § 107 BGB), z.B. bei einer Schenkung der Eltern an ihr minderjähriges Kind.[96] In anderen Fällen hat sie § 181 BGB auch analog angewandt, wenn zwar die formale Vornahme des Rechtsgeschäfts nicht unter § 181 BGB fällt, gleichwohl der gleiche Interessenkonflikt vorliegt. **211**

Fall 94: Der Fabrikant W war Inhaber zweier Firmen. Als Einzelkaufmann betrieb er die Fa. K und außerdem war er persönlich haftender Gesellschafter der Fa. W-KG. Die Fa. K hatte der W-KG ein Darlehen von rund 440 000 DM zur Verfügung gestellt, damit diese ihr Betriebsgebäude erneuerte. Die Forderung wurde in den Bilanzen der Fa. K als Forderung und in denen der W-

94 BGHZ 109, 327 = NJW 1990, 975, 976; *Bitter* § 10 Rn. 176 ff; *Faust* § 28 Rn. 22; *Leipold* § 25 Rn. 17; *Rüthers/Stadler* § 31 Rn. 3; a.A, *Bork*, Rn. 1656; *Staudinger/Schilken* § 166 Rn. 17, 28.
95 Krit. *Lobinger*, AcP 213 (2013), 366.
96 Vgl. *Leenen* § 9 Rn. 117 ff.

KG als Verbindlichkeit gebucht. Da die W-KG ihre Schulden nur schleppend zahlen konnte, versuchte W bei seiner Fa. K die Forderung gegen die Fa. W-KG abzuschreiben. Dies beanstandete jedoch das Finanzamt. Daraufhin erklärte W, er erlasse der Fa. W-KG die Forderung. Alsbald starb er. Nach seinem Tode genehmigte die Kommanditistin der Fa. W-KG den Erlass. Beide Firmen gelangten aufgrund des Testaments in unterschiedliche Hände. Der nunmehrige Inhaber der Fa. K meint, der Erlass sei unwirksam und verlangt von der Fa. W-KG Zahlung. Zu Recht?[97]

Lösung: Der nunmehrige Inhaber der Fa. K kann von der Fa. W-KG Zahlung nach § 488 I BGB verlangen, wenn die Darlehensverpflichtung fortbesteht.

Der Darlehensvertrag könnte nach § 397 BGB erloschen sein, wenn ein wirksamer Erlassvertrag geschlossen wurde. Der Erlass ist ein Vertrag, bedarf also der Annahme durch den Schuldner. Für seine Einzelfirma K konnte W ohne weiteres handeln. Die Frage ist aber, ob er zugleich für die Schuldnerin, die Fa. W-KG, handeln konnte.

Der Erlassvertrag wäre bis zu seiner Genehmigung oder Verweigerung schwebend unwirksam, wenn § 181 BGB hier Anwendung fände. Nach dem BGH ist § 181 BGB dort nicht anwendbar, wo die Natur des Rechtsgeschäfts eine Interessenkollision generell-abstrakt ausschließt. § 181 BGB ist nämlich keine formale Ordnungsvorschrift, sondern teleologisch auf die Fälle zu reduzieren, welche eine Benachteiligung des Vertretenen erkennen ließe. Kein Selbstkontrahieren liegt insbesondere vor, wenn das Rechtsgeschäft für den Vertretenen nur rechtlich vorteilhaft ist, oder bei Rechtsgeschäften des Einmanngesellschafters mit seiner GmbH, da ein Widerstreit der Interessen nicht erkannt werden kann. Im Gegensatz zur letztgenannten Fallgruppe ist hier auf den materiellen Inhalt des Rechtsgeschäfts abzustellen. Der Vorteil ist nach den für § 107 BGB geltenden Grundsätzen zu bemessen und besteht hier darin, dass die Fa. W-KG den noch offen stehenden Betrag nicht mehr schuldet. Der Erlass ist daher wirksam. Auf die Gestattung durch die Kommanditistin nach dem Tod des W kommt es deshalb nicht an.

212 **Fall 95:** Die K-GmbH verlangt vom beklagten Sportverein S den Kaufpreis für 3000 T-Shirts in Höhe von je 2 DM zuzüglich Mehrwertsteuer, d.h. 6960 DM. Sie stützt sich dabei auf einen schriftlichen Vertrag. Dieser ist für die K-GmbH von deren Prokuristen K und W unterzeichnet worden, die Gesamtprokura laut Eintragung im Handelsregister hatten. Der beklagte Verein S wurde von seinem alleinvertretungsberechtigten Präsidenten P vertreten. Dieser war zugleich Geschäftsführer der GmbH. Nachdem ein neuer Vereinsvorstand bestellt worden war, wendet der Verein ein, der Vertrag verstoße gegen § 181 BGB und sei unwirksam. Zu Recht?[98]

Lösung: § 181 BGB findet auch dann Anwendung, wenn der am Selbstkontrahieren gehinderte gesetzliche Vertreter beider Vertragsparteien für den Vertragsabschluss einen Dritten bestellt. Aufgrund der Beteiligung verschiedener Personen liegt weder ein Fall des Selbstkontrahierens noch eine Mehrfachvertretung vor. Es fehlt gerade an der Personenidentität. Auch eine erweiternde Berücksichtigung des § 181 BGB ist nicht geboten, da die Prokuristen nicht Unterbevollmächtigte des Geschäftsführers sind (was tatbestand-

97 **BGHZ 59, 236 = NJW 1972, 2262.**
98 **BGHZ 91, 334 = NJW 1984, 2085.**

lich eine generell-abstrakte Gefahr erkennen ließe), sondern gegenüber der Gesellschaft eine eigene Aufgabe in eigener Verantwortung wahrnehmen.

Fall 96: Die B-GmbH veräußert ein Grundstück an die Eheleute M und F zu Miteigentum je zur Hälfte. Beim Vertragsschluss wird die B-GmbH durch F, die alleinige Geschäftsführerin der B-GmbH, vertreten. Auf der Käuferseite ließ sich F durch ihren Ehemann M aufgrund einer dazu erteilten Vollmacht vertreten. M und F beantragen die Eintragung des Eigentumswechsels im Grundbuch. Kann dem Antrag stattgegeben werden?[99] **213**

Lösung: Nach § 13 GBO kann der Erwerber den Antrag auf Eintragung zu seinen Gunsten stellen. Bei einem Eigentumswechsel ist die Auflassung nach den §§ 925, 873 BGB dem Grundbuchamt nachzuweisen, § 20 GBO. Die Frage ist hier, ob die dingliche Einigung wirksam zustande gekommen oder nach §§ 181, 177 BGB schwebend unwirksam ist, weil F die Verkäuferin vertreten und zugleich als Käufer, wenn auch vertreten durch ihren Ehemann, aufgetreten ist. Formal liegt damit an sich ein Insichgeschäft nicht vor. Dennoch ist eine teleologische Extension vom Schutzzweck des § 181 BGB her geboten, da für F ein Interessenkonflikt besteht. Somit ist § 181 BGB einschlägig; die dingliche Einigung ist unwirksam.

2. Missbrauch der Vertretungsmacht

Nach dem BGB ist die Vollmacht vom Innenverhältnis abstrahiert, gilt also auch, wenn der Beauftragte weisungswidrig handelt. Eine Bindung des Vollmachtgebers entfällt aber dann, wenn ein Fall der **Kollusion**, also der einverständlichen Zusammenarbeit von Vertreter und Drittem, um den Vertretenen zu schädigen, vorliegt; ein solches Vertretergeschäft ist sittenwidrig (§ 138 I BGB) und nichtig.[100] Darüber hinaus ist der Vertretene (analog § 177 BGB) nicht gebunden, wenn der Vertreter weisungswidrig handelt und der Gegner tatsächlich weiß, dass ein missbräuchliches Handeln vorliegt, ohne mit dem Vertreter zum Schaden des Vertretenen zusammenzuarbeiten (sog. **Evidenz des Vollmachtmissbrauchs**).[101] Es genügt, wenn der Vertreter von der Vollmacht in verdächtiger Weise Gebrauch macht und dem Geschäftsgegner deshalb erhebliche Zweifel am Bestehen der Vertretungsmacht entstehen mussten.[102] **214**

Fall 97: Die Ehefrau F war Eigentümerin eines Grundstücks. Mit dessen Verkauf beauftragte sie mit schriftlicher Vollmacht ihren Ehemann M. Nachdem sich die Verhandlungen mit einem Käufer K einige Zeit hinzogen, ließ sich die F die Vollmachtsurkunde von M zurückgeben und verschloss sie in ihrem Schreibtisch. Kaum war sie einen Tag im Krankenhaus, durchsuchte M diesen Schreibtisch, nahm die Vollmachtsurkunde an sich und veräußerte das Grundstück an K. F begehrt Feststellung, dass Kaufvertrag und Auflassung unwirksam seien. Zu Recht?[103] **215**

99 **BGH NJW 1982, 1105.**
100 BGH NJW 1989, 26; vgl. auch BGH NJW 2002, 1488.
101 *Staudinger/Schilken* § 167 Rn. 93 ff; andere kommen zu demselben Ergebnis über die Arglisteinrede nach § 242 BGB: so BGH NJW 1991, 1812, 1813; *Bamberger/Roth/Valenthin* § 167 Rn. 48.
102 Vgl. BGH NJW 1968, 1379; BGH NJW 2011, 66.
103 **BGHZ 65, 13 = NJW 1975, 2101**; *Lindacher/Hau*, Fall 14; *Grigoleit/Herresthal*, Fall 8 (S. 209 ff).

Lösung: Von einer wirksamen Veräußerung ist auszugehen, wenn die F von M wirksam vertreten wurde. Die Vertretungsmacht bleibt nach § 172 II BGB bestehen, bis die Vollmachtsurkunde dem Vollmachtgeber zurückgegeben wird und der vormals begründete Rechtsschein seine Wirkung verliert. Die Vertretungsmacht wirkt nicht fort, bis das Erlöschen dem Dritten gegenüber angezeigt wird (keine Anwendung des § 170 BGB!).

Damit hätte die Urkunde dem Bevollmächtigten wieder willentlich ausgehändigt werden müssen. Der Fall kann nicht nach den Grundsätzen behandelt werden, die für den Missbrauch der Vollmachtsurkunde gelten. Der Vollmachtgeber braucht sich nämlich den Rechtsschein nicht zurechnen zu lassen, wenn ihm die Urkunde abhanden gekommen ist, selbst wenn er ihre Entwendung durch eine fahrlässige Verwahrung ermöglicht hat. Obgleich dies kausal für das Auftreten des Pseudovertreters sein kann, vermögen rechtsgeschäftliche Folgen auch nur an rechtsgeschäft(sähn)liches Handeln anzuknüpfen. Denn für Vollmachtsurkunden kann nichts anderes gelten als für verkörperte Willenserklärungen, die erst und ausschließlich abgegeben werden, wenn sie bewusst in den Rechtsverkehr gelangen. Selbst die analoge Anwendung des § 172 BGB verbietet sich, da der Begriff der Aushändigung nur geringen Spielraum für eine Auslegung lässt. Außerdem erfordert das Interesse der Verkehrssicherheit nicht diesen weitgehenden Schutz gutgläubiger Dritter, die sich auf den Ersatz ihres Vertrauensschadens zu beschränken haben. Allerdings könnte der Vertrag über die Grundsätze der Anscheinsvollmacht wirksam sein, wenn die Frau das Verhalten ihres Mannes hätte erahnen müssen. Es ist Tatfrage, ob sie mit der Veräußerung durch den Gatten rechnen musste.

Fall 98: Der Kläger K, Beamter im Justizvollzugsdienst, hat 1996 mit der Beklagten B, einem Versicherungsunternehmen, eine Berufsunfähigkeits-Zusatzversicherung abgeschlossen. In dem mit dem Versicherungsvertreter M der B abgeschlossenen Versicherungsvertrag waren die seit 1992 aufgetretenen psychischen und psychosomatischen Beschwerden nebst einer psychiatrischen Behandlung im Januar 1996 nicht angegeben. K hatte diese Erkrankungen gegenüber dem Versicherungsagenten M offen gelegt. Dieser hatte ihn jedoch davon überzeugt, dass die frühen Phasen der Niedergeschlagenheit als seelische Tiefs einzuordnen seien, unter denen jeder einmal leide und die für die Risikoeinschätzung des Versicherers unwesentlich seien. Bei einem Gefangenentransport erlitt K erhebliche Verletzungen, aufgrund derer er im Juli 1998 vorzeitig wegen Dienstunfähigkeit in den Ruhestand versetzt wurde. B erklärte fristgerecht nach Kenntnisnahme von den nicht angegebenen Erkrankungen den Rücktritt von der Berufsunfähigkeits-Zusatzversicherung.

Der K begehrt von B die Zahlung einer Berufsunfähigkeitsrente. Wie ist zu entscheiden?[104]

Lösung: K könnte von B Zahlung der vertraglich vereinbarten Berufsunfähigkeitsrente verlangen, wenn zwischen K und B ein wirksamer Versicherungsvertrag zustande gekommen und der von B erklärte Rücktritt nicht wirksam wäre.

Die Einigung über den essentialia negotii des Versicherungsvertrages kam zwischen K und dem Versicherungsagenten M zustande. Gemäß § 164 I BGB wäre die Willenserklärung des M der B zurechenbar, wenn dieser mit Vertretungsmacht der B gehandelt hätte.

104 Vgl. **BGH NJW 2002, 1497 f.**

Die Bindung der Vertretenen B an die dem M zustehende Vertretungsmacht könnte entfallen, wenn ein Missbrauch der Vertretungsmacht vorliegen würde.

In Betracht kommt ein solcher Missbrauch in Form der Kollusion. Diese wäre gegeben, wenn der Agent und der Versicherungsnehmer arglistig zum Nachteil des Versicherers zusammengewirkt hätten. Dies setzt voraus, dass der Versicherungsnehmer von dem treuwidrigen Verhalten des Versicherungsagenten gegenüber dem von ihm vertretenen Versicherer weiß.[105] Aus dem Sachverhalt kann nicht geschlossen werden, dass K gewollt oder auch nur gebilligt hätte, dass M die ihm offenbarten Vorerkrankungen unberechtigt unerwähnt ließ. K wurde vielmehr von M überzeugt, dass eine solche Erwähnung nicht notwendig sei. Ein kollusives Verhalten von M und K ist daher nicht feststellbar.

Möglich wäre ein evidenter Missbrauch der Vertretungsmacht. Dies wäre dann der Fall, wenn M von seiner Vertretungsmacht in ersichtlich verdächtiger Weise Gebrauch gemacht hätte, so dass bei K begründete Zweifel hätten entstehen müssen, ob nicht ein Treueverstoß des Vertreters gegenüber dem Vertretenen vorliegt.[106] An die für § 242 BGB geforderte Evidenz des Vollmachtsmissbrauchs ist ein strenger Maßstab anzulegen, der der besonderen Stellung des Agenten Rechnung trägt.[107] Der Versicherer ist zur Auskunft und Beratung des Versicherungsnehmers verpflichtet. Dieser Verpflichtung kommt er durch seine Agenten nach. K durfte daher davon ausgehen, dass M zur Erteilung solcher Auskünfte befugt ist. Diese Umstände bestimmen zugleich die Erwartungen des K an den Versicherungsagenten. Es ist nicht Sache des Versicherungsnehmers den Versicherungsagenten zu kontrollieren. Deswegen liegt kein verdächtiges Gebrauchmachen von der Vertretungsmacht vor, wenn der Versicherungsagent falsche Auskünfte und falsche Ratschläge erteilt und durch einschränkende Bemerkungen vom wirklichen Ziel der Fragestellungen ablenkt. Ein evidenter Vollmachtsmissbrauch liegt daher nicht vor.

Zwischen K und B ist daher ein Versicherungsvertrag zustande gekommen.

Fraglich ist, ob B vom Versicherungsvertrag wirksam zurücktreten konnte. Gemäß § 19 I, II, III VVG n.F. kann der Versicherer vom Versicherungsvertrag zurücktreten, wenn die Anzeige eines für den Vertragsschluss erheblichen Umstandes unterblieben ist und der Versicherer den nicht angegebenen Umstand nicht kannte oder die Anzeige ohne Verschulden des Versicherungsnehmers unterblieben ist. Im vorliegenden Fall ist K jedoch seiner Anzeigeobliegenheit gegenüber dem Versicherer nachgekommen, da er gegenüber dem Versicherungsagenten alle erheblichen Erkrankungen offen legte. Dass der Agent seine Angaben nicht im Antragsformular vermerkte, musste beim Kläger wegen der vorhergehenden Erklärungen des Agenten keine Zweifel begründen.

B konnte daher nicht vom Vertrag zurücktreten, so dass K von B die Zahlung einer Berufsunfähigkeitsrente verlangen kann.

---

105 BGH NJW 1989, 26; BGH MDR 2008, 742.
106 BGH NJW 1994, 2082.
107 BGH NJW 2002, 1497, 1498.

IV. Vertretung ohne Vertretungsmacht

1. Allgemeines

216 Handelt ein Vertreter ohne Vertretungsmacht, so ist der Vertretene nicht gebunden, er kann das Geschäft aber durch Genehmigung an sich ziehen, § 177 I BGB **(schwebende Unwirksamkeit)**. Die Genehmigung wirkt nach § 184 I BGB auf den Zeitpunkt des Vertragsschlusses zurück. Lehnt er die Genehmigung ab, ist der Vertrag endgültig unwirksam. Der Geschäftsgegner kann nach § 178 S. 1 BGB seine eigene Erklärung widerrufen, sofern er den Mangel der Vertretungsmacht nicht gekannt hat. Außerdem kann er den Vertretenen zur Genehmigung des Vertrags auffordern und dadurch eine Erklärungsfrist von zwei Wochen setzen, vgl. § 177 II BGB. Wird die Genehmigung nicht rechtzeitig erklärt, gilt sie als verweigert.[108]

Ist ein gegenseitiger Vertrag seit Jahren vollständig abgewickelt, kann es Treu und Glauben (§ 242 BGB) widdersprechen, sich jetzt auf die Unwirksamkeit der Vollmacht des Vertreters zu berufen. In diesem Fall kann der Geschäftsgegner weder nach § 178 BGB widerrufen noch die Gegenseite zur Genehmigung nach § 177 II BGB auffordern.[109]

Wird die Genehmigung nicht rechtzeitig beigebracht oder wird die Genehmigung verweigert, so regelt § 179 BGB die Frage, inwieweit sich der Geschäftsgegner an denjenigen halten darf, der als Vertreter aufgetreten war und dadurch den Eindruck erweckt hatte, er habe Vertretungsmacht. § 179 BGB stellt im Grundsatz eine verschuldensunabhängige Garantiehaftung dar, die einen Ausgleich für das enttäuschte Vertrauen regeln soll.[110] Der Umfang der Haftung bestimmt sich danach, ob der Vertreter den Mangel seiner Vertretungsmacht gekannt hat oder nicht.

Falls der Vertreter den Mangel der Vertretungsmacht kannte, bestimmt § 179 I BGB dessen Haftung. Der Geschäftsgegner kann entweder Erfüllung oder Schadensersatz wählen. Bei Unkenntnis des Vertreters vom Fehlen der Vertretungsmacht hat er dem Geschäftsgegner lediglich gemäß § 179 II BGB dessen Vertrauensschaden (das sog. negative Interesse) zu ersetzen. Neben die Haftung aus § 179 BGB kann im Einzelfall auch eine Eigenhaftung aus vorvertraglicher Pflichtverletzung (§§ 241 II, 311 III BGB) treten (s.u. Rn. 221).

Für die Haftung nach § 179 BGB kommt es nicht darauf an, ob die fehlende Vertretungsmacht sich auf eine rechtsgeschäftliche, gesetzliche oder organschaftliche Vertretungsmacht bezieht.[111]

Die Haftung nach § 179 I BGB entfällt, wenn der Vertreter ohne Vertretungsmacht seine Erklärung nach §§ 119, 123 BGB anficht.[112]

Bei einseitigen Rechtsgeschäften ist eine Vertretung ohne Vertretungsmacht grundsätzlich ausgeschlossen. Sie kommt nur in Betracht, wenn der Gegner damit einverstanden

108 Vgl. BGHZ 145, 44, 47 = NJW 2000, 3128, 3129.
109 BGH NJW 2012, 3424; dazu *M. Schwab*, JuS 2013, 648.
110 *Palandt/Ellenberger* § 179 Rn. 1; *Wolf/Neuner* § 51 Rn. 22.
111 RGZ 104, 191 f, 193; *Palandt/Ellenberger* § 179 Rn. 1; *Wolf/Neuner* § 51 Rn. 20.
112 Vgl. BGH NJW 2002, 1867.

ist, § 180 S. 2 BGB. Zum Schutz des Vertreters ohne Vertretungsmacht kann ihm gegenüber ohne sein Einverständnis nicht ein einseitiges Rechtsgeschäft vorgenommen werden (§ 180 S. 3 BGB).

2. Handeln für eine (noch) nicht existierende juristische Person

Ein Sonderproblem, vor allem des Gesellschaftsrechts, besteht, wenn jemand für eine nicht oder noch nicht bestehende juristische Person handelt. **217**

Fall 99: K verpachtet der B-GmbH, vertreten durch ihren Geschäftsführer G, eine Tankstelle auf seinem Grundstück. In § 4 des Pachtvertrages hieß es:

„Die Pächterin ist noch nicht im Handelsregister eingetragen. Die persönliche Haftung des Geschäftsführers und der Gesellschafter aus diesem Vertrag wird ausgeschlossen. Der Vertrag wird unter dem Vorbehalt seiner Genehmigung durch die künftige Gesellschaft für diese und mit dieser abgeschlossen.“

Vier Wochen später schrieb K an die GmbH, er betrachte den Vertrag als nicht verbindlich; dieser solle im Interesse beider Seiten nicht vollzogen werden. Einen Tag später wurde die B-GmbH im Handelsregister eingetragen und teilte noch am gleichen Tag dem K mit, dass sie den Pachtvertrag genehmige. K meint, der Vertrag sei unwirksam und verlangt Räumung des Grundstücks. Zu Recht?

Lösung: Räumung nach § 985 BGB schuldet die B-GmbH nur, wenn kein Recht zum Besitz aus dem Pachtvertrag besteht, § 986 BGB. Da die B-GmbH beim Vertragsschluss zwar gegründet, aber noch nicht im Handelsregister eingetragen war, sind die §§ 177, 178 BGB entsprechend anwendbar. Da K wusste, dass die B-GmbH noch nicht existierte, war er analog § 178 S. 1 BGB nicht zum Widerruf berechtigt. B konnte daher nach ihrer Entstehung (§ 11 GmbHG) den Vertrag gemäß § 177 I BGB genehmigen.

Eine Haftung nach § 179 BGB tritt nicht ein, wenn der Vertreter zwar für eine nicht existierende Scheinfirma handelt, hinter dieser aber ein tatsächlicher Unternehmensträger steht, der wirklich Vertragspartner sein sollte und der dem Vertreter Vollmacht erteilt hat.[113]

Zur Haftung beim Handeln für eine noch nicht gegründete GmbH s.o. Rn. 104.

3. Folgen der Wahl der Erfüllung gemäß § 179 BGB

Nach § 179 I BGB kann der Geschäftspartner vom falsus procurator, der den Mangel seiner Vertretungsmacht kennt, wahlweise Erfüllung oder Schadensersatz verlangen. Die Wahl der Erfüllung bedeutet nur eine Festlegung des gesetzlich geschuldeten Schadensersatzes. Der Inhalt dieses gesetzlichen Schuldverhältnisses wird durch den an sich gemäß § 177 I BGB unwirksamen Vertrag bestimmt.[114] Der Vertreter erlangt dadurch kraft Gesetzes, ohne selbst Vertragspartei zu sein, die Stellung der Vertragspartei.[115] Der Ver- **218**

113 BGH NJW 1996, 1053.
114 *Wolf/Neuner* § 51 Rn. 23.
115 *Palandt/Ellenberger* § 179 Rn. 5; *Bitter* § 10 Rn. 253.

treter kann dann zwar gewisse, sich aus dem Vertrag ergebende, Gegenrechte geltend machen, die sonst dem Vertretenen zuständen. Nach h.L. hat er jedoch erst dann einen Erfüllungsanspruch, wenn er selbst geleistet hat.[116]

Fall 100: Architekt A war für die B-GmbH tätig. Diese hatte sich vertraglich verpflichtet, K ein schlüsselfertiges Eigenheim zu errichten. A vergab dazu die Schreinerarbeiten an den Zimmerer W. K lehnt die Bezahlung dieser Arbeiten ab, weil er das Haus zum Festpreis von der B-GmbH erworben und A nicht bevollmächtigt habe, in seinem Namen Handwerker zu beauftragen. Da die B-GmbH insolvent wurde, nahm W den A als Vertreter ohne Vertretungsmacht auf Zahlung seiner Rechnung in Anspruch. Den Ersatz dieser Summe verlangt A nun von seiner Berufshaftpflichtversicherung. Diese Versicherung umfasst Vermögensschäden, nicht aber die Erfüllung von Verträgen und die an Stelle der Erfüllungsleistung tretenden Ersatzleistungen. Muss die Versicherung den Schaden ersetzen?[117]

Lösung: Die Frage ist, ob die Haftung nach § 179 BGB ein Haftpflichtschaden ist. Da die Haftung unabhängig vom Willen des Vertreters eintritt, ist dies zu bejahen. Der Anspruch des Vertragsgegners beruht stets auf Gesetz, selbst wenn er Erfüllung des Vertrages wählt. Damit legt er nur den Inhalt des ihm geschuldeten Ersatzes fest; der Vertreter ohne Vertretungsmacht wird dagegen nicht Vertragspartner.

Hatte der Vertretene dem Vertreter eine Vollmacht erteilt, die der Vertreter überschritten hat, so kommt eine Haftung des Vertretenen nach §§ 280 I, 241 II, 311 II BGB in Betracht, wenn der Vertretene selbst eine Pflicht verletzt, etwa eine missverständliche Vollmacht erteilt hat.[118]

4. Haftungsausschluss gemäß § 179 III BGB

219 Nach § 179 III BGB entfällt eine Haftung nur bei Kenntnis oder fahrlässiger Unkenntnis des Geschäftsgegners vom Handeln des Vertreters ohne Vertretungsmacht oder bei einem beschränkt geschäftsfähigen, ohne Zustimmung des gesetzlichen Vertreters, handelnden Vertreter[119] ohne Vertretungsmacht. Die Haftung entfällt daher grundsätzlich, wenn der Handelnde offen als Vertreter ohne Vertretungsmacht auftritt, selbst dann, wenn der Vertretene (noch) gar nicht existiert.[120] Der Haftungsausschluss greift nur dann nicht, wenn der vollmachtlose Vertreter besonders versichert, der künftige Rechtsträger werden den Vertrag genehmigen.[121]

Eine fahrlässige Unkenntnis des Geschäftsgegners vom Fehlen der Vertretungsmacht ist nur dann anzunehmen, wenn die ihm bekannten Umstände ihn bei Anwendung der **verkehrsmäßigen Sorgfalt** hätten dazu veranlassen müssen, sich danach zu erkundigen, ob der Vertreter die Vertretungsmacht tatsächlich hat.[122]

---

116 *Wolf/Neuner* § 51 Rn. 25.
117 **BGH NJW 1971, 429.**
118 *Faust* § 27 Rn. 13.
119 Vgl. *Chiusi*, JURA 2005, 532, 535 ff.
120 BGHZ 178, 307 = NJW 2009, 215 (Rn. 14 f).
121 BGH NJW 2009, 215; dazu *Fehrenbach*, NJW 2009, 2173.
122 BGHZ 105, 283, 285 f = NJW 1989, 894; *Wolf/Neuner* § 51 Rn. 30.

Fall 101: Der Beklagte B schloss im Namen der D-GmbH 1993 mit den Klägern K einen Mietvertrag über eine Wohnung in deren Haus in München ab. Als Mietdauer war die Zeit vom 1. Juni 1993 bis 31. Dezember 2000 bei einem Nettomietzins von monatlich 2400 DM festgelegt worden. Der Beklagte war zum Abschluss der Vereinbarungen nicht ausdrücklich bevollmächtigt. Er trat gegenüber K als Verwaltungsleiter der D-GmbH auf; als solcher hatte er bereits von K Garagen für die D-GmbH gemietet. Nachdem K die Vertretungsmacht des B angezweifelt hatte, räumte B diese aus, indem er erklärte, dass er als Verwaltungsdirektor keine schriftliche Bevollmächtigung brauche und sich seine Aufgaben aus gesetzlichen Vorschriften ergäben.

Nachdem sich die D-GmbH weigerte, das Handeln des B zu genehmigen, und von K auf Zahlung des Mietzinses verklagt worden war, verkündeten beide Prozessparteien dem B den Streit. Im damaligen Prozess wurde zwar eine Anscheinsvollmacht des B bejaht, aber angenommen, sie sei für das Handeln der K nicht ursächlich geworden.

K verlangt nun von B die Zahlung von Schadensersatz wegen dessen Handelns als Vertreter ohne Vertretungsmacht. B behauptet, dass K den Mangel fahrlässig nicht gekannt habe und daher seine Haftung ausgeschlossen sei. Wie ist zu entscheiden?[123]

Lösung: K könnte gegen B einen Ersatzanspruch nach § 179 I BGB haben, wenn kein Haftungsausschluss gemäß § 179 III BGB vorliegen würde.

In Betracht kommt allenfalls ein Haftungsausschluss aufgrund fahrlässiger Unkenntnis der K vom Fehlen der Vertretungsmacht des B.

K kann in der Regel den Mangel der Vertretungsmacht des Vertreters nicht erkennen. Behauptet daher der Vertreter ausdrücklich oder schlüssig, die für die Vornahme des Rechtsgeschäfts erforderliche Vertretungsmacht zu haben, darf der Vertragspartner grundsätzlich daran glauben. Er ist nicht ohne weiteres zu Nachforschungen über Bestand und Umfang der Vertretungsmacht verpflichtet. Etwas anderes ergibt sich nur dann, wenn eine Nichtüberprüfung der Vertretungsmacht eine Außerachtlassung der im Verkehr erforderlichen Sorgfalt darstellen würde. Dies wäre der Fall, wenn die Umstände des Einzelfalls eine solche Überprüfung hätten aufdrängen müssen.

Dies ist hier nicht der Fall. Zum einen hatte B zuvor für die D-GmbH bei der K Garagen erfolgreich gemietet. Zum anderen hat er die Zweifel der K durch eine erneute Bestätigung seiner Vertretungsmacht ausräumen können. Ob sich eine solche Vertretungsmacht aus einschlägigen Rechtsvorschriften ergibt, braucht der K nicht bekannt zu sein. Sie darf auf die Erklärung, mangels anderweitiger Umstände, vertrauen.

Aufgrund dessen ist die Haftung des B nicht nach § 179 III BGB ausgeschlossen.

K kann daher gegen B erfolgreich ihren Anspruch auf Zahlung von Schadensersatz durchsetzen.

5. Haftung des Unterbevollmächtigten

Zweifelhaft ist, wie ein Unterbevollmächtigter haftet, wenn die Vollmacht des Hauptbevollmächtigten fehlt. **220**

123 Vgl. **BGH NJW 2000, 1407 f.**

Fall 102: K legte dem Uhrmacher U eine mit Edelsteinen besetzte Damenarmbanduhr zum Schätzen vor. U nahm die Uhr an sich und erklärte ihm bei der Rückkehr aus seinem Arbeitsraum, er gebe die Uhr erst nach Zahlung seines (tatsächlich ausstehenden) restlichen Werklohns von 200 DM wieder heraus. Daraufhin meinte K, er solle die Uhr für ihre Eigentümerin, eine Amerikanerin, verkaufen. Dazu legte er eine englische Verkaufsvollmacht vor. Da U nur einen kleinen Laden betrieb, wandte er sich wegen des Ankaufs an seinen Lieferanten L in der Großstadt und bot ihm die Uhr an. Dabei erzählte er, dass es ihm darum gehe, zu seinem Geld zu kommen. Außerdem zeigte er die Bescheinigung der Amerikanerin. L kaufte die Uhr schließlich für 1600 DM. U erhielt den Kaufpreis und führte ihn an K ab, wobei er die ihm geschuldeten 200 DM sowie 100 DM als Provision einbehielt. Bald darauf stellte sich heraus, dass die Hausgehilfin des K die Uhr der Amerikanerin gestohlen und die Bescheinigung gefälscht hatte. L gab daraufhin die Uhr an die Amerikanerin zurück und verlangt von U Ersatz des Kaufpreises. Zu Recht?[124]

Lösung: U haftet dem L nach § 179 BGB, wenn er als Vertreter ohne Vertretungsmacht für die Eigentümerin gehandelt hat. Nun hatte K dem U tatsächlich Vollmacht erteilt, die von K behauptete Hauptvollmacht bestand jedoch nicht. Die Frage ist deshalb, ob der Unterbevollmächtigte auch das Risiko des Fehlens der Hauptvollmacht trägt. Nach Ansicht der Rspr. haftet der Vertreter nur für den Anschein, den er selbst hervorruft. Weiß der Geschäftsgegner, dass er es mit einem Untervertreter zu tun hat, so haftet dieser nur dafür, dass eine ordnungsgemäße Untervollmacht vorliegt *(offen gelegte Untervertretung)*. U haftet daher nicht nach § 179 BGB. U würde dagegen haften, wenn er einfach im Namen der Eigentümerin gehandelt hätte.[125]

V. Eigenhaftung des Vertreters

221 Im Allgemeinen haften nur Vertragspartner einander und haben dabei auch für das Verschulden ihrer Hilfspersonen einzustehen (§ 278 BGB). Nur ausnahmsweise kann ein Vertreter auch nach außen direkt nach § 311 III 2 BGB haften. Das kann zum einen der Fall sein, wenn er persönlich das Vertrauen des Gegners in Anspruch genommen und enttäuscht hat, zum anderen, wenn er der eigentliche wirtschaftliche Geschäftsherr ist.[126]

Fall 103: Die K-GmbH verlangt von der Anlageberatungs-B-GmbH und deren Geschäftsstellenleiterin C Schadensersatz für den Verlust bei einem Warenterminoptionsgeschäft. Nach telefonischer Werbung hatte die K-GmbH im Büro der C eine Silber-Call-Option für 20 000 DM gekauft. Drei Monate später teilte die B-GmbH der K-GmbH mit, die Option habe nicht deklariert werden können, weil der Kurs am Verfalltag unter dem Einstandskurs gelegen habe. Den dadurch eingetretenen Totalverlust macht die K-GmbH nun geltend. Sie legt dar,

C habe ihr vorgetäuscht, die Prämie werde zum Optionserwerb verwendet; die B erhalte nur 10% eines eventuellen Gewinnes. Tatsächlich habe die B aber nur ein Drittel der Prämie in London platziert, den Rest als Provision einbehalten, so dass keine reale Gewinnchance bestanden habe. Wie ist zu entscheiden?[127]

124 **BGHZ 32, 250 = JZ 1960, 603**; krit. *Bornemann*, AcP 207 (2007), 102, 144 ff.
125 BGHZ 68, 391, 395 = NJW 1977, 1535.
126 *Rüthers/Stadler*, § 31 Rn. 5; *Brox/Walker*, Rn. 534a; *Looschelders*, Schuldrecht AT, Rn. 214 ff.
127 **BGH JZ 1983, 800.**

Lösung: Die K-GmbH könnte gegen die B einen Schadensersatzanspruch gemäß §§ 280 I, 311 II BGB haben.

Vor Abschluss des Geschäftes hätte die Pflicht bestanden, die K-GmbH über die Zusammensetzung der Gesamtprämie aufzuklären, da sie nur dann die Risiken und Chancen des Geschäftes richtig hätte einschätzen können. Dies wurde hier schuldhaft unterlassen. Deshalb steht der K-GmbH gegen die B ein Schadensersatzanspruch in Höhe von 20 000 DM zu.

Die K-GmbH könnte zudem gegen C einen Ersatzanspruch nach den §§ 280 I, 311 III 2 BGB haben.

Gemäß § 278 BGB trifft grundsätzlich den Vertretenen die Haftung für eine Pflichtverletzung des Erfüllungsgehilfen. Ausnahmsweise kann die Haftung für die Pflichtverletzung den Handelnden selbst treffen, wenn er ein unmittelbar eigenes Interesse an dem Geschäft hat oder ein besonderes persönliches Vertrauen in Anspruch genommen hat, durch das die Vertragsverhandlungen beeinflusst wurden (§ 311 III 2 BGB).[128] Beides ist hier nicht gegeben. Es ist nicht ersichtlich, dass C über das normale Maß hinaus gegenüber der K-GmbH persönliche Gewähr für die Seriosität und die Ausführung des Vertrages übernommen hat. Auch ist der normale Provisionsanspruch der C als nur mittelbares wirtschaftliches Interesse nicht ausreichend, eine Eigenhaftung zu begründen.[129] Ein Anspruch wegen Verletzung eines Schuldverhältnisses nach § 311 III 2 BGB gegen C scheidet damit aus.

Der Schadensersatzanspruch könnte auch aus § 823 II BGB iVm § 263 StGB gegeben sein. Aus dem Sachverhalt ist aber nicht ersichtlich, dass C die K-GmbH vorsätzlich getäuscht hat. Deshalb scheidet ein deliktischer Anspruch ihn aus.

VI. Die Stellvertretung im Handelsrecht

1. Die Prokura

Die Prokura ist zunächst einmal eine gewöhnliche Vollmacht. Ihre Besonderheit liegt darin, dass ihr Umfang im Interesse des Handelsverkehrs gesetzlich festgelegt ist.[130] Jeder, der mit einem Prokuristen abschließt, soll grundsätzlich sicher sein, dass der Prokurist im Rahmen seiner Vertretungsmacht gehandelt hat. Dadurch trägt das Gesetz dem gesteigerten Vertrauensschutz im Handelsverkehr Rechnung. Außerdem richtet sich der Schutz des guten Glaubens an das Bestehen oder Nichtbestehen einer Prokura nach § 15 HGB. Da die Prokura eine besondere Vollmacht ist, sind grundsätzlich die §§ 164–181 BGB anwendbar, sofern nicht die §§ 48 ff HGB Sonderregeln enthalten. **222**

Die Prokura betrifft als Vollmacht nur das Außenverhältnis zwischen Geschäftsinhaber und Drittem. Von dem Grundverhältnis ist sie streng zu trennen. Da die Erteilung der Prokura eine **ausdrückliche Erklärung** voraussetzt (§ 48 I HGB), gibt es weder eine stillschweigende Prokura noch eine Duldungsprokura. Allerdings kann eine gewöhnliche

128 *Palandt/Grüneberg* § 311 Rn. 60 ff; PWW/*Medicus/Stürner* § 311 Rn. 63 ff.
129 MüKo/*Emmerich* § 311 Rn. 188; vgl. *Looschelders*, Schuldrecht AT, Rn. 215.
130 Vgl. *Drexl/Mentzel*, JURA 2002, 289; *Brox/Henssler*, Rn. 194.

Duldungsvollmacht vorliegen oder der Kaufmann nach Rechtsscheinsgrundsätzen haften. Keine Voraussetzung für die Wirksamkeit der Prokura ist die Anmeldung zum Handelsregister. Nach § 53 I HGB muss die Prokura zwar angemeldet werden; erteilt ist sie aber nach § 167 I BGB mit der Erklärung gegenüber dem Prokuristen oder dem Dritten. Bei fehlender Eintragung der Prokura im Handelsregister gilt allerdings § 15 HGB.

Fall 104: A, B und X gründeten 1990 zum Zwecke des Handels mit Werkstoffen die AB-KG. A und B wurden persönlich haftende Gesellschafter, X Kommanditist. Die AB-KG wurde ordnungsgemäß im Handelsregister eingetragen.

Am 1.4.1995 beschlossen die Gesellschafter, dem P Prokura zu erteilen. Der Gesellschaftsvertrag wurde wie folgt gefasst:

§ 4 Vertretung

(1) Jeder persönlich haftende Gesellschafter ist zur Geschäftsführung und Vertretung der Gesellschaft berechtigt und verpflichtet.

(2) Dem P wird Prokura erteilt. Geschäfte über mehr als 50 000 DM darf er jedoch nur gemeinsam mit einem persönlich haftenden Gesellschafter abschließen.

Ein Exemplar des so neu gefassten und von allen Gesellschaftern unterzeichneten Gesellschaftsvertrages wurde noch am selben Tag unter Hinweis auf § 4 II des Vertrages an P ausgehändigt. Im Handelsregister unterblieb die Eintragung der Erteilung der Prokura.

Anfang Oktober 2000 kam es zu Spannungen zwischen den Gesellschaftern und P, die den Widerruf der Prokura zur Folge hatten. Wiederum unterblieb eine Eintragung im Handelsregister.

Am 15.10.2000 kaufte P im Namen und für Rechnung der AB-KG bei der B-Bank Aktien der P-AG im Wert von 100 000 DM. A und B erfuhren von diesem Geschäft erst drei Wochen später, als die B-Bank die AB-KG Zug-um-Zug gegen Übereignung der Aktien zur Zahlung von 100 000 DM aufforderte. Die AB-KG, die an einem Erwerb der Aktien nicht interessiert war, kam dem Verlangen der B-Bank nicht nach, weil das Geschäft nicht von der Vertretungsmacht gedeckt sei. Im Übrigen sei die Prokura widerrufen worden.

Kann die B-Bank Zahlung der 100 000 DM verlangen?

Lösung: Die B-Bank könnte einen Anspruch gegen die AB-KG aus §§ 433 II, 453 I BGB auf Zahlung von 100 000 DM haben. Dazu müsste ein Kaufvertrag zwischen der B-Bank und der AB-KG zustande gekommen sein. Für die AB-KG könnte P als Vertreter eine wirksame Willenserklärung abgegeben haben. Er handelte im Namen der AB-KG, § 164 I, III BGB.

Fraglich ist aber, ob P Vertretungsmacht für das getätigte Geschäft hatte. Die Vertretungsmacht könnte sich aus der dem P erteilten Prokura ergeben, wenn die Prokura wirksam erteilt wurde, noch fortbesteht und das Geschäft von ihr gedeckt ist.

Nach § 48 I HGB kann die Prokura nur ausdrücklich vom Inhaber des Handelsgeschäfts erteilt werden. Gemäß § 6 I HGB finden die für Kaufleute geltenden Vorschriften auch auf Handelsgesellschaften Anwendung, also auch auf die AB-KG. An einer ausdrücklichen Erteilung bestehen keine Zweifel. Problematisch ist aber, dass die Erteilung der Prokura entgegen § 53 I 1 HGB nicht im Handelsregister eingetragen wurde. Die Eintragung hat jedoch nur deklaratorische Wirkung und ist daher für die Wirksamkeit der Prokura ohne Belang. Die unterbliebene Eintragung wirkt sich über § 15 I HGB aus, wonach sich die AB-KG nicht darauf berufen darf, dass keine Prokura erteilt worden sei. Folglich wurde die Prokura wirksam gemäß § 48 I HGB erteilt.

Die Prokura könnte durch den Widerruf der Gesellschafter Anfang Oktober 2000 erloschen sein. Die Prokura ist nach § 52 I HGB jederzeit widerruflich. Allerdings darf sich die AB-KG auf das Erlöschen der Prokura nicht berufen, wenn die Voraussetzungen des § 15 I HGB vorliegen. Danach dürfte eine eintragungspflichtige Tatsache nicht eingetragen oder bekannt gemacht worden sein. Das Erlöschen der Prokura ist gemäß § 53 III HGB ebenso einzutragen wie die Erteilung, so dass es sich um eine eintragungspflichtige Tatsache handelt. Eine Eintragung ins Handelsregister hat nicht stattgefunden. Die B-Bank hatte auch keine Kenntnis von dem Widerruf der Prokura. Somit dürfte sich die AB-KG nicht auf das Erlöschen der Prokura berufen. Fraglich ist aber, ob die Haftung aus § 15 I HGB hier entfällt, weil schon die Erteilung der Prokura (Primärtatsache) nicht eingetragen war (Problem der sekundären Unrichtigkeit).

Nach der hM ist die Eintragung der Sekundärtatsache auch bei fehlender Eintragung der Primärtatsache erforderlich, denn nur so sei der Dritte, der auch auf anderem Weg Kenntnis von der Primärtatsache, hier der erteilten Prokura, erlangt haben könnte, ausreichend geschützt.[131]

Die Gegenauffassung lehnt die Anwendung von § 15 I HGB für den Fall der fehlenden Voreintragung ab, weil kein Rechtsschein entstanden sei. Wenn sowohl die Erteilung als auch das Erlöschen der Prokura nicht eintragen seien, stimme das Handelsregister mit der Wirklichkeit überein. Ein Rechtsschein entstehe dann gerade nicht. § 15 I HGB schütze nur den guten Glauben an kundgemachte Tatsachen.

Der hM ist der Vorzug zu geben, weil nur mittels Eintragung der Sekundärtatsache ein angemessener Schutz Dritter erreicht werden kann. Folglich darf sich die AB-KG nicht darauf berufen, die Prokura des P sei erloschen, § 15 I HGB. Dies würde freilich nicht gelten, wenn die Prokura nicht wirksam erteilt worden wäre.[132]

Möglicherweise war der getätigte Aktienkauf des P aber nicht von der Prokura gedeckt. Nach § 49 I HGB ermächtigt die Prokura zu allen Geschäften, die zum Betrieb eines Handelsgewerbes gehören. Insbesondere sind Umfang und Zweck des konkreten Handelsgewerbes nicht entscheidend. Demnach wäre der Aktienkauf von dem Umfang der Prokura gedeckt. Dem könnte allerdings die Beschränkung des Umfangs der Prokura in § 4 II 2 des Gesellschaftsvertrages entgegenstehen. Nach § 50 I, II HGB wirkt eine solche Beschränkung nicht im Verhältnis gegenüber Dritten. Im Außenverhältnis kann sich die AB-KG daher nicht auf die Beschränkung der Prokura auf Geschäfte bis zu 50 000 DM berufen. Allerdings macht sich P bei Verstoß gegen § 4 II 2 des Gesellschaftsvertrages im Innenverhältnis schadensersatzpflichtig.

Der Kaufvertrag ist daher wirksam zustande gekommen. Die AB-KG ist zur Zahlung von 100 000 DM bzw. gegen Gegenwertes in Euro Zug um Zug gegen Übereignung der Aktien (§ 320 BGB) verpflichtet.

---

131 BGH NJW 1983, 2258, 2259; BGHZ 116, 37 = NJW 1992, 505 (Rn. 16); *Baumbach/Hopt* § 15 Rn. 11; *K. Schmidt*, Handelsrecht, § 14 II 2 b S. 391 ff.

132 *Medicus/Petersen*, Bürgerliches Recht, Rn. 105.

223 Eine Prokura kann nicht nur einem allein, sondern auch mehreren gemeinsam erteilt werden (sog. **Gesamtprokura, § 48 II HGB**).[133] Von einer halbseitigen Gesamtprokura spricht man, wenn einer von zwei Bevollmächtigten allein, der andere aber nur gemeinschaftlich mit dem ersten handeln darf. Noch komplizierter wird es, wenn Gesamtprokura in der Weise erteilt wird, dass der Prokurist nur mit einem Gesellschafter bzw. Geschäftsführer zusammen handeln darf. Je nachdem, ob der Gesellschafter bzw. Geschäftsführer allein- oder nur gesamtvertretungsberechtigt ist, liegt gemischte (auch unechte) Gesamtprokura oder halbseitige gemischte Gesamtprokura vor.

Fall 105: S ist Eigentümer eines Grundstücks. Zur Sicherung eines Darlehens bestellt er der G-GmbH eine Grundschuld über 50 000 € an diesem Grundstück. Nachdem das Darlehen zurückgezahlt ist, erklären die Beteiligten gegenüber dem Grundbuchamt:

Löschungs- und Bewilligungsantrag:

Die unterzeichnete Gläubigerin bewilligt und der mitunterzeichnete Grundstückseigentümer beantragt hiermit der Löschung der vorgenannten Grundschuld an allen Grundbuchstellen.

Diese Erklärung wurde von S und für die G-GmbH von dem Geschäftsführer D und dem Prokuristen P unterzeichnet. Die Unterschriften wurden notariell beglaubigt.

In der Satzung der G-GmbH heißt es:

§ 1 Rechtsverhältnisse

(1) Die Gesellschaft wird, falls mehrere Geschäftsführer bestellt sind, durch zwei Geschäftsführer vertreten.

(2) E und F sind zu weiteren Geschäftsführern bestellt.

(3) D ist zum Geschäftsführer bestellt; er vertritt die Gesellschaft zusammen mit einem weiteren Geschäftsführer.

§ 2 Prokura

(1) P und Q sind Gesamtprokuristen.

(2) Jeder von ihnen ist nur gemeinsam mit einem Geschäftsführer vertretungsberechtigt.

Die den Antrag bearbeitende Rechtspflegerin hat Zweifel hinsichtlich der Vertretung der G-GmbH. Zu Recht?[134]

Lösung: Die G-GmbH wäre wirksam gemäß § 164 I 1 BGB vertreten worden, wenn D und P in fremdem Namen gehandelt hätten und bevollmächtigt gewesen wären. Problematisch ist, ob die satzungsmäßigen Vertretungsregeln zulässig sind und diesen entsprochen wurde.

Das Handeln des Prokuristen P kann von einem gemeinschaftlichen Auftreten mit einem Geschäftsführer abhängig gemacht werden *(gemischte oder unechte Gesamtprokura).* Fraglich ist aber, ob bei der gemischten Gesamtprokura der Prokurist auch an einen lediglich gesamtvertretungsberechtigten Geschäftsführer gebunden werden kann *(gemischt halbseitigen Gesamtprokura).*

133 *Brox/Henssler*, Rn. 203 f; *Oetker* § 5 Rn. 34 ff; *Lettl* § 6 Rn. 42 ff.
134 Nach **BGH NJW 1987, 841**; Anm. *K. Schmidt*, JuS 1987, 494.

Nach § 78 III AktG, § 25 II GenG können die gesamtvertretungsberechtigten Vorstandsmitglieder zusammen mit einem Prokuristen die Gesellschaft oder Genossenschaft wirksam vertreten. Die genannten Bestimmungen gehen nämlich vom Grundsatz der Gesamtvertretung aus (§ 78 II AktG, § 25 I iVm § 24 II GenG). Auch soweit der Gesellschaftsvertrag einer OHG die Gesamtvertretung durch mehrere persönlich haftende Gesellschafter vorsieht, kann gemäß § 125 III 1 HGB ein Prokurist zur gemeinsamen Vertretung mit einem Gesellschafter herangezogen werden. Gestattet mithin das Gesellschaftsrecht bei allen Gesellschaftsformen die organschaftliche Vertretung durch ein gesamtvertretungsberechtigtes Organmitglied zusammen mit einem Prokuristen, so wäre es unhaltbar und widersprüchlich, umgekehrt im Bereich der rechtsgeschäftlichen Vertretung die an ein gesamtvertretungsberechtigtes Organmitglied gebundene Prokura nicht zuzulassen. Es ist also analog §§ 125 III 1 HGB, 78 III AktG, 25 II GenG, wonach die gesetzliche Vertretungsmacht eines organschaftlichen Vertreters auch an die Mitwirkung eines Prokuristen gebunden werden kann, zu folgern, dass auch umgekehrt die Vertretungsbefugnis eines Prokuristen von der Mitwirkung eines organschaftlichen Vertreters abhängig gemacht werden darf.[135]

Folglich ist die Vertretung durch einen Prokuristen und einen lediglich gesamtvertretungsberechtigten Geschäftsführer zulässig. Sowohl D als auch P haben die Löschungsbewilligung unterschrieben, so dass den satzungsmäßigen Vertretungsregeln entsprochen wurde.

2. Die Handlungsvollmacht

Wurde keine wirksame Prokura erteilt, ist immer an das Vorliegen einer Handlungsvoll- **224**
macht (für branchentypische Geschäfte) zu denken.[136] Diese unterliegt nicht wie die Prokura besonderen Erteilungsvoraussetzungen. Der Umfang der Handlungsvollmacht (§ 54 HGB) bestimmt sich danach, ob eine General-, Art- oder Spezialhandlungsvollmacht vom Vollmachtgeber gewollt ist (vgl. den Wortlaut des § 54 I HGB). Gesetzliche Beschränkungen sind ohne weiteres wirksam. Jedoch wirken sie gegenüber Dritten nur, wenn sie diese kennen oder kennen müssen (§ 54 III HGB).

Fall 106: Kaufmann K betreibt einen kleinen Computerhandel. Seine Firma ist im Handelsregister eingetragen. Da die Geschäfte gut gehen, ist er bald auf Unterstützung angewiesen und erteilt daher P Prokura. Die Prokura wird ordnungsgemäß im Handelsregister eingetragen. Durch das wachsende Interesse am Internet sind K und P nach kurzer Zeit wiederum völlig überlastet. K fordert P daher auf, einen weiteren Mitarbeiter einzustellen und diesem ebenfalls Prokura zu erteilen. Daraufhin wird X als neuer Prokurist eingestellt. Auch seine Prokura wird im Handelsregister eingetragen.

In der Folgezeit schließt X im Namen des K etliche Verträge mit Computerlieferanten ab. Aus Versehen kauft X von dem Lieferanten L mehrere alte Rechner, die sich wegen der technischen Weiterentwicklung nicht mehr verkaufen lassen.

K will wissen, ob er an diesen Vertrag gebunden ist.

---

135 BGH NJW 1987, 841; *K. Schmidt* § 16 III 3 c (S. 467 ff).
136 Vgl. *Drexl/Mentzel*, JURA 2002, 289, 295; *Brox/Henssler*, Rn. 212 ff; *Canaris*, § 13 Rn. 2, 20.

Lösung: K ist an den Kaufvertrag mit X gebunden, wenn dieser wirksam zustande gekommen ist, also zwei übereinstimmende Willenserklärungen vorliegen. Von einer wirksamen Willenserklärung des L ist auszugehen. K hat nicht selbst gehandelt, könnte aber durch X vertreten worden sein, § 164 I 1 BGB. X handelte in fremdem Namen, so dass die Offenkundigkeit gewahrt ist. Fraglich ist aber, ob X Vollmacht hatte.

X könnte Prokura erteilt worden sein, § 48 I HGB. Danach kann die Prokura nur vom Inhaber eines Handelsgeschäfts erteilt werden, also von einem Kaufmann.

Kaufmann ist nach § 1 I HGB, wer ein Handelsgewerbe betreibt, wobei unter Handelsgewerbe jeder Gewerbebetrieb zu verstehen ist, § 1 II HGB. Lediglich wenn das Unternehmen nach Art oder Umfang einen in kaufmännischer Weise eingerichteten Gewerbebetrieb nicht erfordert, es sich also um einen Kleingewerbetreibenden handelt, ist die Kaufmannseigenschaft abzulehnen. Diese Kleingewerbetreibenden werden grundsätzlich nicht nach dem HGB, sondern nach dem BGB behandelt. Da die Geschäfte des K sehr gut gehen und er ständig neue Mitarbeiter benötigt, liegt kein Kleingewerbe mehr vor. Im Übrigen ist die Firma des K im Handelsregister eingetragen, so dass er schon gemäß § 2 S. 1 HGB als Kaufmann gilt. Demnach könnte K Prokura erteilen.

Problematisch ist aber, dass hier P dem X Prokura erteilt hat. Eine solche Unterprokura ist nach dem eindeutigen Gesetzeswortlaut des § 48 I HGB nicht vorgesehen. Wegen des weiten Umfangs der Prokura (vgl. § 49 I HGB) ist diese für den Kaufmann besonders gefährlich. Ihre Erteilung bleibt daher allein ihm vorbehalten. Folglich wurde eine Prokura nicht wirksam erteilt.

Möglicherweise könnte die unwirksame Prokura aber in eine wirksame Handlungsvollmacht gemäß § 54 HGB umgedeutet werden, § 140 BGB. Eine der Umdeutung vorgehende Auslegung führt hier nicht weiter, da die ausdrückliche Erteilung durch den Kaufmann schlichtweg fehlt. Die Voraussetzungen der Umdeutung müssten gegeben sein. Mit der nach § 48 I HGB unwirksam erteilten Prokura liegt ein nichtiges Rechtsgeschäft vor. Dieses müsste den Erfordernissen eines anderen Rechtsgeschäfts entsprechen. Demnach müssten die Voraussetzungen einer Handlungsvollmacht gemäß § 54 I HGB gegeben sein.

P müsste Vollmachtgeber sein dürfen. Handlungsvollmacht dürfen neben den Kaufleuten auch Prokuristen, sogar Handlungsbevollmächtigte im Rahmen ihrer Vollmacht erteilen. P war daher in der Lage, dem X Vollmacht zu erteilen. X war als natürliche Person auch möglicher Handlungsbevollmächtigter. Die Erteilung der Handlungsvollmacht ist gemäß § 167 I BGB formlos möglich. Ein Eintragungserfordernis besteht nicht. Folglich sind die Voraussetzungen des § 54 I HGB gegeben.

Die Umdeutung müsste schließlich dem (hypothetischen) Parteiwillen entsprechen.[137] Da K aufgrund der Auftragsüberlastung dringend auf einen weiteren Vertreter angewiesen ist, entspricht die Umdeutung der Prokura in eine Handlungsvollmacht seinem mutmaßlichen Willen. Somit wurde dem X eine Handlungsvollmacht erteilt.

K ist jedoch nur dann an den Kaufvertrag mit L gebunden, wenn das Geschäft, das X vorgenommen hat, vom Umfang seiner Vertretungsmacht gedeckt war. Es kommt daher dar-

---

137 *Köhler*, AT, § 15 Rn. 12; *Medicus*, AT, Rn. 520.

auf an, ob dem X eine General-, Art- oder nur Spezialhandlungsvollmacht erteilt wurde. Da K sogar die Erteilung einer Prokura beabsichtigt hatte, kann unproblematisch auf eine Generalhandlungsvollmacht geschlossen werden. K wollte den X weitest möglich bevollmächtigen, so dass die Annahme einer Generalhandlungsvollmacht seinem Willen am nächsten kommt. Das von X mit L abgeschlossene Computerlieferungsgeschäft ist von dieser Vollmacht gedeckt. K wurde daher wirksam von X vertreten und muss den Kaufvertrag gegen sich gelten lassen.

Anmerkung: Mit der Eintragung der unwirksamen Prokura ins Handelsregister wurde eine einzutragende Tatsache (§ 53 I HGB) unrichtig bekannt gemacht, so dass sich L bei Vorliegen der Voraussetzungen des § 15 III HGB auf die Prokura berufen kann. Auf § 15 III HGB kommt es hier jedoch nicht an, weil das Geschäft bereits vom Umfang der Handlungsvollmacht gedeckt ist. § 15 III HGB könnte jedoch eine Rolle spielen, wenn X ein Geschäft vorgenommen hätte, das zwar vom Umfang der Prokura, nicht vom dem der Handlungsvollmacht gedeckt wäre (vgl. § 49 I, II HGB und § 54 I, II HGB).

3. Stellvertretung durch Ladenangestellte

§ 56 HGB dient dem Verkehrsschutz in besonderer Weise. Wer einen Verkaufsraum betritt und dort mit einem Beschäftigten Rechtsgeschäfte abschließt, kann nicht das Risiko fehlender Bevollmächtigung tragen. Er muss also gegen den Einwand des Unternehmensträgers geschützt werden, der Ladenangestellte habe das Rechtsgeschäft nicht abschließen dürfen. Deshalb begründet § 56 HGB dreierlei: **225**

a) Die Anstellung in einem Laden begründet die Vermutung, dass dem Angestellten Innenvollmacht erteilt wurde.
b) Die Anstellung in dem Laden ist als solche als Mitteilung über die Bevollmächtigung aufzufassen. Deshalb ist der Ladengehilfe aufgrund dieser Kundgebung jedem Dritten gegenüber zur Vertretung befugt, § 171 I BGB.
c) Hat der Ladeninhaber tatsächlich keine Vollmacht erteilt, so wirkt die besondere Mitteilung über die Bevollmächtigung grundsätzlich gegenüber jedem Dritten. Entsprechend § 173 BGB, § 54 III HGB wirkt sie nur dann nicht, wenn der Dritte bösgläubig ist, weil er das Fehlen der Vertretungsmacht bei Vornahme des Rechtsgeschäfts kannte oder kennen musste.

§ 56 HGB hat daher je nachdem, welcher Schutz gerade bezweckt wird, entweder die Wirkung einer **Vermutungsregel** oder einer **Rechtsscheinregel**. Aufgrund der Vermutungsregel wird die Bejahung einer tatsächlich im Innenverhältnis erteilten Bevollmächtigung stark vereinfacht, während die Rechtsscheinregel den Vertrauenden in den Fällen einer fehlenden Innenvollmacht schützt.[138]

Fall 107: B kaufte im Verkaufsraum des Elektrogroßhändlers K bei dem Sachbearbeiter D einige Geräte. D war zur Abwicklung von Großhandelsgeschäften angestellt. B bezahlte die Geräte bar bei D und nahm sie gleich mit.

138 Vgl. *Brox/Henssler*, Rn. 225 ff; *Canaris* § 14 Rn. 1 ff; *K. Schmidt*, Handelsrecht, § 16 V 2 a (S. 492 f).

Als K von dem Verkauf erfährt, verlangt er von B die Herausgabe der Geräte. Er beruft sich darauf, dass D nicht für den Einzelverkauf zuständig gewesen sei und auch keine Inkassovollmacht gehabt habe. Er habe den Erlös unterschlagen und ihm sei fristlos gekündigt worden. K genehmigt die Geschäfte nicht.

Im Verlauf der Auseinandersetzung zwischen K und B wird festgestellt, dass der Angestellte D gelegentlich im Barverkauf tätig wurde, wenn die dort angestellte Verkäuferin kurzfristig verhindert war. Außerdem wird festgestellt, dass er gelegentlich Geld von Kunden entgegengenommen und an die Kasse abgeliefert hat. Wie ist zu entscheiden?[139]

Lösung: K könnte einen Anspruch gegen B auf Herausgabe der Geräte nach § 985 BGB haben, wenn er noch Eigentümer der Geräte und B Besitzer ohne Recht zum Besitz (§ 986 BGB) sein sollte.

Ursprünglich war K Eigentümer der Geräte. Er könnte sein Eigentum aber durch Übereignung gemäß § 929 S. 1 BGB verloren haben. Die Übergabe ist erfolgt. Zwar hat K sich nicht persönlich mit B geeinigt, er könnte aber von D vertreten worden sein, § 164 I 1 BGB. D handelte im fremden Namen, was sich jedenfalls aus dem unternehmensbezogen Geschäft ergab, § 164 I 2 BGB. Fraglich ist aber, ob D Vollmacht hatte. Eine solche könnte sich aus § 56 HGB ergeben.

Zunächst müsste D in einem Laden angestellt sein.

Auch ein Großhändler kann einen Laden haben, wenn er nebenher einen Kleinverkauf betreibt. Wie groß die Verkäufe an Privatkunden waren, ist nicht entscheidend. Es ist auch nicht erforderlich, dass diesen Laden jedermann betreten konnte. § 56 HGB schützt nicht nur zufällige Fremdbesucher, sondern auch ausgesuchte Kunden, die den Laden, seine Verhältnisse und seinen Inhaber kennen. Sinn der Vorschrift ist ganz allgemein, den Besucher eines Ladens von Nachforschungspflichten über die Vollmacht der im Laden angestellten Personen freizustellen. Entscheidend ist danach allein, ob ein Verkaufsraum vorhanden war, in dem unmittelbare Geschäfte getätigt wurden. Diese Voraussetzung liegt vor, da K einen Verkaufsraum hatte.

Weiterhin müsste D in dem Laden angestellt sein. Hierzu genügt, dass der Angestellte mit Wissen und Willen des Ladeninhabers im Laden tätig ist, unabhängig davon, welchen Aufgaben- und Pflichtenkreis er tatsächlich im Unternehmen hat. Auch der Buchhalter, der zufällig einmal im Laden auftaucht und einen Kunden bedient, ist insoweit Ladenangestellter. Dass der Aufgabenbereich des D eigentlich im Großhandelsgeschäftsverkehr lag, hat daher keinen Einfluss auf seine Stellung als Ladenangestellter. Hinzu kommt, dass D ja schon des Öfteren als Vertretung mit Wissen und Willen des Geschäftsinhabers im Laden tätig wurde.

Schließlich müsste es sich um einen Verkauf in dem Laden handeln, der in dieser Weise gewöhnlich ist. Da in dem Verkaufsraum Verkäufe an Privatkunden abgewickelt wurden, ist dies der Fall.

---

139 **BGH NJW 1975, 2191.**

Folglich gilt D gemäß § 56 HGB als bevollmächtigt. § 56 HGB greift hier als Vermutungsregelung im Hinblick auf eine im Innenverhältnis erteilte Vollmacht ein. Gleichzeitig ist in der Anstellung in dem Laden die besondere Mitteilung der Bevollmächtigung zu sehen. D konnte den K daher wirksam im Rahmen der dinglichen Einigung gemäß § 929 S. 1 BGB vertreten, so dass die Übereignung nach § 929 S. 1 BGB wirksam ist. K kann mangels Eigentum nicht die Herausgabe der Geräte nach § 985 BGB verlangen.

Ein möglicher Anspruch aus § 812 I 1 1. Alt. BGB scheitert am bestehenden Rechtsgrund, denn der Kaufvertrag ist zwischen K, vertreten durch D gemäß §§ 164 I 1 BGB, 56 HGB, und B wirksam zustande gekommen.

K könnte allerdings einen Anspruch gegen B auf erneute Kaufpreiszahlung haben. Die für Abschlussvertreter geltende Vorschrift des § 55 III HGB, wonach diese zur Annahme von Zahlungen nur berechtigt sind, wenn sie besonders dazu ermächtigt sind, gilt für Ladenangestellte nicht. Vielmehr fällt auch die Erfüllung der Kaufpreisschuld durch Übereignung des Geldes, § 362 I BGB, unter § 56 HGB, sofern nicht aufgrund der vorhandenen Vorkehrungen eindeutig ist, dass nur an der Kasse bezahlt werden konnte. Da ein solcher Hinweis hier gerade nicht vorhanden war, bestehen keine weiteren Ansprüche gegen B.

Fall 108: Die Opel-Vertragshändlerin B handelt mit Neu- und Gebrauchtwagen. K hatte die Absicht, seinen gebrauchten Pkw Opel Ascona Sport an B zu verkaufen. Er verhandelte daher mit dem sich im Verkaufsraum befindlichen F über den Preis. Sowohl K als auch F, ein Angestellter der B, unterzeichneten daraufhin ein Vertragsformular, das den Ankauf des Opel Ascona Sport zum Preis von 6000 € zum Gegenstand hatte. **226**

Als K die Zahlung des Kaufpreises verlangt, ist B entsetzt. B macht geltend, dass F zum Ankauf (Inzahlungnahme) eines Gebrauchtwagens nur im Falle des gleichzeitigen Verkaufs eines Neu- oder anderen Gebrauchtwagens an den Kunden K bevollmächtigt gewesen sei. Kann K die Zahlung des Kaufpreises verlangen?[140]

Lösung: K könnte einen Anspruch auf Zahlung des Kaufpreises in Höhe von 6000 € gegen B haben, wenn ein Kaufvertrag zwischen beiden zustande gekommen wäre.

B hat nicht selbst gehandelt, könnte aber durch F wirksam gemäß § 164 I 1 BGB vertreten worden sein. Problematisch ist das Vorliegen einer Vollmacht.

F könnte aufgrund einer *Arthandlungsvollmacht* gemäß § 54 I HGB bevollmächtigt gewesen sein. Unter einer Arthandlungsvollmacht versteht man alle nur zur Vornahme einer bestimmten, zu einem Handlungsgewerbe gehörenden Art von Geschäften.[141] Da F nur zu Ankäufen bei gleichzeitigem Verkauf ermächtigt sein sollte, liegt eine auf diese Fälle beschränkte Arthandlungsvollmacht vor. Das von F vorgenommene Geschäft fällt allerdings nicht darunter, so dass eine Vollmacht für den Ankauf nicht aus § 54 I HGB ergibt.

F könnte als Ladenangestellter gemäß § 56 HGB bevollmächtigt gewesen sein. Problematisch ist dabei allein, ob diese Vollmacht auch Ankäufe umfasst.

140 **BGH NJW 1988, 2109.**
141 *Baumbach/Hopt* § 54 Rn. 10; *Canaris* § 13 Rn. 5, 18.

Die Handlungsvollmacht des Ladenangestellten könnte dahingehend auszulegen sein, dass auch Ankäufe von ihr erfasst sind. Maßgebend für die Auslegung einer Gesetzesbestimmung ist der in ihr zum Ausdruck kommende objektivierte Wille des Gesetzgebers, wie er sich aus dem Wortlaut der Vorschrift und dem Sinnzusammenhang, in den sie hineingestellt ist, ergibt. Nach dem Wortlaut der Vorschrift besteht eine Vollmacht lediglich hinsichtlich Verkäufen und Empfangnahmen. Zwar ist der Begriff „Verkauf" durchaus nicht völlig eindeutig, was dazu geführt hat, dass beispielsweise auch das dingliche Verfügungsgeschäft im Sinne einer Veräußerung darunter zu verstehen ist. Doch verlangt eine Auslegung in jedem Fall, dass der Angestellte, dessen Ermächtigung zu derartigen Geschäften nach § 56 HGB vermutet wird, für denjenigen handelt, der sich einer Sache oder Leistung „entäußert". Das auf einen entgeltlichen Erwerb gerichtete Verpflichtungsgeschäft ist damit nicht vergleichbar. Dafür spricht auch der Gesetzeszusammenhang mit §§ 48, 54 HGB, woraus sich eine aufeinander abgestimmte Regelung der handelsrechtlichen Vollmachten ergibt.[142] Eine Auslegung hilft daher nicht weiter.

Möglicherweise kann § 56 HGB analog auf Ankäufe angewendet werden. Voraussetzung dafür ist aber eine Gesetzeslücke im Sinne einer planwidrigen Unvollständigkeit des Gesetzes. Eine Regelungslücke liegt im Hinblick auf die detaillierte Eingrenzung des Vollmachtsumfangs des Prokuristen, des Handlungsbevollmächtigten und des Abschlussvertreters (§§ 48–55 HGB) einerseits und des Ladenangestellten (§ 56 HGB) andererseits jedoch nicht vor. Vielmehr ist aufgrund der Nichterwähnung der „Ankäufe" in § 56 HGB davon auszugehen, dass der Ladenangestellte zu diesen ganz bewusst nicht als bevollmächtigt gelten soll. Hinzu kommt, dass auch eine Vergleichbarkeit von Verkäufen und Ankäufen nicht gegeben ist. Denn dass der Kaufmann die in seinen Verkaufsräumen aufgestellten Waren durch das hierfür angestellte Personal verkaufen will, entspricht dem Regelfall und den berechtigten Erwartungen des Verkehrs. Es ist ihm im Allgemeinen organisatorisch ohne weiteres möglich, das Warenangebot und die Preise festzulegen, z.B. durch Preisauszeichnungen. Es ist dagegen weit weniger selbstverständlich, welche Waren der Kaufmann zu welchem Preis erwerben will. Dass die Entscheidung hierüber einen größeren Beurteilungsspielraum erfordert, wird in der Regel auch dem Kunden bewusst sein.[143] Eine analoge Anwendung des § 56 HGB auf Ankäufe ist daher nicht geboten.

Schließlich könnte sich eine Vollmacht aus einer Rechtsscheinsvollmacht ergeben. Der Sachverhalt enthält jedoch keinerlei Anhaltspunkte dafür, dass F wiederholt so gehandelt hätte bzw. B fahrlässig das Handeln des F nicht verhindert hat. Folglich ist weder eine Duldungs- noch eine Anscheinsvollmacht anzunehmen.

Somit handelte F ohne Vollmacht. B wurde nicht wirksam gemäß § 164 I 1 BGB vertreten. In der Weigerung der Kaufpreiszahlung ist die Verweigerung der Genehmigung gemäß § 177 I BGB zu sehen. B ist daher nicht zur Zahlung des Kaufpreises verpflichtet.

142 BGH NJW 1988, 2109.
143 BGH NJW 1988, 2109, 2110.

§ 7 Zustimmung zu fremden Rechtsgeschäften

I. Die Zustimmung

Für bestimmte Rechtsgeschäfte verlangt das Gesetz die Zustimmung Dritter, damit sie wirksam werden. Unter Zustimmung versteht man die Erklärung des Einverständnisses zu einem von einem anderen vorgenommenen Rechtsgeschäft.[1] Regelmäßig berühren sie die Interessen des Dritten, so dass dessen Mitwirkung geboten erscheint. Dies ist etwa der Fall bei der Verfügung eines Nichtberechtigten, bei der Schuldübernahme, aber auch bei bestimmten Rechtsgeschäften eines Ehegatten (§§ 1365 ff BGB). Die Zustimmung eines Dritten ist aber auch erforderlich, wenn der direkt Beteiligte vor den Folgen seines eigenen Handelns geschützt werden soll, wie bei Minderjährigen oder beim Betreuten mit Einwilligungsvorbehalt. 227

Fall 109: Frau F hat ihrem Sohn S gegen Zahlung einer monatlichen Rente und eines lebenslangen Nießbrauchs ihren Grundbesitz veräußert. Dieser stellte im Wesentlichen ihr gesamtes Vermögen dar. Bei Abfassung des Vertrages wies der Notar darauf hin, dass Frau F der Zustimmung ihres Ehemanns bedürfte, mit dem sie in Zugewinngemeinschaft lebte. Nach einiger Zeit gelangte zu den Akten eine undatierte mit dem Namen des Vaters unterschriebene Genehmigungserklärung. Daraufhin wurde S als Eigentümer im Grundbuch eingetragen. Der Ehemann ließ jedoch bald darauf durch Anwalt dem Notar und seiner Frau endgültig mitteilen, dass diese Erklärung durch S gefälscht gewesen sei und er eine Genehmigung des Vertrages endgültig ablehne. Bald darauf starb er.

Die beiden Töchter der Eheleute verlangen nun nach dem Tod auch von Frau F von S Zustimmung zur Grundbuchberichtigung des Inhalts, dass sie zusammen mit S Miterben der F seien. S meint, der Vater habe seine Ablehnung später doch aufgegeben; außerdem sei mit dem Tode des Vaters der Vertrag wirksam geworden. Wie ist zu entscheiden?[2]

Lösung: Der Anspruch auf Zustimmung zur Grundbuchberichtigung ergibt sich aus § 894 BGB, wenn das Grundbuch unrichtig ist, der Anspruchsteller berechtigt und der Anspruchsgegner verpflichtet ist. Das Grundbuch ist unrichtig, wenn es der materiellen Rechtslage nicht entspricht. Das wäre der Fall, wenn die Töchter zusammen mit Sohn S im Wege der gesetzlichen Erbfolge Erben der Frau F geworden wären. Dies erforderte, dass die Veräußerung des Grundbesitzes als Gesamtvermögensgeschäft an der fehlenden Zustimmung des Ehemannes nach § 1365 BGB scheiterte. Die Einwilligung entfaltete wegen ihrer Fälschung keine Wirksamkeit, weswegen der Vertrag bis zu seiner Genehmigung schwebend unwirksam war, § 1366 I BGB. Ohne Zustimmung getroffene Verfügungen sind unwirksam, da es sich um ein absolutes Veräußerungsverbot handelt. Streitentscheidend ist die Frage, welche Rechtsfolgen eine einmal erklärte Verweigerung der Genehmigung entfaltet.

Im Rahmen der §§ 182 ff BGB ist anerkannt, dass die Verweigerung ebenso wie die Erteilung der Genehmigung unwiderruflich ist, da sie als einseitig empfangsbedürftige Wil-

1 Vgl. zu den Einzelheiten *Köhler*, AT, § 14 Rn. 2, 4 ff.
2 **BGHZ 125, 355 = NJW 1994, 1785**; dazu *K. Schmidt*, JuS 1995, 102.

lenserklärung rechtsgestaltend wirkt. Der Rechtsverkehr vertraut darauf, dass die Wirkung nicht wieder durch einseitigen Widerruf in ihr Gegenteil verkehrt wird. Wegen § 1366 IV BGB ist es außerhalb der beiden exklusiven Fälle in § 1365 II BGB und § 1366 III BGB nicht möglich, dem Vertrag trotz bereits erklärter Verweigerung zu seiner Wirksamkeit zu verhelfen. Deswegen kommt es auf den Vortrag des Sohnes, der Vater habe später seine Ablehnung aufgegeben, nicht mehr an.

Ebenso wenig kann die Möglichkeit des § 1365 II BGB dazu führen, dass der Vertrag durch den späteren Tod des Ehegatten wirksam würde, weil sich etwa der Schutzzweck des § 1365 I BGB nicht mehr verwirklichen ließe. Die Heilungsmöglichkeit (Konvaleszenz) erfordert nämlich, dass das Rechtsgeschäft im Zeitpunkt der Beendigung des Güterstandes (Tod) noch schwebend unwirksam gewesen wäre. Wegen § 1366 IV BGB ist dies nicht der Fall. Ein abstrakt möglicher Eingriff des Vormundschaftsgerichts rechtfertigt kein anderes Ergebnis.

Schließlich scheitert auch eine Umdeutung nach § 140 BGB in einen wirksamen Erbvertrag. Denn zum einen liegen für einen derartigen hypothetischen Parteiwillen keine gewichtigen Anhaltspunkte vor, zum anderen würde der Regelungscharakter des § 1365 BGB ad absurdum geführt, wenn stets nach verweigerter Genehmigung des Ehegatten das unwirksame Rechtsgeschäft mit dem Tode des Ehegatten und Erblassers als ersatzweise gewollte erbrechtliche Regelung weiterbestehen würde.

Die Töchter haben daher einen Anspruch auf Grundbuchberichtigung.

II. Verfügung eines Nichtberechtigten

1. Verfügungsermächtigung

228 Nach § 185 I BGB ist die Verfügung eines Nichtberechtigten wirksam, wenn sie mit Einwilligung des Berechtigten erfolgt, also mit der im Voraus erteilten Ermächtigung, im eigenen Namen über ein Recht des Ermächtigenden zu verfügen.[3] (Verfügt der Nichtberechtigte im fremden Namen, gelten die §§ 164 ff über die Stellvertretung.[4])

Bei der Verfügung über bewegliche Sachen und Orderpapiere hat die Verfügungsermächtigung im Wirtschaftsleben erhebliche Bedeutung. Bei der Sicherungszession von Forderungen tritt sie in der Regel als Ausübungsermächtigung bzw. **Einziehungsermächtigung** auf. Der Ermächtigte behält die Befugnis, die zur Sicherheit abgetretene Forderung im eigenen Namen einzuziehen, also Leistung an sich zu verlangen. Im Rahmen des verlängerten Eigentumsvorbehalts ermächtigt der Lieferant den Käufer in der Regel, über die Vorbehaltsware im ordnungsgemäßen Geschäftsverkehr zu verfügen und zugleich die ersatzweise abgetretenen Forderungen einzuziehen. Im Einzelfall kann zweifelhaft sein, wie weit solche Ermächtigungen reichen.

229 Das prozessuale Gegenstück zur Einziehungsermächtigung ist die **gewillkürte Prozessstandschaft**. Nach h.M. ist sie analog § 185 I BGB zulässig, sofern der Ermächtigte zu-

3 Vgl. *Köhler*, AT, § 14 Rn. 7 ff.
4 *Rüthers/Stadler* § 28 Rn. 13.

sätzlich ein eigenes schutzwürdiges Interesse an der Geltendmachung der Forderung im eigenen Namen hat.[5]

Fall 109: Der Baustoffhersteller B verkaufte Baustoffe im Wert von 10 000 € an die Handel-GmbH (H-GmbH). Dabei wurde ein verlängerter Eigentumsvorbehalt vereinbart, nach dem die H-GmbH für den Fall der Weiterveräußerung der gelieferten Ware oder der daraus hergestellten Sachen die ihr aus der Veräußerung zustehenden Forderungen gegen den Abnehmer oder Dritte mit sämtlichen Nebenrechten an B abtritt.

Die H-GmbH verkaufte daraufhin Baustoffe im Wert von 5000 € an den Kunden K. In dem Kaufvertrag war vereinbart worden, dass die Abtretung von Forderungen aus dem Vertrag an Dritte ausgeschlossen sei. Die H-GmbH informierte K darüber, dass die Baustoffe sich im Eigentum des B befänden.

Als die H-GmbH die Zahlung für B verlangt, verweigert K die Zahlung, weil er einer Abtretung nicht zugestimmt habe. B will wissen, ob die H-GmbH die Forderung für sie einziehen kann. Falls dem nicht so sein sollte, fragt sie nach ihren rechtlichen Möglichkeiten.[6]

Alternative: Wie ist die Rechtslage, wenn der Weiterverkauf von der H-GmbH an K ein beiderseitiges Handelsgeschäft darstellt?

Lösung: Die H-GmbH könnte das Geld für B einziehen, wenn B Inhaber der Forderung wäre und die H-GmbH eine entsprechende Einziehungsermächtigung hätte.

Da kein Vertrag zwischen B und K geschlossen wurde, könnte B nur im Wege der Abtretung nach § 398 BGB Forderungsinhaber geworden sein. Mit dem Kaufvertragsschluss über Baustoffe im Wert von 5000 € zwischen der H-GmbH und K ist eine Forderung nach § 433 II BGB entstanden. Für die Übertragung ist ein Abtretungsvertrag zwischen B und der H-GmbH erforderlich. Ein solcher ist wirksam im Rahmen des verlängerten Eigentumsvorbehalts zustande gekommen. Danach verpflichtet sich die H-GmbH zur Vorausabtretung aller Kundenforderungen an B. Der Abtretung könnte jedoch ein vertragliches Abtretungsverbot nach § 399 2. Alt. BGB entgegenstehen. Zwischen der H-GmbH und K war vereinbart worden, dass eine Abtretung an Dritte ausgeschlossen sein sollte. Folglich ist die Abtretung nicht wirksam. B ist daher nicht Inhaber der Forderung geworden.

Die Einziehungsermächtigung ist nach der Abrede des verlängerten Eigentumsvorbehalts an die Vorausabtretung gebunden, so dass sie bei fehlgeschlagener Abtretung nicht gilt. Die H-GmbH kann die Forderung daher nicht für B einziehen.

Möglicherweise könnte B aber die Baustoffe von K nach § 985 BGB herausverlangen. Dazu müsste B Eigentümer und K unberechtigter Besitzer sein.

Ursprünglich war B Eigentümer der Baustoffe. B könnte das Eigentum jedoch durch Übereignung an die H-GmbH verloren haben. Im Verhältnis B zur H-GmbH war ein Eigentumsvorbehalt vereinbart, aufgrund dessen die H-GmbH erst bei Bedingungseintritt, d.h. bei vollständiger Kaufpreiszahlung, das Eigentum erwerben soll; die Übereignung ist demnach aufschiebend bedingt gemäß § 158 I BGB. Da die Bedingung mangels Kaufpreiszahlung noch nicht eingetreten ist, ist noch kein Eigentumsverlust eingetreten. B

5 *Rosenberg/Schwab/Gottwald* § 46 Rn. 33 ff.
6 Nach **BGHZ 27, 306 = NJW 1958, 1281**.

könnte das Eigentum jedoch durch Übereignung der H-GmbH an K gemäß § 929 S. 1 BGB verloren haben. Einigung und Übergabe liegen unproblematisch vor. Fraglich ist aber die Berechtigung, da die H-GmbH nicht Eigentümer ist. Sie könnte aber aufgrund einer Verfügungsermächtigung der B gemäß § 185 BGB gehandelt haben. Diese war aber nur für den Fall der Vorausabtretung der Forderungen erteilt worden. Da es zu einer solchen gerade nicht kam, weil das Abtretungsverbot des § 399 2. Alt. BGB vorlag, liegt auch keine Verfügungsermächtigung vor. (Bei Privatleuten ist die Vereinbarung eines Abtretungsverbots legitim und ist nicht nach § 307 BGB unwirksam.[7]) Diese besteht nach Treu und Glauben nicht für den Fall, dass die Vorausabtretung scheitert, weil sich die H-GmbH selbst einem Abtretungsverbot unterworfen hat. B hat sein Eigentum auch nicht nach §§ 929, 932 BGB verloren, weil K nicht gutgläubig war.

K ist Besitzer der Baustoffe, ohne dem Eigentümer gegenüber zum Besitz berechtigt zu sein. B kann daher nach § 985 BGB Herausgabe der Baustoffe von K verlangen.

Alternative: Liegt ein beiderseitiges Handelsgeschäft für die H-GmbH und K vor, greift § 354a HGB ein mit der Folge, dass die Vorausabtretung an B trotz der Vereinbarung gemäß § 399 2. Alt. BGB wirksam ist. B wird dann Forderungsinhaber, die H-GmbH kann die Forderung einziehen. Auch der Eigentumsübergang auf K ist wirksam, da die Verfügungsermächtigung des B greift.

230 **Fall 111:** Eine Buchgroßhandlung bezog ihre Bücher vom Verlag V gegen verlängerten Eigentumsvorbehalt. Die Großhandlung ihrerseits belieferte ihre Kunden zu folgenden Bedingungen:

„Die Fakturierung der Warenbezüge erfolgt jeweils am 15. und 30. jeden Monats als Sammelrechnung. Monatlich wird ein Kontoauszug erstellt und versandt. Der Auszug gilt vom Kunden als anerkannt, wenn bis zum Ende des folgenden Monats keine Beanstandungen erfolgen."

Trotz eines erheblichen Geschäftsvolumens machte die Buchgroßhandlung Pleite. Der Insolvenzverwalter zog die offenen Rechnungen nach den monatlichen Kontoauszügen ein. Er hält die Vorausabtretungen an den Verlag für unwirksam. Der klagende Verlag verlangt dagegen Zahlung der vom Verwalter zu Unrecht eingezogenen Rechnungen in Höhe von 2000 €. Der Verlag meint, der Verwalter habe die Forderungen nicht einziehen dürfen und müsse deshalb das zu Unrecht Eingezogene herausgeben. Zu Recht?[8]

231 **Lösung:** Der Anspruch auf Herausgabe zu Unrecht eingezogener Forderungen nach § 48 S. 2 InsO setzt ein Ersatzabsonderungsrecht aus. Die Abtretung an den Verlag im Wege des verlängerten Eigentumsvorbehalts könnte ins Leere gegangen sein, wenn die Lieferbedingungen eine Kontokorrentabrede enthalten haben, nach welcher die gegenseitigen Ansprüche und Leistungen der laufenden Geschäftsverbindung nicht individuell geltend gemacht werden können, sondern regelmäßig zu verrechnen sind und per Saldofeststellung auf eine neue Grundlage gestellt werden. Kontokorrentgebundene Forderungen können nicht abgetreten werden.

Ein echtes Kontokorrentverhältnis (§ 355 HGB) ist zu verneinen, wenn etwa anlässlich jedes Postens ein Saldo festgestellt worden wäre und es sich bei dem am Ende und zur

7 BGH NJW 2006, 3486.
8 **BGHZ 73, 264 = NJW 1979, 1206.**

Mitte des Monats übermittelten Betrag um ein reines Postensaldo handelte, dem das Merkmal des Inrechnungstellens fehlte. Vorliegend handelt es sich um eine solche Sammelrechnung, welche nur die fakturierten Warenbezüge auflistete. Da deswegen die Abtretung möglich war, stellt sich die Frage einer möglichen Sittenwidrigkeit des Kontokorrentvorbehalts nicht mehr. Allerdings sind die Forderungen dem Verlag nur im Rahmen eines verlängerten Eigentumsvorbehalt abgetreten. Eine solche Sicherungszession berechtigt in der Insolvenz des Zedenten nur zur Absonderung wegen der gesicherten Kaufpreisforderung (§ 51 Nr. 1 InsO). Die abgetretenen Forderungen werden berechtigterweise vom Insolvenzverwalter eingezogen (§ 166 II InsO). Der Verwalter hat den Erlös (nach Einbehalt der Pauschalen) nach § 170 I 2 InsO an den Verlag herauszugeben: ein Fall der Ersatzabsonderung analog § 48 InsO liegt dagegen nicht vor.

Hilfsweise: Mit der Abrede wird zwar die Wirkung der anderweitig vereinbarten Vorausabtretung der Forderungen aus den Weiterverkäufen der unter Eigentumsvorbehalts gelieferten Waren vereitelt. Allerdings ist das Kontokorrent nicht nur vom Gesetz ausdrücklich erlaubt, sondern auch eine unter Kaufleuten im Interesse eines rationalisierten und zügigen Geschäftsablaufs bei zahlreichen Geschäftsvorfällen typische und notwendige Maßnahme. Dem Vorbehaltsverkäufer ist regelmäßig die Weiterveräußerung der unter verlängertem Eigentumsvorbehalt gelieferten Waren in diesem ordnungsgemäßen Geschäftsgang gestattet. Das Kontokorrent entspricht der Abrechnungsform, die nach kaufmännischer Vernunft der sinnhaften Erleichterung des Massenverkehrs dient. Ein sittenwidriges Handeln liegt nicht vor, da die Sicherungsvereitelung nur unerwünschte Nebenfolge war.

Eine weitere aus der Praxis des Kreditsicherungsrechts wichtige Frage nach der Reichweite der Einziehungsermächtigung besteht darin, ob der Bankkunde nach einer Globalsicherungszession noch die Vorteile eines **Factoring-Geschäfts** wahrnehmen kann. **232**

Fall 112: Maschinenfabrik M nahm bei der Bank B einen Kredit über 2 Mio. DM auf. Zur Sicherung des Rückzahlungsanspruchs ließ sich die Bank sämtliche gegenwärtigen und künftigen Kundenforderungen der M abtreten. Soweit diese einem verlängerten Eigentumsvorbehalt eines Lieferanten unterlagen, sollte die Abtretung erst wirksam werden, wenn sie nicht mehr davon erfasst sein sollten. Die Zession wurde den Kunden der M zunächst nicht mitgeteilt. Jedoch sollte die Bank jederzeit zur Mitteilung berechtigt sein und die Forderung bei Fälligkeit unmittelbar einziehen dürfen, wenn sie dies nach billigem Ermessen für erforderlich halten durfte. Solange die Bank davon keinen Gebrauch machte, sollte M selbst verpflichtet sein, die Forderungen einzuziehen. M verpflichtete sich aber die Gegenwerte an B zur Tilgung des Kredits weiterzuleiten.

Zu den abgetretenen Forderungen gehörte auch eine Kaufpreisforderung für eine Fasstransportanlage in Höhe von 400 000 DM. Diese verkaufte M an die Fa. K. Der Kaufpreis sollte in vier Jahresraten zu je 100 000 DM bezahlt werden. Da B es ablehnte, den Kaufpreis vorzufinanzieren, wandte sich M an die Factoring-Gesellschaft F. Diese kaufte die drei restlichen Raten von 300 000 DM für 265 000 DM an und schrieb diesen Betrag sofort der Fa. M gut. F zeigte dem Käufer die Abtretung an und verlangte Zahlung an sich. Als die Bank B davon erfährt, bestreitet sie die Wirksamkeit dieser Abtretung und verlangt Zahlung an sich. Wer hat Recht?[9]

9 **BGH NJW 1982, 571.**

Lösung: Der Zahlungsanspruch der Bank B ist gegeben, wenn sie noch Inhaberin der Forderung ist. Gegen die Abtretung auch künftiger Forderungen bestehen keine Bedenken, wie das argumentum a fortiori aus § 185 II BGB ergibt. Deren Bestimmbarkeit ist jedenfalls dann zu bejahen ist, wenn alle abgetreten werden. Bei einer Konkurrenz zweier Abtretungen gilt grundsätzlich der Prioritätsgrundsatz, solange beide Verfügungen wirksam sind. Die Gültigkeit der Abtretung unterliegt hier keinen Bedenken, da sie unter die Bedingung gestellt wurde, dass die Forderung vom verlängerten Eigentumsvorbehalt des Lieferanten nicht (mehr) umfasst wird (sog. Nachrangklausel). § 138 I BGB greift im Sinne der „Vertragsbruchtheorie" daher nicht.

Fraglich ist, ob der Vertragsinhalt dahin zu verstehen ist, dass der Zedent auch zu einem Verkauf der abgetretenen Forderung ermächtigt ist. Die Einziehungsermächtigung ist ein abgespaltenes Gläubigerrecht und verkörpert einen Fall der Einwilligung zur Verfügung über ein fremdes, dem Einwilligenden zustehendes Recht, wobei sich diese Befugnis auf die bloße Einziehung reduziert. Der Ermächtigte kann aufgrund dieses verdeckten Vollmachtverhältnisses die Leistung vom Schuldner im eigenen Namen verlangen. Zur Abtretung ist der Zedent grundsätzlich nicht befugt. Weitergehende Befugnisse können ausdrücklich oder konkludent eingeräumt werden, soweit ein sachgerecht denkender Forderungsinhaber gegen die Factoringzession nichts einzuwenden hätte. Dies ergeben wirtschaftliche Erwägungen, wenn die Verwertung einer Forderung durch Verkauf derjenigen durch Einziehung gleichzusetzen wäre. Der Zedent erlangte die wirtschaftliche Verfügungsmacht nur bei einem so genannten echten Factoring (Forderungskauf), wonach der Käufer das Risiko für die Bonität der Forderung übernimmt. Abgesehen von dem sofort berechneten, dennoch aber fiktiven Zinsverlust ist eine Substanzminderung der Forderung zu verneinen. Das Weiterleitungsrisiko ist unbeachtlich, denn diesem könne der Kreditgeber nie ausweichen.

Andererseits muss die Einziehungsermächtigung auch restriktiv ausgelegt werden. Denn dem Inhaber der Forderung darf keine Rechtsposition aufgedrängt werden, die er durch eine am Wortsinn der Einziehungsermächtigung orientierte Erklärung gerade nicht schaffen wollte. Ergibt der Wortlaut keinen verlässlichen Anhaltspunkt für die wirtschaftliche Gleichstellung von Zahlung und Factoring, ist bei der Auslegung alleine aufgrund wirtschaftlicher Gesichtspunkte Zurückhaltung geboten. Danach bleibt die Ermächtigung auf mindestens bargeldgleiche Leistungen beschränkt, wenn im Wege der nochmaligen Abtretung der Bestand der Sicherungsrechte nicht gemindert und dadurch das Sicherungsinteresse des Kreditgebers nicht beeinträchtigt wird. Bei einer Realisierung einer Forderung vor Fälligkeit ist dies jedoch nicht der Fall, wenn der Kreditnehmer von der Abzinsung und der üblichen Einzugsprovision abgesehen den vollen Gegenwert der Forderung ohne Rückbelastungsmöglichkeit erhält.

2. Genehmigung der Verfügung eines Nichtberechtigten

233 Die Verfügung eines Nichtberechtigten wird durch Genehmigung des Berechtigten wirksam, § 185 II BGB.

Fall 113: Der Dieb D stiehlt beim Eigentümer E ein Gemälde von Paul Cézanne und veräußert es für 100 000 € an den Kunsthändler K. E will das Gemälde gar nicht zurück, sondern ist nur an dem Verkaufserlös interessiert. Kann E vom Dieb das erhaltene Entgelt herausverlangen?

Lösung: Ein Anspruch des E gegen D kommt nur nach § 816 I 1 BGB in Betracht. D war zwar nicht Berechtigter, da das Gemälde aber gestohlen war, scheidet ein gutgläubiger Erwerb nach § 935 BGB aus. E kann die unwirksame Verfügung des D aber nach § 185 II 1 (1. Fall) BGB genehmigen. Diese Genehmigung wirkt auf die Vornahme des Rechtsgeschäfts zurück, § 184 I BGB. Eine konkludente Genehmigung liegt vor, wenn der Berechtigte von dem Nichtberechtigten Herausgabe des Veräußerungserlöses verlangt.

III. Verpflichtungsermächtigung

Bei der Verfügungsermächtigung handelt der Nichtberechtigte **im eigenen Namen**. Dadurch unterscheidet sich das Verfügungsgeschäft von einem gewöhnlichen Vertretungsgeschäft. Für Verpflichtungsgeschäfte kann man einen Dritten nur im Rahmen der **Schlüsselgewalt** des § 1357 I 2 BGB verpflichten; ansonsten kennt das Gesetz keine Verpflichtungsermächtigung. Ihre generelle Anerkennung würde dem Offenkundigkeitsprinzip der Stellvertretung widersprechen.[10] Im Einzelfall kann streitig sein, ob es sich um einen Fall einer Verfügungsermächtigung oder einer Verpflichtungsermächtigung handelt. **234**

Fall 114: E hat seinen Pkw auf Kredit gekauft und bis zur Tilgung des Kaufpreisdarlehens der D-Bank sicherungsübereignet. In dem Sicherungsvertrag hat die D-Bank den E verpflichtet, alle notwendigen Instandsetzungsarbeiten im eigenen Namen und auf eigene Rechnung ausführen zu lassen. Als es zu einem Unfall kommt, lässt E den Wagen in der Werkstatt W reparieren. Da E nicht bezahlen kann, möchte W den Pkw zur Befriedigung für seine Forderung verwerten. Ist dies zulässig?[11]

Lösung: Der Werkstattinhaber kann den Pkw zur Befriedigung seiner Forderung verwerten, wenn er ein Unternehmerpfandrecht erworben hätte. Dann könnte er vom Eigentümer des Kfz Duldung des Verkaufs verlangen (§§ 1228 II, 1257 BGB). Als gesetzliches Pfandrecht bietet sich das Unternehmerpfandrecht (§ 647 BGB) an. Dieses entsteht an Sachen des Bestellers. Soweit von der Wirksamkeit der Sicherungsübereignung (§§ 929, 930, 868 BGB) ausgegangen werden kann, stand der Wagen nicht mehr im Eigentum des E. Wenn das Eigentum nun der Bank zusteht, könnte diese den E zur Bestellung des Werkunternehmerpfandrechts ermächtigt haben (§ 185 BGB), indem sie ihn zur notwendigen Instandsetzung im eigenen Namen und auf eigene Rechnung verpflichtet hat. Da es sich um ein gesetzliches Pfandrecht handelt, kommt aber nur die analoge Anwendung des § 185 BGB in Betracht, der sich nur auf rechtsgeschäftliche Verfügungen bezieht.[12] Die Verpflichtung zur Reparatur umfasst aber nicht die Ermächtigung zur Belastung des Gegenstandes mit einem Pfandrecht, da dieses das Interesse der kreditierenden Bank an der Durchsetzung ihrer Forderung gefährden würde.

Möglicherweise hat der Werkunternehmer das gesetzliche Pfandrecht gutgläubig erworben. Da der Erwerb des gesetzlichen Pfandrechts kein rechtsgeschäftlicher Vorgang ist,

10 MüKo/*Bayreuther* § 185 Rn. 31 ff; *Köhler*, § 14 Rn. 15; *Medicus*, AT, Rn. 1006; *Rüthers/Stadler* § 28 Rn. 16.
11 **BGHZ 34, 122 = JZ 1961, 540**; vgl. ferner BGHZ 114, 96 = NJW 1991, 1816.
12 Vgl. *M. Katzenstein*, JURA 2004, 1.

kann nur die analoge Anwendung der §§ 1207, 1257 BGB in Frage kommen. § 366 III HGB ist nicht heranzuziehen, da die Norm kraft handelsrechtlicher Besonderheiten der Analogie im allgemeinen Zivilverkehr nicht zugänglich ist. Der bei der Übergabe der Sache in Erscheinung tretende Anschein (§ 1006 BGB) ist nur im Rahmen von Willensäußerungen heranzuziehen und daher nicht auf den objektiven Tatbestand des § 647 BGB zu erstrecken. Außerdem liegt keine Regelungslücke vor, da der Werkunternehmer seine Aufwendungen vom Eigentümer des Sicherungsgutes nach Eintritt der Vindikationslage über die §§ 994 ff BGB ersetzt verlangen und dieser Forderung über das Zurückbehaltungsrecht nach § 1000 BGB Nachdruck verleihen kann.

Der Werkunternehmer könnte ein gesetzliches Pfandrecht am Anwartschaftsrecht des Bestellers am Pkw erworben haben. Der Verwertung dieses Rechts stünde jedoch ein Herausgabeanspruch der Bank entgegen, soweit der anwartschaftsberechtigte Sicherungsgeber auch seinen Pflichten dem Sicherungsnehmer gegenüber nicht nachgekommen wäre. Denn in diesem Fall könnte der Besteller schon dem Herausgabeanspruch der Bank nichts entgegensetzen, also erst recht nicht der Pfandberechtigte einer Anwartschaft, die auflösend bedingt untergeht. Im Übrigen jedoch kann das Anwartschaftsrecht mit einem Pfandrecht belastet werden. Der Pfandgläubiger hat jedoch erst das Recht, die Sache zu verwerten, wenn das Anwartschaftsrecht zum Volleigentum erstarkt ist.

Solange die Bank vom Sicherungsvertrag nicht zurückgetreten und die Vindikationslage eingetreten ist, kann der Werkstattinhaber des Sachverhalts das Auto unter keinem rechtlichen Gesichtspunkt verwerten. Einzig möglich bleibt, die letzten Raten zu tilgen (§ 267 I 1 BGB) und so das Volleigentum herbeizuführen, oder mit den Kunden künftig (über allgemeine Geschäftsbedingungen) ein vertragliches Pfandrecht zu vereinbaren, welches er gutgläubig erwerben kann.[13]

13 BGHZ 68, 323 = NJW 1977, 1240.

Sachverzeichnis

Die angegebenen Zahlen beziehen sich auf die Randnummern; fett gedruckte Zahlen geben die Hauptfundstelle an.

Abbruch von Vertragsverhandlungen 98
Abgabe einer eigenen Willenserklärung (Stellvertretung) 174, **177 f**
Abgabe empfangsbedürftiger Willenserklärungen **51 ff**, 54
– Abgabe gegenüber Anwesenden 51 f
– Abgabe gegenüber Abwesenden 53 f
  – mündliche Erklärung 54
  – schriftliche Erklärung 53
Abschlussfreiheit 3, **4 ff**, 7
Abschlussvertreter 225 f
Abschlusszwang 4 ff
Abstraktionsprinzip 22, 24 f, 109, 138
Abtretung (Konkurrenz mehrerer) 229 ff
Abtretungsverbot 62, 229
Abwehrklausel 82
accidentalia negotii 77
actio pro socio 198
Akzessorietätstheorie 103 f
Allgemeine Geschäftsbedingungen (AGB) 75, 80, **108 ff**, 233
– Einbeziehung in den Vertrag 81
– Kollidierende AGB 82
– überraschende Klausel 83
Alltagsgeschäfte 106
Andeutungstheorie 92
– bei Testamenten 93
Anfechtung 39 ff, 68, 81, **150 ff**
– bei Stellvertretung 195
– der Annahme oder der Ausschlagung einer Erbschaft 171
– der Vollmacht 195
– letztwilliger Verfügungen 171
– Rechtsfolgen 157 ff
– in Vollzug gesetzter Dauerschuldverhältnisse 172
– Wirkungen 168 ff
Angebot, freibleibendes 72
Annahme **67 ff**
– ohne Erklärung gegenüber dem Antragenden 68
Annahmeerklärung, konkludente 46
Annahmeverweigerung durch Empfangsboten 60
Anscheinsvollmacht **202**, 204, 214, 219, 226
Antrag **67 ff**
– unter Ausschluss der Bindungswirkung 72
Anwaltsvertrag 41
Anwartschaftsrecht 233
Arbeitsrecht 163
Architektenvertrag 140
Arglistige Täuschung **160 ff**, 209
Arglistiges Verschweigen 89
Arthandlungsvollmacht 226
Auflassung 107, 125
Aufnahmezwang 7 f
Aufrechnung 41, 47
Auftragsbestätigung 45 ff, 81 f
Auskunftsvertrag 42, 97
Auslegung **87 ff**, 151, 156, 158 f, 231
– Auslegungsgrundsätze **87 f**, 86
– Einfluss der Geschäftsverbindung 90
– ergänzende (Vertrags-)Auslegung 77, 89 ff
– erläuternde Auslegung 87, 91
– natürliche Auslegung 87, 91
– normative Auslegung 87
– formbedürftiger Willenserklärungen 92
– von Willenserklärungen und Verträgen 87 ff
Außengesellschaft 103
Außenvollmacht 189, 191, 202
Automatische Anrufweiterleitung 59
Automatisierte Erklärungen 49

Bankverträge (mit Minderjährigen) 114
Bargeschäfte des täglichen Lebens 180, 184
Bauherren-Modell 203
Bedingung **128 ff**, 192
Bedingungsfeindlichkeit 128
Befristung 128 f, **134 f**
Behindertentestament 146
Beratungspflichten 40
Beschränkte Geschäftsfähigkeit **109 ff**
– Stellvertretung 178, 187
Besitzdiener 173

Bestätigung 170
Bestechung 140
Bestimmtheitsgrundsatz 21, 123
Betreuung, Betreute 122 ff, 227
Betriebliche Übung 74
Beweislast, sittenwidrige Umkehr 143
Beweisurkunde 45
Bierbezugsverpflichtungen 139
Bindung an das Angebot 72
Blanketturkunde 206
Blankounterschrift 124
Bote 54, 177 f
– bewusste Falschübermittlung 59, 179
Bürgschaft(-svertrag) 37, 52, 124, 144 f, 160

culpa in contrahendo 12, 94

Dauerschuldverhältnis 79, 134, 172
Deklaratorische Wirkung (der Eintragung der Prokura ins Handelsregister) 222
Deliktsschutz des ungeborenen Kindes 102
Diskriminierungsverbot 5
Dispositionsfreiheit 139
Dispositionsmaxime 124
Dispositives Gesetzesrecht 90
Dissens 77 ff
– offener Dissens 77
– versteckter Dissens 77
Doppelirrtum 156, 158
Doppelwirkungen im Recht 138, 148
Drittschadensliquidation 89
Drohung 35, **160**
Duldungsvollmacht **203 ff**, 221

Echter Vertrag zugunsten Dritter auf den Todesfall 26
Ehegatten 185, 192, 208
Eheschließung 175
Eheverträge 196
Eigenhaftung des Vertreters 221
Eigenschaftsirrtum 150, **155 f**
Eigentumsvorbehalt 129
– verlängerter 20, 141, 229
Eingriffskondiktion 70
Einigungsmangel 78
Einschreibebrief, Einschreiben 55, 57
Einwendung 65, 124
Einwilligung 29, 109 ff, **113 ff**, 227
– des gesetzlichen Vertreters, Grenzen 110
– in eine Operation 29
Einwilligungsvorbehalt 123, 227
Einzel- und Gesamtvertretungsmacht 198
Einziehungsermächtigung 228 ff
E-Mail 62, 126
Empfängerhorizont 68, 87, 93, 208
Empfangsbedürftige Willenserklärungen **50 ff**, 87
Empfangsbedürftigkeit der Annahmeerklärung 68
Empfangsbote 54, 59 f
Empfangsvertreter 75
Empfangszuständigkeit 121
Entreicherungseinwand 208
Erbschein 63, 93, 194
Erfüllung gemäß § 179 BGB 218
Erfüllungsgeschäft 137, 138
Ergänzende Vertragsauslegung 79, 84 ff, **89 f**
Erklärungsbewusstsein 34, 36, **37 ff**
Erklärungsbote 54, 59, 207
Erklärungsirrtum 154
Ermächtigungsurkunde 193
Ersatzaussonderung 230
Ersatzzustellung 54
Erwerbsverbot 196
essentialia negotii 77 f, 80
Evidenz des Vollmachtsmissbrauchs 201 f

Factoring-Geschäft 231
Faktische Gesellschaft 116
Faktische Vertragsverhältnisse 10, 73
falsa demonstratio non nocet 91, 93
– bei Grundstücksgeschäft 92
falsus procurator 195, 218
Familienangehörige, sittenwidrige Mitverpflichtung 144
Fehler bei der Willensbildung 10
Fehlerhaft wirksame Gesellschaft 116
Fehleridentität 25
Fernabsatzvertrag 35
Feststellungsinteresse 102
Finanzierungs-Leasingvertrag 142
Forderungskauf 231
Formbedürftige Erklärungen, Zugang 60 f
Formbedürftiges Rechtsgeschäft 98
Formmangel 125
Formnichtigkeit und Treu und Glauben 125
Formvorschriften 64, 92, **124 ff**
Formwirksamkeit 92
Freibleibendes Angebot 72
Freigabeanspruch bei revolvierenden Mobiliarsicherheiten 84

Garantiehaftung 205, 216
Gattungskauf 20
Gefälligkeit 31 f
– Haftungsfragen, -milderung 32
Gefälligkeitsvertrag 31
Geheimer Vorbehalt 149
Geltungserhaltende Reduktion 144
Gemeinschaftliches wechselbezügliches Testament 62
Genehmigung 30, 216
– des Betreuungsgerichts 122 f
– des Familiengerichts 113
– durch den gesetzlichen Vertreter oder den volljährig Gewordenen 118
– der Verfügung des Nichtberechtigten 223
General-, Art- oder Spezialhandlungsvollmacht 224
Generalvollmacht 193, 197
Gerichtsstandsvereinbarung 82
Gesamtbetrachtung von Schenkung und Erfüllung 111
Gesamtvertretung 198
Gesamtvertretungsmacht 198
Geschäft für den, den es angeht 184
Geschäfte des täglichen Lebens 106
Geschäftsähnliche Willensäußerung 118
Geschäftsbesorgungsvertrag 41, 48, 114, 203, 207
Geschäftsfähigkeit 30, 99 ff
Geschäftsgrundlage 156, 158 f
Geschäftsunfähigkeit **105 ff**, 108
– Haftung für Schäden aus eigener 108
– partielle Geschäftsunfähigkeit 107
– relative Geschäftsunfähigkeit 107
– Stellvertretung 178, 187
Geschäftsverbindung 48, **94 ff**, 230
Geschäftswille 34, 40
Gesellschaft bürgerlichen Rechts (GbR) 101, 103 f, 186
– Rechtsfähigkeit 101
Gesellschafter- oder Geschäftsführerbürgschaften 145
Gesetzlicher Vertreter, Grenzen der Einwilligung 117
Gesetzliches Schuldverhältnis ohne primäre Leistungspflicht 94
Gesetzliches Verbot 136 f
Gestaltungserklärungen, einseitige 128
Gestaltungsrecht 65
Gewährleistungsausschluss 89
Girovertrag 114

Gläubigernähe 42, 97
Gleichbehandlungsgebot 6
Global(sicherungs)zession 20, 141
GmbH 100, 104, 198 f
– in Gründung, Haftung 104, 207
Grundbuchberichtigungsanspruch 92
Grundschuld 83, 167, 223
Grundstücksgeschäfte 92
Guter Glaube
– an die Verfügungsbefugnis 19
– hinsichtlich des Familien- und Güterstandes 18
Gute Sitten, Verstoß **138 ff**
Gütertrennungsvertrag 120
Gutgläubiger Erwerb 19, 133, 169

Haftung aus Auskunftsvertrag zugunsten Dritter 97
Haftung des Unterbevollmächtigten 220
Haftung für GmbH in Gründung 104
Haftung für Schäden aus eigener Geschäftsunfähigkeit 108
Haftung nach § 179 BGB als Haftpflichtschaden 195
Haftungsausschluss 81
– gemäß § 179 III BGB 219
Haftungsmilderung 32
Handeln auf Weisung eines unwissenden Geschäftsherrn 209
Handeln für eine (noch) nicht existierende juristische Person 217
Handeln unter fremdem Namen 181
Handelndenhaftung 204
Handelsvertreter 44, 207
Handlungsbevollmächtigter 173
Handlungsfähigkeit (eines Betreuten) 122
Handlungsvollmacht 198, **224**
Handlungswille 34 ff
Haustürgeschäft 66
– Bestellung i.S.d. § 312 III Nr. 1 BGB 66
Hotelbeherbergungsvertrag 135
hypothetischer Parteiwille 89

individualistische Gesamthandslehre 103
Individualvereinbarung 81, 84
Inhaltsirrtum 152, 155, 157, 179
Inhaltskontrolle bei AGBs 84
Innenverhältnis 96, 116, 186, 188, 191, 194, 198, 201, 214, 222, 225
Innenverkehrsgeschäft 22
Innenvollmacht 188, 195, 225
Insichgeschäft 186, 210 ff

Insolvenzfähigkeit (der GbR) 103
Insolvenzverwalter 38, 103, 230
Instandhaltungspflicht des Vermieters 81
Internetgeschäft 75
invitatio ad offerendum 72, 75
Irrtum 37, 39, 68, 81, 150
Irrtumsanfechtung 81, 195

Juristische Person 62, 100 ff, 104
– Handeln für eine (noch) nicht existierende 217

Kalkulationsirrtum 156
– verdeckter 156
Kartellrecht 7
Kaufmännisches Bestätigungsschreiben **45 ff**, 81 f
Kollidierende AGB 82
Kollusion 214
Kommanditgesellschaft (KG) 38, 101, 103, 116, 173, 198, 211, 222
Kommissionsvertrag 186
Konkludente Fortsetzung des Vertragsverhältnisses 135
Konkludente Willenserklärung 73
Konkludenter Vertragsschluss 97
Konkretisierung von vertraglichen Nebenpflichten 95
Konsens und Dissens 77 ff
Kontokorrentabrede, -verhältnis 230
Kontrahierungszwang 4 f
Konvaleszenz 227
Krankentagegeldversicherung 85
Kreditkarte (für Minderjährige) 114
Kreditsicherungsrecht 20, 231
Kündigung 27, 60, 79, 128, 140, 191

Ladenangestellte 225 f
Lagervertrag 48
Lebenspartnerschaft 187
Lediglich rechtlicher Vorteil 111 f
Leibesfrucht, Verletzungen der 102
Leistung an den Minderjährigen 121
Leistungsnähe 97

Mahnung 28, 47, 118
Maklerprovision 74
Maklervertrag 74, 80
Mängelbeseitigung 59, 137
Massenverkehr 73
Mehrfachvertretung 212
Minderjährige 11, 73, **109 ff**, 227
– Wirksamkeit von Willenserklärungen 110 ff
– Leistung an Minderjährigen 121
– als Gesellschafter einer Personengesellschaft 116
– Bankverträge 114
Missbrauch der Vertretungsmacht 214
Mithaftungsabrede 144
mittelbare Stellvertretung 186
Mittelspersonen 54
Mitverschulden 78, 86
Monopolstellung 7
Motivirrtum 150, 156, 158 f
Musterbedingungen (einer Krankenversicherung) 85

Nachrangklausel 218
Nasciturus, Rechtsstellung 102
Neutrale Geschäfte 112
Nichtberechtigter 215 ff
– Rückerwerb des Nichtberechtigten 24
Nichteheliche Lebensgemeinschaft 177
Nichtigkeit 23, 37, 92, 120, 124, 125, 136 ff, 143, 169, 172
Niederlegung bei der Post 55
notarielle Beurkundung 64, 124
Notfallkompetenz des § 9 II LPartG 187

Offenbarungspflicht 160, 161
Offenkundigkeit 174, **180**
– Ausnahmen 183 ff
OHG 101, 104, 198, 223
Orderlieferschein 48

Partei kraft Amtes 103
Parteifähigkeit 101, 103
Partielle Geschäftsfähigkeit 118
Patientenverfügung 29
Personen(handels)gesellschaft 101
– minderjähriger Gesellschafter 116
Pfändungspfandrecht 132
Pflichten aus Geschäftsverbindung **94 ff**
postmortale Vollmacht 192 ff
– Bankvollmacht 194
Präklusion nach § 767 II ZPO 65
prima facie Beweis 140
Prioritätsgrundsatz 231
Privatautonomie 37, 43, 73, 124
Prokura **222 f**
– Einzelprokura 198
– Gesamtprokura 198, 223

– gemischte (unechte) 223
– halbseitige (gemischte) 223
protestatio facto contraria 73
Provision 74, 80, 160, 220 f
Prozessstandschaft
– gesetzliche 18
– gewillkürte 92, 229
Prozessvollmacht 201
Publikumsgesellschaften 103

Qualifizierte elektronische Signatur 127

Realakt **30**, 173
Rechtliche Betreuung 122
Rechtsbindungswille 30, 42, 75
Rechtsfähigkeit **99 ff**
– partielle 101, 107
Rechtsfolgenirrtum 157
Rechtsfolgewille 30, 37
Rechtsgeschäfte 1 ff, 9 ff, 15 ff
– einseitige und zweiseitige 27
– einseitige, Vertretung 212
– von Todes wegen 26
– unter Lebenden 26
Rechtsgeschäftsähnliche (geschäftsähnliche) Handlung 28 f, 30
Rechtsgeschäftstheorie 191
Rechtsschein 191, 202 f, 206, 222
– der Vertretungsmacht 10, 202
– einer Willenserklärung 10
Rechtsscheinshaftung 10, 190 f, 203, 222
Rechtsscheinstheorie 191
Rechtsscheinsvollmacht 202, 226
Rechtzeitigkeitsfiktion 57
Regelungslücke 79, 85, 226, 233
Relative Geschäftsfähigkeit 107
Relative Unwirksamkeit 147
Repräsentationsprinzip 207
Rosinentheorie 116
Rücktritt 24, 27, 46, 54, 65, 125, 162, 215
Rückerwerb des Nichtberechtigten 24

Sachwalterhaftung **14**, 96
Saldotheorie 168
Scheckfähigkeit 103
Scheingeschäft 149
Schenkungen
– von Grundstücken (an Minderjährigen) 111
– unter Lebenden auf den Todesfall 26
Scherz 149
Schlüsselgewalt 189
Schriftform
– gesetzliche 124
– und Telefax 126
Schuldanerkenntnis 44, 126, 143, 160, 183
Schuldübernahme 227
Schutzpflicht 42, 94 f
Schutzwirkung zugunsten eines Dritten 13, 42, 96, 157
Schwarzarbeitsgesetz 136, 137
Schwarzgeldabrede 137
Schwarzkauf 149
Schwebende Unwirksamkeit 227
Schweigen
– als Annahme 72
– als Willenserklärung 43 ff
– beredtes Schweigen 44
– normiertes Schweigen 44
– auf ein kaufmännisches Bestätigungsschreiben 45, 81
– Schweigen des Kaufmanns auf Anträge 48
– Schweigen als Zustimmung 48, 81
Sekundäre Unrichtigkeit des Handelsregister 222
Selbstbedienungsgeschäfte 69
– Selbstbedienungssupermarkt 69
– Selbstbedienungstankstelle 69
Selbstkontrahieren 110, 210
Selbstverantwortung 37
Sicherungsabrede 83
Sicherungsübereignung 15, 233
– von Warenlagern 20
Sicherungszession 228, 230
Simuliertes Geschäft 149
Sittenwidrigkeit 138 ff, 193
– des Kontokorrentvorbehalts 230
– Mitverpflichtung von Familienangehörigen 144
– von Bierbezugsverpflichtungen 139
– von Gesellschafter- oder Geschäftsführerbürgschaften 145
– Umkehr der Beweislast 143
Sorgfaltspflichten, vertragliche 96
Sozialtypisches Verhalten, Lehre vom 40, 73
Spezialitätsprinzip 21
Stellvertretung 30, 140, **173 ff**
– Voraussetzungen und Folgen 174 ff
– Zulässigkeit 175 f
– nachträgliche Bestimmung des Vertretenen 182
– durch Ladenangestellte 225

– im Handelsrecht 222
Streitgenossenschaft 103
Streitverkündete 204
Strohmannfunktion, -geschäft 145

Teilrechtsfähigkeit **101**
Telefax 62, 126
Teleologische Extension 213
Teleologische Reduktion 211
Textform 127
Theorie des letzten Wortes 82
Theorie von der kollektiven Einheit 103
Totaldissens 77, 78
Transmortale Vollmacht 192
Trennungsprinzip 22, 109
Treu und Glauben 37, 39, 44, 46, 54, 57, 60, 74, 82, 90, 125, 159 f, 203, 229
Treuhandverhältnis, Vertrag 186

Übermittlungsrisiken 53, 57
Überraschende Klausel 81
Umdeutung 144, 224, 227
unbestellte Ware 67, 75
Unternehmensbezogenes Handeln, Geschäft 173, 183, 225
Unterverbriefung 149
Untervertreter, Untervertretung, Unterbevollmächtigter 198, 199, 220
– Haftung bei offengelegter Untervertretung **220**
unwiderrufliche Vollmacht 190

Veräußerungsverbot 18, 147, 227
Verbotsgesetz 24, 137
Verbraucherschutz 65 f
Verbraucherschutzverein 66
Verdeckter Stellvertreter 175
Verein 198
Vereinigungsfreiheit 7
Vereinsrecht 7
Verfügung eines Nichtberechtigten **227 f**
– Genehmigung der Verfügung 232
Verfügungsbefugnis 19, 20, 147
Verfügungsermächtigung 228 f, 233
Verfügungsverbote 147
Verkehrsauffassung 42, 59 f, 160
Verkehrssitte 60, 68 ff, 82, 88, 90, 159
Verkehrswesentliche Eigenschaften 155
Verlängerter Eigentumsvorbehalt 229
Vernehmungstheorie 50, 61
Verpflichtungs- und Verfügungsgeschäft **15 ff**, 22, 109 ff
– Anfechtung 168 f
Verpflichtungsermächtigung 185, **233**
Verrichtungsgehilfe 29
Versteigerung 75, 147, 186
Verstoß gegen die guten Sitten 138 ff
Vertrag mit Schutzwirkung für Dritte 13, 42, 97, 157
Vertrag zugunsten Dritter auf den Todesfall 50
Vertragliche Nebenpflichten 95
Vertragsauslegung 151
Vertragsbruchtheorie **141**, 231
Vertragsfreiheit 1 ff, 84
Vertragshaftung ohne oder vor Vertragsschluss 11
Vertragsschluss 33 ff
– aufgrund Bestechung 140
– am Warenautomaten 71
– durch sozialtypisches Verhalten 11, 73 f,
– im e-commerce 75
– im Rahmen einer Internetauktion 75
Vertragsverhandlungen 12
Vertrauenshaftung 9 ff, 35, 48, 94
Vertrauensschaden 37, 78, 162, 214, 216
Vertretung ohne Vertretungsmacht **216 ff**
Vertretungsgeschäft nach dem Tod des Vollmachtgebers 192 ff
Vertretungsmacht 166, **194 ff**
– Grenzen 210 ff
– Missbrauch 214
vis absoluta 36
Vollmacht 187, 195, 206, 215 ff
– Anfechtung 195
– Arten 197 ff
– Erlöschen 189
– Erteilung und Innenverhältnis 188
– Form 196
– für eine Bürgschaftserklärung 196
– zum Abschluss eines Ehevertrages 196
Vollmachtsmissbrauch 194, 214
– Evidenz des Vollmachtsmissbrauchs 196, 215
Vollmachtsurkunde 173, 214 f, 202
Vollstreckungsgegenklage 65
Vorausabtretung 229 f
Vorgesellschaft 104
Vor-GmbH 104
Vorgründungsgesellschaft 104
Vorkaufsrecht 23
Vormerkung 23, 196
Vorrang der Vertragsauslegung (vor der Anfechtung) 151

Vorsorgevollmacht 192, 200
Vorvertrag 76

Wechsel 37, 206, 213
Weisung eines unwissenden Geschäftsherrn 208
Weisungswidriges Ausfüllen einer Blankett-urkunde 206
Werkunternehmerpfandrecht 233
Widerrechtliche Drohung 36, 167
Widerruf 50, 56, 119
– einer Willenserklärung 50
– bei gemeinschaftlichem Testament 63
– kraft Verbraucherschutzes 35, 65 f
– Widerrufsrecht nach § 312 BGB 65 f
– Widerruf der Vollmacht 190 f
Widerrufsrecht des Geschäftsgegners 119
Widerrufsvorbehalt 72
Willenserklärung 1 ff, **33 ff**, 67
– Abgabe, Zugang und Widerruf 50 ff
– abhanden gekommene 35
– äußerer Tatbestand **41 ff**, 67
– empfangsbedürftige **50 ff**, 148
  – Zugang 67
– innerer Tatbestand **34**, 67
– nicht empfangsbedürftige 50
– online 49
Willensmängel 30, 40, **148 ff**, 207, 209
Willensmangel bei Stellvertretung 209
Wirksamkeit der Willenserklärung eines Minderjährigen 110 ff
Wirksamkeitserfordernisse des Rechts-geschäfts 124
Wissenszurechnung 207 ff
Wohn- und Betreuungsvertrag 106
Wucher 138, 143
Wucherähnliche Geschäfte 141

Zugang **50 ff**
– nicht verkörperter Willenserklärungen 61
– von Telefax und E-Mail 62
– formbedürftiger Erklärungen 63 f
– durch Erklärung gegenüber dem Empfangsboten 59
– Zeitpunkt 55
Zugangshindernisse 57
Zugewinnausgleich 120
Zurückbehaltungsrecht 137, 233
Zustimmung 17, 18, 23, 81, 110 ff, 119, 137, 192, 194, 197, 219
– zu fremden Rechtsgeschäften 219 ff
Zwangsverwaltung 39
Zwangsvollstreckung 65, 83, 147
Zweitverfügung 130, 134